国家卫生健康委员会"十四五"规划教材
全国高等中医药教育教材
供中药学类专业用

中药文献检索

第 3 版

中药

主　编　章新友　折改梅

副主编　高日阳　张　超

编　委　（按姓氏笔画排序）

王莉宁（天津中医药大学）　　　　苗婷秀（云南中医药大学）

孔祥鹏（山西中医药大学）　　　　姜艺佼（辽宁中医药大学）

付利娟（重庆医科大学）　　　　　高　峰（陕西中医药大学）

闫静怡（哈尔滨医科大学）　　　　高日阳（广州中医药大学）

折改梅（北京中医药大学）　　　　郭　妍（黑龙江中医药大学）

李　林（南京中医药大学）　　　　唐琍萍（江西中医药大学）

李　孟（河南中医药大学）　　　　章新友（江西中医药大学）

张　超（山东中医药大学）　　　　彭　亮（陕西中医药大学）

张文学（宁夏医科大学）　　　　　廖广辉（浙江中医药大学）

人民卫生出版社
·北京·

图书在版编目（CIP）数据

中药文献检索/章新友，折改梅主编. -- 3 版.
北京：人民卫生出版社，2024. 6. -- ISBN 978-7-117
-36433-1

Ⅰ. G254. 9

中国国家版本馆 CIP 数据核字第 2024AT2499 号

人卫智网	www.ipmph.com	医学教育、学术、考试、健康，购书智慧智能综合服务平台
人卫官网	www.pmph.com	人卫官方资讯发布平台

中药文献检索
Zhongyao Wenxian Jiansuo
第 3 版

主　　编：章新友　折改梅
出版发行：人民卫生出版社（中继线 010-59780011）
地　　址：北京市朝阳区潘家园南里 19 号
邮　　编：100021
E - mail：pmph @ pmph.com
购书热线：010-59787592　010-59787584　010-65264830
印　　刷：三河市潮河印业有限公司
经　　销：新华书店
开　　本：850×1168　1/16　印张：16
字　　数：419 千字
版　　次：2012 年 8 月第 1 版　　2024 年 6 月第 3 版
印　　次：2024 年 8 月第 1 次印刷
标准书号：ISBN 978-7-117-36433-1
定　　价：68.00 元
打击盗版举报电话：010-59787491　E-mail：WQ @ pmph.com
质量问题联系电话：010-59787234　E-mail：zhiliang @ pmph.com
数字融合服务电话：4001118166　E-mail：zengzhi @ pmph.com

修 订 说 明

为了更好地贯彻落实党的二十大精神和《"十四五"中医药发展规划》《中医药振兴发展重大工程实施方案》及《教育部 国家卫生健康委 国家中医药管理局关于深化医教协同进一步推动中医药教育改革与高质量发展的实施意见》的要求,做好第四轮全国高等中医药教育教材建设工作,人民卫生出版社在教育部、国家卫生健康委员会、国家中医药管理局的领导下,在上一轮教材建设的基础上,组织和规划了全国高等中医药教育本科国家卫生健康委员会"十四五"规划教材的编写和修订工作。

党的二十大报告指出:"加强教材建设和管理""加快建设高质量教育体系"。为做好新一轮教材的出版工作,人民卫生出版社在教育部高等学校中医学类专业教学指导委员会、中药学类专业教学指导委员会、中西医结合类专业教学指导委员会和第三届全国高等中医药教育教材建设指导委员会的大力支持下,先后成立了第四届全国高等中医药教育教材建设指导委员会和相应的教材评审委员会,以指导和组织教材的遴选、评审和修订工作,确保教材编写质量。

根据"十四五"期间高等中医药教育教学改革和高等中医药人才培养目标,在上述工作的基础上,人民卫生出版社规划、确定了中医学、针灸推拿学、中医骨伤科学、中药学、中西医临床医学、护理学、康复治疗学7个专业155种规划教材。教材主编、副主编和编委的遴选按照公开、公平、公正的原则进行。在全国60余所高等院校4 500余位专家和学者申报的基础上,3 000余位申报者经教材建设指导委员会、教材评审委员会审定批准,被聘任为主编、副主编、编委。

本套教材的主要特色如下:

1. 立德树人,思政教育 教材以习近平新时代中国特色社会主义思想为引领,坚守"为党育人、为国育才"的初心和使命,坚持以文化人,以文载道,以德育人,以德为先。将立德树人深化到各学科、各领域,加强学生理想信念教育,厚植爱国主义情怀,把社会主义核心价值观融入教育教学全过程。根据不同专业人才培养特点和专业能力素质要求,科学合理地设计思政教育内容。教材中有机融入中医药文化元素和思想政治教育元素,形成专业课教学与思政理论教育、课程思政与专业思政紧密结合的教材建设格局。

2. 准确定位,联系实际 教材的深度和广度符合各专业教学大纲的要求和特定学制、特定对象、特定层次的培养目标,紧扣教学活动和知识结构。以解决目前各院校教材使用中的突出问题为出发点和落脚点,对人才培养体系、课程体系、教材体系进行充分调研和论证,使之更加符合教改实际、适应中医药人才培养要求和社会需求。

3. 夯实基础,整体优化 以科学严谨的治学态度,对教材体系进行科学设计、整体优化,体现中医药基本理论、基本知识、基本思维、基本技能;教材编写综合考虑学科的分化、交叉,既充分体现不同学科自身特点,又注意各学科之间有机衔接;确保理论体系完善,知识点结合完备,内容精练、完整,概念准确,切合教学实际。

4. 注重衔接,合理区分 严格界定本科教材与职业教育教材、研究生教材、毕业后教育教材的知识范畴,认真总结、详细讨论现阶段中医药本科各课程的知识和理论框架,使其在教材中得以凸显,既要相互联系,又要在编写思路、框架设计、内容取舍等方面有一定的区分度。

5. 体现传承,突出特色 本套教材是培养复合型、创新型中医药人才的重要工具,是中医药文明传承的重要载体。传统的中医药文化是国家软实力的重要体现。因此,教材必须遵循中医药传承发展规律,既要反映原汁原味的中医药知识,培养学生的中医思维,又要使学生中西医学融会贯通;既要传承经典,又要创新发挥,体现新版教材"传承精华、守正创新"的特点。

6. 与时俱进,纸数融合 本套教材新增中医抗疫知识,培养学生的探索精神、创新精神,强化中医药防疫人才培养。同时,教材编写充分体现与时代融合、与现代科技融合、与现代医学融合的特色和理念,将移动互联、网络增值、慕课、翻转课堂等新的教学理念和教学技术、学习方式融入教材建设之中。书中设有随文二维码,通过扫码,学生可对教材的数字增值服务内容进行自主学习。

7. 创新形式,提高效用 教材在形式上仍将传承上版模块化编写的设计思路,图文并茂、版式精美;内容方面注重提高效用,同时应用问题导入、案例教学、探究教学等教材编写理念,以提高学生的学习兴趣和学习效果。

8. 突出实用,注重技能 增设技能教材、实验实训内容及相关栏目,适当增加实践教学学时数,增强学生综合运用所学知识的能力和动手能力,体现医学生早临床、多临床、反复临床的特点,使学生好学、临床好用、教师好教。

9. 立足精品,树立标准 始终坚持具有中国特色的教材建设机制和模式,编委会精心编写,出版社精心审校,全程全员坚持质量控制体系,把打造精品教材作为崇高的历史使命,严把各个环节质量关,力保教材的精品属性,使精品和金课互相促进,通过教材建设推动和深化高等中医药教育教学改革,力争打造国内外高等中医药教育标准化教材。

10. 三点兼顾,有机结合 以基本知识点作为主体内容,适度增加新进展、新技术、新方法,并与相关部门制定的职业技能鉴定规范和国家执业医师(药师)资格考试有效衔接,使知识点、创新点、执业点三点结合;紧密联系临床和科研实际情况,避免理论与实践脱节、教学与临床脱节。

本轮教材的修订编写,教育部、国家卫生健康委员会、国家中医药管理局有关领导和教育部高等学校中医学类专业教学指导委员会、中药学类专业教学指导委员会、中西医结合类专业教学指导委员会等相关专家给予了大力支持和指导,得到了全国各医药卫生院校和部分医院、科研机构领导、专家和教师的积极支持和参与,在此,对有关单位和个人表示衷心的感谢!为了保持教材内容的先进性,在本版教材使用过程中,我们力争做到教材纸质版内容不断勘误,数字内容与时俱进,实时更新。希望各院校在教学使用中,以及在探索课程体系、课程标准和教材建设与改革的进程中,及时提出宝贵意见或建议,以便不断修订和完善,为下一轮教材的修订工作奠定坚实的基础。

人民卫生出版社

2023 年 3 月

◇◇◇ 前　言 ◇◇◇

　　中药文献检索是高等中医药院校中药学类专业的一门必修课程。为了满足新时期中药文献检索课程教学要求,在人民卫生出版社统一组织和规划下,由全国16所高等医药院校从事文献检索研究并具有多年相关课程教学经验的教师共同编写了本教材。

　　本教材在上版教材的基础上,参考了众多医药类文献检索教材并结合中药学类专业特色编写而成。教材系统阐述了中药文献检索的基本理论和检索方法,旨在强化学生利用信息的意识,培养学生分析和利用中药文献的能力,使学生能够充分利用中药信息资源为学习和科研服务。

　　教材共分10章,介绍了中药文献基础知识、中药文献检索基础、中医药中文网络数据库、《化学文摘》、《生物学文摘》、其他数据库、专利文献检索、中药文献的综合利用、引文检索与循证医学资源检索、中药文献综述及论文写作等内容。本教材重点介绍了中外文中药文献常用检索工具和检索方法及技巧,尤其是对SciFinder Web检索系统的检索方法与应用进行了较全面的介绍。教材的编写力求与中药学类专业的教学、科研相结合,每章章首设立学习目标,章末编写复习思考题,方便学生预习及复习;还编写了主要期刊、文献目录及网络资源等附录,以便读者参考使用。数字增值服务内容包括PPT课件、软件操作和使用视频、"扫一扫,测一测"、复习思考题答案要点、模拟试卷。本次修订,还增加了课程思政内容,有助于培养学生的职业素养、敬业精神和高尚情操。本教材可作为中药学类及药学类专业本科生教材,也可以供从事药学工作的科研人员参考。

　　本教材的编写分工如下:绪论、第一章由章新友编写,第二章由李林、张文学编写,第三章由高日阳、郭妍编写,第四章由折改梅、高峰编写,第五章由高日阳、李孟编写,第六章由折改梅、付利娟编写,第七章由闫静怡、付利娟编写,第八章由彭亮、王莉宁编写,第九章由张超、唐琍萍编写,第十章由张文学编写;附录1由姜艺佼编写,附录2由廖广辉编写,附录3由苗婷秀编写,附录4由孔祥鹏编写。

　　本教材在编写过程中,得到了各参编院校的大力支持,以及相关高校教师的帮助,在此表示衷心的感谢。

　　由于水平所限,难免疏漏,望读者提出宝贵意见,以便今后修订完善。

编者

2024年4月

❖❖❖ 目　　录 ❖❖❖

绪　论

ER-0-1

绪论
PPT 课件

学习目标

1. 掌握中药文献检索的学习方法。
2. 熟悉中药文献与中药文献检索的概念。
3. 了解中药文献检索在中药学习和中药研究中的意义。

ER-0-2

绪论视频

一、中药文献概述

文献是记录信息、知识的一切载体。中药文献是记录中药知识的载体,既有专属中医药学的知识,又有其他文献中含有的中药知识部分。

中药文献包括中医药学专著、综合性书籍中含有的中药文献、综合性丛书中所收的中药文献、史籍记载的药事文献、经传记载或援引的药学文献、诸子百家载录的药学文献、小说笔记载录的药学文献、《释藏》和《道藏》收录的药学文献、文史工具书中收载的药学文献、出土文物中的药学文献,以及现代国内外各种、各类医药文献中与中药有关的内容等。

中药古代文献,是指辛亥革命以前记录有中药知识的一切载体。除有纸质的手抄本和现存的诸多线装本古籍外,还有殷商甲骨文献、钟鼎或玉石上的金石文献、竹简或木牍上的竹木医药学文献、缣帛等丝织品上的缣帛文献等。

中药现代文献,是指辛亥革命以后记录有中药知识的一切载体。除以纸为主要载体外,还有摄影、录像、录音及计算机等存储的缩微胶卷、缩微平片、录像带、电影片、电视幻灯片、磁带、软盘、光盘等。

中药文献的内容涉及中药学研究的各领域,由于现代学科之间相互交叉,相互渗透,学科分支越来越细,新的学科专业不断形成。因此中药文献不仅数量急剧增加,而且刊登范围日趋分散,每年在国内外各种刊物和学术会议上发表的中药文献数以万计,有发表在中药专业杂志(如《药学学报》《中国中药杂志》《中草药》《中药材》《中药药理与临床》等)上的,也有发表在中医综合杂志以及医学杂志和综合性、知识性刊物上的。要想及时、全面地了解"海量"的中药文献,掌握中药研究的最新进展,必须有一套科学收集信息的方法,即文献检索。

二、文献检索简介

中药文献检索是利用检索工具从数量庞大的文献资料中查找所需中药文献的过程,以中药文献为检索对象,从已存储的文献库中查找出特定中药文献的过程。中药文献检索是中药科研人员、教师、学生等的一项基本功,这一能力的训练和培养对中药专业人员迅速而准确地获取与利用所需的古今中外中药文献极其重要。

文献检索是科研工作的一个重要组成部分,任何一项知识创新、科学发明,都是查阅了大量文献信息、借鉴和继承前人经验的结果。在进行未知的探索之前或一个课题开始研究之前，必须阅读大量的科技文献，掌握与该课题相关的资料信息，对它的历史和现状做系统调查，了解前人在这方面做了哪些工作，取得过哪些成就，现在存在的问题及今后的发展趋势与动向，继承和借鉴前人的成果，减少重复性劳动，少走弯路，避免科研项目的重复投资。准确利用检索工具进行文献检索可以提高科研工作者的科研效率，发现新的研究动向，缩短科研过程。

中药文献检索的方法有手工检索和计算机信息检索。随着中药文献数量的剧增及计算机检索的快速发展，手工检索逐渐被计算机检索替代，许多印刷版检索系统已经停建。

目前常用的中文全文数据库有中国知网(CNKI)、维普资讯网(VIP)、万方医学网数据库等。中国中医药文献检索中心编制的中医药文献分析检索系统，是现今收录中医中药文献最全的一种数据库。外文数据库常用的有 Chemical Abstract(CA)、Biological Abstract(BA)、Science Citation Index(SCI)、MEDLINE 等。

三、中药文献检索的意义

随着信息化和数字化的迅速发展，各类文献信息数量激增、文献类型种类日渐繁杂、学科分布较分散、各学科之间相互交叉渗透成为趋势，选择更加丰富和全面快捷的信息收集渠道变得尤为重要，可以最少的时间和精力，在大量的国内外医药学文献中获取所需文献资料和有用的知识情报。

在中药现代研究中，通过文献检索，可以结合中国古代和现代中医药的研究成果，在国际范围内确定现有知识容量，揭示空白点，减少科研工作中的重复性研究，提高工作效率，把科研和其他各项工作建立在新的起点上，促进新知识的产生和发展，做到真正享受信息化所带来的有利条件。

(一) 中药文献检索是科研工作的重要组成

当一个中药领域的课题开始研究之前，必须掌握与该课题相关的资料信息，了解前人在这方面做了哪些工作，取得过哪些成就，现在存在的问题，以及今后的发展趋势与动向，借以继承、交流和借鉴前人的成果，这些都必须进行文献检索。

(二) 中药文献检索可以缩短科研工作过程

收集资料信息是科研工作的先期劳动。科研人员在完成一项课题过程中，收集资料要花费大量的时间，如果准确地利用检索工具查阅资料，一个课题可能在几天或更短的时间内完成。

(三) 中药文献检索可以减少重复性的劳动

文献信息汇集了人类科学试验、技术研究与生产实践中所积累的宝贵经验。通过文献检索，可以避免造成科研项目的重复投资，使科研工作少走弯路。

(四) 中药文献检索是学习好中药的基本功

文献检索技能是智能的重要组成部分，也是求学和工作期间进行智能培养和训练的重要部分。掌握中药文献检索方法有助于对检索工具(如书刊)的鉴别、利用，以及知识、信息与经验的积累。

四、文献检索的学习方法

文献检索是大学生素质的重要组成部分，它和外语、计算机等基础技能一样，是当代大学生必须掌握的基本技能。通过文献检索课程的学习，旨在培养大学生的信息意识，学习信息知识、掌握信息检索技术的能力，让大学生掌握用手工方式和计算机方式，从各种文献或互联网中获取所需的知识和信息。

　　文献检索课程是一门理论与实践紧密结合的课程,更是一门实践操作性很强的课程。因此,学好文献检索课程,一是要学好文献检索的理论知识,坚持理论联系实际的学习原则;二是要独立思考,多练习、多实践;三是要学会使用多个检索词构成检索策略;四是要学会精选检索词,提高检索速度和检索结果的质量;五是要养成自主学习的习惯,通过对检索所需文献的学习,不断丰富自己的综合知识。

● (章新友)

复习思考题

1. 什么是中药文献?
2. 何谓中药文献检索?
3. 中药文献检索的意义是什么?
4. 简述中药文献检索的学习方法。

第一章

中药文献基础知识

1. 掌握中药文献的分类方法。
2. 熟悉常用中药图书文献和期刊文献。
3. 了解常用中药特种文献。

第一节　中药文献的类型

从古代文献《诗经》至现代的各种图书、期刊、电子文献等均有中药文献记载,中药文献的数量和形式都发生了巨大变化,熟悉和了解中药文献的类型,是学习中药文献知识的基础。中药文献可根据其出版形式、载体形式、加工程度等划分为多种类型。

一、按文献的出版形式划分

中药文献按其出版形式可分为图书、期刊和特种文献。

(一)图书

图书是通过一定的方法与手段将知识内容以一定的形式和符号(文字、图表、电子文件等),按照一定的体例,系统地记录于一定形态的材料之上,用于表达思想、积累经验、保存知识与传播知识的工具。图书一般以印刷和手抄方式单本刊行,除古代图书外,现代图书均具有特定的书名和著者名,编有国际标准书号,有定价并取得版权保护,包括教材、专著、科普读物、工具书等。

中药图书一般是较为系统地论述中药研究的某个专题内容,是了解某个问题基础知识和专业内容的基本工具,具有内容系统、全面、成熟、可靠等特点。图书编著和出版周期较长,信息的传递速度较慢,反映的内容一般为出版前几年的研究资料。

(二)期刊

期刊又称杂志或连续出版物,是一种按固定名称定期或不定期连续刊行的出版物,由依法设立的期刊出版单位出版,持有国内统一连续出版物号。学术期刊主要发表由专业人员撰写的并经同行评审的学术性论文,主要功能是传播知识。期刊每期载有不同著者、译者或编者所编写的文章,用连续的卷、期和年月顺序编号出版,每期内容不重复。

期刊具有数量大、品种多、内容广、周期短、信息新,并能及时反映国内外的科技水平等特点,是中药文献的重要信息来源。

(三)特种文献

特种文献是指出版发行或获取途径都比较特殊的科技文献。一般包括专利文献、科技报告、会议文献、学位论文、标准文献、科技档案、政府出版物等。这类文献种类多、内容广泛、数量庞大,是非常重要的信息源,参考价值高。

1. 专利文献　专利文献是包含已经申请或被确认为发现、发明、实用新型和工业品外观设计的研究、设计、开发和试验成果的有关资料,以及保护发明人、专利所有人及工业品外观设计和实用新型注册证书持有人权利的有关资料的已出版或未出版的文件(或其摘要)的总称。其包括说明书摘要、专利公报以及各种检索工具书、与专利有关的法律文件等。因其数量庞大、报道快、学科领域广阔、内容新颖、具有实用性和可靠性,科技情报价值越来越大,使用率也日益提高。

2. 科技报告　又称研究报告或技术报告,是科研工作者从事科学研究工作的阶段进展情况和最终研究成果报告。科技报告发展迅速,已成为继期刊之后的第二大报道科技最新成果的文献类型。从内容看,科技报告大多涉及高、精、尖科学研究和技术设计及其阶段进展情况,客观地反映科研过程中的经验和教训。所报道的成果一般必须经过主管部门组织有关单位审定鉴定,载有报告撰写者、密级、报告号、研究项目号和合同号等。其内容专深、可靠、详尽,而且不受篇幅限制,每份报告自成一册,可操作性强,报告迅速,属于"一次文献"。通常按内容可分为报告书、论文、通报、技术译文、备忘录、特种出版物等。

3. 会议文献　是各种学术会议上所发表的论文、报告稿、讲演稿的统称。含有大量的最新情报信息,是了解世界科学技术发展动向、水平和最新成就的主要渠道,是参考价值很高的科技文献,也是科技查新中重要的信息源之一。

4. 学位论文　是高等院校和科研院所的本科生、研究生为获得学位资格(学士、硕士和博士)而撰写的学术性较强的研究论文,其中博士、硕士研究生的学位论文理论性、系统性较强,内容专一,阐述详细,具有一定的独创性,是一种重要的文献信息源。

5. 标准文献　是技术标准、技术规格和技术规则等文献的总称。标准文献是人们在从事科学试验、工程设计、生产建设、商品流通、技术转让和组织管理时共同遵守的技术文件。其能较全面地反映制定标准国家的经济和技术政策,技术、生产及工艺水平,自然条件及资源情况等;能提供许多其他文献不可能包含的特殊技术信息,是准确了解该国社会经济领域各方面技术信息的重要参考文献。

6. 科技档案　指在生产建设和科技部门的技术活动中形成的,有一定工程对象的技术文件的总称。一般包括任务书、协议书、技术指标和审批文件;研究计划、方案、大纲和技术措施;有关技术的原始记录和分析报告;设计计算、试验项目、方案和数据;设计图纸、工艺记录、图表、照片等应归档保存的材料。科技档案有着明显的保密性和内部控制使用的特点。

7. 政府出版物　是指各国政府部门及其设立的专门机构发表、出版的文件,可分为行政性文件(如法令、方针政策、统计资料等)和科技文献(包括政府所属各部门的科技研究报告、科技成果公布、科普资料及技术政策文件等),其内容可靠,对于了解某一国家科技活动、科技成果等,有一定的参考作用。

二、按文献的载体形式划分

中药文献按其载体形式可分为印刷型、缩微型、机读型和声像型文献。

(一)印刷型文献

指以纸张为存储介质,以印刷为记录手段生产出来的文献。印刷方法有铅印、胶印、油印、石印、雕刻木印等。印刷型文献是文献的传统形式,具有成本低、便于阅读和使用、流传广泛等特点;但其有存储密度低,分量重,占用空间大,易受虫蛀、水蚀,难以长期保存和管理等问题。

（二）缩微型文献

指采用光学摄影技术,以印刷型文献为母本,把文献的体积缩小,固化到感光材料或其他载体上生产出来的文献。如缩微胶卷、缩微平片、缩微卡片等。缩微型文献存储密度高,重量轻,体积小,便于传递和保存,但需借助缩微阅读机才能阅读,有查检和利用不太方便等问题。

（三）机读型文献

指用计算机技术和磁性存贮技术,通过程序设计和编码,把文字信息变成计算机可以识别的机器语言,用计算机进行存贮和阅读的一种文献形式。其存储信息量大、密度高、存取速度快而准,对记录的信息可进行更新、增减、转存、检索、传递、输出等处理。计算机技术为基础的存贮技术,是目前科技文献的主要载体,但投入经费较多,要有配套技术设备。

（四）声像型文献

指用电、磁、声、光等原理和技术,将知识、信息表现为声音、图像、动画、视频等信号,由声音和图像传递知识,给人一种直观感觉的非文字形式文献。其声像并茂,表现直接,在描述自然现象和实验现象方面具有不可替代的表现力,但要借助专业的设备才能利用。

三、按文献的加工程度划分

中药文献按其加工程度一般分为零次文献、一次文献、二次文献和三次文献。

（一）零次文献

零次文献是指未经出版发行或未进入交流领域的最原始的文献。如手稿、个人通信、原始记录,甚至包括口头言论等。

（二）一次文献

一次文献也称原始文献,是科研人员以自己的工作经验或科研实践为依据撰写并公开发表或公布的原始论文。包括期刊论文、会议论文、学位论文、专著等。一次文献是一种基础性资料,具有创新性和原始性,情报价值最高,情报信息也最完整,是文献检索的直接对象。

（三）二次文献

二次文献也称检索工具,是对分散无序的一次文献按一定规则进行收集、整理、分类、加工、提炼、浓缩,并按一定的体系结构和组织方式编辑而成的工具性文献。指各种目录、索引、文摘、题录等检索工具,主要功能是揭示和报道一次文献,提供查找一次文献的线索,帮助人们在较短的时间内获得大量的文献信息。

（四）三次文献

三次文献也称综述文献,是利用二次文献所提供的线索,对某个学科或专题的一次文献的内容进行收集、整理、分析、综合,在此基础上加工编写出来的文献。主要包括综述、评论、进展、预测、工具书、手册、教材和指南等。

研究者可以根据不同的研究目的和兴趣,结合各类中药文献的特点进行有选择性的研究。

第二节 常用中药文献

结合当前中药文献研究的现状和特点,下面简要介绍常用中药文献的特点和价值。

一、中药图书文献

（一）古代中药图书文献

1. 古代中药文献概述 中国最早的中药文献始于何时,已经很难准确考证。春秋中期成书的《诗经》是我国现存最早的文学作品,书中记载的鸟兽草木,据统计有 80 余种在后来被收入药物书中,因此有学者认为《诗经》中收载了若干药物。战国至汉初成书的《山海经》是我国现存最早的地理书,收载药物 120 余种,描述了药物的功效和使用方法。现存最早中医早期医药书,是马王堆出土的一批医学文献,其中记载药物的有《五十二病方》《养生方》等,内容涉及药物使用方法、产地、形态等。其后,《神农本草经》脱颖而出,成为本草发展的核心。东汉以后,围绕这一核心不断进行扩充、增补和修正,从《本草经集注》到《新修本草》,再到《证类本草》《本草纲目》,形成了一系列的主流中药文献。

历代中医著作中,如《黄帝内经》《伤寒杂病论》《千金方》等,都有大量中药文献的内容。中医文献和中药文献相互交叉,传统中医典籍(如医案、方剂)等都可视为广义上的中药文献。其他文化古籍如历代稗官野史、地方志、笔记、丛谈,甚至诗词歌赋等都散见有不少有价值的医药资料,都是研究中药的宝贵文献。

中医药图书文献历史悠久,数量庞大,种类繁多,版本复杂,其检索工具主要是各类书目。书目,即图书目录的简称。检索此类基本书目,应利用中医药古籍的馆藏目录与联合目录。目前收藏规模较大与使用价值较高的目录主要有《全国中医图书联合目录》《现存本草书录》等。另外众多中医药院校及中医药研究单位都编有馆藏中医药图书目录。

《全国中医图书联合目录》是在 1961 年北京图书馆印行的《中医图书联合目录》的基础上,由中国中医研究院(现中国中医科学院)图书馆历时 10 年重新征集编排而成,由中医古籍出版社于 1991 年出版,共收录现存的古代、现代及部分外国中医图书 12 124 种。其数量大,收罗广,分类详,组织严密,核实准确,不仅较完整地反映了我国现存中医古籍的全貌,而且较准确地反映了各馆的现有馆藏情况,是中医药文献检索不可缺少的工具书。

《现存本草书录》是由龙伯坚编著,人民卫生出版社于 1957 年出版的一本研究中医本草著作的参考书。全书收载现有本草书 278 种,按年代先后列述书目,各条目载有书名、卷数、作者、版本、刊行年代等项。其中主要本草专著还附有说明,简介该书的内容、特点,并附录历代文献中有关该书的记载。可以查阅我国现存本草专著,还可以了解历代本草学发展的概况。

如果进行古籍版本的检索可通过查《中国医籍考》《中国医籍通考》或《文献通考》等书,对该古籍的刊行、流传及历史沿革作一大概了解。《全国中医图书联合目录》详细记载了其中每一部中医古籍现存版本情况。如果通过以上检索认为对其版本沿革了解仍不够确切,还可查阅史志书目。史志书目较详细地反映了该朝代中医图书流传情况,使我们能较准确地了解该书在各朝代的发展流变,确定最理想的版本。另外还可查阅作者传记,了解该古籍的写作年代及刊行情况。

2. 具有代表性的古代中药图书文献 具体检索历代有关中药的资料,一般可通过大型本草专著来查找。由于篇幅的限制,下面仅就中药研究中最常用的一些古代本草文献进行简介。

(1)《神农本草经》:简称《本经》,其成书时代尚无实证加以确定,但它成书于东汉,并非出自一人一时之手,而是秦汉时期众多医学家搜集、整理、总结当时药物学经验成果的专著,已经是医学史界比较公认的结论。《本经》原本早已散佚,自南宋以后,开始有辑佚本,大多是根据《证类本草》《本草纲目》等书所引用的《本经》内容而辑成。由于重辑者的着眼点和取材不同,因而各种辑本的形式和某些内容有一定的差异。流传较广的是清代孙星衍、孙冯翼辑《神农本草经》(1799)以及清代顾观光辑《神农本草经》(1844)。

《本经》是我国现存最早的药学专著,分为序录 1 卷,上、中、下三品各 1 卷,共 4 卷。其序录部分总结了中药三品分类原则,以及采造时月、真伪陈新、四气、五味、有毒无毒、配伍法度、服药要求、药物对剂型的选择等多方面的内容,初步奠定了药学理论的基础。其余 3 卷为药物论述,载药 365 种。根据药物的性能和使用目的的不同,采用上、中、下三品分类法,是我国药物学最早的分类法。所记各药主治功效,如麻黄平喘、黄连治痢等,大多朴实有验,沿用至今。它出现后,即成为后世本草发展的核心。

（2）《本草经集注》:为南朝梁代陶弘景在《本经》的基础上,增加《名医别录》的资料,重新规范、订补而成,可以看成是《本经》最早的注释本。原书到北宋末年已失传,其内容通过唐代《新修本草》,以及宋代《开宝本草》《嘉祐本草》等而被保存到《证类本草》中。

全书共分为 7 卷,首卷为序录,其余 6 卷为药物论述。序录中对《本经》"序录"中的理论逐条阐释、订补,并创设了合药分剂料治法、诸病通用药、解药毒、服药食忌例、药不宜入汤酒、七情畏恶等新的理论项目。其增列的"诸病通用药",实为病证用药索引,从而大大丰富了药学总论的内容,又便于临床医生查阅。各论收录药物以《神农本草经》365 种药物为主,又根据魏晋名医记录文献增入 365 种,共计 730 种。首先采用按药物自然属性分类的方法,列为玉石、草木、虫兽、果、菜、米食及有名未用 7 类,各类按三品排序。药物解说体例整齐划一,并沿用古本草朱墨分书的传统,朱写《本经》文,墨写《名医别录》文,小字为自注;对于药性,则以朱点为热,墨点为冷,无点为平。其整理本草的严谨体例为后世继承,从而使历代本草内容多而不乱,源流明晰。该书代表了南北朝时期的药学成就,初步确立了综合性本草的合理编写模式,在我国中药史上发挥了重要的承上启下作用。

（3）《新修本草》:亦名《唐本草》或《英公本草》,唐显庆二年（657）由政府组织编纂,显庆四年（659）完成和颁行。领衔编撰者前期为长孙无忌,后因反对武则天而被迫自杀,故成书后改由英国公李氏领衔。实际主持编撰者为苏敬,宋代因避讳（宋太祖的祖父名敬）曾改其名为苏恭。

全书分本草、药图和图经 3 部分。本草是正文,药图是药物的图版,图经是对药图的解释。药图与图经早已完全失传,本草还有部分残存,现代所见均为后世之辑复本。

全书 54 卷。正文 20 卷,目录 1 卷,药图 25 卷,目录 1 卷,图经 7 卷。书中载药 844 种（现统计为 850 种）,其中唐代新增药 114 种,并及时收载了不少外来药,如胡椒、阿魏等。药物按自然属性分为玉石、草、木、禽兽、虫鱼、果、菜、米谷、有名无用 9 类。除"有名无用"类外,其他各类又分上、中、下三品,详述每一种药物的性味、功效、主治、异名、产地、采集时月。除正文之外,《药图》部分的彩色图谱绘制考究,并辅以文字说明的《图经》以介绍各药形态特征,开创了药物图文对照的编写体例。该书为我国历史上第一部官修本草,内容丰富,治学严谨,代表了国家的药学水平,以其丰富的药材基源考证和临床用药经验,一直受到中外医药界的高度重视。虽然其没有完全符合现代药典的要求,但仍被学术界很多人视为古代世界上最早的药典,比第一部冠以药典之名的欧洲《纽伦堡药典》早近 900 年。本书影响巨大,至 731 年左右传入日本。日本律令《延喜式》载:"凡医生皆读苏敬《新修本草》""凡读医经者,《太素经》限四百六十日,《新修本草》三百一十日"。

（4）《本草拾遗》:唐开元二十七年（739）由陈藏器编著。陈氏认为《本经》问世以后,虽有陶弘景、苏敬等注解、修订、补充,但还有被遗漏而未载于本草的药品。"故别为序录一卷,拾遗六卷,解纷三卷,总曰《本草拾遗》,共十卷。"其序录相当于总论,首次提出了"十剂",谓诸药有"宣、通、补、泻、轻、重、滑、涩、燥、湿"十种,成为日后药物和方剂按功效分类的发端。拾遗 6 卷,收录《新修本草》未载之药达 690 余种（一说 712 种）。每药详述药名、产地、性状、采制、性味、毒性、药效、主治、禁忌等。这些药物来源广泛,从内陆至滨海,既有汉族药物又有少数民族药物,还包括国外传入的药物,如罂子粟（内陆）、海马（滨海）、苍梧（壮族地区）、甘蓝（欧洲）等。解纷 3 卷,涉及药物 265 种,主要是解决旧本草著作药物记载之纷乱,考证品种,订正讹误,辨析形态、性味相似易于混淆者。该书资料广博,考订精细,内容实用,被后世多种医药书籍引用而得以传世。

笔记栏

（5）《经史证类备急本草》：简称《证类本草》，北宋唐慎微于公元 1082 年撰成。该书曾多次重修后改名出版，如宋大观二年（1108），经艾晟重修后改名《经史证类大观本草》（简称《大观本草》）；宋政和六年（1116），又经曹孝忠重加校订，改名《政和新修证类备用本草》（简称《政和本草》）；1249 年，张存惠把寇宗奭的《本草衍义》随文散入书中，改名《重修政和经史证类备用本草》等，内容并无较大变动，都是本书的修订本。

全书 30 卷，第 1、2 卷为序例，以后各卷，将药物分为玉石、草、木、人、兽、禽、虫鱼、果、米谷、菜（以上又各分为上、中、下三品）、有名未用、图经外草类、图经外木蔓类，共 13 类，叙述药物别名、药性、主治、产地、采集、炮炙、辨析、附方等。载药 1 700 余种，附方 3 000 余首，药图 200 余幅，这种方药兼收，图文并重的编写体例，较前代本草又有所进步，且保存了民间用药的丰富经验。每种药还附以制法，为后世提供了药物炮炙资料。书中引述了《神农本草经》以后至北宋以前各家医药名著以及经史传记、佛书道藏等书中有关本草资料，内容丰富。据统计，共引经史方书 240 余家，一些重要本草著作如《开宝本草》《日华子本草》《嘉祐本草》等早已散佚，其内容幸赖《证类本草》保存下来，故具有极高的文献价值。

（6）《本草品汇精要》：明孝宗命太医院院判刘文泰等人编修，1508 年成书，是我国封建社会最后一部大型官修本草。全书 42 卷，另目录 1 卷。收载药物 1 815 种，分为 10 部，基本上沿袭了《证类本草》的分部及编排方式。其内容立足于文献改编，缺乏创新，且分名、苗、地、时、收、用、质、色、味、性、气、臭、主、行、助、反、制、治、合治、禁、代、忌、解、赝 24 项记述。介绍药物过于繁杂，反而招致不少混乱。但该书是我国古代最大的一部彩色本草图谱，共收录 1 358 幅精美的工笔彩图，为我国彩绘本草之珍品。据记载至少有 366 幅系新增药图，尚有少量制药图（如修治玄明粉），稿成后藏于内府，未刊刻流传。

（7）《本草纲目》：明代李时珍在《证类本草》基础上，通考 800 余种文献，历时 27 载，三易其稿而完成。该书于 1578 年编成，1596 年金陵（今南京）胡承龙刊刻出版，即为后世各刊本之祖本的金陵本，至今只有少数几部存世，极为珍贵。国内中国中医科学院和上海图书馆各藏一部，日本、美国亦有收藏。

全书 52 卷，1、2 卷辑录前代各家本草序例，3、4 卷为"百病主治药"，评述并补充前代本草的"诸病通用药"，此 4 卷对中药基本理论进行了全面、系统、深入的总结和发挥，创见颇多。卷 5 以后为药物论述，载药 1 892 种（新增 374 种），附方 11 000 多首，附图 1 109 幅。在编撰体例上，把药物从分类到每一药的内容都纳入了严谨的"纲目"体系，采用"析族区类，振纲分目"的方法，即考察区分药物的种类，分为 16 部（纲）60 类（目）。16 部即水、火、土、金石、草、谷、菜、果、木、服器、虫、鳞、介、禽、兽、人；每部又分若干类，如草部分为山草、芳草等 9 类。排列顺序以"从微至巨""从贱至贵"为原则，也就是从低级到高级，从无机物到有机物，从植物到动物。动物药按虫、鳞、介、禽、兽、人的排列实际上体现了动物的进化规律，其分类方法有很强的科学性，比西方植物分类学的创始人林奈在 1735 年出版的《自然系统》要早 157 年。每味药物则"但标其纲，而附列其目。如标龙为纲，而齿、角、骨、脑、胎、涎，皆列为目"，从而理顺了药物基源与附属品的关系。至于具体每种药物的内容，则"标名为纲，列事为目"，以正名为纲，下列释名、集解、辨疑（或正误）、修治、气味、主治、发明、附方八事（内容）为目分项解说。编写体例纲举目张，层次清晰，脉络分明，是其最值得称道的成就之一。同时在文献整理、品种考辨、药性理论、功效应用等方面，均取得了巨大成功，全书涉及内容不仅限于本草学，对医学、动物学、植物学、矿物学、天文学、地理学、地质学、化学、历史学等都有涉及，是一部内容广泛、资料丰富的博物学著作。该书被国外学者誉为"16 世纪中国的百科全书"，本草学由此进入了以《本草纲目》为核心的时期。

（8）《本草纲目拾遗》：清代赵学敏著，实际是李时珍《本草纲目》的续篇。成书于乾隆三十年(1765),又经过多年的增订工作,使之更完备。初刊于同治三年(1864)。

全书 10 卷,按《本草纲目》药物分类,删去人部,把金石分为两部,又新增藤、花两部,分水、火、土、金、石、草、木、藤、花、果、谷、蔬、器用、禽、兽、鳞、介、虫,共 18 部。载药 921 种,其中属新增者 716 种,均为《本草纲目》所未载;附品 205 种,在正品中兼述。其新增药物吸收了马尾连、金钱草、鸦胆子等疗效确切的民间药物,同时还收集了金鸡勒、胖大海等外来药物,极大地丰富了本草学的内容,为中医药学增添了大量的用药新素材。全书引用文献多达600 余种,有一些是已失传的本草、方书,由于标明了出处,因而具有较高的文献价值。还在书首列“正误”一篇,纠正《本草纲目》中的误记和疏漏数十条,十分可贵。该书研究《本草纲目》和明代以来药物学的发展,是一部十分重要的参考书。它是清代最重要的本草著作,一直受到海内外学者的重视。

上述古代中药文献仅是冰山一角,有大量的古代中医药典籍还有待研究者进一步整理和发掘。

(二)现代中药图书文献

1. 现代中药图书文献概述 现代中药文献记载了大量中药研究的新发现、新技术、新理论、新成果,不仅是传递中医药学信息的主要渠道,还是促进中医药再发展的重要资源。

查找近现代中医药图书,最常用的方法是直接利用图书馆(主要是中医院校、中医药研究院等中医药专业图书馆)的馆藏目录。中华人民共和国成立后公开出版的中医药图书,均可在中国版本图书馆编的《全国总书目》中查到。北京图书馆自 1987 年起编制的《中国国家书目》,是我国最完备的图书总目。1995 年开始出版 CD-ROM(光盘),收录了 1988 年以来的《中国国家书目》,光盘每半年更新一次。设立了题名、作者、主题、关键词、分类号、出版社、题名作者、汉语拼音等款目内容。该光盘既可以模糊检索,也可以精确检索。此外,还可利用《中国出版年鉴》和《中医年鉴》。《中国出版年鉴》由中国出版工作者协会编写,商务印书馆出版。每册年鉴中均有“新书简目”和“全国报纸、杂志、丛刊简目”。在新书简目的标题下,均设有医药卫生类,报道上一年度出版的医药卫生新书,医药卫生类下又分为中国医学、基础医学、临床医学、药物学四大部分。这为查找中医药新书提供了方便。而由上海中医学院(现上海中医药大学)主编,人民卫生出版社出版的《中医年鉴》则是一部比较全面地反映我国中医药工作概况和中医药学术动态的资料性工具书。

随着计算机技术与通信网络技术的发展,我们能更加快捷、全面地查检到现代各种类型的中医药文献。我国目前已有很多图书馆联网,如中国国家图书馆(http://www.nlc.cn/)1998 年 7 月开始将电子图书通过网络免费提供给读者阅读。目前拥有北大方正电子有限公司制作的电子图书总量为 35 万余种,覆盖了中国图书馆图书分类法所有二级分类。此外,还涌现出许多网上数字图书馆,国内较为著名的有超星数字图书馆、书生之家数字图书馆、中国数字图书馆、方正中文电子书网等。国外著名的有 OCLC Netlibrary 电子图书、德国的SpringLink、John Wiley 等。

2. 具有代表性的现代中药图书文献

(1)《中华本草》:是由国家中医药管理局组织全国 60 余所医药院校及科研院所的 400余名专家共同协作编纂的本草学巨著。全书 30 卷,另立民族药 5 卷。共收入药物达 8 000余味,附图 1 万余幅,2 400 万余字。内容涉及中药品种、栽培、药材、化学、药理、炮制、制剂、药性理论、临床应用等中医药学科的各方面,并采用现代自然分类系统。书中项目齐全,图文并茂,学科众多,资料繁博,体例严谨,编排合理,融合新知。该书在中医药理论指导下,重视医药结合,多学科协作,具有很高的中医药文献价值和学术价值,在学科性、先进性、实用性和权威性方面均达到了相当高度。该书是一部既系统总结本草学成果,又全面反映当代中药学科发展水平的综合性中药学巨著。

（2）《中药大辞典》：第 1 版由南京中医学院（现南京中医药大学）编纂，1977 年出版，出版时南京中医学院与南京医学院合并，故署名为江苏新医学院。分上、下、附编 3 册出版。上、下册为正文，收载中药 5 767 味，每一味药物下设异名、基源、原植（动、矿）物、栽培（饲养）、采收加工（或制法）、药材、成分、药理、炮制、药性、功用主治、用法用量、选方、临床报道、各家论述等内容。附编为索引和参考文献，是检索查阅《中药大辞典》的向导。2006 年出版第 2 版，框架结构和体例基本同第 1 版，收载药物 6 008 味。对原书中大量内容进行了修订，特别是增加了药物条目，调整了部分药物品种来源，增补了初版后近 30 年来有关栽培（饲养）技术、药材鉴定、化学成分、药理作用、炮制、现代临床研究等方面的中药研究成果。该书是中华人民共和国成立后出版的第一部大型中药专业工具书。

（3）《中华人民共和国药典》：简称《中国药典》，是我国药品标准的法典，系国家药典委员会组织编纂。药典收载功效确切、副作用小、质量稳定的常用药物和制剂，并规定了质量标准、制备要求、检验方法等，作为药品生产、供应、检验和使用的依据，在一定程度上反映了我国药品的科技水平。

迄今，《中国药典》已颁布了 1953 年版、1963 年版、1977 年版、1985 年版、1990 年版、1995 年版、2000 年版、2005 年版、2010 年版、2015 年版和 2020 年版共 11 版。2020 年版《中国药典》于 2020 年 12 月 30 日起实施。2020 年版由一部、二部、三部和四部构成，其中新增 319 种，修订 3 177 种，不再收载 10 种，品种调整合并 4 种，共收载品种 5 911 种。一部中药收载 2 711 种，其中新增 117 种、修订 452 种。二部化学药收载 2 712 种，其中新增 117 种、修订 2 387 种。三部生物制品收载 153 种，其中新增 20 种、修订 126 种；新增生物制品通则 2 个、总论 4 个。四部收载通用技术要求 361 个，其中制剂通则 38 个（修订 35 个）、检测方法及其他通则 281 个（新增 35 个、修订 51 个）、指导原则 42 个（新增 12 个、修订 12 个）；药用辅料收载 335 种，其中新增 65 种、修订 212 种。

2020 年版《中国药典》的特点主要体现在：一是适度增加了收载品种，收载总数达到 5 911 种，稳步提高了药典收载的品种数量。二是基本完成了国家药品标准清理工作，其中涉及化学药 6 263 个品种、中成药 9 585 个品种、饮片药材 1 252 个品种、中药提取物 9 个品种、生物制品 373 个品种，为完善标准提高和淘汰机制奠定了坚实的基础。三是以实施"两法两条例"为契机，全面、系统地完善了药典的标准体系，贯彻了药品质量全程管理理念，提高了横向覆盖中药、化学药、生物制品、原料药、药用辅料、药包材以及标准物质的质量控制技术规范、要求，完善了纵向涵盖药典凡例、制剂通则、检验方法以及指导原则的制修订，加强了涉及药品研发、生产、质控、流通和使用等环节的通用技术要求体系的建设。四是强化了《中国药典》的规范性，使药典各部之间更加协调、统一。建立并完善了统一规范的药品、药用辅料以及药包材通用名称命名原则，加强了通用技术要求与品种标准内容的统一。五是加强了药典通用技术要求，重点完善了药品安全性和有效性的控制要求，实现了"中药标准继续主导国际标准制定，化学药、药用辅料标准基本达到或接近国际标准水平，生物制品标准紧跟科技发展前沿，与国际先进水平基本保持一致"的总目标。六是加强了药典机构间的国际交流与合作，促进了与药典的协调统一，扩大了《中国药典》的国际影响力。

（4）《全国中草药名鉴》：由谢宗万、余友芩主编，1996 年人民卫生出版社出版。全书分 3 册出版，上册为"中草药同物异名集"，共收中草药 13 200 余条，其中植物药 11 470 余条，369 科；动物药 1 630 余条，403 科；矿物药 160 余条。按藻类、真菌类、地衣类、苔藓类、蕨类、裸子植物类、被子植物类、动物类、矿物类排列。每条收载内容包括代号、拉丁学名、植物名、药材名、文献名、地方名、功效和备考 8 项，介绍详细。下册为"中草药同名异物集"。将不同基源的中草药按同一中文名汇集一处,并按首字笔画顺序排序,简要集中地反映了全国中草药同名异物的情况,可为读者检索和研究中药复杂品种提供方便。另一册为全书索引,内容包括关键字检字表、中文名索引、药用植物(动物、矿物)拉丁学名索引、文献简称及全称对照索引等。该书是一部全面收载全国中草药名称的专著,是目前国内公开出版物中收药种类数量多、古今药名最齐全的工具书,对中药学、中医学、本草学、植物学、动物学、农林学、矿物学等方面的科研、教学、医疗,以及中药材产供销、经营管理、药品鉴定等有关工作人员都有一定的参考价值。

(5)《新编国家中成药》:第 1 版由人民卫生出版社于 2002 年 7 月出版(宋明宪、郭维加主编);2011 年出版第 2 版(宋明宪、郭维加主编),2020 年出版第 3 版(宋明宪、杨明主编)。第 3 版在遵循第 2 版"增加新批准上市的中成药品种,计算出单位制剂含量,并将部分临床研究文献摘要列于品种之后"原则的基础上,收集了第 2 版未纳入批准文号中含有"B"的中成药,以及 2010 年后新上市的中成药品种。该书为中成药生产企业进行产品二次开发、药品经营企业(公司、药店)和使用单位确定选购品种,以及新药研发者确立选题等提供大量信息和线索,也为医药教学、科研单位和医疗机构提供了有益的参考。

(6)《新编中药志》:是一部全面介绍我国中药资源的图书,由肖培根主编,化学工业出版社出版发行。全书共 5 卷,2002 年 1 月出版前 3 卷,均收载常用植物药,共收载根与茎类中药157 种,种子、果实、花类中药 150 种,全草、叶、皮、藤木、树脂、藻菌等常用中药 151 种。其收载的品种大体上与《中国药典》(2000 年版)一部相仿。2002 年 12 月出版第 4 卷,内容分为两部分,第一部分收载常用动物与矿物药 70 种,第二部分为全书总索引。2007 年出版第 5 卷,是为了配合《中国药典》(2005 年版)一部,收录了前 4 卷书中未收录的新增的 28 种中药,同时也对前 4 卷中已收录的品种在近些年的研究进展和新成果加以补充。书中对新增加的每个品种均就其历史、原植(动、矿)物、采制、药材及产销、化学成分、药材鉴定、性味及功效、药理作用及临床应用、附注等作了全面介绍,并附有参考文献。对于前 4 卷中已收录品种的补充也是从这几方面进行,但是鉴于近年中药研究进展迅速,特别是关于中药化学成分的定性、定量研究,鉴定与药理研究成果大量涌现,所以书中关于中药特性成分(或有效成分)、药理与临床应用等方面的内容有了大幅度的增加,成为增补的重点。该书科学地反映了当今中药研究的最新成果,是中药研究、教学、生产、经营、检验、管理等方面专业人员的重要参考书。

(7)《美国药典/国家处方集》:《美国药典》(USP),由美国政府所属的美国药典委员会编辑出版,于 1820 年出第 1 版,1950 年以后每 5 年出一次修订版,至 2013 年已出版至第 36版。《美国国家处方集》(NF),于 1883 年出版第 1 版,2013 年已出版至第 31 版。自 1980 年第 15 版起并入 USP,但仍分两部分,前面为 USP,后面为 NF。《美国药典》正文药品名录分别按法定药名字母顺序排列,各药品条目大都列有药名、结构式、分子式、CAS 登记号、成分和含量说明、包装和贮藏规格、鉴定方法、干燥失重、炽灼残渣、检测方法等常规项目,正文之后还有对各种药品进行测试的方法和要求的通用章节及对各种药物的一般要求的通则。可根据书后所附的 USP 和 NF 的联合索引查阅本书。

(8)《英国药典/国家处方集》(BP):于 1864 年初版,不定期改版,1948 年以后约每 5年改版一次,每年更新一次,最新的版本为 2020 年版,共 6 卷。BP 是英国药品委员会正式出版的英国官方医学标准集,是英国制药标准的重要出处,也是药品质量控制、药品生产许可证管理的重要依据。该药典囊括了几千篇颇有价值的医学专题论文,其中有几百篇是医学新论。它不仅为读者提供了药用和成药配方标准以及公式配药标准,而且也向读者展示了所有明确分类并可参照的欧洲药典专著。

二、中药期刊文献

(一)中药期刊文献的分类

期刊种类繁多,分类方法多种多样,没有统一的标准。中药期刊一般分为普及性期刊和学术性期刊两大类。普及性中药期刊一般面向基层，以普及和传播中医药的基础知识为目标，专门刊登用于指导基层中药工作的经验和技术，具有实用、通俗的办刊特点。

学术性中药期刊也称为"原始论文期刊"。它主要反映国内外中药科研水平，重点报道中药研究领域的新成果，发表具有创造性的学术论文、新技术、新方法等原始文献。

核心期刊是学术界通过一整套科学的方法，对于期刊质量进行跟踪评价，并以情报学理论为基础，将期刊进行分类定级，把最为重要的一级称之为核心期刊。核心期刊的确立是基于一定的理论基础和科学统计的，不同学科会有不同的核心期刊表。而且核心期刊是一个动态的概念，核心期刊表一般每年或隔几年会有修订。

1. SCI 及影响因子　《科学引文索引》(Science Citation Index, SCI)由美国科学信息研究所(Institute for Scientific Information, ISI)编辑出版，是目前公认的衡量科研单位和研究人员学术水平的重要工具。SCI 收录期刊的一个重要依据是影响因子(impact factor, IF)，是由美国 SCI 创始人加菲尔德(Garfield)于 1972 年提出的，评价期刊的指标影响因子是指某年某期刊在前两年中被 SCI 收录的期刊引用的次数与这两年该期刊发表的论文总数的比值，影响因子是衡量一种期刊权威大小的重要标志，影响因子越大的期刊，其学术影响力越大。

国际三大索引包括《科学引文索引》(SCI)、《工程索引》(The Engineering Index, EI)、《科技会议录索引》(Index to Scientific & Technical Proceedings, ISTP)。

2. 国内常用的核心期刊　目前与中医药相关的国内主要核心期刊(或来源期刊)遴选体系有北京大学图书馆《中文核心期刊要目总览》，中国科学技术信息研究所《中国科技论文统计源期刊》(又称《中国科技核心期刊》)，中国科学院文献情报中心的《中国科学引文数据库(CSCD)来源期刊》、万方数据股份有限公司的《中国核心期刊遴选数据库》等。

由于核心期刊的认定依据和选取原则不完全相同，不同遴选体系核心期刊的认定不完全一致。通常所说的"中文核心期刊"就是指收录在《中文核心期刊要目总览》中的期刊，收录在《中国科技论文统计源期刊》的期刊则称为"中国科技核心期刊"。俗称的"双核心期刊"一般指同时被《中文核心期刊要目总览》和《中国科技论文统计源期刊》收录的期刊。

(二) 常见中药学术期刊

1. 国内主要中药学术期刊　中药学术期刊以其大量的中药信息资源、高质量的论文，在中药文献研究中占有日益重要的地位，为广大中药科技工作者提供了十分丰富的信息来源。常见的中药核心期刊有：

(1)《中国中药杂志》：1955 年创刊，半月刊，是我国现存创刊最早的综合性中药学术核心期刊，全面反映我国中药学进展与研究动态，主要报道该领域新成果、新技术、新方法与新思路，内容包括栽培、资源与鉴定、炮制、药剂、化学、药理、毒副作用以及中医药理论与临床等，是国内较高中药科研学术水平的交流平台之一。

(2)《中草药》：1970 年创刊，是中国药学会和天津药物研究院主办的国家级期刊，半月刊，为中药类双核心期刊。主要报道中草药化学成分，药剂工艺、生药炮制、产品质量、检验方法，药理实验和临床观察，药用动植物的饲养、栽培、药材资源调查等方面的研究论文，并辟有中药现代化论坛、综述、学术动态和信息等栏目。

(3)《中草药(英文版)》(*Chinese Herbal Medicines*, CHM)：2009 年创刊，季刊，为我国第一份中药专业的英文期刊，由天津药物研究院和中国医学科学院药用植物研究所主办。主要报道中草药研究最新进展，以促进中药现代化、国际化为办刊特点。

(4)《中药材》：1978 年创刊，月刊，由国家药品监督管理局中药材信息中心站主办。主要报道中药材的种养技术(GAP)、资源开发和利用、药材的加工炮制、鉴别、成分、药理、临床、制剂、用药等方面的研究论文，是发行量较大的中药科技杂志。

（5）《中成药》：1978年创刊，是国家药品监督管理局信息中心中成药信息站与上海中药行业协会共同主办的专业性期刊，包括质量、药理、制剂、炮制等栏目，主要向医学工作者提供最新的中药研究动态和发展趋势。

（6）《中药药理与临床》：1985年创刊，是由中国药理学会、四川省中医药科学院主办的学术刊物，主要刊载有关中药药理学和临床治疗学研究的学术论文。其是国内外中药药理学学术交流的主要平台，是我国中药药理学的代表性刊物。

（7）《药学学报》：1953年创刊，是由中国药学会、中国医学科学院药物研究所主办的药学综合性学术类月刊，主要报道药学各学科领域基础和应用基础研究的原始性、创新性科研成果，包含有大量的中药研究成果。

（8）《中国药学杂志》：1953年创刊，半月刊，由中国药学会主办，是我国药学界发行量最大、反映我国药学各学科进展和动态的综合性学术核心期刊之一。内容包括药学各学科研究成果，辟有天然药物及中药、综述、药理、药剂、临床药学、药品质量及检验、药物化学、药物与临床、生物技术、新药介绍、药事管理、学术讨论、科研简报等栏目。

（9）《药物分析杂志》：1951年创刊，是我国药检领域的双核心学术期刊，主要报道药物分析学科最新研究成果，探讨药物分析新理论，介绍药物分析新进展，传播药物分析新技术，推广药物分析新方法。内容涵盖药物分析学科涉及的所有范畴，包括药物研制、药品生产、临床研究、药物安全、质量评价等的研究论文、研究简报、学术动态与综述评述等，含有较多的中药研究成果。

（10）《中国药理学通报》：1985年创刊，月刊，是中国药理学会主办的学术性期刊，包括论著、综述与讲座、实验方法学、研究简报、小专论等栏目，含有大量的中药药理研究成果。

（11）《中华中医药杂志》：1986年创刊，由中华中医药学会主办的国家级中医药学术期刊，是中国科学技术协会所属的自然科技期刊中反映中医药学术进展的中医药学科杂志。主要设有论著、临证经验、标准与规范、专题讲座、述评、综述、会议述要、研究报告、临床报道等栏目。

（12）《天然产物研究与开发》：1989年创刊，主要刊载具生物活性的天然产物及药用动、植物的研究与开发的创新性成果，尤其是天然产物的生物活性、作用机制、提取分离新方法等，内容涉及天然产物化学、生物化学、药学及分子生物学等领域的研究。

（13）《中药新药与临床药理》：1990年创刊，由广州中医药大学和中华中医药学会主办，是以中药新药和中药临床药理报道为主要内容的学术性刊物。

此外，《中国实验方剂学杂志》《北京中医药大学学报》《南京中医药大学学报》《中医杂志》等众多的中医类学术期刊也含有大量中药研究成果。

2. 国外中药相关主要学术期刊　由于中药具有中国地域性和传统性的特点，并未被世界范围接受和采用，国际上一般将中药研究与天然药物（或传统药物）对应，因此有关中药现代研究的文献常见于国外各种植物化学、天然药物、天然产物研究的杂志，来源比较分散，总体以中药成分（单体）的化学研究为主，常见的中药相关的国外研究文献有：

（1）*Natural Product Report*（《天然产物报告》）：1984年创刊，英国皇家化学会出版发行，双月刊，内容广泛，多收录相关领域研究的国际知名学者的综述性文章，对一定时期内天然产物化学相关文献提供全面的综述和评论，在医药化学类期刊中有着重要的影响。

（2）*Phytochemistry*（《植物化学》）：1961年创刊，由英国 Pergamon-Elsevier 科学有限公司出版，每年出版18期，是植物化学界的著名杂志之一。主要刊载有关植物的化学研究、生化、分子生物学范畴的学术成果，辟有化学、蛋白生化、活性提取物、新陈代谢、分子遗传等栏目。

（3）*Journal of Natural Products*（《天然产物》）：1979年创刊于美国芝加哥，每个月出版

一期。其由美国化学会和美国生药学会联合出版,为著名的天然药物化学杂志之一。内容涉及天然化合物的化学和生物化学及有关获得这些化合物的生态系统的研究,包括研究快报、论著、短篇报道、综述等。

（4）*Planta Medica*（《药用植物》）：由德国 Thieme 出版集团出版,每年出版 15 期,是国际上公认的药用植物和天然产物的专业杂志之一。主要刊载有生物药理、药动学、天然产物化学、分析化学等研究成果,发表来自世界各地该领域研究者的各类原创研究论文、通讯和评论、即时报道、简明综述等。

（5）*Chemical and Pharmaceutical Bulletin*（《化学与药学通报》）：1953 年创刊,由日本药学会出版发行。主要刊载分析化学、生物化学、药理学、毒理学和生物药学方面的研究论文和报告。

（6）*Journal of Asian Natural Products Research*（《亚洲天然产物研究杂志》）：创刊于 1998年,英国 Taylor & Francis 出版集团出版。该刊发表天然产物的化学、药理学等方面的研究文章。重点刊载亚洲如中国、日本、韩国、印度等国家的科研工作者在天然产物方面的研究成果,也包括其他国家对这一领域的研究成果。

（7）*Phytochemistry Letters*（《植物化学快报》）：*Phytochemistry* 的姐妹刊物,2008 年创刊。该刊主要收录植物化学方面的文章。

近年来,随着计算机技术,尤其是网络技术的广泛运用,当前期刊文献可通过计算机数据库网络检索和全文数据库等,在网上获取期刊论文原文。

三、中药特种文献

（一）科技报告

世界许多国家都出版各自的科技报告,如我国出版的《科学技术研究成果报告》等,查找我国科技报告的工具是《科学技术研究成果公报》（双月刊）。该刊由国家科学技术研究成果管理办公室编辑,按分类编排,除报道书目信息外,还报道内容摘要。此外,通过万方数据知识服务平台（http://www.wanfangdata.com.cn）可实现网上检索。

科技报告量最多的是美国,最为著名的是"四大报告",即美国国防技术情报中心、国家技术情报服务局、能源部和国家航空航天局出版的科技报告,分别简称为 AD 报告、PB 报告、DOE报告和 NASA 报告。"四大报告"的内容虽各有所侧重,但均包括医药卫生的内容。在科技查新工作中利用较多的是美国国家技术情报局（NTIS）出版的《政府报告通报与索引》（GRAI）,有数据库和检索刊物以及缩微平片等多种形式可利用。它全面报道 PB 报告和 AD 报告,对 DOE报告和 NASA 报告亦做重点报道,另外还报道美国政府专利和专利申请书。

（二）会议文献

目前全世界每年出版的会议论文集已超过 4 000 种,会议论文数十万篇。我国收藏会议文献的主要单位有:国家图书馆、中国科学技术信息研究所、中国科学院大学图书馆、中国国防科技信息中心和一些大学、研究院（所）图书馆等。其原文一般可通过邮函、通讯获取,另外可直接向会议文献发行单位订购。

由中国科学技术信息研究所出版的《中国学术会议文献通报》,是目前比较全面报道我国各类学术会议论文的刊物,包括"文献通报""会议预报"和"会议动态"3 部分。其他检索工具还有中国医学科学院医学信息研究所编辑出版的《中文科技资料目录（医药卫生）》、上海科学技术情报研究所编印的《中文科技文献目录》等。

网上检索可利用万方数据库的"中国学术会议文献数据库"（https://c.wanfangdata.com.cn/conference）。这是国内唯一的学术会议文献全文数据库,主要收录 1998 年以来国家级学会、协会、研究会组织召开的全国性学术会议论文。

（三）学位论文

学位论文除在本单位被收藏外,一般还在国家指定单位专门进行收藏。国内收藏硕士、博士学位论文的指定单位是中国科学技术信息研究所和国家图书馆。其原文一般可以直接通信联系索取复印件,也可以订购全文缩微片。

中国科学技术信息研究所编辑、科学技术文献出版社出版的《中国学位论文通报》,收录了我国自然科学领域各专业的硕士、博士和博士后的全部论文。1985 年创刊,双月刊,文摘性刊物。1999 年后停止印刷版,开始出版光盘版和网络版数据库。

检索国内学位论文的常用数据库有:《中国优秀博硕士学位论文全文数据库》《中国学位论文文摘数据库》《CALIS 学位论文中心服务系统》《国家科技图书文献中心学位论文数据库》《北京大学学位论文数据库》《台湾学位论文数据库》。

检索国外学位论文可利用 Dialog 国际联机系统或国际大学缩微胶卷公司(University Microfilms International)编辑出版的《国际学位论文文摘》《美国博士学位论文》《学位论文综合索引》等检索工具。

检索国外学位论文的常用数据库有:《PQDD 博硕士论文数据库》《Proquest 博硕士学位论文数据库》《NDLTD 学位论文数据库》等。

(四)专利文献

专利文献主要有各国专利局出版的专利说明书,专利公报及其年度索引和专利分类文摘等。

国内专利文献常用的有《专利公报》和《中国专利分类文摘》。《专利公报》是知识产权出版社出版发行的唯一法定刊物。它集经济、法律、技术信息于一体,刊载了在中国申请保护的国内外最新发明创造成果。以文摘及主要附图摘要的形式简要介绍专利申请项目的内容及发明人名称、地址,并公告专利申请、审查、授权的有关事项和决定。《专利公报》分《发明专利公报》《实用新型专利公报》和《外观设计专利公报》3 种。

《中国专利分类文摘》是在《专利公报》的基础上出版的文摘式年度检索刊物。分类文摘分《发明专利分类文摘》和《实用新型专利分类文摘》2 种。每种按国际专利分类法(IPC)的 8 部分编成 8 分册,各分册主要包括 IPC 小类分类表、文摘正文和索引 3 部分内容。

此外,国际上较有影响的专利文献有《世界专利索引》《美国专利公报》《英国专利公报》等。

(五)标准文献

我国常用标准文献有《中国标准化年鉴》《中华人民共和国国家标准目录及信息总汇》《中华人民共和国行业标准目录》《中国国家标准汇编》等,前 3 种均按分类编排,标准条目的著录项目包括分类号、标准号、标准名称、发布日期、修订日期及实施日期;后一种分若干分册出版,收入公开发行的全部现行国家标准,按国家标准号顺序编排。另外也可通过《国家标准文献数据库》网上查询。此外,查找国际标准化组织(ISO)制定的各项国际标准可利用《国际标准化组织标准目录》。

上述为常用中药文献的简要介绍,我们应该认识到,当前中药文献检索已基本过渡到以计算机数据库为基础的网络检索时代,如何充分利用网络数据库海量的中药研究信息,已经成为当今中药研究每天必须面对的问题。

(章新友)

复习思考题

1. 常见的中药文献的类型有哪些?
2. 什么是零次文献、一次文献、二次文献和三次文献?
3. 《神农本草经》和《本草纲目》各有何特点?
4. 什么是核心期刊?

第二章

中药文献检索基础

第一节　概　　述

随着科学技术的飞速发展,社会信息化程度不断提高,人们越来越重视信息的作用。信息的需求促进了信息技术的发展和信息网络的迅速建立,使信息资源共享得以实现。随着文献信息的数字化及计算机的网络化、全球化,中药信息量呈指数级增长,获取信息的敏锐程度和利用信息的准确程度决定着能否在大量信息中捕捉到有价值的信息,因此掌握收集中药信息的主要方法,从浩如烟海的中药文献中找出对自己有用的文献,对科学研究十分重要。

一、中药文献检索途径

文献检索是信息存储的逆过程,在已选定检索工具的前提下,检索工具的编排方法(信息的存储方法)即是文献检索途径。一般是利用检索工具的各种索引作为检索途径,常用的索引途径有以下几种。

1. 分类途径　是指按照文献资料所属学科(专业)类别进行检索的途径,依据的是检索工具中的分类检索索引。分类索引是从科学分类的观点出发,以学科概念的相互关系反映事物的派生、隶属、平等和等级,确定文献内容在分类体系中的位置而编排的索引。分类途径检索文献关键在于正确理解检索工具的分类表,将待查项目划分到相应的类目中去。

2. 主题途径　是指通过文献资料的内容主题进行检索的途径,依据的是各种主题索引或关键词索引,检索者只要根据项目确定检索词(主题或关键词),便可实施检索。主题途径检索文献的关键在于分析项目,提炼主题概念,运用词语来表达主题概念。主题途径是一种主要的检索途径。

3. 著者途径　是通过已知著者名称来查找文献的途径,包括"个人作者索引""团体作者索引"等。利用著者索引查找有关著者的文献、科研人员的科技成果和论文,一般多侧重于某一学科或专业范围,权威作者的论文还往往反映了某学科的先进水平和发展动向,对了解和掌握某学科的发展状况具有重要意义。

4. 题名途径　是利用书刊名称或文章篇名索引进行查找的途径。根据文献名称可迅速、准确地查到所需文献。

5. 机构途径　指通过机构名称获取相关信息了解该机构的途径。以机构途径检索文献,一般以计算机检索工具为主,手工检索较少。

6. 序号途径　利用文献的某些专一性序号查找文献的途径,如专利号、报告号、标准号、会议号、国际标准书号等。序号一般按大类缩写字母加号码次序(由大到小)编排索引,在已知序号的情况下,利用此途径检索比较快捷。判断与掌握序号编码的含义与规则对检索有实际意义。

7. 引文途径　是利用引文索引(citation index)查找文献的检索途径,例如通过被引论文去检索引用论文的途径,如美国《科学引文索引》(SCI)。引文索引的编排方式是按被引论文的作者排列,在被引论文之下,按年代列出引用过这篇论文的论文。这种索引可揭示某作者的某篇论文曾被哪些文章所参考引用,这些文章见于何种刊物、何卷、何期。通过这种途径,以某篇较早发表的论文为起点,检索到引用这篇论文的一些文章,再以检索到的这些文章为被引论文,再去检索,如此循环,可以查到一系列彼此有一定"血缘"关系的文献。由此可以追溯某一观点或某一发现的发展过程,估量某篇文献或某位作者在学术界的影响。

8. 其他途径　根据不同学科性质和特点的检索需要,有些检索工具还编制了某些专用索引,提供了特有的检索途径。如美国《化学文摘》的分子式索引、环系索引、杂原子索引等,美国《生物学文摘》的生物体索引等,都提供了特有的检索途径。

二、中药文献检索方法

检索方法是文献检索工作的一个重要技术,归纳起来主要有3种。

1. 常用法　包括顺查法、倒查法和抽查法3种。顺查法是指按由远及近的时间顺序查找文献信息的方法。一般用于重大课题和各学科发展史以及新兴学科等方面的研究课题的全面检索。倒查法是一种逆时间顺序由近及远地回溯性查找文献的方法,目的是获取近期发表的最新文献信息,是一般科研人员最常用的方法。在确认某项成果是否创新时常用倒查法。抽查法是针对某一学科的课题,重点对某一时间段进行检索,这种检索方法多用于检索专题调查报告。其花费时间少,效率高,但必须以检索者对该学科或课题研究发展的历史条件比较熟悉为前提。

2. 追溯法　是利用已掌握文献后面的参考文献或引用文献追踪查找相关文献的方法,也叫追踪法或引文追溯法。具体的查法有2种:一种是利用原始文献新附的参考文献追溯检索,但这种检索的漏检可能性大;另外一种是利用专门编制的引文索引进行追溯查找。《科学引文索引》就是在追溯检索实践基础上发展起来的一种新式检索工具。

3. 综合法　是将常用法与追溯法综合起来或者是将两者交替使用的检索方法。

在检索工具齐备的情况下,主要采用常用法或综合法,在检索工具比较缺乏或不够齐全的情况下,可采用追溯法等。

三、中药文献检索工具

检索工具是由大量的一次文献加工浓缩、标引、组织编排而形成的索引、目录、文摘。检索工具是二次文献。

（一）检索工具的类型

1. **按载体的不同形式分类** 可分为手工检索工具和计算机检索工具。手工检索工具是以手工方式处理和查找文献的工具，包括题录型、文摘型等。计算机检索工具将在本章第三节介绍。

2. **按收录范围分类**

（1）综合性检索工具：涉及多门学科，报道文献范围广，文献的语种和类型也很广，如《科学引文索引》。

（2）专业性检索工具：收录文献的范围仅限于某一学科领域，专业性强，适用于检索特定专业文献，如《中国药学文摘》、美国《化学文摘》。

（3）专题性检索工具：收录文献仅限于某一特定对象或专题，这种检索工具收录文献的内容集中、专指性强，适合于进行专题检索。

（4）单一性检索工具：收录文献仅限于某一特定类型的文献，如《专利文献通报》。

3. **按著录方式分类**

（1）目录型检索工具：是常用的历史最久的一种检索工具，包括国家目录、出版目录、馆藏目录、联合目录、专题目录等。所著录的是一个完整的出版单位，如一种图书、期刊或报纸，对文献内容的提示程度很浅。

（2）索引型检索工具：是将特定范围内的文献资料中有检索意义的词、篇名、人名、地名或有关代码摘录下来，注明出处，并按一定规律及排序方式组织编排的检索工具。一般可分为两类：一类是将报纸、刊物等文献中的篇章分类编制而成的索引；另一类是将书刊中的主题、人名、地名、术语、分子式等，按一定需要经过分类汇总编排，放在书刊之后，注明所在页码，做成附录性"索引篇"。文摘型检索工具大多附有这种索引。

一种索引通常由索引条目和参照系统两大部分组成。

1）索引条目：索引条目是索引的基本元素，其对有关文献某一主题概念起指示出处的作用，不具有报道原文内容的作用。一条索引条目通常包含标目、说明语和文献条目指引符号3部分。①标目：来自文献中具有检索意义的特征标识，通常包括主题词、分类号、作者姓名、文献题名中的关键词、出版物名称代号及其他代码等；②说明语：进一步解释或说明标目含义的词、词组、短评或机构名称等；或者是与标目所在文献的其他相关文献的标题、号码等；③文献条目指引符号：文献条目指引符号通常有流水号形式和报道性形式2种表示形式。

2）参照系统：索引的参照系统提供了该索引所选用的标目及标目的同义词和同形异义词定义、结构图例和相关词等项目，提示选择不同标目时所用的规则，说明该标目下罗列资料的范围及相关内容所应该使用的标目。参照系统在文献检索工作中起到指导检索、防止漏检和节省时间的作用。参照系统还将相关的标目联系在一起，在索引中汇集成"族"，所以其也是一种隐含的分类因素。索引的参照系统有单纯参照系统、兼互参照系统和说明参照系统3种。

A. 单纯参照系统：表示标目词与非标目词之间是等同关系，起到将标目词加以规范化的作用。在索引中，单纯参照系统主要以"见（see）"的形式出现，其是将非选用的标目指向选用的标目，检索时必须以指向的词或词组为索引标目，按序重新查找。

B. 兼互参照系统：表示标目词或词组之间为等级关系和相关关系。其主要作用是帮助检索者选择检索的范围，既可以扩大，也可以缩小检索范围。在索引中兼互参照系统主要以"参见（see also）"形式表示，其意是将原标目指向相关标目或类属标目，以改变原来的检索范围，同时增加"检索入口"。

C. 说明参照系统:即一般性参照,主要用来明确标目范围和含义,并起到指引作用。它说明某一标目下包含的材料及查找方法和所在位置,提示选作标目所用的规则,指出相关内容应使用什么标目。说明参照系统主要以"标目注释"或"索引注解"形式表示。

(3)题录型检索工具:采用题录形式著录和报道文献的一类检索工具称为题录型检索工具。题录的著录项目主要包括:①文献号或入藏号;②文献标题;③作者及其工作单位;④原文出处;⑤原文文种。

(4)文摘型检索工具:是采用文摘形式著录和报道文献的一类检索工具。其能帮助专业人员用较短的时间了解大量文献资料的概貌,掌握有关文献的现状及基本内容,获得本专业发展水平和最新成就的知识,并可根据需要利用检索标识获取原始文献。

文摘是对原始文献内容所作的简略和准确的描述,通常不加任何解释和评论,是忠实于原文内容的简要记录。其中最常见的是报道性文摘和指示性文摘。①报道性文摘:根据国际科学文摘大会决议,报道性文摘必须是被摘出版物或被摘文献主要论点、主要数据的摘要,篇幅一般为200~700字;②指示性文摘:将原文的主题范围、基本观点作概略揭示的一种文摘,篇幅一般约100字,最多不超过200字。

文摘型检索工具中文摘的著录项目,一般由题录、文摘正文和署名3部分组成。①题录:是揭示文献外部特征的著录部分,起着导向原文的指南作用,其著录项目与题录性检索工具中所述的基本相同;②文摘正文:是对文献内容作实质性描述部分,具有报道和提供信息线索的作用;③署名:紧接在文摘正文之后,多以非常简略的形式表示。

(二)检索工具的结构

任何检索工具都是以特定的检索语言为基础,检索语言是由一套具有描述文献内容特征的代码、词汇等构成的检索标识系统。检索语言是检索工具的核心,检索工具就是按检索语言的规范原则编排的。

1. 正文部分 正文部分由文献条目,即原文的题录或文摘组成。它为检索者提供所需的文献线索和判定是否需要查阅原文的根据,是检索工具内容的主体结构部分。正文部分的组织编排方法有多种,如按内容、按主题、按文献题名、按作者姓名、按文献代码顺序等。

2. 索引部分 文献以题录和文摘形式存入检索工具中,不仅仍占有较大篇幅,而且正文部分不可能提供多种有效的检索途径,因此需要编制索引部分,提供多种检索途径,提高检索效率。

3. 说明部分 说明部分能够为使用检索工具提供必要的指导,其内容一般包括编制目的、适用范围、收录年限、著录格式、结构示例、查阅例述、注意事项等。说明部分内容一般附在编辑说明、导言或后记之中。

4. 附录部分 附录部分是检索工具的必要补充。大型检索工具一般都设有附录。其内容包括收录文献的类型范围、摘用的期刊表或核心期刊目录、刊名缩写、不同文字转译对照表、缩略术语表、文献收藏单位代号表等。

四、中药文献检索步骤

中药文献检索是根据既定的课题,利用适当的文献检索工具,通过不同的检索途径,按照一定的检索方法和步骤来查找所需文献资料的全过程。就其检索的程序而言,通常要经过以下几个步骤:

1. 分析研究检索课题,明确文献检索的要求 这是文献检索的第一步。检索者首先必须对研究课题进行分析,掌握课题有关知识,明确所需资料的学科及年限范围,弄清楚有关的名词术语等。

2. 选择文献检索工具,确定检索方法　各种检索工具均有自己的特点,应根据检索课题的要求和检索工具的特点选择合适的检索工具,同时选择合适的检索方法。

3. 选择文献检索途径,确定文献检索标识　在选定检索工具和检索方法后,需要考虑的就是根据文献的外部特征和内部特征以及检索工具所提供的目录和索引,确定自己的检索途径和检索标识。现有的检索工具一般都具有分类、著者、主题等类型的检索途径,必要时还可利用其他辅助工具作为进入文献的途径,如种属索引、专利索引,化学物质索引等。在检索时必须根据自己所掌握的检索标识,选择和确定一条简捷的途径进行查检。

4. 利用检索工具,查找文献线索　将准确表达课题的检索词与检索工具中的文献标识(主题词、缩略语)进行比较后决定切题文献,最终找出文献的出处。

5. 根据文献线索,查阅原始文献　根据文献出处找到原始文献,可以利用馆藏目录查找本馆的资料,利用联合目录查找就近的馆藏或利用互联网查找难以找到的原始文献,如专利文献等。

索取外文一次文献时,要注意各种缩写的还原,掌握外文刊名的缩写规律是十分必要的。外文刊名的缩写,拉丁语系刊名的缩写等可在《化学文摘》(CA)的来源索引和多数检索工具的刊名表中还原。非拉丁语系刊名缩写的还原,先用缩写工具书查出拉丁文拼写全称,然后按文种采用不同的工具书,将拉丁文拼写的刊名全称还原为原文刊名。

中药文献检索的一般程序:由于课题的需求和条件各不相同,采用的检索方法、检索途径和步骤也不一样。通常要经过如图 2-1 所示的程序。

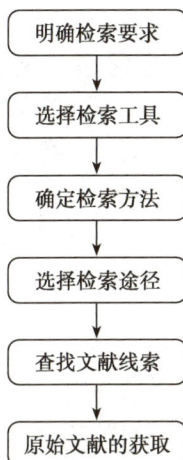

图 2-1　中药文献检索的一般程序

第二节　检索语言

检索语言是根据文献检索需要而创制的人工语言。检索语言是文献检索的基础,贯穿于文献存储和检索的全过程,利用检索语言可把各种科技文献特征标引出来,存贮起来,又可把存贮在检索工具中的文献线索准确地检索出来。了解和熟悉检索语言,是保证快速而正确地进行检索的前提。

检索语言在表达各种概念及相互关系时所采用的方法不同,所以检索语言的分类方法及其类型也有多种。如检索语言按其结构原理划分,可分为分类检索语言、描述检索语言(主题检索语言)、代码检索语言 3 大类。

一、分类检索语言

分类检索语言也称分类法语言,是用分类号作为标识符号系统来表达文献各种属性的概念,并将其按学科体系进行划分或排列而形成的检索语言。分类检索语言又分为体系分类检索语言和组配分类检索语言 2 种。分类检索语言组成的索引主要用于检索工具文摘题录的组织编排,在专利文献检索中,分类索引是检索方法中最常用的索引之一。

二、描述检索语言

描述检索语言,又名主题检索语言,是用自然语词作为检索标识系统来表达文献的各种属性的概念,具有表达能力强、标引文献直接、专指度深等特点。描述检索语言包括关键词检索语言、标题词检索语言、单元词检索语言和叙词检索语言 4 种,是检索工具中最常用的检索语言。

(一)关键词检索语言

关键词检索语言是直接以关键词作为文献主题标识,通过关键词轮排的方式揭示文献主题的一种语言,根据选词原则和编排原则的不同,利用关键词检索语言编制的索引有以下 4 种。

1. 普通关键词索引　普通关键词索引中的关键词是从文献的题目、正文和摘要中抽选出来的,由在文献中起关键作用的自然语言构成,在索引中一般抽出 4~5 个,组成关键词短语,用来描述文献的主题内容。

例如"黄连素对人结肠癌细胞增殖、凋亡的影响机制"这样一篇文献,有 4 个关键词:"黄连素""结肠癌""增殖""凋亡"。由于关键词是从文献著者使用的语词中抽选出来的,是未经规范化的词汇,不如标题词或其他主题词那么严格,容易导致概念上的混淆,造成误检。

2. 题外关键词索引　就是从文献主题内容中抽选出的关键词先按字顺轮排,然后在每个相应的关键词下列出完整的文献题目,有时还注明文献出处。

3. 题内关键词索引　又称为"上下文关键词索引",它将从文献主题内容中抽选出来的关键词按字顺进行轮排,在每条关键词索引中保留了非关键词,用于规定关键词的词间关系,使关键词与关键词之间发生语法上的联系,形成一个完整的短语,从而准确表达文献的主题内容。

4. 保留原意索引　基本特点是在标引文献时,可以保持上下文的句法关系,是"题内关键词索引"和"题外关键词索引"的改进和发展,但该种索引编制较为复杂、实用性较差。

关键词语言具有选词方便、灵活、采用轮排技术编制简便等优点,应用比较广泛,"普通关键词索引"和"题内关键词索引"一般应用较广,主要用于现期文摘刊物的辅助索引,如美国《化学文摘》(CA)、美国《生物学文摘》(BA)等。

(二)标题词检索语言

标题词检索语言是将表征文献内容特征的具有独立意义的主题性词语加以规范化的语言。任何一篇文献,总要反映一定的主题,按主题进行标引,就能将从不同角度、不同学科论述同一事物主题的多种文献都集中在一起,所以标题词检索语言具有主题事物的集中性和专指性,便于按专题进行特性检索。

(三)单元词检索语言

单元词检索语言是将复杂的科技文献中的概念分解成若干个最基本的单元词汇进行标志的检索语言。单元词,是指能够用于描述信息所论及主题的最小、最基本的词汇单位。单元词的概念组配,以逻辑算符为基本形式,主要是以下 3 种:

1. 逻辑"与"(AND)算符＊　三棱＊炮制。
2. 逻辑"或"(OR)算符+　三棱+术。
3. 逻辑"非"(NOT)算符-　三棱-鉴别。

单元词检索语言是一种后组式检索语言,表征文献主题内容的单元是在检索时才进行自由组配的,具有较大的语义表达能力,有利于主题因素复杂的文献标引和多主题检索。由于单元词语言的上述优点,美国的许多大型检索工具都采用这种索引形式。如:BA 中的概念索引(concept index)、美国化学专利中的单元词索引(uniterm index to chemical patents)。

(四)叙词检索语言

叙词检索语言是以规范化科技名词或代码表达文献主题,具有组配功能的动态性检索语言。一般来讲,选做的叙词具有概念性、描述性和组配性,经过规范化处理后,还具有语义的关联性、动态性和直观性。叙词法综合了多种信息检索语言的原理和方法,具有多种优越性,适用于计算机和手工检索系统,是目前应用较广的一种语言。CA、EI 等著名检索工具都采用了叙词法进行编排。

三、代码检索语言

代码检索语言是以表示事物某方面特征的代码作标识、表达主题概念的一种标引语言。其用较少的符号将较多的信息清晰地揭示出来,具有唯一性、简捷性和可读性。比如分子式、ISBN(国际标准书号)、ISSN(国际标准连续出版物号)、标准号、专利文献号都是典型的代码检索语言。

第三节　中药文献计算机信息检索

计算机信息检索是指人们根据特定的信息需求,利用计算机从相关的机读数据库中识别并获取所需信息的过程。计算机信息检索是科研工作者目前获取文献信息最常用的方法和手段,具有信息量大、操作技能容易掌握、方便快捷、花费低等特点。计算机信息检索系统主要由 3 部分构成:数据库、软件及计算机硬件。

一、数据库

数据库是指一定专业范围内的信息记录及其索引的集合体,是计算机信息检索系统的重要组成部分,既是信息资源,也是检索对象。

(一)数据库的类型

1. 书目数据库　存储的是二次文献,包括文献的外部特征、题录、文摘和主题词等,检索结果是所需文献的线索而非原文。许多书目数据库是印刷型文献检索工具(索引、文摘)的机读版本,如 MEDLINE 等。

2. 全文数据库　存储的是原始资料的全文。全文检索可以直接获取原始资料,而不是书目检索时的线索,提高了用户的检索效率。如中国学术期刊全文数据库(CJFD)。

3. 数值数据库　主要包含的是数字数据,如各种统计数据、科学实验数据、测量数据等。

4. 事实数据库　存储的是用来描述人物、机构、事物等信息的情况、过程、现象的事实数据,如名人录、机构指南、大事记等。用户可通过人名、机构名、事物名称查到其介绍和相关信息。

(二)数据库的结构

一般由记录、字段和文档组成。

1. 记录　是构成数据库的一个完整的信息单元,每条记录描述了一个原始信息的外部特征和内部特征。例如,书目数据库中的一条记录通常代表一篇文献,其他类型数据库中的记录可能是一种治疗方案、一组理化指数。

2. 字段　比记录更小的信息单位,是组成记录的数据项目。例如,在 MEDLINE 中一条记录代表一篇文献,在这条记录中有题名、著者、来源、文摘、主题词等字段。

3. 文档　一般有 2 种理解方式:第一种可以把文档理解为数据库中部分记录的集合;另一种则是把文档理解为数据库的结构。

（三）常用中药学相关数据库

1. 外文数据库

（1）美国《化学文摘》数据库（CA）：由美国化学学会（ACS）下属部门美国化学文摘社（CAS）编辑出版。出版形式包括磁带版数据库 CA File、缩微版、光盘版 CA on CD 以及目前最先进的 SciFinder。

（2）美国《生物学文摘》数据库（BA）：是生命科学主要的文摘和索引数据库，由美国生物科学信息服务社（BIOSIS）编辑出版。

（3）美国 MEDLINE 数据库：是世界公认的最具代表性和权威性的生物医学数据库，由美国国立医学图书馆建立。

（4）美国《科学引文索引》数据库（SCI）：由美国科学信息研究所（ISI）建立，最大的特点是提供引文检索，用于查找文献被引用的情况，包括被引著者和被引文献。

（5）荷兰《医学文摘》数据库（EM）：按学科单独出版，药学及药理学内容较 MEDLINE 丰富。

2. 中文数据库

（1）中国知识资源总库：由清华大学、清华同方发起，始建于 1999 年 6 月。以"中国知网"网站形式向用户提供检索服务，内容囊括学术期刊论文、博硕士论文、专利、科技成果等多种类型文献数据库。

（2）万方数据库：由万方数据股份有限公司开发，内容涉及自然科学和社会科学各领域，收录范围包括学术期刊、会议论文、学位论文、外文文献、专利、标准、科技成果、图书、法规、机构、专家等。平台将期刊、学位、会议及外文文献合并成学术论文数据库，方便检索学术论文，同时提供知识脉络分析、论文相似性检测、学术统计分析等功能。

（3）中医药在线：由中国中医科学院中医药信息研究所创办，目前数据库总数 40 余个，数据总量约 110 万条，包括中医药期刊文献数据库、疾病诊疗数据库、各类中药数据库、方剂数据库、民族医药数据库、药品企业数据库、各类国家标准数据库（中医证候治则疾病、药物、方剂）等相关数据库。

二、常用的数据库检索技巧

计算机信息检索的过程，实际上就是将用户的检索提问与数据库中的检索标识相比较的过程。在整个检索过程中，通常会使用以下检索技巧：

（一）布尔逻辑检索

布尔代数的三个基本算符 AND、OR 和 NOT 在计算机检索中用于表示文献集合的逻辑关系，即逻辑与、逻辑或、逻辑非。

1. 逻辑与　逻辑与的检索表达式为"A AND B"，含义为含有检索词 A 又含有检索词 B 的文献为命中文献。其作用是缩小检索范围，提高查准率。

2. 逻辑或　逻辑或的检索表达式为"A OR B"，含义为含有检索词 A 或含有检索词 B 的文献均为命中文献，其作用是扩大检索范围，提高查全率。

3. 逻辑非　逻辑非的表达式为"A NOT B"，含义为含有检索词 A 但不含有检索词 B 的文献才是命中文献。其作用是缩小检索范围，去掉一些不相关文献以提高查准率。

另外，还要注意 3 种逻辑运算符的运算顺序，在一般的数据库中，运算顺序为 NOT>AND>OR，如欲改变运算顺序，可以加括号。

（二）截词检索

截词检索，就是把检索词截断，取其中的一部分片段，再加上截词符号一起输入，以检索一组概念相关或同一词根的词。计算机按照词的片段与数据库里的索引词对比匹配，凡包含这些词的片段的文献均可检出。这种检索方式可以扩大检索范围,提高查全率。

截词检索主要用于检索词的单复数、不同词性的词尾变化、词根相同的一类词,以及同一词的不同拼法等。在做自由词检索时为了避免漏检,常常考虑把这些词都包括进去,并且省去逐一键入的麻烦。各种检索系统所使用的截词类型和截词符号不尽相同,但截词检索一般有以下 3 种情况:

1. 右(后)截词 把一个截词符号放在一个字符串的右方,用来表示字符串右边还有有限个或无限个字符。此种截词使用较多,如输入检索表达式 glycyrrhiza*,可以查到含有 gly-cyrrhiza、glycyrrhiza polysaccharid、glycyrrhiza cell、glycyrrhiza syrup 等词的文献。右截词主要应用在以下 4 个方面:

(1) 词的单复数:如输入 computer? 可检出含有 computer 和 computers 的文献。

(2) 年代:如输入 200? 可以检索出 2000 年到 2009 年的文献,输入 19?? 可以检索出 1900 年到 1999 年的文献。

(3) 作者:如果只知道作者姓但不知名,可输入姓,然后进行右截词,检出以后再通过浏览进行选择。如知道某作者姓为 Adelson 但不知其名,可输入 Adelson*,然后再浏览选择需要的文献。

(4) 同根词:见前 glycyrrhiza* 的例子。

2. 左(前)截词 把截词符号放在字符串的左方,以表示该字符串左方的有限或无限个字符。左截词主要应用于检索某一学科在不同领域应用的文献。如输入 *chemistry,可以检索出含有 chemistry(化学)、biochemistry(生物化学)、phytochemistry(植物化学)等检索词的文献。

3. 中间截词 把截词符号放在检索词中间的截词方法,其只允许有限截断。中间截词常用于检索词的单复数和英美不同拼法。如输入检索词 wom? n 可检出含 woman 和 women 的文献,输入 standardi? e 可检索到含有 standardise 和 standardize 的文献。

使用截词检索是扩大检索范围的一种措施。但在使用截词检索时,所用检索词的词根不要过短,以免检出许多无关的结果,增加误检率。为避免这种情况,应先查阅字典,以确定合适的截断位置。

另外还有邻近检索、限定字段检索和字符串检索,也是数据库检索过程中常用的技巧。

(三)检索表达式

检索表达式是用检索系统规定的各种算符将检索词之间的逻辑关系、位置关系等连接起来,构成的计算机可以识别和执行的检索命令式。最常用的是逻辑检索表达式,通常也简称为检索表达式或表达式。检索表达式是自然语言描述的现实检索问题与各专业文献数据库、搜索引擎的人机界面之间的桥梁,好的检索表达式可提高查全率和查准率。

1. 检索表达式的组成要素 主要由检索词、检索项、逻辑运算、匹配、优先级、连接符、词频、排序等要素组成。

(1) 检索词:是从查找问题描述中提取的词汇,如查找"关于经典名方竹茹汤治疗顽固性呃逆的研究论文",可提取的检索词有:经典名方、竹茹汤、顽固性呃逆等。

(2) 检索项:是各类型文献的基本属性,如期刊论文的检索项有文章标题、作者、作者单位、摘要、关键词、期刊名称、期卷、参考文献等;学位论文的检索项有论文题目、作者、关键词、摘要、学位授予单位、导师等。

(3) 逻辑运算:有"与""或""非"3 种,用来连接 2 个或多个检索项,表明各检索项之间的逻辑关系。

(4) 匹配:匹配方式有精确匹配、模糊匹配和相关度匹配。精确匹配是指根据所提出的条件给予一定精确程度的匹配;模糊匹配是指根据所提出的条件给予大致程度的匹配;相关度匹配是根据检索词在该检索项的匹配度,得到相关度高的结果。例如,中国知网采用相关度匹配的检索项为:主题、篇关摘、篇名、全文、摘要等。

（5）优先级：是检索表达式中各逻辑运算符的先后计算次序。

（6）连接符：是将检索词和检索项连接起来的符号，如作者＝张伯礼。

（7）词频：是规定某检索词在某文献中的出现次数。

（8）排序：是对查找到的文献按照某一指标进行排序，把用户最关注的排在前面。如按相关度、发表时间、被引、下载等排序。

2. 检索表达式要素之间的联系

（1）文献类型和数据库共同决定可用的检索项

1）不同类型文献，检索项设置不同。如期刊论文常用检索项有：篇名、作者、期刊名称、主题、关键词、摘要等；学位论文常用检索项有：题名、作者、导师、学位授予单位等；会议论文常用检索项有：篇名、作者、会议名称、主办单位等。

2）同一类型的文献，不同的数据库提供的检索项也有不同。如期刊论文，中国知网提供了主题、篇关摘、篇名、关键词、作者、单位、刊名、ISSN、国内统一刊号（CN）、期、基金、摘要、全文、参考文献、中图分类号、数字对象唯一标识符（DOI）、栏目信息、发表时间等检索项；万方数据库提供了全部、主题、题名或关键词、题名、创作者、作者单位、关键词、摘要、日期、DOI、期刊-刊名、期刊-期等检索项。

同一个检索项，在不同的数据库中采用的名称可能不同，如中国知网的"篇名"与万方数据的"题名"；中国知网的"作者"与万方数据的"创作者"等。

（2）每个检索词都有对应的检索项

1）检索词与检索项匹配时，其匹配的难易程度不同。如属于参考文献、中图分类号、文献来源、支持基金、作者、作者单位等检索项的检索词容易辨识。而属于篇名、关键词、摘要、全文等检索项的检索词，则需要考虑查全率、查准率等诸多因素。

2）同一个检索词匹配不同检索项，其检索结果数量不同。反映内容特征的检索词，按照检索结果由少到多，对应的检索项是关键词、篇名、摘要、全文。

（3）检索结果太多或太少：如果检索结果太多、不满意，可增加检索词、采用含义更小的检索词、限定时间、选择引用次数多的、选择科研实力强的单位、选择核心期刊、精确匹配、更换检索词所属的检索项（如"篇关摘"变更为"关键词"）等；如果是结果太少、或没有，可减少检索词、采用含义更广的检索词、模糊匹配、更换检索词所属的检索项（如"关键词"变更为"篇关摘"）、选择其他中文数据库、选择外文数据库等。

三、计算机信息检索的过程

计算机信息检索的过程，实际上是将用户的提问与数据库中的检索标识进行严格字符匹配，从而决定取舍的过程。所以用户在进行检索时必须制定检索策略，来保证检索结果的满意程度。进行计算机信息检索，一般来说要经过以下基本程序：分析检索课题、选择检索系统和数据库、确定检索词、构建检索表达式、上机检索并调整检索策略、输出检索结果。

（一）分析检索课题

分析课题涉及的学科范围，主题要求，所需信息的内容及其特征，所需信息的类型，包括文献类型、出版类型、年代范围、语种、著者、机构等，以及课题对查新、查准、查全的指标要求。

（二）选择检索系统和数据库

选择数据库时可从以下几方面考虑：数据库收录的信息内容所涉及的学科范围，收录的文献类型、数量、时间范围以及更新周期，数据库所提供的检索途径、检索功能和服务方式。

（三）确定检索词

检索词的确定有以下几个原则：

1. 优先选用主题词　当所选择的数据库有规范化的主题词表时,应优先选用该数据库词中与检索课题相关的规范化主题词。

2. 选用数据库规定的代码　许多数据库的文档中使用各种代码来表示各种主题范畴,有很高的匹配性。如世界专利文摘数据库中的分类代码、《化学文摘》数据库中的化学物质登记号。

3. 选用常用的专业术语　在数据库没有专用的词表或词表中没有可选的词时,可以从一些已有的相关专业文献中选择常用的专业术语作为检索词。

4. 选用同义词和相关词　同义词、相关词、近义词、缩写词、词形变化等应该尽量选全,以提高查全率。

（四）构建检索表达式

检索表达式是计算机信息检索中用来表达用户检索提问的逻辑表达式,由检索词和各种布尔逻辑算符、位置算符、截词符以及系统规定的其他组配连接符号组成。检索表达式构建得是否合理,将直接影响检索结果的查准率和查全率。构建检索表达式时,应正确运用逻辑组配运算符,前面已经介绍过一些逻辑运算符。

（五）上机检索并调整检索策略

应及时分析检索结果是否与检索要求一致,根据检索结果对检索表达式做相应的修改和调整,直至得到比较满意的结果。

（六）输出检索结果

根据检索系统提供的检索结果输出格式,选择需要的记录以及相应的字段(全部字段或部分字段),将结果显示在显示器屏幕上,存储到磁盘或直接打印输出,网络数据库检索系统还提供电子邮件发送,至此完成整个检索过程。

四、光盘数据库和光盘检索系统

（一）光盘数据库

光盘数据库以其信息获取量大、提取方便快捷、检索可靠性好、投资成本低廉等特点而深受广大用户的欢迎,广泛地运用于图书情报部门。目前国内光盘数据库有《中国学术期刊(光盘版)》、《中文科技期刊数据库》、《人大复印报刊资料系列光盘》、《中国专利公报》光盘、《中国药典》光盘、《中国生物医学文献数据库》、《中文生物医学期刊数据库》等。这些数据库是获取医药文献信息的良好工具。

（二）光盘检索系统

1. 光盘检索系统　此系统是利用光盘驱动器和光盘数据库及检索软件,结合计算机而建立起来的信息检索系统。其基本构成包括 3 部分:①数据库——光盘。②软件——系统软件及检索软件。③硬件——计算机:PC 机(或服务器—光盘网络时);光盘驱动器(单盘驱动器或塔式驱动器);显示屏、打印机、键盘;控制卡;网卡及电缆线(光盘网络时)。

2. 光盘工作站　要想阅读、检索存贮在光盘上的信息,必须建立一个光盘工作站。光盘工作站由普通微型计算机、光盘阅读器和一台打印机构成。与光盘配套的检索软件可以装入硬盘。光盘出版商常常逐年修订这些软件,使其功能更强或更易于使用。从光盘上检索出的信息可以转存于微机中的硬盘或软盘上,也可在打印机上直接打印输出。

3. 光盘网络　一个光盘工作站只能供一位用户使用,每次检索一个光盘片。如果建立光盘网络,则可实现多用户同时共享多个数据库的文献。

光盘网络技术就是把多个光盘驱动器连接到一台服务器微机上,再将微机连接到网络上。安装在各驱动器上的光盘可以是不同的数据库或者一个数据库的若干个光盘。

4. 光盘检索系统的优点　①存贮密度高、容量大;②存取速率高,并具有随机存取的功能;③稳定性好:非接触式激光束存取信号,不仅可以快速随机存取,而且不存在光盘的磨损现象;④价格低廉,便于复制;⑤操作技能容易掌握。

五、Internet 信息检索

Internet 已成为世界上最大的信息资源宝库,网络信息的查找和检索已远远超过了信息检索领域。随着网上信息数量激增,各种网上信息检索工具应运而生,比如网络搜索引擎、网络数据库系统等。

(一) Internet 搜索引擎

搜索引擎(search engine)是指根据一定的策略、运用特定的计算机程序从互联网上搜集信息,在对信息进行组织和处理后,为用户提供检索服务,将与用户检索相关的信息展示给用户的系统。目前,搜索引擎种类繁多,根据其工作原理,主要分为以下 3 种类型。

1. 全文搜索引擎　全文搜索引擎首先建立一个从互联网上提取的各网站信息(以网页文字为主)的数据库,从中检索出与用户查询条件匹配的相关记录,然后按照一定的顺序排列,将结果返回给用户,因此,全文搜索引擎检索也称为关键词检索。用户能够对各网站的每篇文章中的每个词进行搜索,因此查询全面而充分。不过,检索结果有时给人杂乱无章的感觉。Google 和百度是全文搜索引擎的代表。

2. 目录搜索引擎　目录搜索引擎以人工或半人工的方式搜集信息,再将信息资源按照一定的主题进行分门别类,建立不同层次的目录。由于这种目录是在人工智能下完成的,因此信息准确,导航效率高。不过该引擎需要大量人工介入,维护成本高,信息量较少且更新慢。目录搜索引擎虽然有搜索功能,但严格意义上不能称为真正的搜索引擎,只是按目录分类的网站链接列表。

3. 元搜索引擎　元搜索引擎没有自己的数据库,通过一个统一的用户界面,在接受用户查询请求后,可以同时在多个搜索引擎上进行搜索,并且所获的结果经过处理后,作为自己的结果返回给用户。著名的元搜索引擎有 Metacrawler、Dogpile 等。

(二) 中药相关网站简介

1. 国内外中药相关的组织机构网站

(1) 国家药品监督管理局:国家药品监督管理局(NMPA)(https://www.nmpa.gov.cn/)提供信息查询和网上办公功能,通过药监动态、公告通告、法规文件、政策解读等栏目,可以及时了解和掌握我国有关药品监督管理方面的动态,通过数据查询、政务服务门户等栏目可查询相关数据,或者了解有关办事流程,网上办公逐步开通和完善,为企事业单位和个人的业务处理提供方便。在 NMPA 主页点击"查询"可以查询:国产药品、进口药品、中药保护品种、GMP 认证等数据库。同时,还提供了中国食品药品检定研究院、国家药典委员会等国家药品监督管理局直属单位,以及各地方药品监督管理局的链接,其中均富含大量药品相关数据资源。

(2) 国家中医药管理局:国家中医药管理局(NATCM)(http://www.natcm.gov.cn/)是政府管理中医药行业的国家机构,隶属于国家卫生健康委员会。其网站内除有大量中医药新闻、法律法规、政策发布和解读、医政管理、科技管理等相关资源外,还提供中医药基础数据库、中医医疗机构数据库等的检索。

(3) 美国食品药品监督管理局:美国食品药品监督管理局(FDA)(http://www.fda.gov)隶属于美国卫生教育福利部,是美国政府监督美国国内食品、药品、化妆品、放射药物、医疗器械等是否安全、有效、可信的主管部门。FDA 官方网站非常庞大,内容十分丰富。其包括药品的使用,介绍被 FDA 批准的新药及老药新用途,OTC 药品的目录,以及关于药品副作用的报道,还可以查找新药在 FDA 的审批报告。FDA 网站上也可进行关键词及其他检索。

（4）中华中医药学会：中华中医药学会（http：//www.cacm.org.cn/）是我国成立最早、规模最大的中医药学术团体，是全国中医药科学技术工作者和管理工作者及中医药医疗、教育、科研、预防、康复、保健、生产、经营等单位自愿结成并依法登记成立的全国性、学术性、非营利性法人社会团体。其网站内有"专题平台"，其中包括"科技奖励评审系统""继教管理与证书查询"等平台供检索使用。

（5）中国中药协会：中国中药协会（http：//www.catcm.org.cn/）是成立于2001年，民政部批准的全国性一级社会团体，是由中药企业、科研单位、大专院校以及相关事业单位、社会团体和个人自愿结成的全国行业性非营利社会组织。该协会以服务国家、服务社会、服务民众、服务行业为宗旨，以规范引领企业、科学助力企业、亲情团结企业，促进中药产业高质量发展为工作方针。其网站主要有"学术园地""科技评审""师承继教""科学普及"等栏目。其中协会下属的中药材信息中心官方网站中药材天地网（https：//www.zyctd.com/）被誉为中药材产业信息门户，涵盖中医药产业信息、企业舆情信息、产业成本数据、预警药材价格等。

（6）国际药学联合会：国际药学联合会（https：//www.fip.org/）成立于1912年，总部设在荷兰海牙，是一个代表全球药剂师和药学家的组织，世界各地的药剂师或药学工作者均可申请加入。国际药学联合会网站主要栏目有新闻与出版、网站申明与指南、会议信息、奖励、FIP基金、会员专区等。

2. 国内外重要的中药相关综合网站

（1）Rxlist：Rxlist网站（网上药物索引，http：//www.rxlist.com）创建于1994年，主要提供药物信息并向消费者普及用药知识，网站主要栏目包括药物索引、药品鉴定、图片库、疾病与身体状态以及医学词典。

药物索引收录有5 000种以上的药物，并列出了美国处方药市场每年度前200个高频度使用药。可按照字母顺序浏览，也可进行关键词检索，主要可查到药物的描述，包括作用、作用原理、结构式、分子式、分子量、性状、临床药理、适应证、用法用量、不良反应、药物相互作用、注意事项等。

（2）中国医药信息网：中国医药信息网（https：//www.cpi.ac.cn/）是由国家药品监督管理局信息中心主办的医药行业信息服务网站，始建于1996年，专注于医药信息的搜集、加工、研究和分析，为医药监管部门、医药行业及会员单位提供国内外医药信息及咨询、调研服务。其主要栏目包括资讯、通告公告、监管政策、数据查询、专题、化妆品专栏等。

（3）中国金药网：中国金药网（http：//www.gm.net.cn）是医药卫生行业信息化产业工程，主要为医药卫生行业的生产企业、流通企业、科研院所、医疗机构以及政府职能部门提供电子商务、信息交流、信息检索、统计分析、科研成果交流等全方位服务，同时为客户提供系统集成、软件开发、广告策划等业务。

（李 林 张文学）

ER-2-3

扫一扫，
测一测

复习思考题

1. 文献检索的途径有哪些？

2. 文献检索的方法有哪些？

3. 文献检索的常用工具有哪些？

4. 中药文献检索的一般步骤是什么？

5. 计算机文献检索系统主要由哪几部分构成？

◇◇◇　第三章　◇◇◇

中医药中文网络数据库

学习目标

1. 掌握主要中医药中文网络数据库的检索策略和检索方法。

2. 熟悉应用检索策略和检索方法,以及信息筛选和处理。

3. 了解中国知网、维普中文期刊服务平台、万方数据知识服务平台的收录范围、功能和特点。

　　随着互联网的迅速发展与普及,网络数字信息资源成为中药文献的重要来源。中文网络数据库是利用网络数字平台建立起来的科技信息数字资源,包含中医药信息的数据库主要有中国知网、维普中文期刊服务平台、万方数据知识服务平台、特种文献数据库等。这些数据库相互交叉又各具特色,中国知网学科分布较均衡,维普中文期刊服务平台工业技术类份额最大,万方数据知识服务平台则偏重于医药卫生、农业科学、数理和化学类。充分了解信息资源在各数据库的分布特点,可减少检索工作量,避免漏检。

第一节　中　国　知　网

一、中国知网数据库概况

　　中国知网,即中国知识基础设施工程(China National Knowledge Infrastructure,CNKI),由清华大学、清华同方发起,始建于 1999 年 6 月,目前已经发展成为"CNKI 数字图书馆"。中国知网分为十大专辑:理工 A、理工 B、理工 C、农业、医药卫生、文史哲、政治军事与法律、教育与社会科学综合、电子技术与信息科学、经济与管理。十个专辑下分为 168 个专题和近 3 600 个子栏目。收录资源包括期刊、博士学位论文、优秀硕士学位论文、工具书、重要会议论文、年鉴、专著、报纸、专利、标准、科技成果、知识元、古籍等。中国知网深度整合海量的中外文文献,包括90%以上的中国知识资源,累计中外文文献量逾 5 亿篇,图书百万余册。其中,学术期刊库收录中文学术期刊 8 490 余种,含北大核心期刊 1 970 余种,网络首发期刊 2 340 余种,最早回溯至 1915 年,共计 6 020 余万篇全文文献;外文学术期刊包括来自 80 个国家及地区 900 余家出版社的期刊 8 万余种,覆盖 JCR 期刊的 96%,SCOPUS 期刊的 90%以上,最早回溯至 19 世纪,共计 1.2 亿余篇外文题录,可链接全文。

　　中国知网网址:http://www.cnki.net,网站首页界面如图 3-1 所示。

二、检索途径与步骤

　　本部分以学术期刊库为例,介绍中国知网的常用检索途径和步骤。中国知网学术期刊

图 3-1　CNKI 网站首页界面

库根据学术期刊的特点,提供"文献检索"与"期刊导航"两个通用菜单。各种检索的特点和方法如下。

(一) 文献检索

文献检索提供了一框式检索、高级检索、专业检索、作者发文检索、科研基金检索、句子检索、来源期刊检索 7 种面向不同需要的检索方式。

1. 一框式检索　一框式检索具有简单、使用方便、容易广泛普及等特点。它提供了类似搜索引擎的检索方式,只需要输入所关注的关键词,点击"检索"就可查到相关的文献。一框式检索可以限制检索途径,提高检索效率。可选的检索途径包括:主题、篇关摘、关键词、篇名、全文、作者、第一作者、通讯作者、作者单位、基金、摘要、小标题、参考文献、分类号、DOI、期刊名称、ISSN、CN、栏目信息等。

该方法适合于较为简单的检索以及查询诸如关键词、作者等字段明确的文献;也可针对复杂课题在一次检索后存在的误检或漏检问题,在原有检索结果的基础上,通过快速检索进行二次检索。

检索出的信息可随着检索字段个数的逐渐增加,使检索范围逐渐缩小,信息越来越准确。如选择"作者"途径,输入"张伯礼",进行"检索"。

2. 高级检索　中国知网学术期刊库系统默认的检索方式为高级检索,是较为常用的一种检索方式。高级检索界面及检索流程如图 3-2 和图 3-3 所示。

高级检索通过对检索范围的限定,使得检索结果更加精准。为此,可以控制文献的一些条件。如控制文献发表时间条件,可限定时间范围到日;控制文献来源条件,从而限定其来源范围;控制文献支持基金条件,输入基金名称的关键词即可;控制发文作者条件,输入作者和作者单位关键词。

高级检索平台还提供了精确或模糊检索、中英文扩展检索、扩展条件检索。可通过输入相应的扩展信息来控制检索文献的精确度;还可以用搜索词对应的中文扩展词和英文扩展词进行检索。适用于有较多明确信息以及查找范围(如外文文献)较广的查询,使其具有查找更加精确,查找中英文资料更多更全的特点。

3. 专业检索　专业检索需要使用逻辑运算符和关键词构造检索式进行检索,适用于熟

ER-3-2 ……

中国知网学术期刊库的高级检索使用方法(视频)

31

图 3-2　中国知网学术期刊库高级检索界面

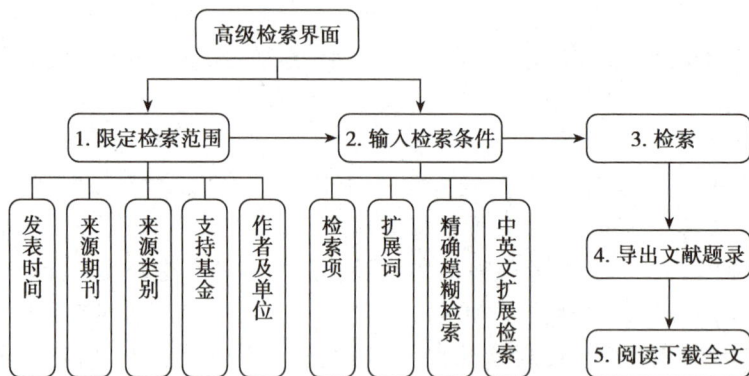

图 3-3　中国知网学术期刊库高级检索流程

练掌握检索技能的专业检索人员。可用下列检索字段构造检索表达式:SU%＝主题、TKA＝篇关摘、TI＝题名、KY＝关键词、AB＝摘要、AU＝作者、FI＝第一作者、AF＝作者单位、FT＝全文、JN＝期刊名称、RF＝参考文献等。

专业检索分单库专业检索和跨库专业检索。单库专业检索执行各自的检索语法表,跨库专业检索原则上可执行所有跨库数据库的专业检索语法表。

进行专业检索时,应该注意多个检索项的检索表达式可使用 AND、OR、NOT 逻辑运算符进行组合,3 种逻辑运算符的优先级相同。如要改变组合的顺序,使用英文半角圆括号"（　）"将条件括起。逻辑关系符号前后要空一个字节,使用"同句""同段""词频"时,需用一组西文单引号将多个检索词及其运算符括起。所有符号和英文字母,都必须使用英文半角字符。

例:要求检索张伯礼在天津中医药大学期间发表的题名或摘要中包含"三七"的文章。检索式:AU＝张伯礼 AND AF＝天津中医药大学 AND（TI＝三七 OR AB＝三七）。

4. 作者发文检索　作者发文检索是通过作者姓名、单位等信息,查找作者发表的全部文献及被引用下载情况。通过作者发文检索不仅能找到某一作者发表的文献,还可以通过对结果的分组筛选情况,全方位了解作者主要研究领域、研究成果等。检索项有作者姓名、第一作者姓名和作者单位,可在检索框中直接输入相关名称进行检索。对于作者单位检索项,点击检索项前"🞤"增加逻辑检索行,点击"🞥"减少逻辑检索行。

5. 科研基金检索　科研基金检索适用于通过科研基金名称,查找科研基金资助的文献。通过对检索结果的分组筛选,还可全面了解科研基金资助学科范围和科研主题领域等信息。在检索中,可直接在检索框中输入基金名称的关键词,也可以输入部分检索词后,在页面右侧的引导框中选择相应支持基金输入检索框中。

6. 句子检索　句子检索是通过输入 2 个关键词,查找同时包含这 2 个词的句子,实现对事实的检索。由于句子中包含大量的事实信息,通过检索句子可以提供有关事实问题的答案。可在全文的同一段或同一句话中进行检索,同段指 5 句之内,同句指 2 个标点符号之间。

7. 来源期刊检索　来源期刊检索是通过输入来源期刊的名称、类别、年和期等信息,来查找包含相关信息的期刊。可在检索框中直接输入相应期刊名称作为检索词,也可以输入部分检索词后,在页面右侧的引导框中对期刊进行选择。根据期刊所属类别,选择全部期刊、SCI 来源期刊、EI 来源期刊、北大核心期刊、中文社会科学引文索引(CSSCI)或 CSCD,系统一般默认为"全部期刊";期刊年和期,默认为"不限",期刊年期也可以从下拉框中选择;指定期,可以直接输入检索的期数。

(二)期刊导航

期刊是科研工作者获取最新情报的主要情报源。期刊导航是按期刊的不同属性对期刊分类,包括以下分类:网络首发期刊导航、独家授权期刊导航、世纪期刊导航、个刊发行导航、核心期刊导航、数据库刊源导航、卓越期刊导航、社科基金资助期刊导航、出版周期导航、出版地导航、主办单位导航。

核心期刊是指发文质量高,情报含量大,被摘率、被引用率和借阅率都较高,被公认为代表着学科当代水平和发展方向的期刊。核心期刊是对一个单位或一个人的学术水平的测定,对于文献信息的筛选和有效利用,都有着极为重要的意义。

三、检索结果的输出

(一)检索结果的分组与排序

中国知网学术期刊库检索结果以列表形式展示,并采用分组分析、排序分析的方法来准确查找文献。检索结果分组类型包括:学科类别、期刊名称、研究资助基金、研究层次、文献作者、作者单位、中文关键词、发表年度、不分组。除分组筛选外,系统还为检索结果提供了发表时间、相关度、被引频次、下载频次、浏览频次等排序方式。

(二)检索结果输出

1. 题录与文摘输出　检索到的大量文献可以按照摘要显示,也可以按照列表显示。对检索结果可进行进一步筛选,包括全部选择、清除已选,然后进行存盘、定制或打印。

2. 全文输出　文献全文输出具有 CAJ(China Academic Journal)和 PDF(Potable Document Format)2 种格式,在阅读前需下载和安装 CAJ Viewer 或 Adobe Acrobat Reader 全文浏览器。推荐使用 CAJ 浏览器,速度更快,针对学术文献的各种扩展功能更强。

当确定需要阅读某文献的全文后,可以点击"下载"按钮,如果全文数据库已经购买可直接下载,保存到本地磁盘,然后双击打开即可浏览全文。

第二节 维普中文期刊服务平台

一、维普中文期刊服务平台概况

维普中文期刊服务平台(http://cqvip.cgl.org.cn)隶属于重庆维普资讯有限公司。该公司为中国第一家进行中文期刊数据库研究的机构。其主要产品《中文科技期刊数据库》收录自1989年以来14 000余种中文期刊,全文3 000余万篇,引文4 000余万条,分8个专辑(社会科学、自然科学、工程技术、农业科学、医药卫生、经济管理、教育科学、图书情报)定期出版发行。维普中文期刊服务平台是医药工作者常用的数据资源,是以中文期刊资源保障为核心,以数据检索应用为基础,以数据挖掘与分析为特色,面向教、学、产、研等多场景应用的期刊大数据服务平台。平台采用了先进的大数据构架与云端服务模式,通过准确、完整的数据索引和知识本体分析,着力为读者及信息服务机构提供优质的知识服务解决方案和良好的使用体验。截至2023年12月,该数据库累计收录期刊15 000余种,现刊9 000余种,文献总量7 300万余篇。其检索界面如图3-4所示。

图3-4 维普中文期刊服务平台检索界面

维普中文期刊服务平台除了提供期刊导航、期刊评价、可视化分析、文献检索等常规功能外,还新增了职称评审材料打包下载、文献传递等功能。

二、检索途径与步骤

维普中文期刊服务平台的检索方法可分为一框式检索、高级检索、检索式检索、期刊导航4种。具体检索方法介绍如下。

(一)一框式检索

平台默认使用一框式检索,用户在首页检索框中输入检索词,点击"检索"按钮即可获得检索结果。用户还可以通过设定检索命中字段,从而获取最佳检索结果。平台支持题名或关键词、题名、关键词、摘要、作者、第一作者、作者简介、机构、基金、分类号、参考文献、栏目信息、刊名等10余个检索字段。一框式检索界面如图3-4所示。

(二)高级检索

高级检索可以通过一定的逻辑关系,将较多的检索词结合起来,用于检索较为复杂的课题,如果初次检出结果不符合要求,还可以进行二次检索。

打开维普中文期刊服务平台首页,在数据库检索区右侧,点击"高级检索",即可进入高级检索页面。在高级检索区,用户可以运用"与""或""非"的布尔逻辑关系将多个检索词进行组配检索。用户可以对每个检索词分别设定检索入口,并且通过时间限定、期刊范围、学科限定等来调整检索的数据范围;还可以选择"精确"和"模糊"2种匹配方式,选择是否进行"中英文扩展"和"同义词扩展",通过更多的检索前条件限定,获得最佳的检索结果。维普高级检索界面,如图3-5所示。

图3-5 维普高级检索界面

1. 选择检索入口 系统提供十余种检索入口:关键词、作者、第一作者、刊名、任意字段、机构、题名、文摘、分类号、题名或关键词、基金、参考文献等。可根据实际需求选择检索入口、输入检索式进行检索。

2. 限定检索范围 系统可进行学科类别限制和数据年限限制。

3. 学科类别限制 分类导航系统是参考《中国图书馆分类法》(第四版)进行分类的,每一个学科分类都可以按树形结构展开,利用导航缩小检索范围,进而提高查准率和查询速度。

4. 数据年限限制 数据收录年限从1989年至今,检索时可进行年限选择限制(如选择从1989年到2023年)。

5. 期刊范围显示 期刊范围限制包括全部期刊、北大核心期刊、EI来源期刊、科学引文索引扩展版(SCIE)期刊、CAS来源期刊、CSCD期刊、CSSCI期刊。可以根据检索需要来设定合适的范围以获得更加精准的数据。

6. 二次检索 用户一次检索的检索结果中可能会遇到某些数据是不需要的,这说明检索条件限制过宽,这时就可以考虑采用二次检索。二次检索是在一次检索的检索结果中运用"与、或、非"进行再限制检索,其目的是缩小检索范围,最终得到期望的检索结果。

(三)检索式检索

用户可以在检索框中直接输入检索词、布尔运算符和字段标识符等进行检索。此功能同样支持用户选择时间限定、期刊范围、学科限定等检索限定条件来控制检索命中的数据范围。

（四）期刊导航

期刊导航分为检索和浏览 2 种方式。

1. 检索方式 提供刊名、ISSN、CN、主办单位、主编、邮发代号等检索途径，从而查找某一特定期刊，按期次查看该期刊的收录文章，可实现期刊内文献检索、题录、文摘或全文的下载功能，同时可以查看期刊评价报告。

2. 浏览方式 提供按期刊名的字顺序浏览、期刊学科分类导航、核心期刊导航、国内外数据库收录导航、期刊地区分布导航。其中，新增核心期刊导航，反映最新核心期刊收录情况，同时更新最新国内外知名数据库收录期刊情况。

三、检索结果的输出

（一）题录文摘输出

检索后显示检索结果的简单信息，对检索结果进行选择标记，然后点击下载题录，即可以题录、文摘形式进行下载。同时，维普还提供自定义导出功能，可根据需要进行选择。

（二）全文输出

阅读维普数据库文献的全文需下载和安装 Adobe Acrobat Reader 全文浏览器，点击简单信息检索结果后的"下载 PDF"可进行下载或打印。

第三节 万方数据知识服务平台

一、万方数据知识服务平台概况

万方数据知识服务平台（http://www. wanfangdata. com. cn）隶属于中国科学技术信息研究所，收集涉及各学科的期刊论文、学位论文和会议论文，同时还提供中外专利、标准文献和科技成果等文献资料的查询，如图 3-6 所示。

图 3-6 万方数据知识服务平台检索界面

（一）期刊论文

包括中文期刊和外文期刊。中文期刊提供全文资源，收录自 1998 年以来国内出版的各类期刊 8 000 余种,其中核心期刊 3 300 余种,每年约增加 300 万篇,每天更新,较全面地收集了中华医学会系列杂志。外文期刊主要来源于 NSTL 外文文献数据库以及数十家著名学术出版机构,及 DOAJ、PubMed 等知名开放获取平台,收录了世界各国出版的 40 000 余种重要学术期刊。

(二)学位论文

全文资源,收录自 1980 年以来我国自然科学领域各高等院校、研究生院、研究所的硕/博士、博士后论文共 570 万余篇。其中"211"高校论文收录量占总量的 70% 以上,每年增加约 35 万篇。

(三)会议论文

包括中文会议和外文会议。中文会议提供全文资源,收录由中国科学技术信息研究所提供的、1982 年至今世界主要学会和协会主办的会议论文。每年涉及 3 000 余个重要的学术会议,每年增加约 10 万篇,每个月更新。外文会议主要来源于 NSTL 外文文献数据库,收录了 1985 年以来世界各主要学会和协会、出版机构出版的学术会议论文共计 1 100 余万篇全文(部分文献有少量回溯)。

(四)中外专利

全文资源,收录国内外的发明、实用新型及外观设计等专利 1.3 亿余项,其中中国专利 3 900 万余项,每个月新增 30 万余条。外国专利 1 亿余项。内容涉及自然科学各学科领域,每年增加约 300 万条,每 2 周更新一次。

(五)标准文献

包括中国标准和国际标准。中国标准收录了所有中国国家标准(GB)、中国行业标准(HB)以及中外标准题录摘要数据,共计 200 万余条记录。国际标准来源于科睿唯安国际标准数据库,包括国际及国外先进标准,包含超过 55 万件标准相关文档,涵盖各行业。

(六)科技成果

题录资源,主要收录国内的科技成果及国家级科技计划项目。总计 64 万余项,内容涉及自然科学的各学科领域,每 2 个月更新一次。

二、检索途径与步骤

万方数据知识服务平台的检索方式有:快速检索、高级检索、作者发文检索和专业检索。

(一)快速检索

在检索界面内直接输入检索词,系统默认在学术论文范围内进行跨库检索。可供选择的检索字段有题名、作者、作者单位、键词和摘要。如不限定检索字段,则在所有字段内进行检索;如将检索词部分用双引号("　")括起来,则进行精确匹配检索;快速检索区识别布尔运算符(AND/OR/NOT),可以进行布尔运算。

(二)高级检索

单击框式检索输入框后面的高级检索键,进入高级检索界面。此界面中,可进行高级检索、专业检索和作者发文检索 3 种检索方式的自由转换。高级检索提供主题、题名、作者、文献来源、关键词、摘要、发表时间等常用字段的检索,并可依据文献类型、被引次数、相关度、出版时间、有无全文、排序方式、每页记录数对检索结果进行控制,如图 3-7 所示。

(三)作者发文检索

可以输入作者名称和作者单位等字段来精确查找相关作者的学术成果,系统默认精确匹配,也可自行调整为模糊匹配。同时,可以通过点击输入框后的"+"号来增加检索字段。若某一行未输入作者或作者单位,则系统默认作者单位为上一行的作者单位。

图 3-7　万方高级检索界面

（四）专业检索

通过高级检索界面转换到专业检索界面下，检索表达式使用 CQL（common query language）检索语言，满足复杂的检索需求。含有空格或其他特殊字符的单个检索词用双引号（""）括起来，多个检索词之间根据逻辑关系使用"AND""OR"或"NOT"连接。提供检索的字段有：主题、题名或关键词、题名、第一作者、作者单位、作者、关键词、摘要、DOI。运算符优先级：（　　）>NOT>AND>OR。

三、检索结果的输出

（一）检索结果的显示

在检索结果中单击文献标题，可查看该篇文献的摘要、参考文献、相似文献、作者单位等信息。

（二）全文下载

在检索结果中，点击"在线阅读"可以对检索结果进行浏览。所需要的内容可以通过浏览器中的"下载"按钮来保存全文，查看万方数据知识服务平台中下载的内容，检索计算机需要安装 Adobe Acrobat Reader 全文浏览器。

第四节　常用中药特种文献及检索

特种文献是指出版发行和获取途径都比较特殊的科技文献，主要包括专利文献、科技报告、会议论文、学位论文、技术档案、标准文献、政府出版物等，具有涉及领域广泛、内容新颖、实用性强、参考价值高等特点，对于医药学研究和产品的研发具有重要价值。互联网的不断发展，为特种文献提供了便利的检索途径。

一、中药专利文献数据库

中药专利文献可以在国内多个数据库进行检索，包括发明、实用新型和外观设计专利。

（一）国家知识产权局网站专利数据库

国家知识产权局网站（http://www.cnipa.gov.cn）提供的专利文献数据库可检索 1985 年以来公布的全部中国专利信息，包括发明、实用新型和外观设计 3 种专利的著录项目及摘要,并可浏览到各种专利的说明书全文及外观设计图形。

(二)中国专利信息网

国家知识产权局知识产权检索咨询中心成立于 1993 年,是目前国内科技及知识产权领域提供专利信息检索、专利事务咨询、专利及科技文献翻译、非专利文献加工等服务的权威机构。检索中心拥有提供专利信息的综合性网络平台——中国专利信息网(http://www.patent.com.cn),该数据库为全文数据库,用户需注册登录方可进行检索,可免费浏览专利全文说明书的首页。

(三)NSTL 专利文献数据库

国家科技图书文献中心(NSTL)数据库(http://www.nstl.gov.cn)收录国家知识产权局从 1985 年以来的所有公开(告)的发明、实用新型和外观设计专利,每年增加专利 23 万余件。数据库主要由北京恒和顿创新科技有限公司提供,每个月更新。

(四)CNKI 中国专利数据库

《中国专利全文数据库(知网版)》包含发明专利、实用新型专利、外观设计专利 3 个子库,准确地反映中国最新的专利发明,收集从 1985 年至今的中国专利。专利相关的文献、成果等信息来源于 CNKI 各大数据库。可一次性下载专利说明书全文。具有 WEB 版(网上包库)、镜像站版、流量计费 3 种形式,每两周更新一次。

(五)万方中外专利数据库

《万方中外专利数据库》收录 1.3 亿余条国内外专利数据。其中,中国专利收录始于 1985 年,共收录 3 900 万余条专利全文,包含发明专利、外观设计和实用新型 3 种类型,准确地反映中国最新的专利申请和授权状况,每个月新增 30 万余条。国外专利 1 亿余条,均提供欧洲专利局网站的专利说明书全文链接,每年新增 300 万余条。该数据库具有简单和高级 2 种检索方式,高级检索方式专业且功能强大,检索结果提供专利全文下载。

二、中药科技报告数据库

(一)国家科技成果数据库

CNKI-《国家科技成果数据库》收录了 1978 年以来所有正式登记的中国科技成果,按行业、成果级别、学科领域分类。每条成果信息包含成果概括、立项情况、评价情况、知识产权状况及成果应用情况、成果完成单位、完成人、单位信息等。可以通过成果名称、完成人、完成单位、关键词、课题来源、入库时间、成果水平等检索项进行检索。

每条成果集结了与该成果相关的最新文献、专利、标准等信息,可以完整地展现该成果产生的背景、最新发展动态、相关领域的发展趋势,并可浏览成果完成人与完成单位更多的论述以及在各种出版物上发表的信息。提供 WEB 版(网上包库)、镜像站版、流量计费方式,每周更新。

(二)万方科技成果数据库

万方科技成果数据库(https://c.wanfangdata.com.cn/cstad)收录了国内的科技成果及国家级科技计划项目。其内容由《中国科技成果数据库》等十几个数据库组成,截至 2023 年 12 月,收录科技成果总记录约 66 万项,内容涉及自然科学的各学科领域,每个月更新。

三、中药学术会议数据库

(一)中国重要会议论文全文数据库

中国重要会议论文全文数据库为 CNKI 数据库之一(http://www.cnki.net),重点收录 1999 年以来,中国科协系统及国家二级以上的学会、协会、高校、科研院所、政府机关举办的重要会议以及在国内召开的国际会议上发表的文献。其中,国际会议文献占全部文献的20%以上,全国性会议文献超过总量的70%,部分重点会议文献回溯至1953年。该数据库提供快速检索、标准检索、专业检索、作者发文检索、科研基金检索、句子检索、来源会议检索等检索途径。产品形式有WEB版(网上包库)、镜像站版和流量计费。

(二) 中国学术会议文献数据库

中国学术会议论文全文文献数据库为万方数据库之一(https://c.wanfangdata.com.cn/conference),为全文资源。该数据库收录了由中国科学技术信息研究所提供的1982年至今世界主要学会和协会主办的会议论文,以一级以上学会和协会主办的高质量会议论文为主。每年涉及近2000个重要的学术会议,总计130万余篇,每年增加约10万篇,每个月更新。可进行高级检索、经典检索和专业检索。

(三) 中文会议论文数据库

中文会议论文数据库为国家科技图书文献中心数据库之一(http://www.nstl.gov.cn),主要收录1985年以来我国国家级学会、协会、研究会以及各省、部委等组织召开的全国性学术会议论文。数据库的收藏重点为自然科学各专业领域论文,每年涉及600多个重要的学术会议,年增加论文4万余篇,每季或每个月更新。

(四) 中国学术会议在线

中国学术会议在线(https://www.meeting.edu.cn)是经教育部批准,由教育部科技发展中心主办,面向广大科技人员的科学研究与学术交流信息服务平台。其提供学术会议信息预报、会议分类搜索、会议在线报名、会议论文征集、会议资料发布、会议视频点播、会议同步直播等服务。

四、中药学位论文数据库

(一) CNKI 中国学位论文全文数据库

CNKI 中国学位论文全文数据库(http://www.cnki.net)是出版周期最短的博士、硕士学位论文全文数据库,覆盖基础科学、工程技术、农业、医学、哲学、人文、社会科学等各领域。该数据库收录从1984年至今的博士学位论文、优秀硕士学位论文。截至2023年1月,收录博士学位论文50万余篇、优秀硕士学位论文530万余篇。重点收录全"985""211"工程等重点高校、中国科学院、社会科学院等研究院所的博、硕士学位论文。产品形式有WEB版(网上包库)、镜像站版、光盘版和流量计费。

(二) 万方中国学位论文全文数据库

万方中国学位论文全文数据库(https://c.wanfangdata.com.cn/thesis)由国家法定学位论文收藏机构——中国科学技术信息研究所提供,并委托万方数据库加工建库,为全文资源。该数据库收录自1980年以来我国自然科学领域各高等院校,研究生院,研究所的硕士、博士以及博士后论文,截至2023年12月,共计570万余篇。其中"211"高校论文收录量占总量的70%以上,每年增加约42万篇。

(三) 国家图书馆馆藏博士论文库

国家图书馆学位论文收藏中心是国务院学位委员会指定的全国唯一负责全面收藏和整理我国学位论文的专门机构,也是人力资源和社会保障部专家司确定的唯一负责全面入藏博士后研究报告的专门机构。

该数据库收藏博士论文20万余种及部分院校的硕士学位论文、台湾博士学位论文和部分海外华人华侨学位论文。通过馆藏目录可查看具体某学位论文是否被收藏和具体馆藏信息,包括馆藏地址、收录年代、所有单册信息等。网上资源仅供浏览前24页,不提供电子版的下载和打印服务。

（四）国家科技图书文献中心（NSTL）中文学位论文检索系统

国家科技图书文献中心（http://www.nstl.gov.cn/）主要收录1984年至今我国高等院校、研究生院及研究院所发布的硕士、博士和博士后的论文。学科范围涉及自然科学各专业领域，并兼顾社会科学和人文科学，每年增加论文20万余篇，每季更新。

（五）CALIS学位论文库

CALIS学位论文库是由中国高等教育文献保障系统（China Academic Library & Information System，CALIS；http://etd.calis.edu.cn/）提供的学位论文库。CALIS学位论文数据库子项目的建设目的是在"九五"期间建设的博/硕士学位论文文摘数据库基础上，建设的一个集中检索、分布式全文获取服务的CALIS高校博/硕士学位论文文摘与全文数据库。中文学位论文通过网上直接采集电子文本的方式，逐年累积；另外通过集团采购补贴的方式，与高校图书馆、公共馆、情报所等合作，按篇选择购买国外电子版博/硕士学位论文，集中存放在CALIS的全文服务器中。

（六）ProQuest博/硕士学位论文数据库

ProQuest博、硕士学位论文数据库（ProQuest Dissertations and Theses，PQDT；https://www.pqdtcn.com/）是目前国内唯一提供国外高质量学位论文全文的数据库（国外学位论文中国集团全文检索平台），主要收录了来自欧美国家2 000余所知名大学的优秀博/硕士论文，目前凡参加中国高等教育文献保障系统（CALIS）联合订购的集团成员图书馆（中国集团），可以共享的论文已经达到30万余篇，涉及文、理、工、农、医等多个领域，是学术研究中十分重要的信息资源。

五、搜索引擎及综合性中医药网站

（一）中文搜索引擎

百度是全球最大的中文搜索引擎、最大的中文网站。其具有超过百亿的中文网页数据库，除网页搜索外，百度还提供音乐、图片、视频、地图等多样化的搜索服务，具有基本搜索和高级搜索途径。

百度文库（http://wenku.baidu.com/）是供在线分享文档的开放平台，用户可以在线阅读和下载课件、考试题库、论文报告、专业资料等资源。

（二）国外常用医学搜索引擎

1. Medscape（http://www.medscape.com） 由美国Medscape公司于1995年创立，为功能强大的医学专业搜索引擎，可检索图像、音频、视频资料，至2023年12月共收藏了近20个临床学科25 000多篇全文文献，可选择Fulltext、MEDLINE、DrugInfo、AIDSLine、Toxline、Whole、Web、News、Medical Images、Dictionary、Bookstore等10余种数据库进行检索，提供疾病名称、所属学科和内容性质（会议报告、杂志文章的全文或摘要等）的英文，按26个英文字母顺序进行分类检索。

2. Medical World Search（http://www.mwsearch.com） 是由The Polytechnic Research Institute于1997年建立的一个医学专业搜索引擎，收集了医学网点近10万个Web页面。可以使用54万余个医学主题词，包括各种同义词进行检索，在检索时可根据词表扩大或缩小检索范围，搜索的准确性很高。同时还提供扩展检索和精细检索功能、免费全文检索、搜索结果排序等服务。

3. MedHelp（http://www.medhelp.org） 由美国Med Help International公司于1995年创建，收集25 000多个医学站点，还提供100多个医学站点的连接，可查找完整的医药卫生信息,简单注册后可免费进行全文检索。

(三)综合性中医药网站

1. 丁香园(http://www.dxy.cn)　成立于 2000 年,是医药生命科学专业人士的专业交流平台。目前汇聚超过 550 万医学、药学和生命科学的专业工作者,超过 70% 的会员拥有硕士或博士学位。旗下网站丁香园论坛含 100 多个医药生物专业栏目,采取互动式交流,提供实验技术讨论、专业知识交流、文献检索服务、科研课题申报、考硕考博信息等服务。

2. 39 健康网(http://www.39.net)　中国较大的健康门户网站,于 2000 年成立,致力于提供最专业、最权威、最贴近生活的健康资讯及各种健康服务。在其专业化的内容以及多元化的健康服务支持下,成为中国网民获取健康资讯及使用健康服务的首选网站。39 健康数据库收录了国内众多医院、医生、疾病、药品、药企等各种信息资料,保持实时更新,是国内功能最强大的免费查询健康数据库。

3. 中华医学会(http://www.cma.org.cn)　是中国医学科学技术工作者自愿组成并依法登记成立的学术性、公益性、非营利性法人社团,成立于 1915 年,截至 2023 年 12 月,已有 80 多个专科分会。主要业务包括:开展医学学术交流,编辑出版 123 余种医学、科普等各类期刊及 100 余种音像出版物,开展继续医学教育,开展国际学术交流,开展医学科技项目的评价、评审和医学科学技术决策论证,评选和奖励优秀医学科技成果,推动医学科研成果的转化和应用等。

4. 中医药在线(https://www.zyyzx.com.cn)　是在国家中医药管理局与中国中医科学院共同领导下,由中国中医科学院中医药信息研究所创办的国内第一家提供中医药学信息服务的专业化信息网站,是中医药行业科技文献及信息资源最丰富的网站之一。覆盖同行业中政府、医疗、科研、教育等多方面的信息,总文献量逾 50 万余条,拥有 60 余个文献及事实型数据库。

第五节　中国中医药数据库检索系统

一、中国中医药数据库检索系统概况

中国中医药数据库检索系统(http://cintmed.cintcm.com/cintmed/)是由中国中医科学院中医药信息研究所于 1984 年创建,数据库总数 48 个,数据总量 120 万余条,包括中医药期刊文献数据库、疾病诊疗数据库、各类中药数据库、方剂数据库、民族医药数据库、药品企业数据库、各类国家标准数据库等。可以通过中医药数据库检索系统提供中文版联网使用,部分数据提供英文版,所有数据库可以获取光盘版。主要数据库简介如下。

(一)中国中医药期刊文献数据库

中国中医药期刊文献数据库是文献型数据库,涵盖中国国内出版的生物医学及其他相关期刊千余种,包含中医药学、针灸、气功、按摩、保健等方面的内容,收录了 1949 年以来的中医药文献题录近 100 万篇,其中 50%~70% 附有文摘。采用美国国立医学图书馆的《医学主题词注释表》及中国中医研究院(现中国中医科学院)的《中国中医药学主题词表》进行规范的主题词标引,用以进行精确检索和扩展检索。

该库下设 18 个专题文献数据库:中药文献数据库、中药化学文献数据库、中药药理学文献数据库、中药不良反应和毒理学文献数据库、针灸文献数据库、肿瘤文献数据库、中医性疾病文献数据库、中医老年病文献数据库、中医名医经验数据库、中医临床诊疗文献数据库、中医临床试验文献数据库、中医药学历史文献数据库、中医药研究课题数据库、中医药学文摘数据库、艾滋病中药数据库、中医诊治骨折外伤文献数据库、中医疫病文献数据库、中医诊治褥疮文献数据库。数据库每季度更新一次，每年约增加文献 6 万篇。

（二）中国中药数据库

中国中药数据库是事实型数据库，是全面介绍中药信息的参考工具型数据库。综合参考《中华人民共和国药典》《中药大辞典》《中华药海》《中国药材学》《常用中药成分与药理手册》《中华本草》等权威工具书及专著收录的中药约 8 173 种，并对每味中药进行了性味、归经、功效、主治、用法用量、产地、化学成分、药理作用、毒理学、药材基源、资源分布、栽培或养殖、采集加工、炮制方法、药材鉴别等多方面描述。

可通过中药的品名、汉语拼音名、英译名、拉丁名、功效、主治、产地、药理作用、化学成分、药材基源、毒理学、用法用量、服用禁忌等途径进行检索。

（三）中国中药药对数据库

中国中药药对数据库是事实型数据库，收录中医临床常用药对 917 对。对每一药对分别介绍药对名称、性味、归经、功效、主治、作用分类、配伍机制、用法用量、临床应用、药对出处、各家论述、注意事项。可从药对名称、性味、归经、功效、主治、作用分类、药对出处等字段进行查询。

（四）中国中药化学成分数据库

中国中药化学成分数据库为事实型数据库，全面介绍中药化学成分的工具型数据库。收录相关的中药化学成分 27 593 种，对每一种化学成分的品名、化学名、理化性质、化学结构、临床应用等方面进行了研究。可从品名、化学名称、英文名称、异名、理化性质、化学成分分类、用途分类、分子量、来源等字段进行查询。

（五）中国方剂数据库

中国方剂数据库是文献型数据库，全面介绍方剂信息，并提供有关方剂药味组成统计信息。该数据库收录了来自 710 余种古籍及现代文献中的古今中药方剂 84 464 首。并对每一方剂的不同名称、处方来源、药物组成、功效、主治、用药禁忌、药理作用、制备方法等方面信息分别介绍。

通过方名、别名、处方来源、药物组成、功效、主治、用药禁忌、药理作用等途径来查询所需的方剂。

（六）方剂现代应用数据库

方剂现代应用数据库是事实型数据库，主要介绍古今方剂及其现代应用和现代研究。数据库共收录源自《中华人民共和国药典》《卫生部部颁药品标准——中药成方制剂》及期刊文献中的中药方剂 9 651 种。分别介绍了每一方剂的方剂名称、别名、处方来源、剂型、药物组成、加减、功效、主治、制备方法、用法用量、用药禁忌、不良反应、临床应用、药理作用、毒性试验、化学成分、理化性质、生产厂家、各家论述等内容。

通过方名、别名、剂型、药物组成、功效、主治、化学成分、生产厂家、临床应用等途径进行查询。

（七）中国国家基本药物数据库

中国国家基本药物数据库为文献型数据库，全面介绍中华人民共和国国家基本药物的参考工具型数据库。可通过药名、中西药分类、作用分类、英文名、汉语拼音、别名、药物组成、功效、主治等途径进行查询。

（八）有毒中药合理应用数据库

有毒中药合理应用数据库为文献型数据库，全面介绍相关有毒中药如何合理使用的参考工具型数据库,共有 102 条记录。可通过药物名称、基源、化学成分、炮制方法等途径进行查询。

（九）药物不良反应数据库

药物不良反应数据库为文献型数据库,全面介绍中药、西药在治疗应用过程中出现的不良反应信息的参考工具型数据库,共有 1 362 条记录。可通过名称、英文名、别名、中西药分类等途径进行查询。

二、检索途径与步骤

检索途径与步骤如图 3-8 所示。

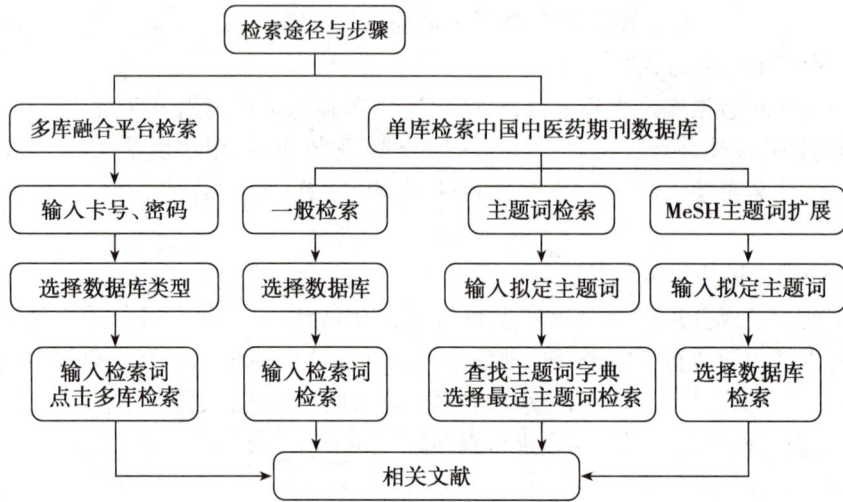

图 3-8　中国中医药数据库检索系统检索流程

（高日阳　郭　妍）

复习思考题

1. 结合本专业特点,自拟一个完整的课题名称,根据课题选择主题词,编写检索策略,利用不同的中国中医药网络数据库进行检索;分析比较不同数据库的检索结果,注明检索结果数量,并写出其中 5 篇文献(标明篇名、作者、刊名、年、卷、期、页码、摘要)。利用 5 篇文献与所拟课题进行对比分析,得出结论。

2. 特种文献常用哪些数据库检索?

3. 中国知网学术期刊库主要提供哪两个通用菜单?

4. 能检索到中文期刊全文的常用数据库有哪些?

5. 能检索到中文专利文献的常用数据库有哪些?

第四章

《化学文摘》（CA）

学习目标

1. 掌握《化学文摘》网络版（SciFinder）的检索途径和方法，以及《化学文摘》印刷版的构成。

2. 熟悉普通主题索引、化学物质索引、著者索引、专利索引和索引指南的用法。

3. 了解《化学文摘》印刷版、光盘版和网络版的常用检索方法，以及《化学文摘》的发展历史。

第一节　概　　述

《化学文摘》（Chemical Abstracts，CA）创刊于 1907 年，由美国化学学会化学文摘社（Chemical Abstracts Service of American Chemical Society，CAS）编辑出版。经过一百多年的发展，《化学文摘》不仅成为世界上最大的化学文摘库，也是目前世界上应用最广泛、最为重要的化学化工及其相关学科的检索工具，被誉为是"打开世界化学化工文献之门的钥匙"。CA 报道的内容几乎涉及了化学家感兴趣的所有领域，是中药学专业应用最为广泛的国外文摘期刊之一。

一、CA 的特点

（一）收载信息量大，收录范围广

CA 收录范围呈逐年递增趋势，到目前为止，CA 收录的文献量占全世界化学化工总文献量的 98%，其中 70% 的文献来自美国以外的国家和地区。CA 收录期刊多达万余种，另外还包括 180 个国家和地区、56 种文字出版的 1 800 多种出版物，29 个国家和 64 个专利授权组织的各类文献。CA 收录的文献以化学化工为主，并收录生物学、医学、药学、卫生学等密切相关的文献。在中药研究领域，中药化学、中药药理、中药药剂、中药资源、中药分析、中药炮制等学科的内容均有收录。近年来对针灸、针麻和经络等中医文献也做了相应报道。

（二）索引完备，检索途径多

CA 的索引经过不断增加和改进，从最初仅有的作者索引、主题索引 2 种，发展分化为 14 种。除期、卷索引外，还有 5 年累积索引。完善的索引体系提供了多种检索途径，有利于回溯检索，大大提高了检索效率。

（三）报道迅速，版本多样

自 1975 年第 83 卷起，CA 编辑出版工作全面实现了计算机化，报道时差从 11 个月缩短到 3 个月，美国国内的期刊及多数英文书刊在 CA 中当月就能报道。CA 的联机数据库可为读者提供机检手段，大大提高了检索效率。为求时效更快，周刊之前还先发行《化学题录》

（Chemical Titles）及磁带（CA Search）。1996 年,出版了 CA 光盘版本,检索效率大大加快。其网络版 SciFinder 可以查询到当天的最新信息。

（四）文摘品质高

CA 的文摘分为报道性文摘和指标性文摘 2 种,以一定的格式著录文献的外部特征和内容摘要。CA 摘录的内容准确,忠实于原文。内容为原始文献的缩影,不作评价。文摘员、编辑一般为该专业的专家,因此保证了文摘的质量。

二、CA 的出版

CA 的出版形式有:印刷型、缩微胶片、机读磁带、光盘和联机（Internet）。印刷版 CA 得到最新信息要延迟几个月;光盘版的 CA on CD 检索延迟一个多月,而 CA 网络版 SciFinder 可以访问由 CAS 全球科学家构建的全球最大并每日更新的化学物质、反应、专利和期刊数据库,因此从 CA 的发展趋势看,印刷版 CA 逐渐退出,网络版 CA 将成为主要形式。

第二节 印刷版 CA

一、印刷版 CA 的出版情况

CA 自创刊至 1961 年,均为半月刊,每年 24 期为 1 卷。自 1962 年第 55 卷起,改为双周刊,每半年 13 期为 1 卷,每年出 2 卷。自 1967 年第 66 卷起改为周刊。CA 初期不分类,自 1911 年第 5 卷开始分类,此后所设类目几经变化,由最初的 30 个类目演变为目前的 5 大部分,80 个类目,并将其分为单双周交替出版。从 1967 年第 66 卷开始,无论单、双期均刊载 80 个类目的全部内容。截至目前,CA 印刷版和光盘版已分别于 2010 年、2011 年停止出版,国内各高校和科研机构均普遍使用 CA 网络版 SciFinder。

历年 CA 类目变化情况见表 4-1。

表 4-1 CA 历年刊期类目变化表

年份	卷序号	卷/年	期/卷	刊期	类目
1907—1910	1~4	1	24	半月刊	不分小类
1911—1944	5~38	1	24	半月刊	分为 30 小类
1945—1960	39~54	1	24	半月刊	分为 31 小类
1961	55	1	26	双周刊	分为 31 小类
1962	56~57	2	13	双周刊	分为 73 小类
1963—1966	58~65	2	13	双周刊	分为 74 类
1967—1981	66~95	2	26	周刊	分 5 大部分, 旧 80 类
1982 至今	96	2	26	周刊	分 5 大部分, 新 80 类

CA 的 80 个类目中与中药专业有关的类目包括:
类号 1:药理学（Pharmacology）;
类号 4:毒理学（Toxicology）;
类号 6:普通生物化学（General Biochemistry）;
类号 11:植物生物化学（Plant Biochemistry）;
类号 30:萜与萜烯类（Terpenes and Terpenoids）;
类号 31:生物碱（Alkaloids）;
类号 32:甾族化合物（Steroids）;

类号 34：氨基酸、多肽和蛋白质（Amino Acids，Peptides and Proteins）；

类号 63：药物（Pharmaceuticals）；

类号 64：药物分析（Pharmaceuticals Analysis）；

类号 79：无机分析化学（Inorganic Analytical Chemistry）；

类号 80：有机分析化学（Organic Analytical Chemistry）。

二、印刷版 CA 的结构

印刷版 CA 分为文摘和索引两部分。索引部分又根据出版周期分为：期索引（Journal Index）、卷索引（Volume Index）、累积索引（Cumulative Index）和辅助性索引（Secondary Index）等。其中，除期索引随每期 CA 的文摘共同出版外，其他索引均单独出版。

（一）文摘部分

1. CA 文摘的类型　CA 创刊之初，只收录期刊论文和专利 2 种文献类型。在 1967 年第 71 卷的文摘本导言中开始介绍了收录文献的著录格式，有期刊论文（Journal Article）、专利（Patent）和新书（New Book）3 种；1973 年从第 78 卷起增加了会议文献（Proceedings an Edited Collections）；1975 年从第 83 卷起增加了技术报告（Technical Report）；1976 年从第 85 卷起增加了存档文献（Deposited Document）；1977 年从第 86 卷起增加了学位论文（Dissertation）。至此，CA 共收录有 7 种类型的文献。1987 年从第 106 卷起删除了存档文献；1978 年从第 8 卷起将新书改为新书和视听资料（New Book and Audio Visual Material），增加了胶片和磁带 2 种新的载体形式；1988 年从第 109 卷起，期刊论文更名为连续文献（Serial Document）；1989 年从第 110 卷起又更名为连续出版物（Serial Publications）；1995 年从第 123 卷起开始收录电子文献（Electronic Document）；2000 年从第 133 卷起改称为电子预印本（Electronic Preprint）；到 2007 年 CA 收录的文献类型包括连续出版物、专利、新书和视听资料、会议文献、技术报告、学位论文、电子预印本 7 种。

2. 文摘的编排顺序　CA 一直按专业内容归类编排文献，即将每条文摘按其内容编排在相应的类目之中，现每期按 5 大部分 80 个类目顺序排列。在每一个类目中，又按不同的文献类型划分为 4 个区域，分别为：

（1）第一类：综述文献、期刊论文、技术报告、会议论文、档案资料、学位论文，其中综述文献列在最前面，并注明参考文献篇数。

（2）第二类：新书和视听资料，只有题录，无文摘（有时没有报道）。

（3）第三类：专利文献（收录 27 个国家和 2 个专利组织的专利）。

（4）第四类：与本类目有关的参见目录。

3. 文摘的著录格式　CA 在近百年的出版历程中，编排格式曾几度变化。自 1967 年第 66 卷开始改用文摘号，即 CA 给每条文摘编一个号（文摘号），每页一个页码，取消每页中间的段号，并在文摘号后增加计算机核对字母。需要注意的是，1967 年第 66 卷以前的文摘没有文摘号，所以在抄录文摘号时需注意卷号、页数及部位号（阿拉伯数字或英文小写字母）等。1967 年第 66 卷以后的文摘，只要有卷号、文摘号和计算机核对字母就可以了。文摘号每卷从 1 开始编排，每期文摘第一页的右上角都设有文摘的起始号，单页码在右上角给出该页文摘的终止号。

在 CA 中，每条文摘都按一定的格式进行著录，一般由以下几部分组成：文摘号，论文标题，著者姓名，著者单位或通讯地址，文献来源，语种和文摘正文。文献类型不同，则著录的内容也略有区别。

以下列出了一个 CA 文摘部分的著录格式通式以供参考，如图 4-1 所示。

卷号：文摘流水号+计算机校核码 | 题目（篇名、书名、专利题名）

责任者：著者、专利权人 | 责任者所在单位或论文寄发单位/专利者名称

第一类：缩写（期刊名称，年、卷、期，起止页码）
第二类：出版信息
第三类：专利号、专利的法律状态

原文献语种

正文

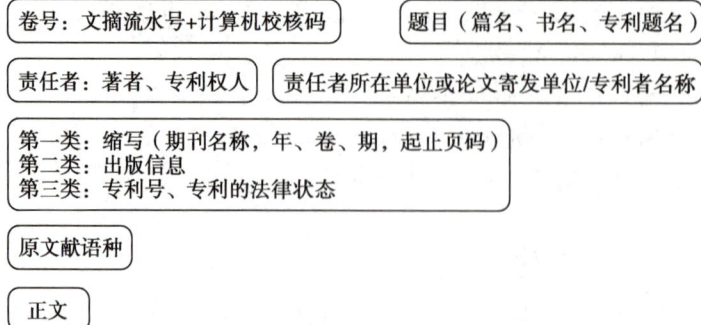

图 4-1 CA 文摘部分著录格式通式

4. 缩略语的使用　CA 摘要都是简洁的短文，突出反映实验发现和研究结论，摘要内容均为原文缩略。文摘的详略程度，视原始文献的情况而定。一般情况下，有价值的重要原始文献的文摘较详细；普通的原始文献则较简略，内容基本可以满足读者的需求，阅读文献时，可从每卷第 1 期的缩写词表中查找缩写词的全称。CA 使用的部分缩略语见表 4-2。

表 4-2　CA 使用的缩略语

缩略语	英文	中文
abs.	Absolute	绝对的
abstr.	Abstract	文摘，摘要
Ac	acetyl（CH_3CO，not CH_3COO）	乙酰基[CH_3CO-]
addn.	Addition	加成，附加
alc.	alcohol，alcoholic	乙醇，醇的
Aliph.	Aliphatic	脂肪族的
alk.	Alkaline（non alkaline）	碱的（不是碱）
alky.	Alkalinity*	碱度，碱性
anal.	Analysis*，analytical（ly）	分析，分析的
anhyd.	Anhydrous	无水的
app.	Apparatus	设备，装置，仪器
approx.	approximate（ly）	近似的，近似地
approxn.	Approximation	近似，接近，近似值
aq.	Aqueous	含水的，水制的
Arom.	Aromatic	芳香族的
Assoc.	Associate	联合，缔合
assocd.	Associated	缔合
asscon.	Association	缔合（作用），协会
Asym.	Asymmetric（al）（ly）	不对称的
at.	Atomic（not atom）	原子的
atm.	Atmosphere，atmospheric	大气压的，气压（的）
av.	Average	平均
b.	boils at（followed by a figure denoting temperature），boiling at（similarly b_{13}，at 13mm pressure）	沸腾在……（后面数字表示温度），沸腾在……（b_{13} 表示在 13mm 压力下沸腾）
b. p.	Boiling point	沸点
Bz	Benzoyl（C_6H_5CO，not $C_6H_5CH_2$）	苯酰基，苯甲酰基
cp.	Compare	比较

续表

缩略语	英文	中文
chem.	Chemical（ly），chemistry	化学，化学的
CoA	Coenzyme A	辅酶 A
compd.	Compound	化合物
compn.	Composition	成分，组成
conc.	Concentrate	浓缩，蒸浓
concd.	Concentrated	浓缩的
concg.	Concentrating	浓缩
CP	Chemically pure	化学纯
cryst.	Crystalline（not crystallize）	结晶的，晶状的
crystd.	Crystallized	结晶的
crystn.	Crystallization	结晶（作用）
d	Density*（d^{13} density at 13℃ referred to water at 4℃，d^{20}_{20} density at 20℃ referred to water at the same temperature）	密度（d^{13} 表示在 13℃时与 4℃水相比时密度，d^{20}_{20} 表示在 20℃时与同温度水相比时密度）
decomp.	Decompose	分解
decompd.	Decomposed	分解的
decompn.	Decomposition	分解（作用）
deriv.	Derivative	衍生物，导（函）数
det.	Determine	测定
detd.	Determined	测定的，决定的
dil.	Dilute	稀释
dild.	Diluted	稀释的
dissoc.	Dissociate	离解
dissocd.	Dissociated	离解的
dissocn.	Dissociation	离解
distd.	Distilled	蒸馏的
distn.	Distillation	蒸馏
DMF	Dimethylformamide	二甲基甲酰胺
e. g.	For example	举例
En	Ethylenediamine（used in Werner complexes only）	乙二胺
equil.	Equilibrium（s）	平衡
Et	Ethyl	乙基
et al.	Et cetera	以及，其他，等
evap.	Evaporate	蒸发
evapd.	Evaporated	蒸发的
evapn.	Evaporation	蒸发

笔记栏

缩略语	英文	中文
examd.	Examined	检验（过）的
examn.	Examination	检验（法）
expt.	Experiment	实验，试验
exptl.	Experimental（ly）	实验的，试验的
ext.	Extract	萃取，提取
extd.	Extracted	萃取（过）的，提取（过）的
extg.	Extracting	萃取，提取
extn.	Extraction	萃取，提取
inorg.	Inorganic	无机的
（l）	Liquid, only as in NH$_3$（l）	液态[仅用于 NH$_3$（液）]
lab.	Laboratory	实验室
LCAO	Linear combination of atomic orbitals	原子轨道函数的线性结合
Liq	Liquid	液体
max.	Maximum（s）	最大，最高值
Me	Methyl（not metal）	甲基（不是金属）
min.	Minimum（s）	最小，最小值
mixt.	Mixture	混合物
mol	Mole（the unit）	摩尔
mol.	Molecule, molecular	分子，分子的
m. p.	Melting point	熔点
N	Refractive index（N$_D^{20}$ for 20℃ and sodium D light）	折射率[N$_D^{20}$ 表示在 20℃和钠光下测得数据]
org.	Organic	有机的
oxidn.	Oxidation	氧化（作用）
Ph	Phenyl	苯基
phys.	Physical（ly）	物理的
polymd.	Polymerized	聚合的
polymg.	Polymerizing	聚合
polymn.	Polymerization	聚合作用
powd.	Powdered	粉末的
ppt.	Precipitate	沉淀，沉淀物
pptd.	Precipitated	沉淀的
pptg.	Precipitating	沉淀
pptn.	Precipitation	沉淀（作用）
Pr	Propyl（normal）	丙基
prep.	Prepare	制备，准备
prepd.	Prepared	制备的，准备的

续表

缩略语	英文	中文
prepg.	Preparing	制备，准备
Prepn.	Preparation	制备（法）
purifn.	Purification	净化（作用），提纯（作用）
Py	Pyridine（used in Werner complexes only）	吡啶（仅用于络合物）
qual.	Qualitative（ly）	定性的
quant.	Quantitative（ly）	定量的
resoln.	Resolution	溶解，分解，离析，解析
resp.	Respective（ly）	各自的，各个的
（s）	Solid，only as in AgCl（s）	固态[如用于 AgCl（固）]
sapon.	Saponification	皂化作用
sapond.	Saponified	皂化（了）的
sapong	Saponifying	皂化
sat.	Saturate	饱和
satd.	Saturated	饱和（了）的
satg.	Saturating	（正在）饱和
satn.	Saturation	饱和（度）
sep.	Separate（ly）	分离，分开
sepd.	Separated	分离的
sepg.	Separating	分离的
sepn.	Separation	分离
sol.	Soluble	溶解
soln.	Solution	溶解作用，溶液
soly.	Solubility*	溶解度
std.	Standard	标准
sym.	Symmetric（al）（ly）	对称的，平衡的
tech.	Technical（ly）	技术的，工艺的
temp.	Temperature	温度
THF	Tetrahydrofuran	四氢呋喃
titrn.	Titration	滴定（法）
UV	Ultraviolet	紫外
vs.	Versus	对；与……相比；为……的函数
vol.	Volume（not volatile）	容积

（二）索引部分

1. 概述　CA 最为成功和突出的方面是它建立了一个与时俱进且较完善的索引体系。CA 的索引为检索 CA 提供了方便，各种索引在 CA 中的篇幅约占 CA 总篇幅的一半。根据不同课题要求、不同已知信息，可从不同的入口检索，查找到所需的文献。CA 的索引可按出版周期或索引本身的特点和功用进行分类。

（1）按出版周期分为：期索引、卷索引、累积索引。

1）期索引（Journal Index）：是用来检索本期文摘内容而设置的索引。第 43 卷之前无期索引。现每期 CA 都附有 3 种索引：关键词索引、专利索引和作者索引。其最大特点是可以检索特定研究课题的最新进展和动态。

2）卷索引（Volume Index）：是检索该卷全部文摘的工具。目前 CA 每半年出版 1 卷，共 26 期。全卷各期文摘本出版完毕后再出版卷索引。卷索引现有 5 种：普通主题索引（General Subject Index，GS）、化学物质索引（Chemical Substance Index，CS）、分子式索引（Formula Index，FI）、著者索引（Author Index，AI）、专利索引（Patent Index，PI）。

3）累积索引（Cumulative Index）：是各种卷索引的累积汇编（1907—1956 年每 10 年出一版、1957 年起每 5 年出一版），它的最大特点是可在短时间内检索 10 年或 5 年的文献。其编排方式及种类与卷索引一致。

（2）按功能分为：主题性索引、辅助性索引、目录性索引、指导性索引。

1）主题性索引（Subject Index）：包括关键词索引、普通主题索引、化学物质索引。其可根据文献的内部特征查找所需文献，可直接查到文摘号，进而获取文摘。

2）辅助性索引（Secondary Index）：包括分子式索引、登记号索引、环系索引。其一般不给出文摘号，查不到所需的文摘，只是帮助读者查出化学物质的正确 CA 用标准名称，然后转查"化学物质索引"，查找相应文摘。

3）目录性索引（Directory Index）：包括著者索引和专利索引（专利号和专利对照索引）。其从文献的外部特征来查找所需的文献，这类索引虽然都能查出文摘号，但前提是要已知著者的姓名或专利号码。

4）指导性索引（Index Guide）：包括索引指南和资料来源索引。其主要功能是帮助读者正确使用 CA 的各种索引和查找资料的全称。

图 4-2 展示了 CA 各索引间的关系。

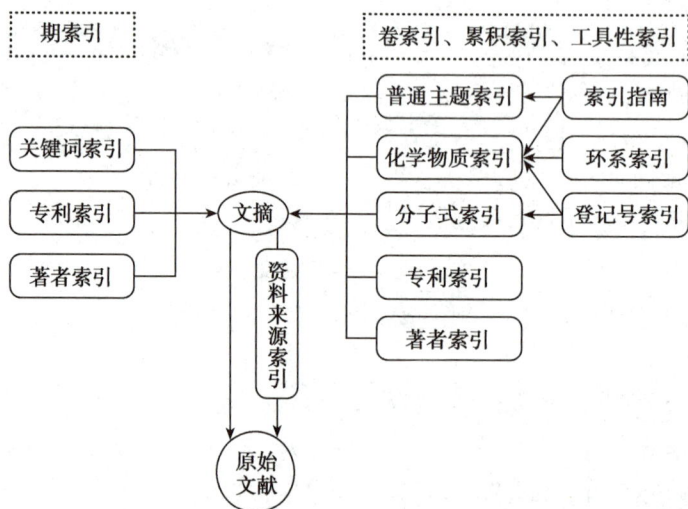

图 4-2　CA 各种索引相互关系

2. 各种索引介绍

（1）关键词索引（Keyword Index，KWI）：关键词索引始于 1963 年第 58 卷，是以关键词为检索标识检索文摘的索引。本索引附于每期文摘后面，是期索引中使用最广泛的一种索引，没有卷索引和累积索引。

关键词索引按关键词字母顺序排列（A—Z），由"关键词（检索词）+说明语（限定词）+文摘号"组成。关键词是未经规范的自然语言,一般从文献的题名、摘要或原文中选出 2~5 个能揭示文献内容特征的具有实质性意义的词作为关键词,它们彼此之间在语法上没有严格的关系。每个关键词都按其字母顺序分别轮换排在前面,作为检索词,其他关键词列在其后,作为限定词。关键词以英文字顺排列,置于左上方,作为检索词;说明语一律缩后两个字母,并全部用小写排在关键词下,在说明语的末尾标有该期的文摘号。

关键词索引的检索步骤,如图 4-3 所示。

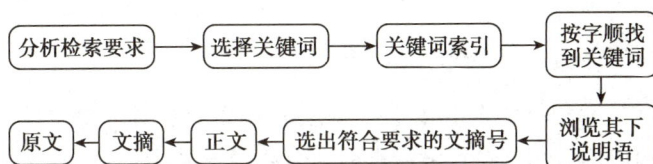

图 4-3 关键词索引检索步骤

(2) 著者索引(Author Index,AI):著者索引是以著者姓名(包括个人著者、团体著者、专利发明者、专利权人)为检索标识的索引。著者索引分为期索引、卷索引和累积索引 3 种。每条索引只采用个人作者的姓和名的首字母,团体作者的全称。著者索引按字顺混合编排,个人著者的姓名一般倒装排列,对非拉丁语系国家的著者一律用音译法将其译成拉丁字母。中国著者姓名的汉字,采用汉语拼音列入索引。日本著者姓名的汉字或假名,采用黑本(Hepburn)译法译成罗马字母列入索引,见表 4-3。俄文著者姓名的俄文字母按卷著者索引前的俄英音译对照表转译成相应的英文字母列入索引,见表 4-4。

表 4-3 黑本式日语罗马拼音对照表

a	i	u	e	o	ha	hi	fu	he	bo
ka	ki	ku	ke	ko	ma	mi	mu	me	mo
sa	shi	su	se	so	ya	i	yu	e	yo
ta	chi	tsu	tse	to	ra	ri	ru	re	ro
na	ni	nu	ne	no	wa	i	u	e	o

表 4-4 俄文-英文音译对应字母表

俄 文	英 文	俄 文	英 文
Аа	A	Рр	r
Бб	B	Сс	s
Вв	V	Тт	t
Гг	G	Уу	u
Дд	D	Фф	f
Ее	E	Хх	kh
Ёё	E	Цц	ts
Жж	Zh	Чч	ch
Зз	Z	Шш	sh
Ии	I	Щщ	shch
Йй	I	Ъъ	在字尾不表示
Кк	K	Ыы	y
Лл	L	Ьь	在字尾不表示
Мм	M	Ээ	e
Нн	N	Юю	yu
Оо	O	Яя	ya
Пп	P		

利用著者索引,可以很快了解并跟踪某一特定作者的研究成果和某领域的最新进展。对团体作者进行检索,可查找该团体所拥有的专利情况。

著者索引的检索步骤,如图4-4所示。

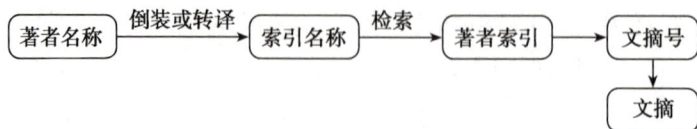

图4-4 著者索引检索步骤

（3）专利号索引、专利对照索引和专利索引:都是以专利号为检索标识来检索专利文摘的索引。这3种索引的期索引、卷索引和累积索引的著录格式是完全一致的。

CA中有相当数量的专利文摘,都是依据专利说明书写成的。同族专利（Patent Family）是指,同一发明思想用不同语种向多国多次申请公开或批准,内容相同或有所修改的一族专利。其中最先得到批准的专利称为基本专利（Basic Patent）,也称为"原始专利"或者"族首专利"。相同专利（Equivalent Patent）是指与基本专利内容基本相同,在不同国家和地区内提出申请而得到批准的专利。相关专利（Related Patent）是指与基本专利内容不完全相同,但有关联的专利,在专利种类代码之后用 Related 表示。

1）专利号索引（Numerical Patent Index）:是通过专利号来查找该专利在 CA 中摘要的文摘号的工具。专利号是按号码顺序排列的,当前面数字都相同时,在索引中仅仅给出最后的三位数字;若有四位数字不同,则全部给出。索引按专利国家名称的字顺排列,分为左右两栏,左栏为专利国家名称和专利号,右栏为专利文摘的文摘号。

专利号索引的著录格式为:

```
① ⟶ No.              REF. ⟵ ②
③ ⟶ BRITISH
④ ⟶ 1557643          12264x ⟵ ⑥
⑤ ⟶ 963              11844z
```

说明:

①专利号栏;②文摘号栏;③专利国家名称,按字顺排列;④专利号,从小到大排列,但不连续;⑤专利号部分省略情况,相邻专利号省略的高位部分;⑥文摘号。

专利号索引的检索步骤,如图4-5所示。

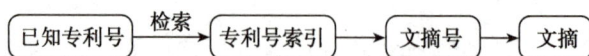

图4-5 专利号索引检索步骤

2）专利对照索引（Patent Concordance）:是提供相同专利中基本专利与非基本专利相对应的专利号及文摘号的索引。索引是依据专利国家名称的字顺排列,分为左、中、右三栏。左栏为专利国家名称和专利号,中栏为对照的国家名称和专利号,右栏为基本专利号的文摘号。

专利对照索引的著录格式为:

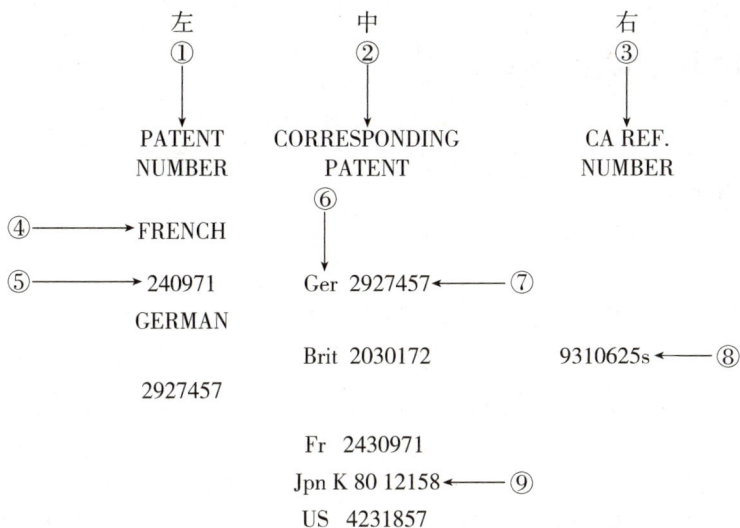

左	中	右
①	②	③
↓	↓	↓
PATENT NUMBER	CORRESPONDING PATENT	CA REF. NUMBER

④ ──→ FRENCH

⑤ ──→ 240971   ⑥

GERMAN   Ger 2927457 ←── ⑦

2927457

     Brit 2030172   9310625s ←── ⑧

     Fr 2430971

     Jpn K 80 12158 ←── ⑨

     US 4231857

说明:

①专利号栏;②对照专利号栏;③文摘号栏;④专利国家名称;⑤专利号;⑥对照专利国家名称;⑦对照专利号;⑧文摘号,是原始专利的标志;⑨这种专利号不累积计号,每年从1开始计号,冠以年代号。除日本特许外,荷兰、巴西、南非、国家专利合作条约组织和中国也采用这种专利号。

索引中常有一些表示专利种类的代号,例如:

B   美国专利与商标局的申请专利

CAM   法国医药增补专利

K   日本公开特许

M   法国医药专利

R   美国再公告专利

T   美国防卫性公告

在阅读专利说明书时,专利对照索引可以帮助读者寻找熟悉语种的专利说明书的专利号。

3)专利索引(Patent Index):从1981年第94卷起,CAS把专利号索引和专利对照索引合并为专利索引,它不仅具有前二者的功能,还列出了相关专利和同族专利。

专利索引的编排是按专利国别代码字顺排列。同一国家项下,按专利号的大小顺序排列,若该专利为原始专利,其后给出CA文摘号;若该专利还有同族专利(包括相同专利或相关专利),也在其下一并列出;若不是原始专利用"See"引见原始专利。

专利索引著录格式:

①US(United States of America)

②3966503 A,85:147275 g

③BE 837490 A_1

   CS 226160 P

   4022596 A,87:102617 g

④CA 104632 A_1,90:123584 j

   4166160 A,91:178153 u

⑤CH 6449373 A(Related)

   DE 2908443 A_1(Related)

4244730 A,95:42700 v

⑥US 4456471 A(Related) 101:130425 g

4302592 A

US 4406910 A(Related)100:6259 j

⑦4452802 A,101:130600 k

⑧4465830 A,See FR 2517304 A₁

说明：

①专利国别代号，其后圆括号中为专利国别全称。②族首专利，其标志是专利号后有文摘号，即为原始专利，其下列有一系列专利国别及专利号，称为以该专利为首的专利族（Patent Family），族首专利与族中的专利（参考专利）之间存在相同或相关的联系。③族首专利的相同专利，其标志是专利号后无文摘号，即为非原始专利，专利国别及专利号以黑体字印刷，为本期专利索引新收录的专利，无文摘；非黑体字印刷，表示本期以前的索引中曾经作过收录，亦无文摘。④族首专利的相同专利，其后列有文摘号，这种相同专利与一般的相同专利不尽相同。它与族首专利的申请号相同，但有时申请和公布时间不同；内容同属一项发明，但多为对族首专利的部分修改或补充，因此文摘中虽作了报道，但不作为独立的族首专利。⑤族首专利的相关专利，其标志是专利号后注以"（Related）"。在专利族中，凡是专利号后有"（Related）"标志的专利，都是相关专利，无此标志的专利，都是相同专利。这种相关专利与族首专利的申请号不同，但内容相近，为避免重复，不在文摘中报道，因此专利号后无文摘号。专利国别及专利号以黑体字印刷，为本期专利索引新收录的专利，无文摘；非黑体字印刷，表示本期以前的索引中曾作过收录，亦无文摘。⑥族首专利的相关专利，其后有文摘号，即为原始专利，专利国别，专利号及文摘号以黑体印刷，为本期报道的专利；非黑体印刷，表示本期以前曾经作过报道，二者都有文摘。⑦原始专利，其专利号及后面的文摘号以黑体字印刷，为本期所报道的专利，其下无相同或相关专利，即未构成专利族。⑧参考专利，其标志是专利号后无文摘号，只有"See"（见），即该专利是被参见的专利（族首专利）的相同或相关专利。

专利索引的检索步骤，如图4-6所示。

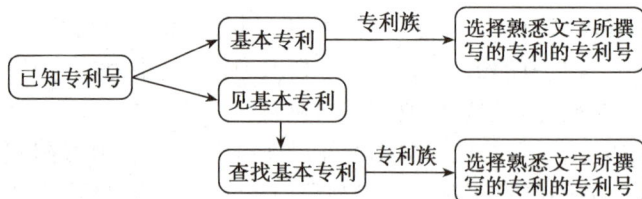

图4-6　专利索引检索步骤

（4）主题索引（Subject Index,SI）：从创刊起到1971年共出版75卷。从1972年起一分为二的"化学物质索引"以及"普通主题索引"，即为以主题词为检索标识来检索文摘的索引。

主题索引的索引标题格式历经多次变化，大体可分为以下3个阶段：

第一阶段：1907年第1卷—1914年第8卷，完全是单级标题。

第二阶段：前段（1915年第9卷—1966年第65卷）以单级标题为主，只是少数主标题后设置了个别的限定性副标题，例如，Sodium、Analysis（钠、分析）；后段（1967年第66卷—1968年第68卷）初步形成多级标题，且在主标题后设置7个第Ⅰ类标准限定性副标题。

第三阶段：1968 年第 69 卷。

至今，按规定形成多级标题，即在需要设置副标题的主标题之后按类排序，同类中再按字母顺序排列 3 类副标题。这 3 类副标题顺序是：标准限定性副标题 7~10 个（也称为第 Ⅰ 类副标题），标准功能基副标题 12~17 个（第 Ⅱ 类副标题），不定数的取代基副标题（第 Ⅲ 类副标题）。

主题索引的检索步骤，如图 4-7 所示。

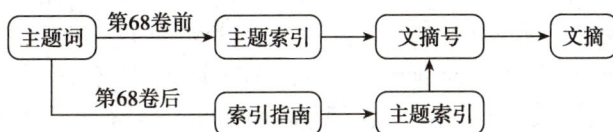

图 4-7　主题索引检索步骤

（5）普通主题索引（General Subject Index，GS）：始自 1972 年第 76 卷，系由主题索引演变而来。凡是不涉及具体化学物质的主题都编入普通主题索引。这些主题包括：

1）化学物质的大类名称，如酸、碱、酶等。

2）分类与定义不明确的物质，如石油、空气、未定名的化合物等。

3）概念性主题，如磁场、密度、化学工程、化工装置、过程等。

4）生物化学和生物学主题（特定的生化制品除外）。

5）动植物的学名和俗名。

普通主题索引的编排格式为主题词+副主题词+说明语，以错行形式编排，主题词按字母顺序排列。其著录格式为：

①Amines，②analysis

　　③planar chromatog，for anal，of，④R 47900h

　　③sepn. and detn. of amines by reverse-phase HPLC，④19169h

Amines，②biological studies

　　③antifungal compns. contg. hydrogen peroxide and amines，④P 295233b

Bitumens

　　⑤Bitumens of technological origin are indexed here；natural bitumens are indexed at Native bitumens

Calcium deficiency（animal）

　　⑥See *Calcium* ［7440-70-2］，deficiency

说明：

①索引标题，黑体字；其后为副标题，用逗号分开。②修饰性副标题，黑体字，限定范围，加强针对性。③索引说明语，提供研究目的进一步的有关信息。④文摘号，同化学物质索引。⑤主题词标引注释，对标题和副标题内容进行说明。⑥交叉参考。

普通主题索引的检索步骤，如图 4-8 所示。

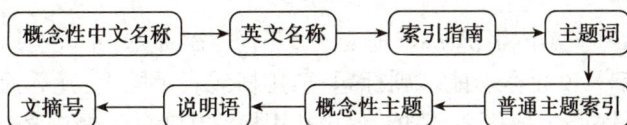

图 4-8　普通主题索引检索步骤

(6) 化学物质索引(Chemical Substance Index, CSI):专门收载特定化学物质的有关文献。凡是组成原子和原子数已知、结构明确并有 CAS 登记号的化学物质均可作为化学物质索引的标题。拟查检物质如有 CAS 登记号,则可在化学物质索引中查找;也可以在普通主题索引中查找。化学物质索引在中药学方面主要有各种特指的化合物名称、生物化学物质名称等。

化学物质索引按化学物质母体名称的字目顺序排列,在其下缩 2 格列出说明语以及文摘号。当母体化合物数据较多时,在该母体化合物名称后,再按普通副标题、化学官能团副标题的顺序排列。普通副标题包括:analysis(分析),biological studies(生物学研究),occurrence(现象),preparation(制备),properties(性质),reactions(反应),use and miscellaneous(用途及其他)。有些标题下缺少某个普通副标题,表明无此内容;有些标题下未设普通副标题,表明该标题的内容较少,没有必要列副标题。化学官能团副标题有 15 个:acetals(缩醛),anhydrides(酐),anhydrosulfides(硫代酐),compound(化合物),derivatives(general)(一般衍生物),esters(酯类),ethers(醚类),hydrazides(酰肼),hydrazones(腙),lactones(内酯),mercaptals(缩硫醛),mercaptols(缩硫醇),oxides(氧化物),oximes(肟),polymers(聚合物)。需要注意的是,不是对每一个化合物都分为 15 个类目标题,而是根据这一个化合物的特性列出其中的一部分。

化学物质索引的著录格式:

①Benzoic acid②[65-85-0],③analysis

　　④chromatog of benzoic acid,⑤75444t

　　④detn. of org. acids in food,⑤41804d

Benzoic acid [65-85-0],⑥compounds

　　copper complexes;ESR of benzoic acid-copper complexes,42508p

　　　　aluminum salt [555-32-8], aluminum benzoate as catalyst for polyester manuf., cat 116449u

　　compd., with cyclohexanamine(1:1) [3129-92-8],pr 44947e

　　　　compd., with sodium 4-methylbenzenesulfonate(1:3),trihydrate [28573-31-1], pr 67167g

Benzoic acid [65-85-0],derivatives(general)

　　alkyl derivs.;redn. of alkylbenzoates,P 727k,110864m

　　chloro derivs.

　　detn. of chlorobenzoates in waste gas,55798h

　　　　genetic control of degrdn. of chlorinated benzoic acids by bacteria,68236e

Benzoic acid

⑦—,⑧4-acetyl-[586-8-9], pr 56669d

　　—,4-[(1,5-dimethylhexyl)oxy]-

⑨(+)-[32619-44-6], pr 110964n

说明:

①化学物质标题词,黑体字;②CAS 登记号;③普通副标题;④说明语:提供文献进一步的内容信息;⑤文摘号;⑥化学功能基副标题;⑦用横线表示同上:凡后面出现取代基时,化合物母体用"横线"表示;⑧取代基,黑体字,排在用横线代表的标题词之后,与标题词共同组成一个统一的特定化合物名称;⑨立体化学描述符。

在文摘号前面的英文字母表示该文摘的来源,其含义为:

B（book）表示图书，包括教科书、手册、百科全书、视听材料等；

P（patent）表示专利；

R（review）表示综述；

cat（catalysis）有关化学催化方面的信息；

pr（preparation）有关化学制备方面的信息；

rct（reaction）有关化学反应方面的信息。

化学物质索引的检索步骤，如图4-9所示。

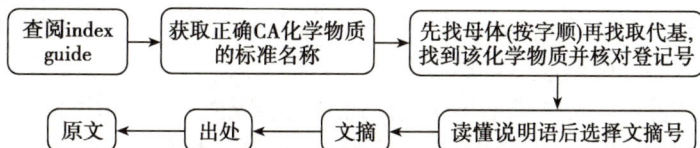

图4-9 化学物质索引的检索步骤

（7）分子式索引（Formula Index，FI）：是以分子式为检索标识检索文献的索引，是化学物质索引的辅助工具，特别是对于结构复杂的异构体更为适用。分子式索引的主要用途是供读者查得化学物质的 CA 用标准名称。通常是在已知某化合物的分子式，但在索引指南中找不到该物质在 CA 中的化学物质名称时才使用分子式索引。对一些常见的化学物质，分子式索引只著录化合物名称，用"See"引见到化学物质索引。分子式索引中提供的文摘不如化学物质索引中提供的文摘全面，所以在分子式索引中获知该化合物的 CA 名称后，转查化学物质索引以得到全面的文摘。

分子式索引的著录格式：

①$C_{11}H_{18}N$

②Benzenemethanaminium. ③*N-ethyl-N*,*nN-dimethyl-*
iodide［*7375-17-9*］. **117**：P 39849z

④Salt with 4-methylbenzenesulfonic acid（1：1）

⑤［*22703-25-9*］. ⑥**119**：79425q

⑦—，*N*，*N*，*N*，α-tetramethyl-（±）-，carbonate（1：1），［*25695-13-0*］.
116：P 7117h，98516r

1*H*-Isoindoline，2，3，3a，4-tetrahydro-2，2，2-trimethyl-
［*30481-19-7*］，**120**：53889t

Pyridinium，I-hexyl-
Chloride［*6220-15-1*］，**124**：82373p

$C_{13}H_2FeO_{12}Ru_3$

⑧**Compd.**（$H_2Ru_3FeC(CO)_{12}$），principal ion mass 709. **116**：1520p

$C_{14}H_{10}$

Anthracene［*120-12-7*］⑨See *Chemical Substance Index*

9*H*-Fluorene，-methylene-［*4425-82-5*］，**116**：51046u；**118**：66733x.

For general derives. ⑩See *Chemical Substance Index*

⑪$(C_{14}H_{11}N)_n$

Poly（9-ethyl-9*H*-carbazole-3，6-diyl）［*79704-69-1*］. **121**：31798t

说明：

①分子式，按希尔系统（Hill System）规则排列；②化合物母体名称；③取代基；④化合物名称说明语，成盐物质在母体名称下面查找；⑤CAS登记号；⑥文摘号；⑦横线，代表标题母体（$C_{11}H_{18}N$），后面是不同的取代基；⑧尚未命名的化合物，在其分子式下用Compd.（Compound缩写）或某类化合物的类名表示，如acid（酸）、ketone（酮）等，后加原文献中的物理常数，如沸点、折光率、熔点等；⑨交叉参考，对于简单的和常见的化合物，分子式索引不作收录，用"See"指引读者直接查阅化学物质索引；⑩普通衍生物交叉参考，对于某些特殊化合物，分子式索引只列出论述这些特殊化合物本身的文摘号，而对其普通衍生物则不作收录，用"See"指引读者去查化学物质索引；⑪聚合物以单体化合物排序。使用分子式索引的关键是正确排列分子式和准确选择化合物名称。

分子式索引的分子式按希尔系统规则排列，希尔系统的编排原则如下：

1）含碳化合物按碳（C）、氢（H）、其他元素（按字顺）的顺序写出，不含碳化合物按元素符号字顺排列。例如：H_2SO_4写为H_2O_4S。

2）对于共聚物、加成物，仅列出共聚物的一个单体或加成物的一个部分，结晶水不计入。

3）对于酸、醇和有机胺等金属盐类，均按母体名称排列，其金属部分不计入总分子式内，而在说明语中著录。例如：$CuSO_4$，应查其母体H_2SO_4。

分子式索引的检索步骤，如图4-10所示。

没有化合物名称的分子式 → 希尔系统的分子式 → 化学物质标准名称 → 化学物质索引

图4-10 分子式索引检索步骤

（8）环系索引（Index of Ring System，IRS）：是以环分析数据（包括环系、环数、环原子种类及数目等）为检索标识的索引。环系索引系用于检索卷环状有机化合物方面的文献，该索引亦可看作是化学物质索引的隶属部分，同其配合使用，按环状化合物母体名称，再转查化学物质索引，最终查到所需文献资料。

1）索引格式

3-RING SYSTEM ← ①

5，5，6 ← ②

C_3O_2—C_4N–C_5N ← ③

1,3—Dioxolo[4,5-a] indolizine ← ④

说明：

①环数；②环大小；③环骨架上主要元素组成（氢原子、取代基不计）；④环状化合物母体名称。

2）环系索引的检索方法与步骤，如图4-11所示。

（9）索引指南（Index Guide，IG）：由主题索引（Subject Index）分化而来，是CA自69卷（1968年）起，为了帮助读者提高检索效率而出版的一种索引。IG是CS、GS的指导性工具，不提供文摘号，只起参考引导、说明解释的作用。

正文部分包括以下3个方面的内容：

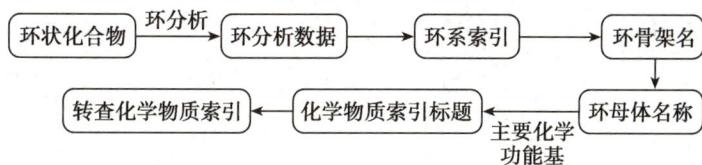

图4-11　环系索引检索步骤

1）相互参考(Cross-references)：同一化合物往往有几种名称，CAS在编制化学物质索引时，只选其中之一作为索引标题，一经确定就不再变动。通过IG中的"See"，可以利用化合物的俗名、学名、商品名、代号等名称查找其化学物质索引所用的标题。

2）交叉参考(See also)："See also"提供一系列与某个特定标题有关，但不完全同义的索引标题，让读者酌情决定是否查阅这些标题。

3）注释说明(Indexing Policy Notes)及结构式图解(Illustrative Structural Diagrams)

注释说明是CA为帮助检索者弄清有关主题词的含义，对所采用的标题进行解释。其注释有3类，即标题的注释、同义词和形近词释义。

结构式图解主要说明环状化合物、立体化合物和天然化合物的母体结构，并给予正确标号。大多数结构式图解登载在第8次累积索引指南上，以后出版的索引指南主要登载累积期内发表的新化合物的结构式。

索引指南的附录有4个，包括：

1）普通主题标题(General Subject Headings)：是专为查阅主题索引而设置，由普通主题词等级表、普通主题词主题分类表和普通主题词索引表3部分构成。

2）CA各索引的编排使用：列举了CA各种卷索引（除卷著者索引和卷专利索引）的编排原则和使用方法，其后附有"CAS出版物中使用的符号和缩写表"。

3）普通主题词的选择：介绍了普通主题词的类型及从属等级关系，并详尽叙述了分析化学、化学工程等18个大类中普通主题词所涉及的内容和范围。

4）化学物质索引名称：详细介绍了CA化学物质索引名称的命名原则。

（10）化学文摘资料来源索引(Chemical Abstracts Service Source Index, CASSI)：CASSI的作用是帮助检索者在文摘正文中查到文献出处的缩写以后，能迅速、有效地获取原始文献。

CASSI按期刊名称缩写的字母顺序排序，用黑体字表示缩写部分，用白体字补齐全称。使用CASSI查找刊名全称时，主要是将刊名缩写连成一体后，同CASSI每页左、右上角字顺标识相对照，当字母相同后，再到本页正文中仔细核对。当在最新版的CASSI上查不到所需刊物时，可利用单独出版的来源索引的季刊(CASSI Quarterly)进一步检索。

（11）CAS登记号手册(CAS Registry Handbook Number Section, RNI)：CAS对CA报道的化学结构明确且已命名的每一种化学物质都赋予一个固定的号码，即化学文摘登记号(CAS registry number)。这种登记号便于化合物的识别、检索和管理，因为一种化合物只有一个登记号，但它不反映化学物质的属性。

三、检索实例

以第151卷为例进行检索并示例如下。

（一）著者索引

检索课题：

1. 人名　张伯礼（Zhang，Bo-Li）院士

第一步：将人名的中文姓名写为汉语拼音的方式"Zhang，Bo-Li"。

第二步：在著者索引中检索到相应条目。

Zhang，Bo-Li See Chang，Yan-Xu；Zhang，Meng

第三步：在同卷的著者索引中检索"Chang，Yan-Xu"，得以下检索结果：

Chang，Yan-Xu See Cao，Jun；Chen，Lin-Lin

—；Yan，Dong-Mei；Chen，Lin-Lin；Ding，Xiao-Ping；Qi，Jin；Kang，Li-Yuan；Zhang，Bo-Li；Yu，Bo-Yang

Potency fingerprint of herbal products Danshen injection for their quality evaluation，254328e

2. 机构名称　昆明植物研究所（Kunming Institute of Botany，Chinese Academy of Sciences）。

第一步：将机构的中文名称转译为英文"Kunming Institute of Botany，Chinese Academy of Sciences"。

第二步：在著者索引中检索到相应条目。

Kunming Institute of Botany，Chinese Academy of Sciences

See Shanghai Jiao Tong University School of Medicine

Method for tissue-culturing and planting Ypsilandra thibetica，P196441y

Hyaluronidase inhibitor containing 1，2，3，4，6-penta-O-galloyl-β-D-glucose（pgg）as active component，its preparation and application in cosmetics，health products，or medicines，P 253787s

（二）普通主题索引

检索课题：

1. 三七的高效液相检测方法

检索步骤：

第一步：分析研究课题，试选主题词三七的原植物的拉丁学名"Panax notoginseng"。

第二步：使用索引指南核对主题词，在索引指南中没有检索到有关"Panax notoginseng"的记载，说明CA中三七使用的主题词可能就是"Panax notoginseng"。

第三步：用普通主题索引，在主题词"Panax notoginseng"，副主题词"HPLC"下获取相关文摘。

Panax notoginseng

HPLC-ELSD detn. of notoginsenoside R_1，ginsenoside Rg_1，Re and Rb_1 in Radix Notoginseng，229935t

2. 复方制剂　复方丹参滴丸

检索步骤：

第一步：分析研究课题，中药复方制剂检索 GS 时，可从单味药物入手，也可从制剂的剂型入手。该制剂可以丹参为检索标识，也可以滴丸为检索标识。我们选择滴丸为标识。

第二步：以滴丸的英文"Dripping pills"为检索标识在 151 卷的 GS 中检索，检索结果为：

Dripping pills

effect of Fufangdanshen dripping pill on heart microcirculation disorder and myocardial injury, P 389342a

（三）化学物质索引

检索课题：用液质联用的方法检测三七皂苷 R_1

检索步骤：

第一步：分析研究课题，试选三七皂苷的英文名：Notoginsenoside R_1。

第二步：使用索引指南核对检索词，在索引指南中指明 Notoginsenoside R_1 见：β-*D*-Glucopyranoside, (3β,6α,12β)-20-β-*D*-glucopyranosyloxy-3,12-dihydroxydammar-24-en-6-yl 2-*O*-β-*D*-xylopyranosyl-[*80418-24-2*]。

第三步：用化学物质检索，在 β-*D*-Glucopyranoside, (3β,6α,12β)-20-β-*D*-glucopyranosyloxy-3,12-dihydroxydammar-24-en-6-yl 2-*O*-β-*D*-xylopyranosyl-[*80418-24-2*] 项下获取相关文献。

—, (3β,6α,12β)-20-β-*D*-glucopyranosyloxy-3,12-dihydroxydammar-24-en-6-yl 2-*O*-β-*D*-xylopyranosyl-(notoginsenoside R_1)[*80418-24-2*]

application of liq. chromatog.-electrospray ionization time-of-flight mass spectrometry for anal. and quality control of compound Danshen prepns., 389603m

（四）专利索引

检索课题：检索已知专利号 CN 101530467 A 对应的专利族及文摘内容。

第一步：使用专利号 CN 101530467 A 检索第 151 卷的 PI，得检索结果：

CN 101530467 A,151:389342a

第二步：因该专利为新专利，没有形成专利族，故只能由查得的文摘号到第 151 卷 CA 的正文中检索对应文摘。

第三节 光盘版 CA

《化学文摘光盘数据库》是全世界较大的化学文献数据库，也是中药学专业不可缺少的数据库。其特点是信息量大，内容齐全，索引完善，检索方便快捷，功能多，速度快。

一、光盘版 CA 简介

CA 光盘数据库检索系统有 2 种版本：

（一）DOS 环境下运行的检索系统

由美国剑桥科学文摘社编制，该数据库收录了 1987—1991 年（106～115 卷）5 年累积索引和文摘 240 万条。由于 DOS 检索系统操作复杂，现已被 Windows 检索系统所取代。

（二）Windows 环境下运行的检索系统

美国化学文摘服务社于 1996 年出版 Windows 环境下运行的检索系统。该版本包括 1987—1991 年、1992—1996 年的两个 5 年累积索引及此期间的全部文摘，1996 年及 1997 年的索引及文摘。每年最后一次更新包括全年的索引及文摘内容，同时 CA 还出版当期盘和文献来源索引盘。

CA 光盘数据库提供 2 个基本检索界面和 2 个辅助检索界面，即浏览检索界面、词条检索界面、化学物质等级检索界面和分子式等级检索界面，4 个对应快捷按钮 Browse、Search、Subst、Form 列在检索屏幕的左上角。下面介绍 Windows 版本的检索方法。

二、检索方法

（一）浏览检索界面（Browse）

浏览检索界面提供给用户各检索字段下的索引条目表，用户可从索引表中选择所需词条进行检索。检索方法为：

1. 点击检索工具栏中"Browse"键或在 Search 下拉菜单中选择"Browse"命令，屏幕显示浏览检索界面，如图 4-12 所示。在浏览检索界面中有 2 个对话框和 2 个执行按钮。"Find"对话框是浏览检索定位器，目的是帮助用户快速到达检索词的位置。"Index"对话框用于指定检索字段，其默认值为"Word"，可以点击"Index"框中的下拉菜单选择检索字段，浏览检索界面提供 15 条可浏览检索字段。"CA on CD"的检索字段有：Word（词条）；Author（作者）；General Subject（普通主题词表）；Patent Number（专利号）；Formula（分子式）；Compound（化合物名称）；CAN（CA 卷号和文摘号）；CAS RN（登记号）；Organization（机构名称）；Journal（刊名）；Language（语言）；Year（文献出版年份）；Document Type（文献类型）；CA Section（CA 类目代码和类名）；Update（数据库更新代码）。

选择检索字段后系统自动打开对应的词典，可以上下翻动词典，也可以敲入检索词的前几个字符，词典则自动定位到相应的位置，并在最左边一列显示文献篇数。可以一次选中一个检索词，也可以选中多个检索词，方法是按住"Ctrl"键的同时用鼠标左键单击选中检索词，数个检索词之间是逻辑"或"的关系。

2. 单击右上角的"Search"按钮或回车键，开始检索（如果仅选一个检索词，双击该词条则开始检索）。检索结果如果只有一篇记录，自动显示全记录；如果多于一篇记录，则显示题目列表，双击后可以进入该篇全记录格式。

（二）词条检索界面（Word Search）

词条检索界面提供给用户同时输入检索词、词组、数据、CAS 登录号、专利号、分子式等检索字段（与浏览检索界面相同）的功能，也可用逻辑组配符组配它们进行复杂检索。词条

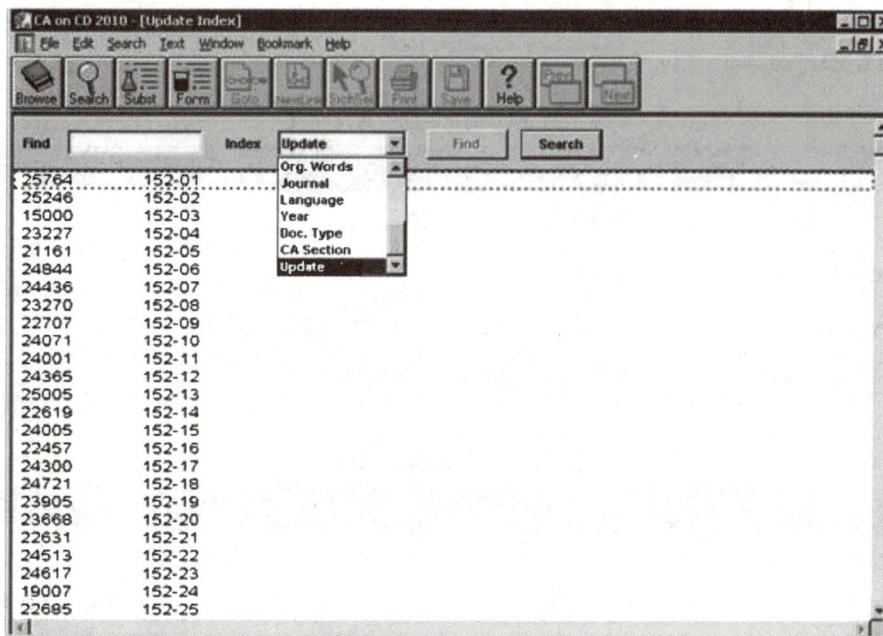

图 4-12 浏览检索界面

检索界面的左边是逻辑组配符下拉式列表框,其功能是对检索词进行逻辑运算;右边是检索途径列表框,其检索途径与浏览检索相同;下方是体现检索词之间位置关系的复选框,它可以同步实现 6 步检索组配,由此达到限制或扩大检索范围的目的,从而获得较高的查准率和查全率。具体检索方法为:

1. 点击检索工具栏中"Search"按钮或在 Search 下拉菜单中选择 Word Search 命令,弹出检索窗口,如图 4-13 所示。检索字段的默认值为 Word,行间的逻辑关系默认为"AND",可以为每一行选择检索字段,选择行间的逻辑关系"AND""OR""NO"还可以设定各检索词在文献记录中的位置关系。点击"Search"按钮,开始检索。

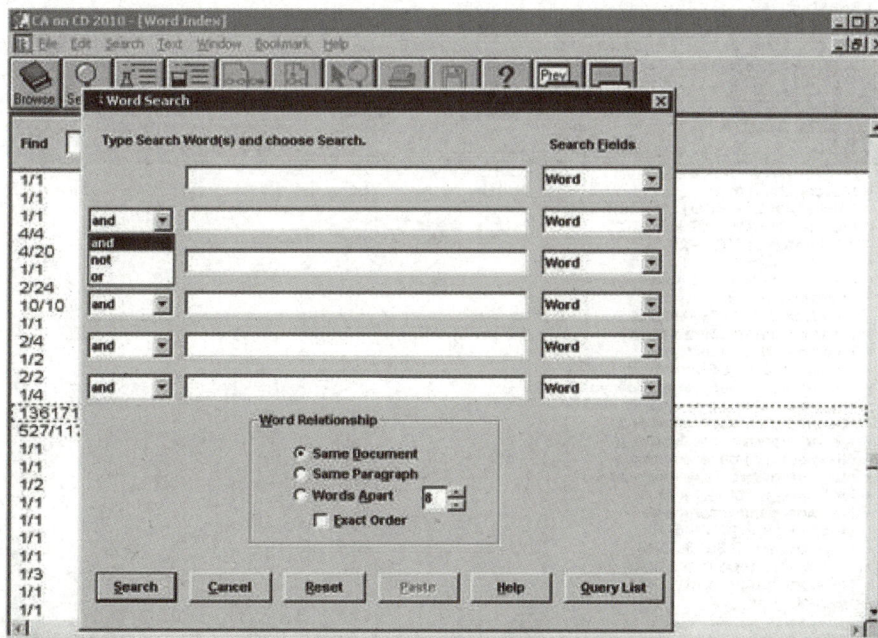

图 4-13 词条检索界面

2. 体现检索词之间位置关系的复选框，其功能解释见表 4-5。最下面一排是执行按钮，操作基本功能见表 4-6。

表 4-5 检索词之间的位置定义表

位置定义	说明
Same Document	检索词在同一记录中出现
Same Paragraph	检索词在同一字段中出现
Words Apart	在"Word"检索途径中，检索词之间相对位置可作规定，词序可变
Exact Order	命中词序与检索提问词序一致

表 4-6 执行按钮功能解释表

执行按钮	说 明	执行按钮	说 明
Search	执行检索	Help	帮助
Cancel	离开高级检索界面	Query List	保存检索策略或取出原有的检索策略
Reset	重新检索		
Paste	粘贴剪贴板上的内容		

（三）化学物质等级检索界面（Substance Hierarchy）

化学物质等级检索界面与书本式的化学物质索引基本相同，是按化学物质的母体名称进行检索的，有各种副标题及取代基。具体检索方法为：

1. 单击"Subst"按钮或在"Search"下拉菜单中选择"Substance Hierarchy"命令，弹出检索窗口，如图 4-14 所示。

2. 将母体化合物作为第一层索引标题，下面有各种副标题及取代基，化学物质的索引标题基本上采用化学结构命名。检索词前面有"+"符号表示该化学物质下面还有分类，双

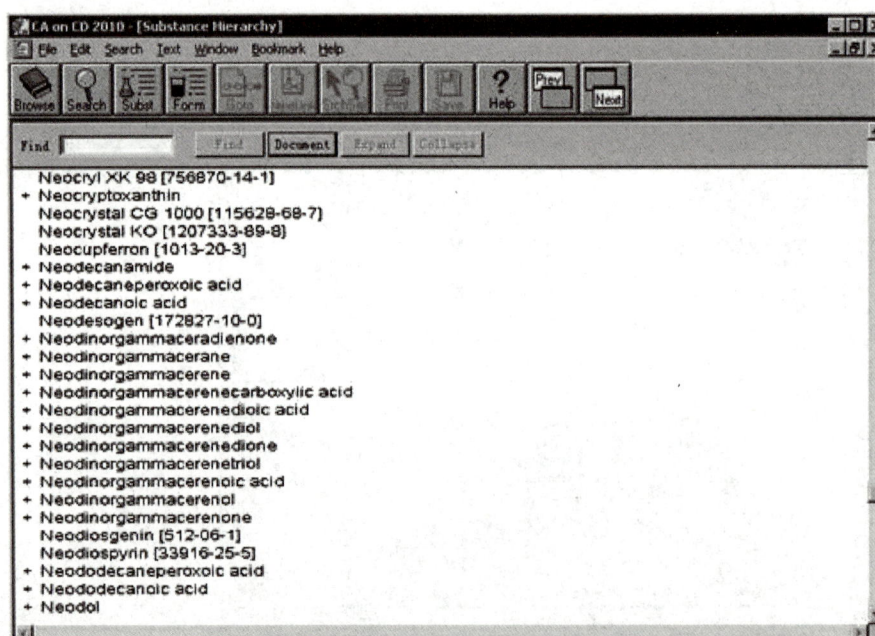

图 4-14 化学物质等级检索界面

击该词条或点击右上角的"Expand"按钮,可以展开下一层类目,双击上一层词条或点击"Collapse"按钮,可以返回上一层。

3. 对组成和结构确定的化学物质,在其右侧标明其化学物质登记号,双击词条或点击右上角的"Document"按钮,则显示相关文献。

该检索界面与浏览检索界面中"Compound"检索途径的浏览检索界面有相似之处,不同之处为:

(1)"Compound"浏览检索是检索化学物质中的化合物,而化学物质拓展检索是检索包括化合物在内的所有化学物质。

(2)"Compound"浏览检索直接获得有关化合物文献信息,不表达该化合物的族性情况。化学物质拓展检索用户将看到有关化学物质名的多层次结构,这样的结构非常有利于衍生物的族性检索。

(四)分子式等级检索(Formula Hierarchy)

分子式等级检索界面是通过化合物分子式检索文献,尤其适用于分子式结构复杂、分子量大、异构体少的特殊化合物检索。对于尚未命名的化合物在化学物质索引中查不到,而在分子式索引中则可以查到。分子式写法遵循希尔规则。具体检索方法为:

1. 点击检索工具栏中"Form"按钮或在"Search"下拉菜单中选择"Formula Hierarchy"命令,弹出检索窗口,如图4-15所示。

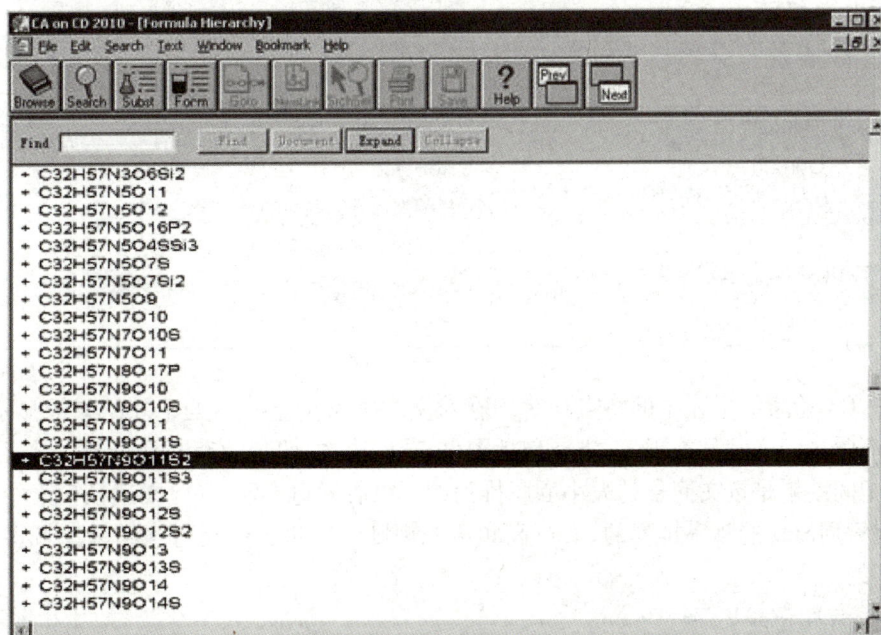

图4-15 分子式等级检索界面

2. 与Subst检索界面相似,检索词前面有"+"符号表示该化学物质下面还有分类,双击该词条或点击右上角的"Expand"按钮可以展开下一层类目,双击上一层词条或点击"Collapse"可以返回上一层。其编制方法与印刷版的CA Formula Index(分子式索引)相同。对组成和结构确定的化学物质,在其右侧标明其化学物质登记号。

3. 双击词条或点击右上角的"Document"按钮,则显示相关文献。

(五)其他检索方式

可在检索结果全记录的显示屏幕上直接检索感兴趣的词。如果只有一个词,双击该词条,则自动在"Word"字段中重新检索,显示检索结果。如果多于一个词,可用鼠标选定,点击"SrchSel(Search Selection)"按钮或在"Search"下拉菜单中选择"Search for Selection"命令,系统将对所选词重新检索。

显示结果的全记录下方列出相关 CAS 登记号,点击"NextLink"按钮,光标则定位在该记录的第一个 CAS 登记号处;再点击"NextLink"按钮,则移到下一个 CAS 登记号,点击登记号或点击"GotoLink"按钮则显示其物质记录,包括该化学物质索引标题和分子式。如欲查找包含相同 CAS 登记号的相关文献,只需在物质记录显示窗口点击左上角第二排"Search"按钮,其效果等同于使用 Browse 方式选择 Formula 字段,然后输入 CAS 登记号检索。

三、检索结果显示

（一）中间结果的显示

采用上述几种检索方法进行文献检索后,若满足检索条件的文献只有一篇,则该文献记录内容自动显示在屏幕上;若不止一篇,则屏幕中显示的是中间结果。中间结果一般是文献的标题,同时可以看到检索界面中有许多图标被释放,其功能主要是帮助输出检索中间结果,见表4-7。

表4-7 检索辅助功能表

功能键	说明
Print	打印检索中间结果
Save	存储中间结果
Mark	对感兴趣的记录做标记
Mark All	对所有记录做标记
Unmark	撤销标记
Print MK	打印做标记的题目的全记录
Save MK	保存做标记的题目的全记录
DDS MK	将标记过的记录以 CASDDS 格式存盘
Clear	清屏

此外,CA 检索结果显示的特点还表现在对文献类型浏览检索的中间结果的显示方面。CA 数据库收录的文献种类很多,主要包括图书、会议论文、期刊、专利、报告等。需要指出的是,一般中间结果是按文摘号的大小顺序排列的。只有通过"Work"检索途径检索的中间结果是按检索词出现的频率排列的,实行高频优先规则。这对于出现检索结果比较多的情况是很便利的。

（二）完整记录显示

在浏览检索界面中双击有关标题即可得到 CA 的完整记录,同时可看到又有 4 个图标被释放,其功能见表4-8。

表4-8 检索辅助功能表

功能键	说明
Gogo	当光标定在某一检索词处,单击"Gogo"可以看到该检索词的相关文献记录
Nextline	点击"Nextline",光标迅速定位到 CAS 号处
SrchSel	检索结果中选择的"Word"途径（标题、文摘等）的"某词"做进一步连接检索
DDS	把指定的记录转换为 CASDDS 格式,该格式用于向化学文摘社索取原始文献

然而,通过浏览检索界面进行检索时,检索词之间将无法进行组配。

四、检索结果的输出

(一)文献记录的输出形式

1. 以题录形式输出　内容包括文摘号、标题、作者、作者单位、文献出处。

2. 以文摘的形式输出　相当于印刷型文献的记录。

3. 以全记录形式输出　包括题录、文献、索引项等。

(二)操作步骤

1. 标记命中文献,用鼠标单击"Mark"图标。

2. 单击"Print"或选"File"菜单中"Print"项,屏幕出现一个对话框,如图 4-16 所示。

选择输出格式,按"Print"按钮,屏幕显示打印对话框,用鼠标单击"确定"按钮,打印出所需内容。

3. 单击"Save"或选"File"菜单中"Save"项,屏幕出现类似对话框,选择输出格式,按"Save"按钮,保存所需内容。

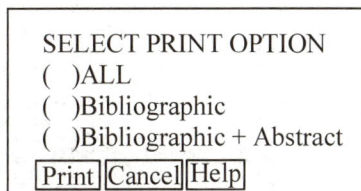

```
SELECT PRINT OPTION
( )ALL
( )Bibliographic
( )Bibliographic + Abstract
Print  Cancel  Help
```

图 4-16　输出格式选择界面

五、检索实例

以 2009 年光盘检索为例:

(一)浏览检索

1. 检索课题

人名:张伯礼(Zhang,Bo-Li)

检索结果:如图 4-17 所示。

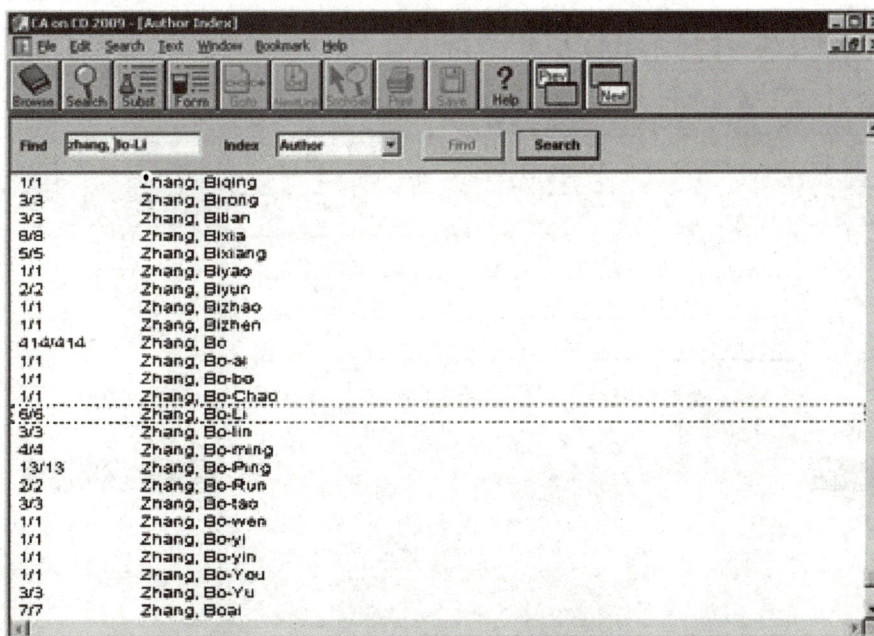

图 4-17　人名浏览检索结果界面

2. 检索课题

机构名称:昆明植物研究所(Kunming Institute of Botany,Chinese Academy of Sciences)

检索结果:如图 4-18 所示。

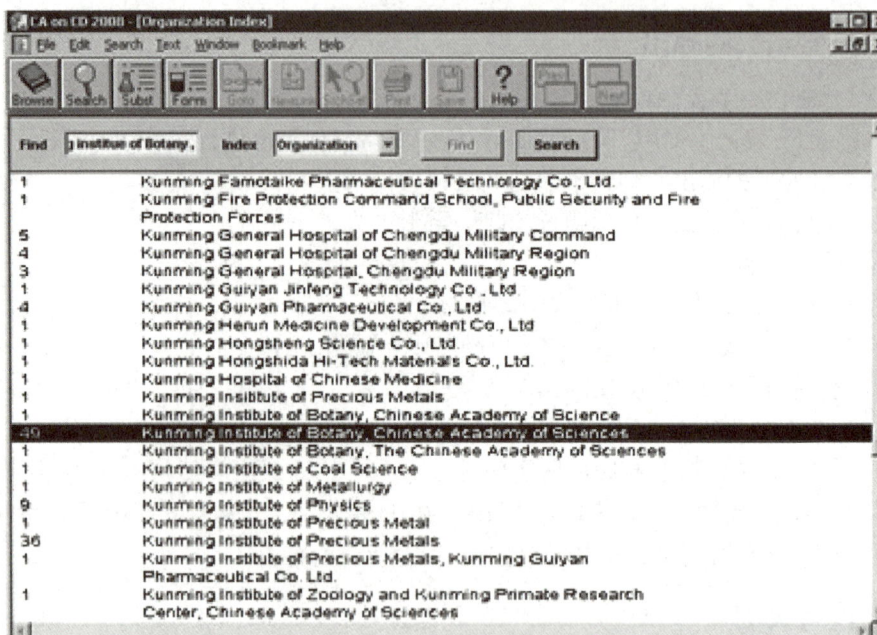

图 4-18　机构浏览检索结果界面

（二）词条检索

检索课题：三七皂苷 R_1 的高效液相检测方法（notoginsenoside R_1，HPLC）

检索界面：如图 4-19 所示。

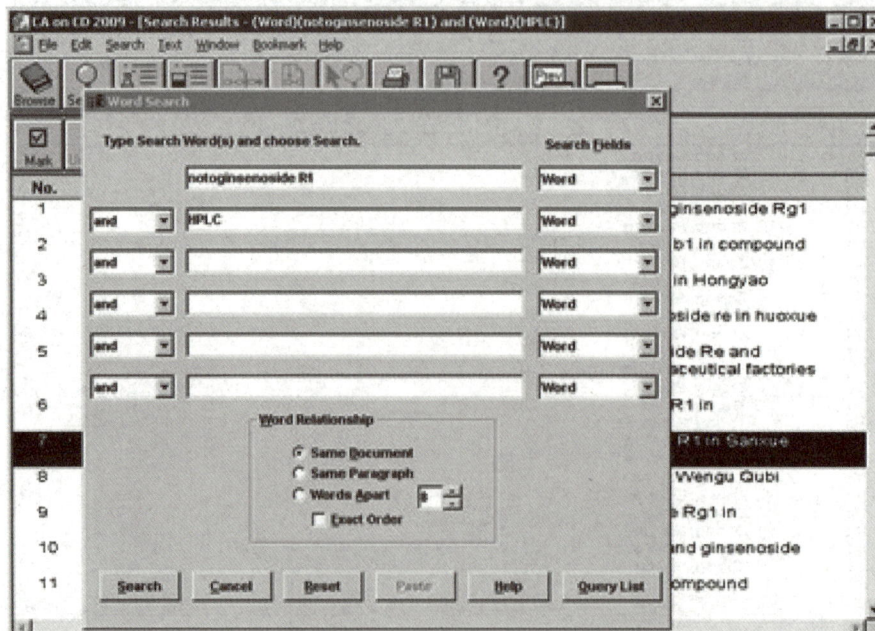

图 4-19　词条检索界面

（三）化学物质等级检索

检索界面：如图 4-20 所示。

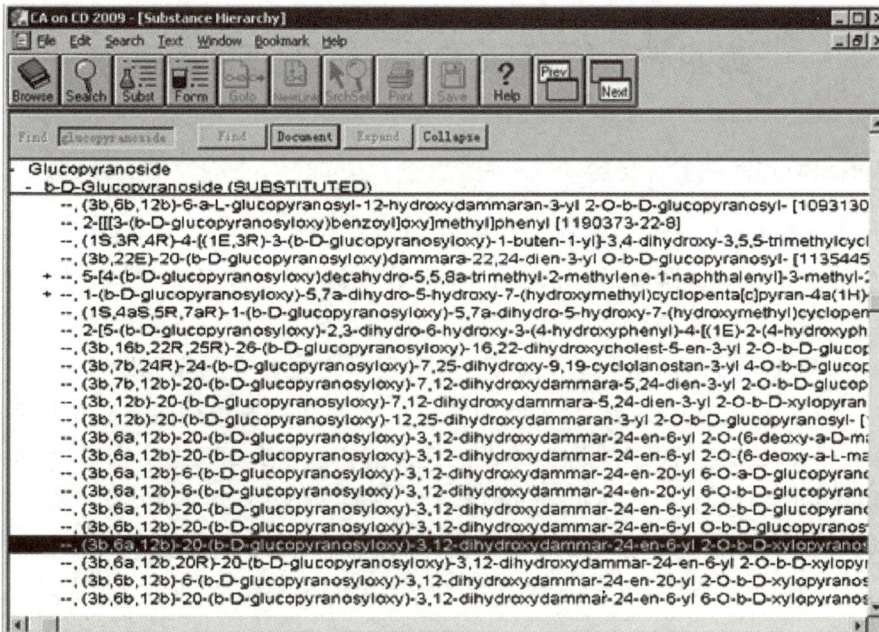

图 4-20 化学物质等级检索界面

（四）分子式等级检索

检索课题：$C_{47}H_{80}O_{18}$

检索界面：如图 4-21 所示。

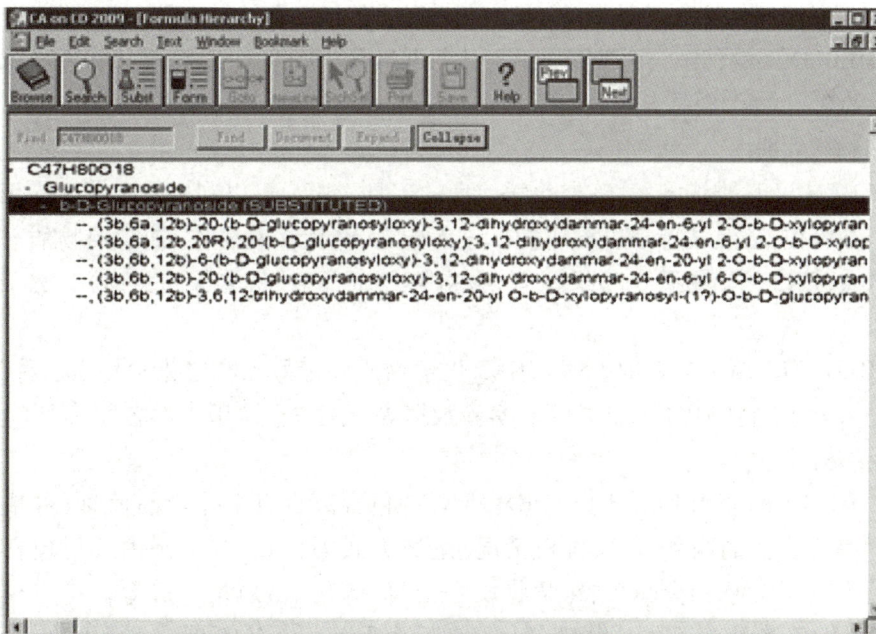

图 4-21 分子式等级检索界面

第四节 网络版 CA——SciFinder

一、SciFinder 简介

SciFinder 是美国化学学会所属的化学文摘服务社（Chemical Abstract Service，CAS）出版的化学资料电子数据库学术版。它是全世界最大、最全面的化学和科学信息数据库。

1998 年，SciFinder Web 被引进大学等学术机构，在充分吸收印刷版 CA 精华的基础上，整合了 MEDLINE 医学数据库以及欧洲和美国等 64 家专利机构的全文专利资料，进一步提高了化学化工文献的可检性和速检性。其报道了世界上 150 多个国家、56 种文字出版的 20 000 多种科技期刊、科技报告、会议论文、学位论文、资料汇编、技术报告、新书和视听资料，摘录了世界范围约 98% 的化学化工文献。涵盖的学科包括应用化学、化学工程、普通化学、物理、生物学、生命科学、医学、聚合体学、材料学、地质学、食品科学、农学等诸多领域。

1. SciFinder 包含的数据库简介

（1）文摘数据库

1）CAplus：世界最大、最权威的化学化工文献数据库，包含 1907 年以来的世界上 64 个专利发行机构的专利文献、9 千多种期刊论文、会议录、技术报告、图书、学位论文、评论、会议摘要、电子期刊、网络预印本，每天更新约 3 000 条记录。内容基本同印刷版 CA 和光盘版 CA。用户可以用研究主题、著者姓名、机构名称和文献标识号进行检索。

2）MEDLINE：美国国家医学图书馆出品的书目型数据库，主要收录 1949 年以来与生物医学相关的期刊文献，它是免费数据库。

（2）物质数据库

1）CHEMLIST：查询备案/管控化学信息的工具。用户可以利用这个数据库了解某化学品是否被管控，以及被哪个机构所控。该库包含 40 万多种备案/被管控物质。用户可以用结构式、CAS 化学物质登记号、化学名称（包括商品名、俗名等同义词）和分子式进行检索。

2）REGISTRYSM：查找结构图示、CAS 化学物质登记号和特定化学物质名称的工具。该库包含 2.74 亿种注册物质，此外还有实验数据等。用户可以用化学名称、CAS 化学物质登记号或结构式检索。

3）CHEMICAL SUPPLIER INFORMATION：包含数百万个化学品信息，可帮助用户查询化学品提供商的联系信息、价格情况、运送方式等信息，其记录内容还包括目录名称、订购号、化学名称和商品名、化学物质登记号、结构式、质量等级等。用户可以用结构式、CAS 化学物质登记号、化学名称（包括商品名、俗名等同义词）和分子式进行检索。

（3）反应数据库

CASREACT：包含 1840 年以来的 1.5 亿多个单步或多步反应，用户可以用结构式、CAS 化学物质登记号、化学名称（包括商品名、俗名等同义词）和分子式进行检索。

2. 检索方式 SciFinder 以 6 类信息为常用检索信息，具体见表 4-9。

表 4-9　CAS SciFinder 提供的检索信息列表

检索方式	CAS SciFinder 提供的信息
文献信息检索（References Searching）	• Title • Author/inventor • Company name/corporate source/patent assignee • Publication year • Source, publication, date, publisher, volume, issue, pagination, CODEN, ISSN • Patent identification, including patent, application, priority, and patent family information • Abstract of the article or patent • Indexing • Supplementary terms • Citations • Substances, sequences, and reactions discussed within the document
物质信息检索（Substances Searching）	• Chemical name • CAS registry number • Molecular formula • Structure diagram • Sequence information, including GenBank and patent annotations • Property data • Commercial source information from chemical supplier catalogs • Regulatory information • Editor notes • Documents in which the substance is referenced • Reactions in which the substance participates • A list of other databases available from STN, for related information
反应信息检索（Reactions Searching）	• Reaction diagrams, including reactants, products, reagents, catalysts, solvents, and step notes • Citation hyperlinked to the reference record • Additional reactions, references, substance details, commercial sources, and regulatory information for all reaction participants • Notes
专利信息检索（CAS PatentPak Searching）	• Using reactions • Claim language • Chemical names • Structures • converts PDFs to a searchable format through OCR
序列信息检索（Biosequence Searching）	• Biology-focused reference searching with CAS SciFinder
供应商信息检索（Suppliers Searching）	• Catalog name • Order number • Chemical and trade names • CAS registry number • Chemical structure • Pricing terms • Supplier contact information • Company name and address • Phone and fax number • E-mail • Web address

3. 三个版本 CA 的比较 CA 印刷版、光盘版和网络版的相同点和不同点的具体比较见表 4-10。

表 4-10 CA 3 种版本的特点

特点	印刷版 CA	光盘版 CA	CAS SciFinder
包含文献起始日期	1907 年	1977 年	1907 年
得到最新信息的延迟	几个月	约 1 个月	1 天
主题检索	√	√	√
普通物质名称检索	×	×	√
分子式检索	√	√	√
结构式检索	×	×	√
亚结构式检索	×	×	√
相似结构式检索	×	×	√
反应式检索	×	×	√
类反应式检索	×	×	√
分析与二次检索	×	×	√
全文链接	×	×	√
检索效率	低	中	高
检索速度	慢	中	快

特别需要说明的是,SciFinder 与光盘版 CA 的不同点有:

（1）内容:SciFinder 包含光盘版 CA 的数据资源以及其他资源。

（2）更新速度:SciFinder 是日更新及周更新,光盘版 CA 是月更新。

（3）检索时间跨度:SciFinder 可同时检索 1907 年至今的所有年度的文献数据,而光盘版 CA 每次只能检索 1 年的文献数据。

总体来讲,与光盘版 CA 相比,SciFinder 的覆盖面更广,信息量更大,更新速度更快,检索的时间跨度更大,检索功能更强,实用性更佳。

二、SciFinder 账号注册

1. 用户在使用 SciFinder 前必须先创建用户名和密码。用户所在机构的主要联系人会提供注册链接。SciFinder 用户名一般要求含机构域名的电子邮箱地址进行注册,在提交完整的注册信息之后,CAS 会发送电子邮件,指导用户完成注册过程。点击 SciFinder 注册链接进入 SciFinder 用户注册页面。如图 4-22 所示。

2. 提交注册信息后 5 分钟内收到来自 CAS 的邮件,点击确认页面中的链接即可登录使用 SciFinder,如图 4-23 所示。

SciFinder(CA 网络版)里所包含的物质检索(Substances)、反应检索(Reactions)、文献检索(References)、供应商检索(Suppliers)、生物序列检索(Biosequences)和逆向合成检索(Retrosynthesis),在使用时需分别注册账号密码。SciFinder(CA 网络版)引导如果在使用过程中出现任何关于 SciFinder 的问题,可直接联系 help@ cas. org 或致电+1614-447-3700。

三、SciFinder 数据库检索

SciFinder 登录成功后进入页面,进入查询界面。如图 4-24 所示。

主检索界面左侧可进行普通检索和分类检索选择。普通检索可基于 Keywords、Substance Name、CAS RN、Patent Number、PubMed ID 等内容进行检索,也可以进行分类检索。

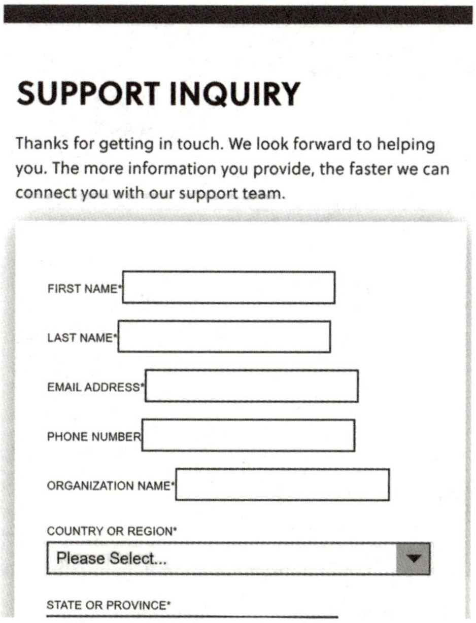

笔记栏

SUPPORT INQUIRY

Thanks for getting in touch. We look forward to helping you. The more information you provide, the faster we can connect you with our support team.

FIRST NAME*

LAST NAME*

EMAIL ADDRESS*

PHONE NUMBER

ORGANIZATION NAME*

COUNTRY OR REGION*

Please Select...

STATE OR PROVINCE*

图 4-22　SciFinder 账户注册界面

CAS
SciFinderⁿ

Log in to SciFinderⁿ

Username or Email Address

Next

Create an account.　|　Can't log in?

By using CAS SciFinder®, you agree to the License Agreements and Policies, including but not limited to the End User License Agreement

图 4-23　SciFinder 账户登录界面

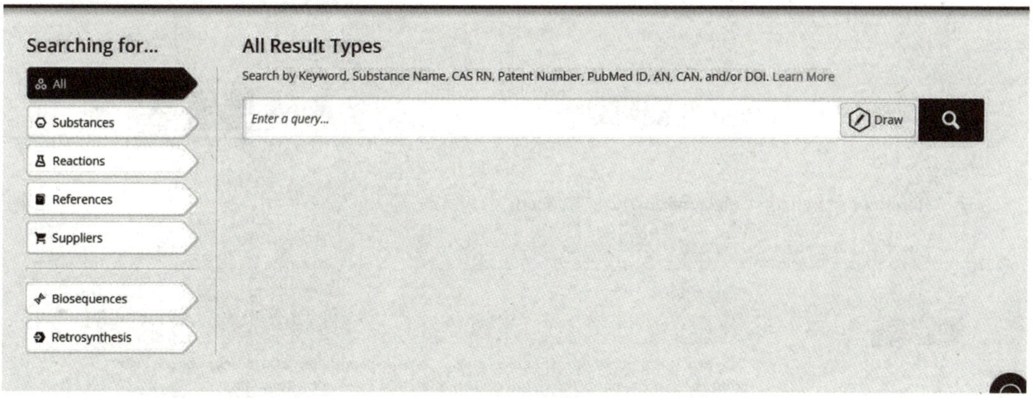

Searching for...

All Result Types

Search by Keyword, Substance Name, CAS RN, Patent Number, PubMed ID, AN, CAN, and/or DOI. Learn More

- All
- Substances
- Reactions
- References
- Suppliers

- Biosequences
- Retrosynthesis

Enter a query...　　　Draw

图 4-24　主检索界面

①物质检索（Substances）：化学结构，分子式等；②反应检索（Reactions）：化学反应等；③文献检索（References）：研究主题，作者名称，公司/机构名称，出版社等；④供应商检索（Suppliers）：可以快速找到所需的物质；⑤生物序列检索（Biosequences）：依照生物序列进行检索；⑥逆向合成检索（Retrosynthesis）：检索合成过程等。下面按使用频次高低，依次主要介绍文献检索（References）和物质检索（Substances）。

（一）文献检索（References）

在 References 项下，包括 Authors（作者）、Publication Name（杂志名称）、Organization（单位）、Title（论文名称）、Abstract/Keywords（摘要或关键词）、Concept（文章主题）、Substances（化学物质）、Publication Year（出版时间）、Document Identifier（文献标识）、Patent Identifier（专利标识）、Publisher（出版社）11 种不同途径的检索方式。如图 4-25 所示。

（1）在 References 项下，点击 References，输入需要检索的英文主题或者英文关键词，点"🔍"（搜索）进行检索。这里以"*Salvia miltiorrhiza*（丹参）"为关键词进行检索。

SciFinder 能够自动识别同义词、近义词、缩写词，并有截词、断词等功能，在检索结果中，一般会有多种选择。"26,716 references were found containing '*Salvia miltiorrhiza*' as entered"

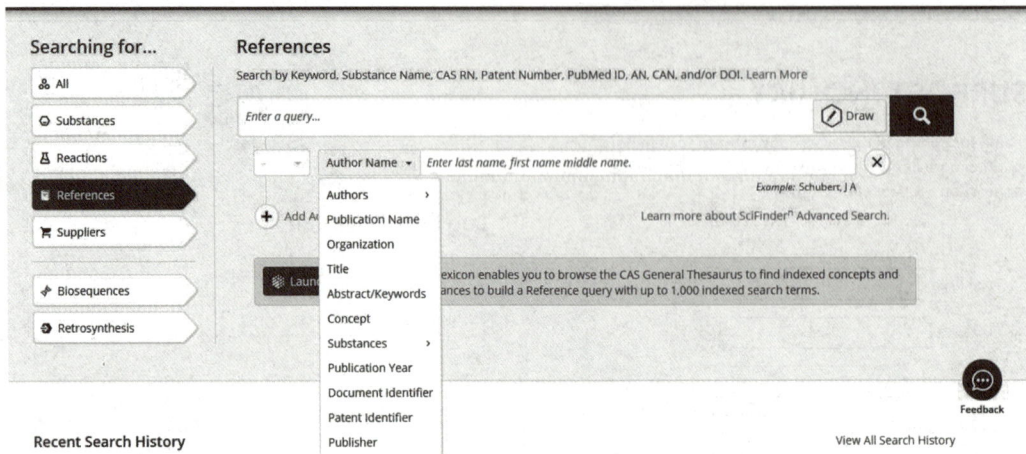

图 4-25　检索界面

表示有 26 716 篇文献含有输入主题"*Salvia miltiorrhiza*"；"26,716 references were found containing the concept'*Salvia miltiorrhiza*'"表示含有"*Salvia miltiorrhiza*"的文献为 26 716 篇。用户可以根据需要选择其中的一种、几种或者选择全部进行文献检索。勾选检索的选项，点击"Get References"就会得到所需要的结果。在检索结果中，所输入的关键词或主题会以全部蓝色或部分蓝色的方式显示出来，如图 4-26 所示。

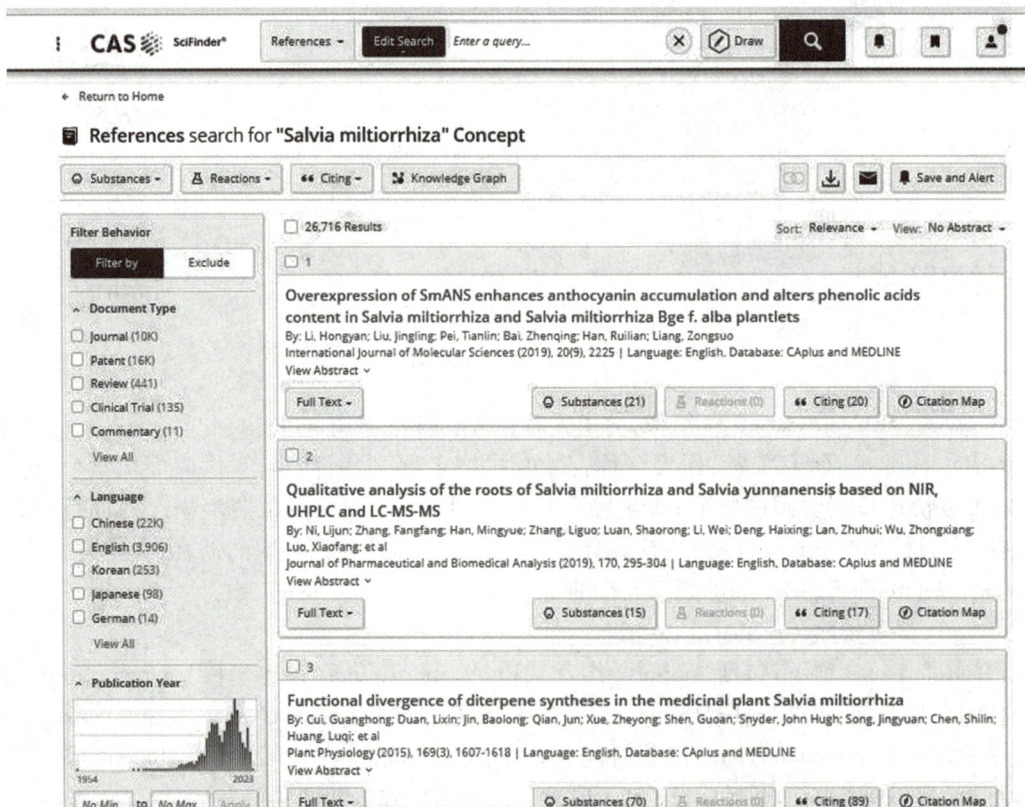

图 4-26　检索结果条目

图 4-26 中，窗口界面的下方有 5 个按钮：

a. Full text(获取全文)：点击可下载全文。

b. Substances(化学物质):对所含相似化学物质数目进行描述。

c. Reactions(相关化学反应):对设计化学反应数量进行描述。

d. Citing(引用):描述该文章被引用次数。

e. Citation Map(引用关系图):描述文章被引用或引用的相互关系。

勾选好所需文献后,用户可将其保存并导出,保存方式共有 2 种。

方式一:直接点击工具栏中"Save As"按钮将结果以"*.rtf"格式保存,之后该文件会自动转为 Word 文本格式。

方式二:若用户的计算机装有虚拟打印机,可点击工具栏中"Print"按钮,然后根据提示保存为"pdf"格式的文档。点击工具栏的"Print"按钮,填写打印的标题后点击"OK",点击"Print"(打印)。打印好后提示选择保存位置,确定保存位置后点击"Save"(保存),等待系统处理即可。

一般,结果中的第二页就是文献检索结果,以 Answer 1、Answer 2 的形式将检索结果列出。每一个 Answer 下面包含的信息有:文献的题目,作者,期刊名称,文章发表年代,卷,期和页码数,出版商,文章写作语言等。同时也给出了文章的 Abstract,检索者可以通过查看文章的摘要决定是否需要获取该文献。

(2)在 References 项下,点击 Author Name,进入作者姓名检索界面,如图 4-27 所示。

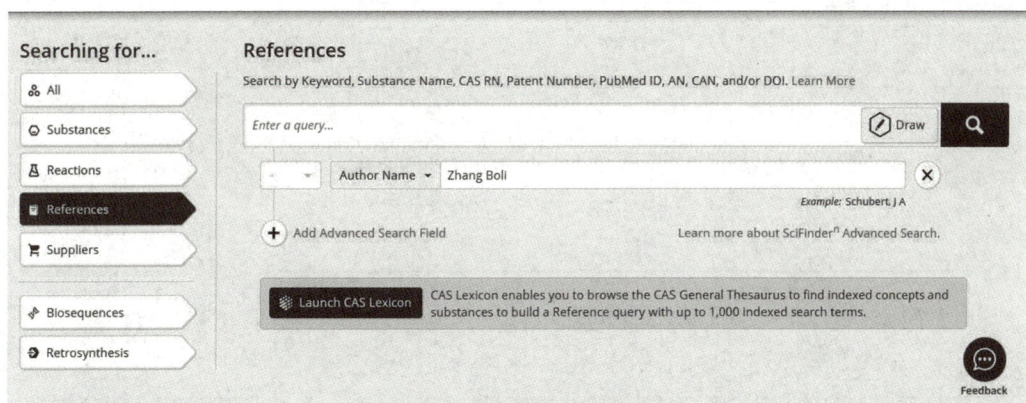

图 4-27 作者姓名检索界面

这里以张伯礼院士为例进行姓名检索,输入其英文名"Zhang Boli",点击"🔍"(搜索)进行检索。结果如图 4-28 所示。

勾选所需选项,点击"Get References",在检索结果中,所勾选的姓名格式会以全部蓝色或部分蓝色的方式显示出来。

若要保存,操作同前。

(3)在 References 项下,点击 Organization,进入公司机构名称检索界面。

在这里以"Kunming Institute of Botany,Chinese Academy of Sciences"(中国科学院昆明植物所)为例进行机构名称检索,结果如图 4-29 所示。

点击"🔍"(搜索)进行检索,检索结果如图 4-30 所示。

(4)在 References 项下,应用 AND、OR 等选项可以添加 Author Name(作者姓名)、Publication Name(杂志名称)、Organization(单位)、Title(论文名称)、Abstract/Keywords(摘要或关键词)、Concept(文章主题)、Substances(化学物质)、Publication Year(出版时间)、Document Identifier(文献标识)、Patent Identifier(专利标识)、Publisher(出版社)11 种不同的检索项进行高级检索。这里仍以张伯礼(Zhang Boli)为例进行 Author Name(作者姓名)检索,界面如图 4-31 所示。

笔记栏

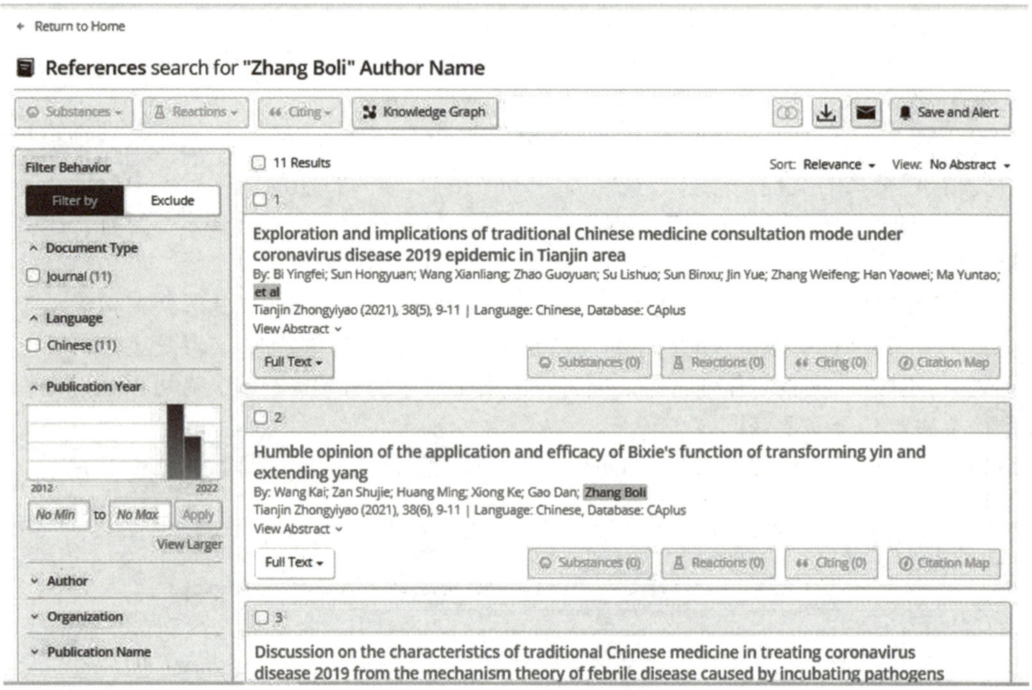

图 4-28　作者姓名检索结果

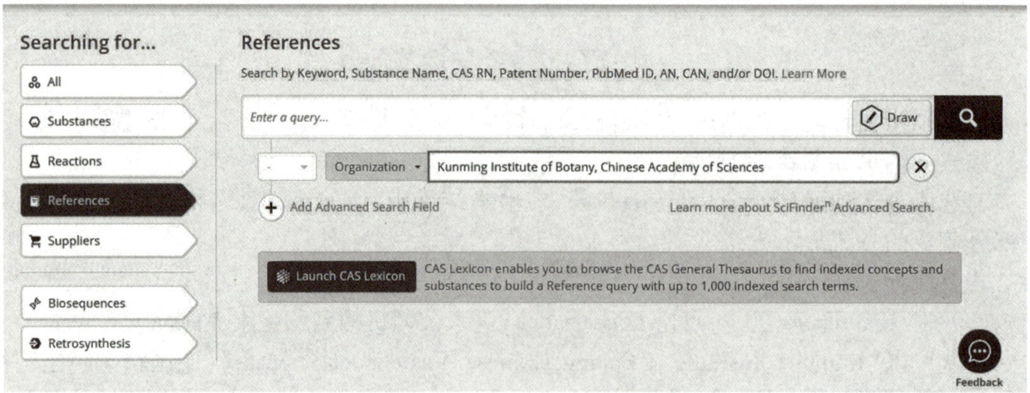

图 4-29　公司机构名称检索

笔记栏

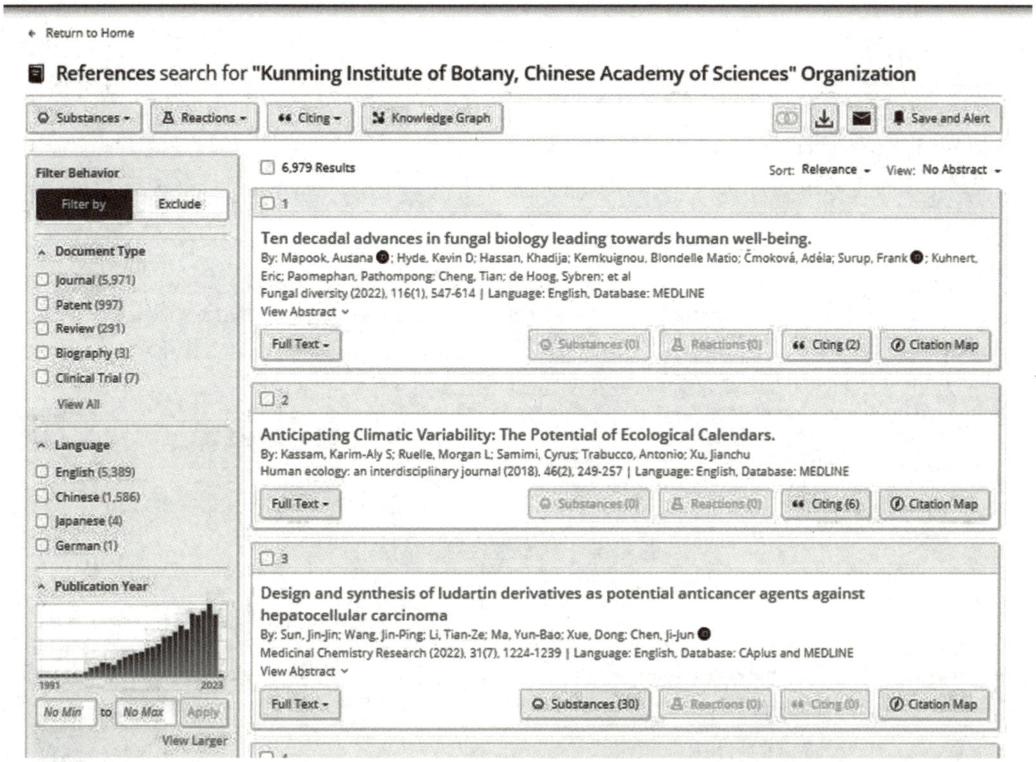

图 4-30　公司机构名称检索结果

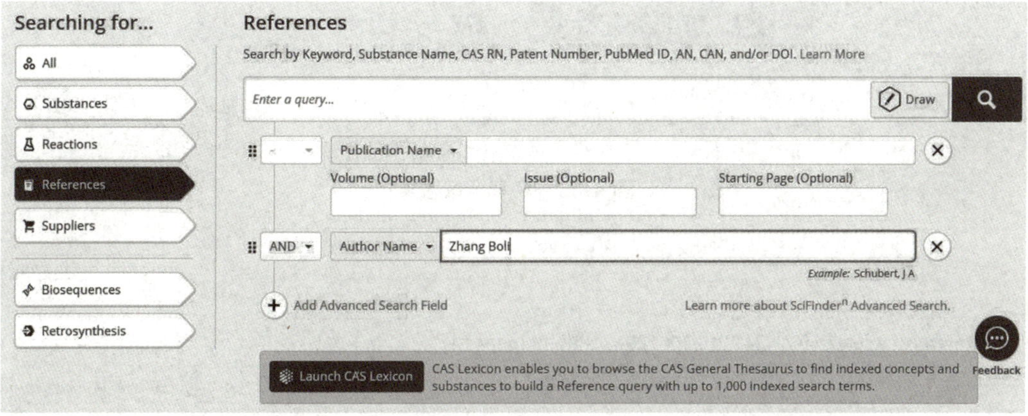

图 4-31　作者姓名检索

　　输入检索词，点击"🔍"（搜索），结果如图 4-32 所示。

　　（5）在 References 项下，选择 Patent Identifier（专利标识），以"CN 2010-10612012"为例进行检索，界面如图 4-33 所示。

　　检索结果如图 4-34 所示。

　　（6）在 References 项下，选择 Publisher（出版社），Publisher 检索项可浏览所需期刊，选择后点击"🔍"（搜索）即可浏览所选期刊最新一期的目录内容，其检索界面如图4-35 所示。

　　这里选择"ACS"，其结果如图 4-36 所示。

← Return to Home

📖 **References** search for **"Zhang Boli" Author Name**

| ⊙ Substances ▾ | ⚗ Reactions ▾ | ❝ Citing ▾ | ⛓ Knowledge Graph | | ◎ | ⬇ | ✉ | 🔖 Save and Alert |

☐ 11 Results   Sort: Relevance ▾ View: No Abstract ▾

Filter Behavior

| Filter by | Exclude |

☐ 1

Exploration and implications of traditional Chinese medicine consultation mode under coronavirus disease 2019 epidemic in Tianjin area
By: Bi Yingfei; Sun Hongyuan; Wang Xianliang; Zhao Guoyuan; Su Lishuo; Sun Binxu; Jin Yue; Zhang Weifeng; Han Yaowei; Ma Yuntao; et al
Tianjin Zhongyiyao (2021), 38(5), 9-11 | Language: Chinese, Database: CAplus
View Abstract ⌄

⌃ **Document Type**
☐ Journal (11)

⌃ **Language**
☐ Chinese (11)

⌃ **Publication Year**

| Full Text ▾ | | ⊙ Substances (0) | ⚗ Reactions (0) | ❝ Citing (0) | ⊘ Citation ... |

☐ 2

图 4-32　作者姓名检索结果

Searching for...

| 👥 All |
| ⊙ Substances |
| ⚗ Reactions |
| 📖 References |
| 🛒 Suppliers |
| 🧬 Biosequences |
| ❂ Retrosynthesis |

References

Search by Keyword, Substance Name, CAS RN, Patent Number, PubMed ID, AN, CAN, and/or DOI. Learn More

| Enter a query... | ✎ Draw | 🔍 |

| - ▾ | Patent Identifier ▾ | CN 2010-10612012 | ✕ |

(+) Add Advanced Search Field   Learn more about SciFinder[n] Advanced Search.

[❈ Launch CAS Lexicon] CAS Lexicon enables you to browse the CAS General Thesaurus to find indexed concepts and substances to build a Reference query with up to 1,000 indexed search terms.

Feedback

图 4-33　专利标识检索

← Return to Home

📖 **References** search for **"CN 2010-10612012" Patent Identifier**

| ⊙ Substances ▾ | ⚗ Reactions ▾ | ❝ Citing ▾ | ⛓ Knowledge Graph | | ◎ | ⬇ | ✉ | 🔖 Save and Alert |

☐ 1 Result   View: No Abstract ▾

Filter Behavior

| Filter by | Exclude |

☐ 1

Traditional chinese medicine composition for treating diabetic foot
By: Liu, Xinzhuang
China, CN102172391 A 2011-09-07 | Language: Chinese, Database: CAplus
View Abstract ⌄

⌃ **Document Type**
☐ Patent (1)

⌃ **Language**
☐ Chinese (1)

⌃ **Publication Year**

| PatentPak ▾ | Full Text ▾ | | ⊙ Substances (0) | ⚗ Reactions (0) | ❝ Citing (0) | ⊘ Citation Map |

Feedback

图 4-34　专利标识检索结果

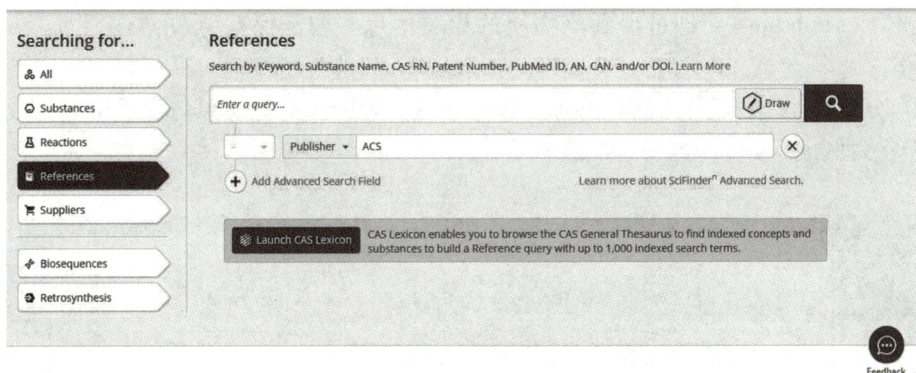

图 4-35　出版社检索界面

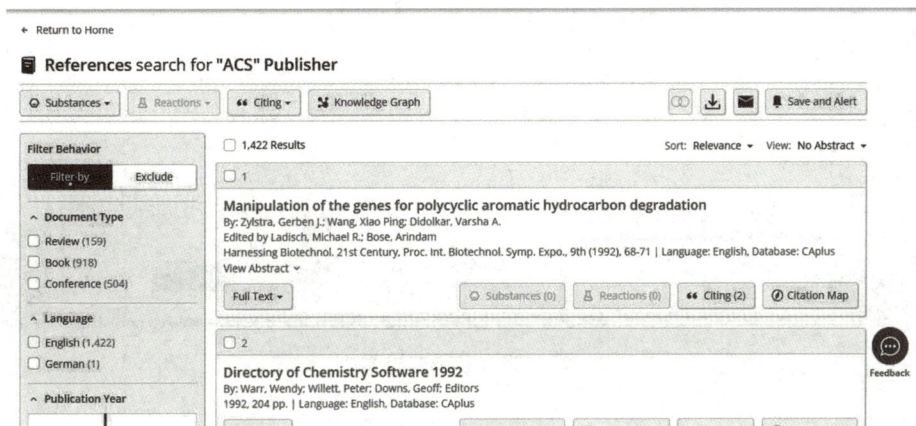

图 4-36　出版社检索结果

（二）物质检索（Substances）

Substances 检索项下可进行以下检索。

（1）结构式检索：用软件自带的结构式绘图系统，绘制化学反应中某种物质的结构，然后进行检索。

这里以丹参素（Danshensu Salvianic acid A）的结构为例绘图，绘图结果如图 4-37 所示。

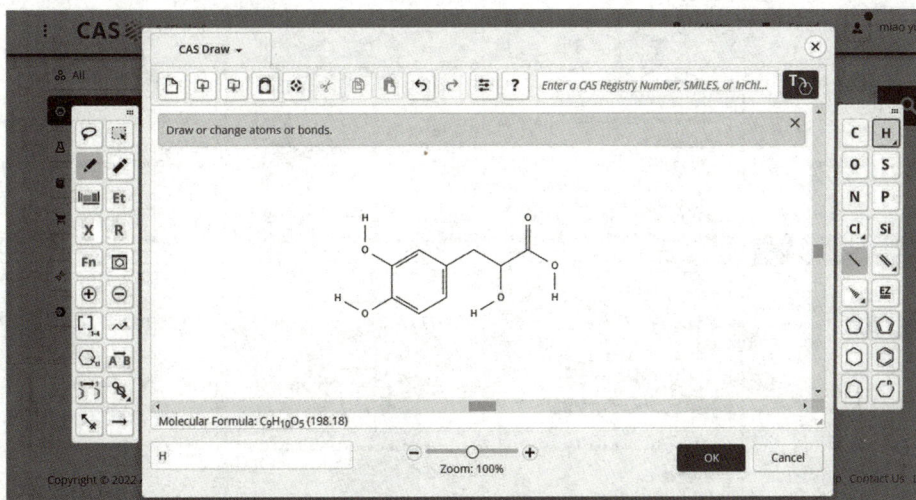

图 4-37　结构式绘图结果

点击"Get Substances"即可得到该物质的相关信息。若需保存,点击"OK"选"Save as"即可保存。

(2) 分子式检索:输入所检索物质的化学式(Molecular Formula)进行检索。这里以"$C_9H_{10}O_5$"为例进行分子式检索,如图4-38所示。

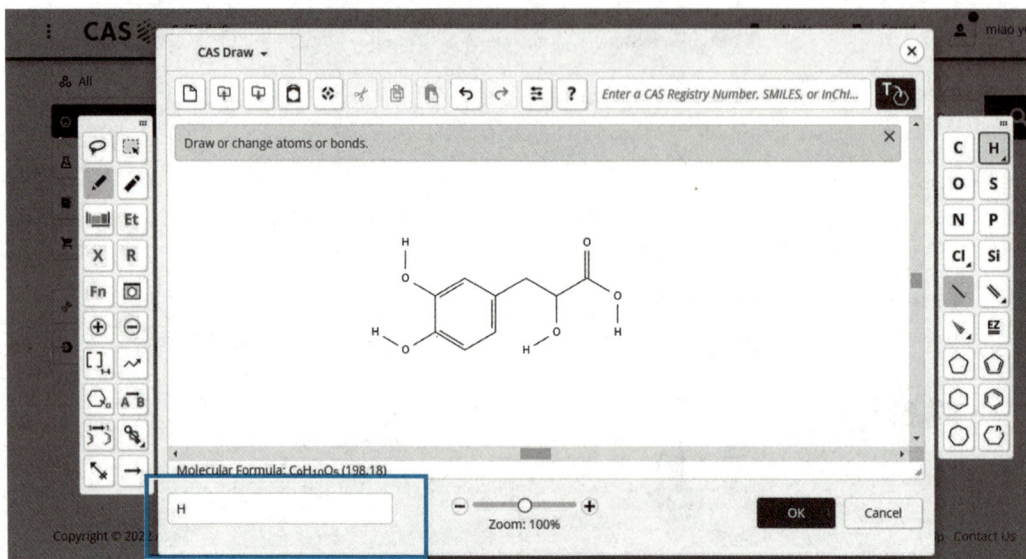

图 4-38 分子式检索

点击"🔍"(搜索)进行检索,检索结果如图4-39所示。

图 4-39 分子式检索结果

(3) 文献标识(Document Identifier)检索:主要是根据书目信息查找文献,利用专利号或文献识别号等信息进行检索。检索界面如图 4-40 所示。

以"76822-21-4"为例进行 CAS 登记号检索,输入后点击"🔍"(搜索),检索结果如图 4-41 所示。

(4) 化学名称(Chemical Name)检索:根据物质标识符查找文献,用户可直接输入物质的化学名称或 CAS 登记号进行检索,检索界面如图 4-42 所示。

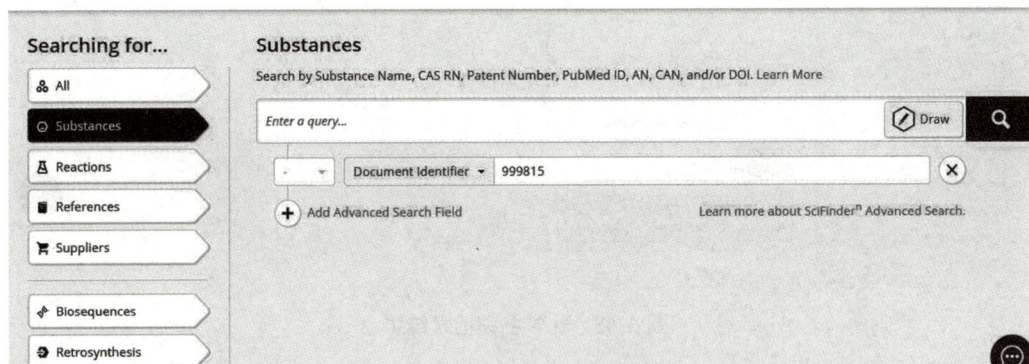

图 4-40 文献标识检索界面

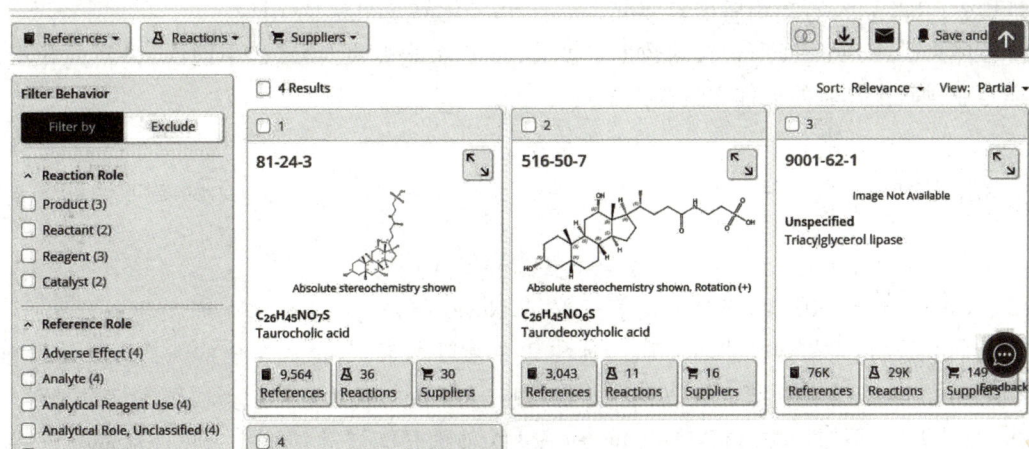

图 4-41 文献标识检索结果

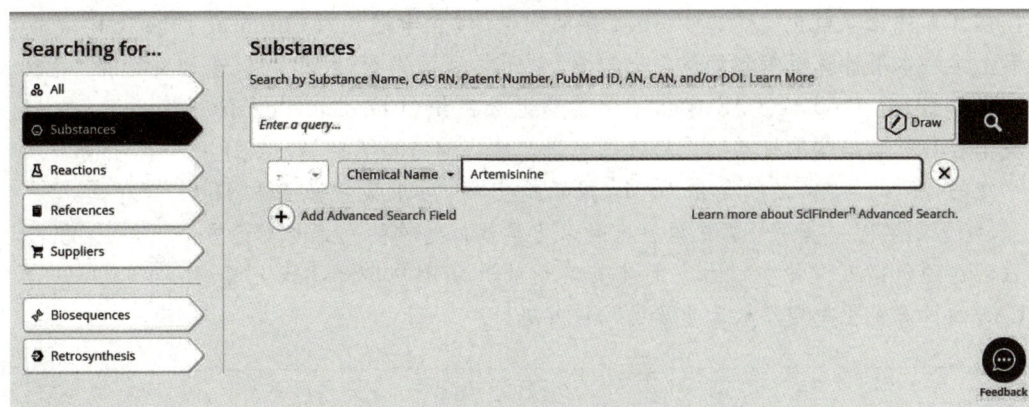

图 4-42 化学名称检索界面

以"Artemisinine(青蒿素)"为例,输入后点击" 🔍 "(搜索),检索结果如图 4-43 所示。

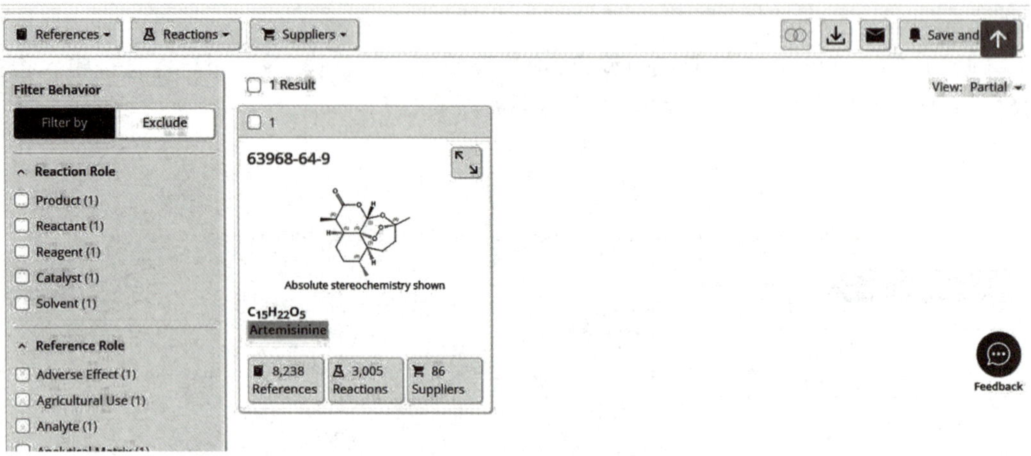

图 4-43 化学名称检索结果

SciFinder 中所包含的反应检索(Reactions)、供应商检索(Suppliers)、序列检索(Sequences)等检索操作类似文献检索(References)和物质检索(Substances),具体操作可参照文献检索(References)和物质检索(Substances)以及 CAS SciFinder 引导。

整体来讲,SciFinder 所包含的数据量极大,检索功能极强,检索效率极高,是目前化学、药学专业科研工作者的最佳文献检索工具。

📖 知识链接

《化学文摘》(CA)

CA 创刊于 1907 年,当时由化学家 W. A. Noyes 担任主编。编辑部设在俄亥俄州立大学的校园内,编辑部有 4 名专职人员和 2 名兼职人员,都挤在三楼的一间办公室里(据说这间办公室的面积只有 200 平方英尺,约合 18m^2,而且还是从美国国家标准局借用的)。1909 年,新任主编 A. M. Patterso 为 CA 的生存和发展创造了一定的物质条件。1914 年,第三任主编 E. J. Crane 接班后执编了 43 年,使 CA 得以系统化和完善化。1957 年,美国化学学会起用年轻的 D. B. Baker 任 CAS 社长兼 CA 主编。20 世纪 60 年代初,CA 的计算机化开始起步,1961 年间问世的《化学题录》(Chemical Titles,CT)是世界上第一本用计算机编制的速报类刊物,它的关键词索引(KWI),从选词到编排,全部由机器完成。1965 年,CAS 建立了化学登记号系统(Chemical Registry System)。它解决了各种不同结构的化学物质的数据与资料的存储与检索问题。赋予每个化学物质以一定的代码的思想,最初是由 G. M. 戴森提出的,后来又经戴森和 H. L. 摩根等人研究,终于制定出一套用计算机语言来表示化学物质结构的登记号标记方法。但是,积极推动这项研究工作并在财力上促使其实现的大功则应归于 Baker 博士。该项工作为 CAS 的计算机化奠定了极为重要的理论基础。

◐ **思政元素**

科学精神与科学创新

　　随着信息技术的快速发展,社会对人才培养提出了更全面的要求。当代大学生需要熟练掌握信息检索技能,学会利用各种信息资源,具备较强的信息意识。CA 网络版(Scifinder)每日对文献内容进行更新,学生在应用 Scifinder 获取大量各国科研文献的同时,能够了解到这些文献本身具备的科技创新点,以及 Scifinder 的发展历程(纸质版—磁带—光盘—网络版),从而树立科学精神,为科学创新打下牢固基础。

ER-4-3

扫一扫,
测一测

● （折政梅　高　峰）

复习思考题

1. CA 创刊于哪一年？主要收录哪些文献类型？

2. 网络数据库 SciFinder 有哪几种检索方式？

3. 比较 CA 的三个版本的异同点。

4. 通过 SciFinder 可以查询到的最新信息是哪天？

ER-5-1

第五章
PPT课件

◆◆◆ 第五章 ◆◆◆

《生物学文摘》（BA）

学习目标

1. 掌握美国《生物学文摘》常用的检索方法，解决学术研究中的实际问题。
2. 熟悉使用美国《生物学文摘》印刷版和网络版的内容。
3. 了解美国《生物学文摘》印刷版、光盘版和网络版的发展。

第一节 概 述

美国《生物学文摘》（Biological Abstracts，BA）创刊于 1926 年，是国际上报道和检索生命科学文献的重要工具。它是从事生物科学、农业科学和医学研究的工作者不可缺少的重要情报源。BA 是由美国生物科学信息服务社（Biosciences Information Service，BIOSIS）编辑出版的文摘和索引数据库，它有 3 种版本，即印刷版、光盘版和网络版。

印刷版 BA 是由美国《细菌学文摘》（Abstracts of Bacteriology，1917—1926）和美国《植物学文摘》（*Botanical Abstracts*，1918—1926 年）合并而成，一直延续出版至今。该刊 1958 年以前，每年出版 1 卷；1959 年出版 2 卷；1962—1963 年，每年出版 4 卷；1964—1971 年，每年出版 1 卷；1972 年第 53 卷起，每年出版 2 卷，每卷 12 期，每年 24 期。自 1998 年第 105 卷起至今改为每年出版 1 卷，每年册数 24~48 册。另外，BA 还附有年度累积索引。

光盘版 BA（Biological Abstracts on Compact Disc，BA on CD）的内容等同于印刷版 BA，是世界上最大的关于生命科学的文摘索引数据库。数据来源于 90 多个国家出版的近 6 000 种期刊和非期刊出版物，主要内容包括生物学、农学、医学等，侧重于理论、方法、技术以及新发现的生物属类、名称、分类等。其由 BIOSIS 自 1980 年起编辑出版，每 3 个月更新一次，每半年的数据制成一张光盘。BA on CD 数据库的每条记录由 15 个字段组成，各字段均可用来检索，字段可划分为 3 方面：来源信息、著者信息和主题信息。主要检索途径有 Search 检索、Index 检索和叙词表检索。

网络版 BA（BIOSIS Previews，BP，网址：http://www.biosis.org/），包括《生物学文摘》（Biological Abstracts）、《生物学文摘/综述、报告和会议》（Biological Abstracts/RRM），以及《生物研究索引》（Bioresearch Index）的内容，覆盖了来自 100 多个国家和地区的 5 500 多种生命科学方面的期刊和 1 500 多个国际会议论文集、综述文章、书籍、专利信息，以及来自生物文摘和生物文摘评论的独特的参考文献，其中 2 100 多种生物学和生命科学的出版物是完全收录的，另外 3 000 多种出版物经 BIOSIS 的专家审阅后，只收录其中有关生命科学的内容。BP 收录文献的起始年代为 1969 年，目前的文献量达到约 1 401 万条记录，每年增加 56 万多条新记录，数据库每周更新。BP 覆盖所有生命科学的领域，包括生物学、生物化学、生物工程学、植物学、临床和实验医学、药理学、动物学、农学和兽医学等,信息量和学科范围均远远大于 BA 数据库。BP 可以从以下 5 方面来检索:查询特定记录、查询作者信息、查询文献相关信息、查询研究主题、查询研究生物体。本章介绍 BA 的印刷版和网络版。

第二节　印刷版 BA

一、编排结构

1998 年以前的 BA 期索引由文摘正文和辅助索引两部分组成。在文摘正文前,有主要概念类目表(Major Taxonomic Classifications),其后为主题指南(Subject Guide)。从 1985 年起取消了主题指南,文摘条目按类目名称排列。BA 原有 4 个辅助索引,即著者索引(Author Index)、生物分类索引(Biosystematic Index)、生物属类索引(Generic Index)和主题索引(Subject Index)。

1998 年以后新版 BA 分为两大部分,Part Ⅰ 为文摘部分,主要由概念词字顺表和文摘部分组成;Part Ⅱ 为索引部分,取消了生物分类索引和生物属类索引,将它们合并成生物体索引(Organism Index);此外,还有主题索引和著者索引。BA 还设置有半年度累积索引(Semi-annual Cumulative Index),利用在卷索引中查到的文摘号可在同卷的各期中查找相应的文摘。

二、文摘部分

（一）主要概念词等级表

主要概念词等级表(Hierarchical List of Major Concept Heading)相当于分类目次,BA 将所收录文献按主题内容分为 77 个一级类目,一级类目下按学科内容分为 63 个二级类目和 28 个三级类目,共 168 个类目。通过等级表可了解各概念词之间学科的来源关系,几乎所有医学基础学科和临床学科均有相对应的概念词,为医学文献的查找提供方便。

（二）主要概念词字顺表

主要概念词字顺表(Alphabetical List of Major Concept Heading)将 77 个一级类目按英文字顺排列出来,为检索者使用主题分类提供了又一检索入口。

（三）文摘著录格式

按主要概念词等级表顺序排列,每一类目下有参照项目,以参见其他类目名称。其著录格式如下:

Aging

see also:Development Medical Science-Human Medicine-Geriatrics Population studies-Sociology

①292782. ② Hadshiew, Ina M* , Mark. S. Eller* and Barbara A. Gilchrest* . ③ 1999, Age(Media)22(2)-April:45-57. ④[Text:English]. ⑤ **Age-associated decreases in human DNA repair capacity:Implications for the skin-**⑥Multiple pathways are involved in accurate synthesis and distribution of DNA during replication,…⑦ * Department of Dermatology,Boston University,600 AlbanyS+,J-501. Boston. MA. 02118. USA

注释：

①文摘号，同卷各期连续编号；②著者，第一作者，姓（全称）+名（全称或缩写）；非第一作者，名（缩写或全称）+姓（全称），带有"*"号为列有地址的著者；③期刊出版年份，期刊名称缩写，卷（期），起止页；④非英文期刊用方括号注明该文文种及所带摘要的语种；⑤文献篇名，用黑体字印刷；⑥文摘；⑦带"*"著者所在单位和地址。

三、索引部分

（一）生物体途径

生物体途径是利用生物分类索引或属种索引查找与某生物体有关文献的一种检索途径。由于自然界生物的多样性和复杂性，致使生物分类体系相对复杂，与传统的学科分类截然不同。生物分类系统是按生物的形态生理、解剖、生化、遗传、生态及地理分布等，将其分成若干层次级别不同的类目，如界（Kingdom）、门（Phylum）、纲（Class）、目（Order）、科（Family）、属（Genus）、种（Species）等，种以下可设亚种、变种、变型等，是区别个体最精细的类目。

1. 生物分类系统中与医药有关的主要类目

（1）微生物界（Microorganism）：①非细胞型微生物，如病毒，包括细菌病毒、植物病毒、动物病毒等；②原核细胞型微生物，如细菌、放射菌、衣原体、支原体、螺旋体、立克次体等；③真核细胞型微生物，如真菌，包括酵母菌、霉菌等。

（2）植物界（Plantae）：①藻类植物门（Algae）；②苔藓植物门（Bryophyta）；③蕨类植物门（Pteridophyta）；④种子植物门（Spermatophyta）。

其中药用植物主要是种子植物门，其下分为裸子植物亚门（Gymnospermae）和被子植物亚门（Angiospermae）。被子植物门又是其中主要的亚门，下分单子叶植物纲（Monocotyledonae）和双子叶植物纲（Dicotyledoneae）。其类目级别如下：

植物界（Plantae）

　种子植物门（Spermatophyta）

　　被子植物亚门（Angiospermae）

　　　单子叶植物纲（Monocotyledonae）
　　　　⋮
　　　天南星科（Araceae）
　　　　⋮
　　　双子叶植物纲（Dicotyledoneae）
　　　　⋮
　　　十字花科（Cruciferae）

（3）动物界（Animalia）与医药有关的内容：主要包括原生动物门（Protozoa）、扁形动物门（Platyhelminthes）、节肢动物门（Arthropoda）、脊索动物门（Chordata）等。其中脊索动物门脊椎动物亚门（Vertebrata）下的哺乳纲（Mammalia）、爬行纲（Reptilia）是药用动物的主要门类。

人类在生物分类系统中的位置为：动物界—脊索动物门脊椎动物亚门—哺乳纲—灵长目（Primates）—人科（Hominidae）—人属（Homo）。

2. 生物分类索引（Biosystematic Index）　生物分类索引是按照生物分类系统编制而成，但类目只到"科"一级，属和种不包括在内。有关文献按生物体归类，涉及同一生物体的文献，再按主要概念来划分，其下列出文摘号。

【检索示例】　利用 BA 生物分类索引查检"人类癌免疫学"方面的文献(BA Vol. 104 No. 4,1997)。

【步骤与结果】

(1) 确定人类在生物分类系统中的位置

　　　　动物界(Animalia)
　　　　　脊索动物门(Chordata)
　　　　　　脊椎动物亚门(Vertebrata)
　　　　　　哺乳纲(Mammalia)
　　　　　　　灵长目(Primates)
　　　　　　　　人科(Hominidae)

(2) 查生物分类索引

Hominidae
　　　⋮
Cancer　Immunology
54922,54923,...,54927,...

(3) 根据文献号查正文。共有10篇切题文献,选择其中一篇:

54927. Zhuang,Y.-H. *,M. Blauer,T. Tammela and P. Tuohimaa. (Dep. Anatomy,Tampere Univ. Med. Sch. ,FIN-33101 Tampere,Finland.) Histopathology(Oxford) 30(6):556-562. 1997. Immunodetection of androgen receptor in human urinary bladder cancer. -We investigated...

(膀胱癌患者雄激素受体的免疫检测)

(4) 按出处索取原文:Histopathology(Oxford)30(6):556-562. 1997

查生物分类索引较困难的是检索者不能直观地看出类目之间的等级关系。解决这个问题可借助该索引前面的"主要类目分类等级表"(Major Taxonomic Classification)和"等级主题细目表"(Hierarchical Headings Used in the Biosystematic Index),生物分类索引就是两份表展开后形成的。尤其是对较重要的门类,如细菌、病毒、被子植物和哺乳类动物,则细分到科,为检索者查检有关文献提供了方便。

3. 生物属种索引(Generic Index)　BA 从 1974 年起设有生物属种索引。它是利用生物的属种名称作为检索入口,来检索涉及某生物体文献的一种索引。与生物分类索引比较,查检时不必考虑生物分类门类与等级,可直接利用已知的生物属种学名,即可检索文献。生物属种名称就是生物的科学学名,一般由两个拉丁文单词组成,属名在前,种名在后,中间用短线相连。有时在种名之后还分出亚种(Subspecies)和变种(Variety),就在其后加上一个表示亚种和变种名称的拉丁文单词,如:

Agkistrodon-Piscivorus-Piscivorus(蝮蛇)

在属种索引中只有一个拉丁文单词,则是生物的属名。

【检索示例】　利用 BA 的生物属种索引查检"甘草的生药学与药效学研究"方面的文献(BA Vol. 104 No. 4,1997)。

【步骤与结果】

（1）正确写出生物的属种名称

Glycyrrhiza　glabra 甘草

（2）查生物属种索引

Genus-species　　　Maj. Conc.　　　Ref. No.

⋮

Glycyrrhiza-glabra[1]　Pharmac Bot[2]　56742[3]

注释：[1]属-种名称；[2]主要概念缩写；[3]文摘号。

（3）根据文摘号查正文

56742. Vaya. Jacob*, Paula A. Belinky and Michael Aviram. (Migal, Galilee Technol. Cent. , P. O. Box 90000, Rosh-Pina 12100, Israel.)Free Radical Biology & Medicine 23(2)：302-313. 1997. Antioxidant constituents from licorice roots：Isolation, structure elucidation and antioxidative capacity toward LDL oxidation.

（甘草根中的抗氧化成分研究）

（4）按出处索取原文：Free Radical Biology & Medicine 23(2)：302-313. 1997

在属种索引中，主要概念词共 419 个，因其以缩写形式出现在索引中，检索者若要从索引中初步了解文献内容，应利用属种索引前面的"缩写全称对照表"（Concept Headings Used in Generic Index）将其还原成全称。如 Pharmac Bot 的全称是：Pharmacognosy and Pharmaceutical Botany（生药学与药用植物学）。

由此，我们可以了解原文的大致内容。

（二）主题索引

主题索引（Subject Index）是 BA 查找专题文献最重要的检索途径。它以来源文献主要内容的关键词（Key Term）作为检索入口，以关键词的字顺排列。关键词后面是表达原文其他内容的文本词（Context Terms）和文摘号。

1. 主题索引编排格式

SUBJECT INDEX(specific words)

Key term context terms　　　　　　　　　　　　　　　　Ref. No

①Clone A cell line ②(Hominidae)

③Tumor Biology/pharmacology/in-vitro model system ……… 304288 Kanamycin

④antibacterial-drug/infection/pharmacology ……………… ⑤304173 ⑥D

DO-11. 10 cell line(Muridae)

Biochemistry and Biophysics/Immune System ……………… 302018

Faure Is Land②(Australia)

Population Genetics/Animal Husbandry ……………… 293004

注释：

①关键词：反映原文主要内容，具有检索意义的词，包括生物体（含细胞株、病毒等）名称、药物名称、地理位置、疾病、普通物质技术方法、细胞、组织器官、系统等内容。②高级类目名称：关键词为生物体名称，其所属的高级类目名用"（　）"置于其后，以方便进一步使用生物体索引；以地理位置为关键词时，其所在大范围的地理位置名称（如国家名）也用

"(　)"置于其后。③主要概念词及文本词(Major Concepts):表达原文其他内容的术语,主要概念词仍与"主要概念词等级表"一致,文本词对关键词具有说明作用。④药物修饰词(Drug Modifiers):关键词是药物名称时,对该药物的补充说明,紧跟在关键词后。⑤文摘号。⑥文献说明。

2. 检索方法与步骤

【检索示例】　试利用主题索引检索出有关"百里草导致皮炎"方面的文献。(Vol. 108,No. 10,May 30,2001)

(1) 确定关键词:百里草(Thyme)。

(2) 在索引中查检

Key term	Context terms	Ref. No.
Thyme(Labiatae)		
	Clinical Immunology/Dermatology/Thymus vulgaris············	146628

(3) 查阅文摘正文

146628. Spiewak,R. C. Skorska and J. Dutkiewicz. ,2001,Contact Dermatitis 44(4) A-pril: 235-239. [Text: English;Summary: English] Occupational airborne contact dermatitis caused by thyme dust…

(空气传播的百里草灰尘导致接触性皮炎)

(4) 按出处索取原文

(三) 著者索引

著者索引(Author Index)按著者姓名的字顺排列,个人著者姓(全称)+名(缩写),团体著者用全称,每个著者姓名后均有文摘号。著录格式如下:

Name	Ref. No.
Adams Research Study Group ··············	2468
Glanzman,David L ·············	9890
Hempel,Arnold T. Jr ············	1256
Malereau,Marie-Pierre ·············	334
McDermott,J. R ·············	10323
Murphy,Geoffrey G ·············	989

使用著者索引的注意事项:

1. 个人著者

(1) 带有 De,La,Van 等前缀的个人作者,前缀与姓之间有一空格:如 De Ville。

(2) 带有 O′,M′,Mc,Mac 等前缀名字,前缀与姓之间不空格:如 McClellan。

(3) 双姓保留连字号(如 Smith-Jones)。

(4) 带有辈分标记如 Sr、Jr、Ⅰ、Ⅱ、Ⅲ等,跟在名字的首字母后面:如 Simpson J. ,Sr。

2. 团体著者

(1) 机构首字母缩略词字母之间不留空格:如 WHO。

(2) 团体名称有相同者,其后加地理区域来区分:如 BIOCHEM SOC(ENGL)。

第三节 网络版 BA—— BIOSIS Previews

基于 Web of Science 平台的 BIOSIS Previews(BP)提供 1969 年以来的 650 万余篇文献,年更新约 54 万条记录。数据每个月更新,如图 5-1 所示。

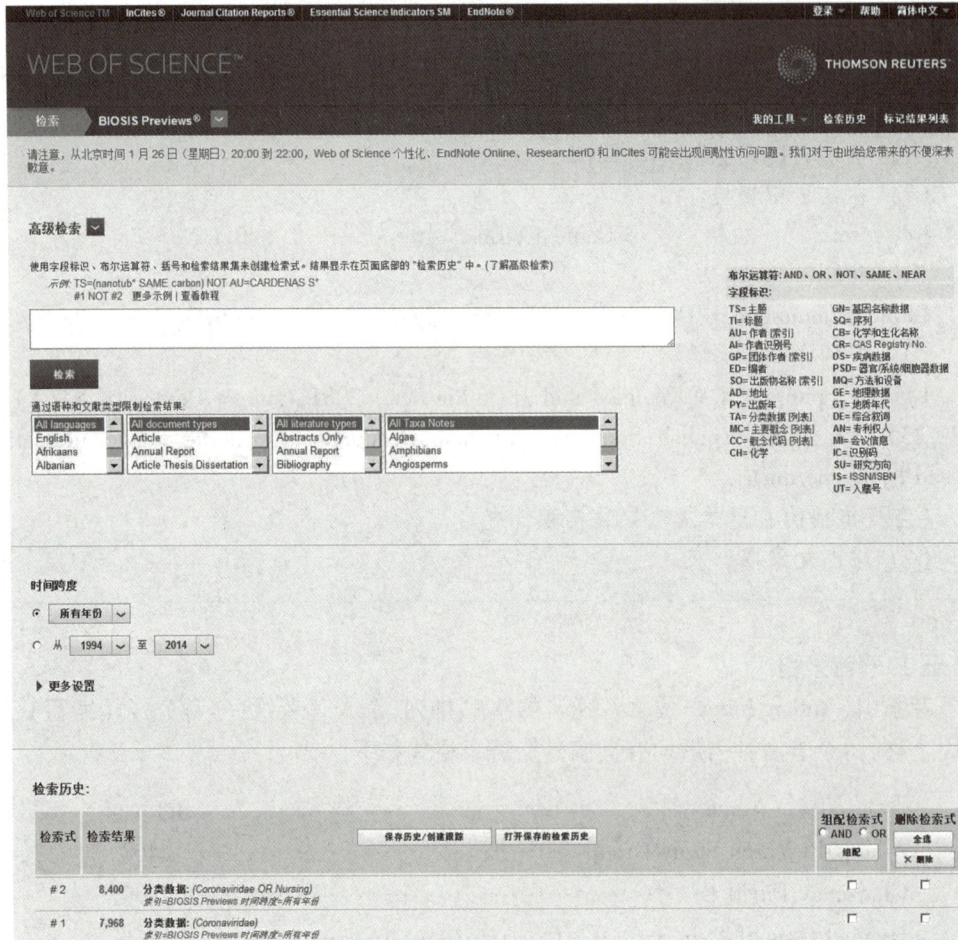

图 5-1 BP 系统高级检索主页

一、BP 的主要字段

在以全记录(Full Record)格式显示的 BP 记录中,除了 Title、Author、Address、Abstract、Source、Language、Document Type、ISSN/ISBN 等常用字段外,一般还包括以下字段:

1. Major Concepts(学科分类) 文献所涉及的学科领域,如 Genetics、Parasitology 等。通过普通检索页面上的 major concept list 链接,可以见到按字顺分层排列的学科分类名称、含义及注释、相关参见等。

2. Concept Code/Heading(学科分类代码/标题) 学科分类代码是一个 5 位数的编码。每个代码对应某一个学科分类的某个方面,也称为学科分类标题(Concept Headings),例如,学科分类代码 14002 对应的学科分类标题为 Digestive System-Anatomy。在检索页面点击相应的链接,可查找按字顺排列的学科分类标题及对应的代码。

3. Taxonomic Data(生物分类数据) 文献所涉及的生物分类,一般包括:

（1） Super Taxa(上位生物分类):是生物分类学中较高级别的生物分类名称,通常按照生物分类学中界、门、纲、目顺序排列。例如,乙肝病毒(HBV)的上位生物分类从下至上依次为:DNA and RNA Reverse Transcribing Viruses(DNA 和 RNA 逆转录病毒),Viruses(病毒),Microorganisms(微生物)。

（2） Taxa Notes(主要生物类目):生物体(包括微生物)所属的较宽泛的生物类目名称。例如:RNA Virus(RNA 病毒),Humans(人类)。

（3） Organisms Classifiers(生物分类器):一般指生物体在生物分类学中所属的比较专指的"科"的名称,以及 BIOSIS 编制的与之对应的生物分类代码(Biosystematic Code)。如果生物分类代码后有"﹡"或 New,则表示是新发现的生物体。例如,HBV 的生物分类器及生物分类代码为:Hepadnaviridae［03301］。

（4） Organisms Name(生物体名称):生物体的正式名称或常用名。

4. Chemical Data(化学物质) 文献涉及的化学或生化物质的名称(Chemical Name)、CAS 登记号(CAS Registry No.)及详细信息(Detail)等。

5. Parts and Structures Data(生物体器官及结构) 文献涉及的生物体器官名称(Term)、器官系统(Organ Systems)以及详细信息(Detail)等。例如,liver,digestive system。

6. Disease Data(疾病) 文献涉及的疾病术语(Term)、MeSH 词(MeSH Term)、疾病附属关系(Disease Affiliation,一般为疾病的上位词)以及详细信息(Detail)等。例如,Seizure:seizures(MeSH 词):nervous system disease。

7. Gene Name Data(基因名称) 文献涉及的基因名称(Term)及详细信息(Detail)等。

8. Sequence Data(序列数据) 文献涉及的序列信息,包括 Accession No.(序列索取号)、Data Bank(序列数据库,如 GenBank,EBML,DDBJ)以及详细信息(Detail)等。例如,AF047692:DDBJ,EMBL,GenBank:amino acid sequence,nucleotide sequence。

9. Methods & Equipment Data(方法和仪器) 文献涉及的技术方法及仪器设备。例如,cloning:genetic techniques,laboratory techniques。

二、BP 的检索规则

1. 检索词不分大小写。

2. 可直接输入单词或短语,但不能包含标点符号。

3. "-"默认为空格,如输入"IL 2"可检出 IL-2 及 IL 2,输入"IL-2"也可检出 IL-2 及 IL 2,但均不能检出 IL2。

4. 支持截词符"﹡"和"?",其中"﹡"表示"零"或"多个"字符," ?"表示"一个"字符。

5. 支持邻近算符 SAME。在邻近算符 SAME 默认状态下,输入两个检索词,系统作为词组进行检索。用 SAME 运算符,要求两个检索词必须出现在同一个句子里,但在句子中的顺序是任意的。使用邻近算符 SAME 能在扩大检索范围的同时,提高查准率。除了 Title 和 Abstract 这两个字段外,邻近算符 SAME 所要求的"两个检索词出现在同一个句子(Sentence)"在下列字段检索时则要求"两个检索词是一个分号（;）里的内容"。包括:Organisms,Major Concepts,Super Taxa,Taxa Notes,Parts,Structures & Systems of Organisms,Diseases,Chemicals & Biochemicals,Registry Numbers,Sequence Data,Methods & Equipment,Alternate Indexing,Miscellaneous Descriptors 等。

例如,一个生物体是"human",对这个词的修饰词是 Tanzanian,Child,Patient。如果要检索有关 Tanzanian 儿童疟疾治疗方面的文献,可以用 SAME 写出检索式为:

Topic：Plasmodium falciparum and（child* same tanzania*）；

6. 支持布尔运算符 AND、OR、NOT。运算符的优先顺序为：（　）>SAME>NOT>AND>OR。当使用多个运算符时可用括号决定优先顺序，在一个检索提问中最多可使用 50 个运算符。

三、BP 的检索途径

ISI Web of Knowledge 检索平台提供了 Quick Search（快速检索）、General Search（基本检索）、Advanced Search（高级检索）3 种检索方式。其中，Quick Search 适用于简单课题的检索，直接输入检索词及其逻辑运算符 AND、OR、NOT 等即可进行组配检索，一次性最多可检索 50 个词或词组。Advanced Search 适合于复杂课题的检索，其使用方法与 Web of Science 的高级检索相同。

（一）快速检索（Quick Search）

类似于 CAS SciFinder 的"Research Topic"和 Embase 的快速检索。快速检索可以检索文章题名、关键词、作者名以及摘要。可以使用 AND、OR、NOT 等逻辑运算符连接词或者词组。一次可检索多达 50 个词或词组。

（二）基本检索（General Search）

基本检索的步骤：在一个或多个检索字段中输入检索式；滚动到页面下部选择限制和/或排序选项；点击"Search"按钮开始检索。

输入检索式注意事项：①可使用通配符"*"或截词符"?"查找前端一致的词或拼法不同的词，但需注意在 Topic 字段中"*"之前至少应有 3 个字母。如："Uro*"允许，但"Ur*"不允许。"?"代替一个字母，例如：输入"organi ? ation*"，命中结果包括 organization、organisation、organizational、organisational 等。②在同一检索字段，利用逻辑算符 AND、OR、NOT、SENT、SAME 将输入的词或词组结合起来以扩展或缩小检索范围；SENT 和 SAME 用来限定两个或多个检索词在同一个字段中检索。逻辑算符执行的先后顺序为：SAME = SENT>NOT>AND>OR。③利用"（ ）"限定优先执行顺序。④如果在多个检索字段输入检索词，系统将默认按照 AND 关系执行。普通检索提供主题检索（Topic）、著者检索（Author）、来源出版物检索（Source Publication）、出版年份检索（Publication Year）、作者地址检索（Address）、生物分类检索（Taxonomic Data）、主要概念检索（Major Concepts）、学科分类代码/标题检索（Concept Code/Heading）、化学物质和生化物质检索（Chemical and Biochemical）、会议信息（Meet-Information）、标识码检索（Identifying Codes）共 11 个检索入口，如图 5-2 所示。

1. 主题检索（Topic） 利用 Topic 途径进行检索时，系统自动对以下字段进行检索。

（1）Title：指原文中列出的文章、图书、专利或者系列图书卷名的标题。在 1992 年之前的文献，只采用美式拼写，为了结果更加准确，在检索时应使用英式拼写和美式拼写 2 种方法。BP 对非英语标题均提供了美式英语译文。

（2）Abstract（1976—）：对于英文文献则提供原文中的作者摘要。

（3）Organisms（1993—）：包括所有生物、上位生物分类或者分子序列的正式名称或俗名，另外还包括补充性词汇以说明生物体进化状态、年代、性别等。在补充信息中同时还包括新分类和化石信息。

（4）Major Concepts（1969—）：用于标引文献所涉及的生命科学领域的 168 个主要学科领域，又称为主要概念词。

（5）Super Taxa（1969—）：上位学科分类，用于指生物体"种"以上的高层级的分类术语。

（6）Biosystematic Codes/Names：生物系统代码是 5 位数字的编码，用于代表上位学科分类。

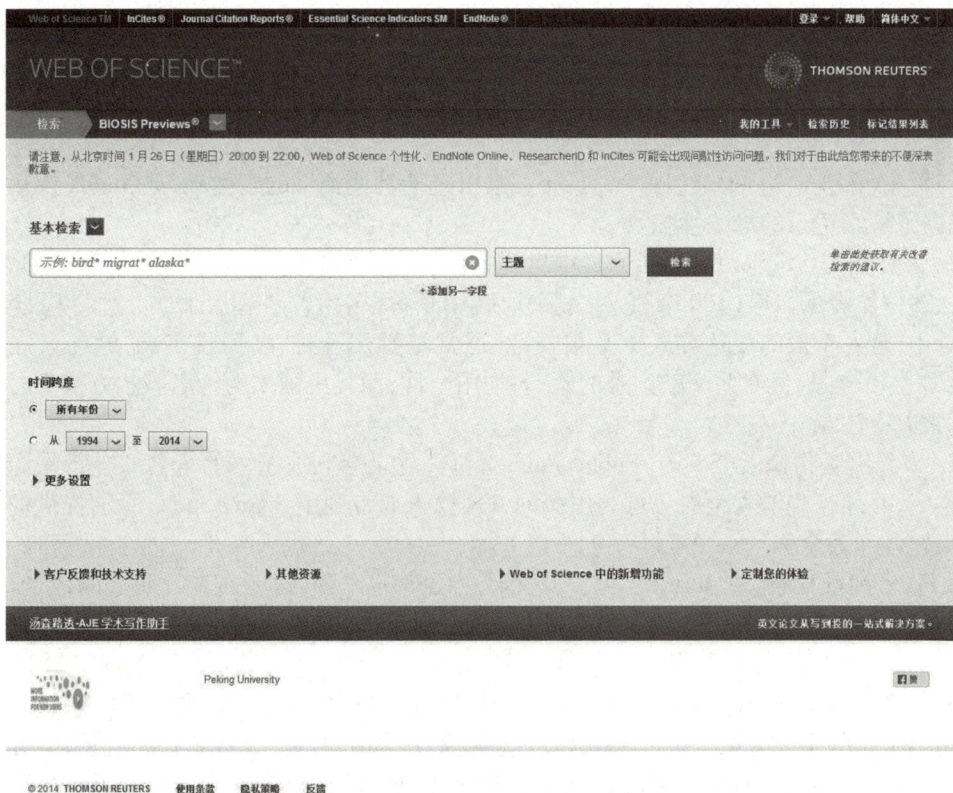

图 5-2　BP 基本检索页面

（7）Taxa Notes（1969—）：指在原文中提及的主要生物体的普通名。即使在文献中没有提及该生物的普通名，也可以通过 Taxa Notes 将该文献检索出来。

（8）Parts Structures & Systems of Organism（1995—）：用于描述大分子层级以上的生物体的组成部分。其中含有控制词表类的生物系统修饰语和自由词修饰语，用于描述器官的特定性研究。

（9）Diseases（1998—）：用于描述原文中涉及的人类、动物和植物的疾病名称、紊乱以及病理信息。修饰词包括疾病类修饰词和自由词。

（10）Chemicals & Biochemicals（1993—）：用于描述天然或者合成化学以及活体的化学成分信息，这些术语摘自原文。为了检索结果全面，应检索同义词和不同的术语。在该字段中含有修饰词，其中部分为控制词。（注：1993 年前，公式、同位素、元素符号，以及离子被转换为扩展形式。1993 年后，化学词汇的拼写和使用与原文中保持一致。）

（11）CAS Registry Number（1969—）：化学物质登记号按照原文给出。在化学物质登记号中包括了所有的同义词和不同的术语。

（12）Sequence Data（1993—）：和原文提供的保持一致，包括登记号、数据来源名以及分子序列信息。

（13）Methods & Equipment（1998—）：用于描述原文中涉及的方法、仪器和技术手段。

（14）Geopolitical Locations（1993—）：指代由政府/地理边界所划分的陆地或者水体，例如镇、市、州、国、国家联合体等。包括所有的地域或者人造结构的所在地。

（15）Time（1993—）：指代在原文中出现的地质学、历史学或者考古学时间年代或者纪元。

（16）Institutions & Organizations（1995—）：表示在原文中出现的公司名、组织或者机构名称。

(17) Miscellaneous Descriptors(1969—):所有不适合以上描述主题字段的术语都被加入此字段。该字段还包括 1998 年以前的未被标引添加的字段的检索词,例如:Persons,Diseases,Institutions & Organizations。该字段还包括在 1969—1992 年使用的 Added Keywords 的检索词。

(18) Alternate Indexing(1999—):交叉索引包括其他类型的索引项,如 MeSH 疾病词表等,提高了检索记录的准确性。

2. 著者检索(Author) 包括原文中出现的作者、编者或者发明人的姓名。著者检索时,可输入多位作者的名字(100 个)。一般采取姓用全称,名用首字母后加"＊"进行检索。BP 的记录中,著者字段的表达方式不是很规范,通常是姓用全称,名用首字母,姓与名之间用","再加空格分隔,但有些文献记录的姓、名均用全称,而且中国人的姓名表达方式有时会出错,检索时应注意。

3. 来源出版物检索(Source Publication) 包含收录期刊或图书的全名。进行来源出版物检索时,必须正确输入全名。可利用截词方式输入或者利用 Source Index 页面提供的出版物列表输入刊名全称。

4. 作者地址检索(Address) 包含源文献中出现的作者、编者或者发明人的地址信息。BP 未对地址或者地址缩写词进行标准化。为了提高查准率,应使用截词和地址的不同写法。

5. 生物分类检索(Taxonomic Data) 应用 Taxonomic Data(TA,生物分类名称)检索时,一般输入上位的生物分类(Super Taxa)及代表生物分类目录的 5 位数生物系统编码(Biosystematic Code)。也可以先点击 Organism Classifiers 检索相应的生物分类及生物系统编码。实际检索中,一般与 TOPIC 检索组合使用,以提高查准率。

6. 主要概念检索(Major Concepts) 应用 Major Concepts(MC,主要概念词)检索时,可输入主要概念词进行学科相关领域的大范围检索。点击 List 可浏览主要概念词的全部内容(包括按字顺排列及按学科排列 2 种方式),可复制粘贴感兴趣的 Major Concepts 并进行检索。Major Concepts 检索与 TOPIC 检索可组合使用,以提高查准率。

7. 学科分类代码/标题检索(Concept Code/Heading) 输入代表学科名称的 5 位数编码进行检索,点击 List 可查看学科编码及对应的名称。

8. 化学物质和生化物质检索(Chemical and Biochemical) 主要用于查找化学及生化物质,包括各类药物,可输入化学物质、基因或序列的名称以及 CAS 化学物质登记号。例如,查找有关血纤溶酶(其 CAS 化学物质登记号为 9001-90-5)的文献,可采用检索式:CB-9001-90-5。

9. 专利权人的名称检索(Patent Assignee) 输入专利权人的名称(可以是个人,也可以是机构)进行检索。如果专利权人是机构,应注意机构的不同表达方式。例如,检索葛兰素史克公司的专利,可用检索式:PA＝GlaxoSmithKline。

10. 会议信息检索(Meeting Information) 主要用于查找会议论文相关信息,可输入会议名称、会议主地点、会议主办者和会议日期等信息,并用 AND 或 SAME 连接。如果要检索某次会议上某个专题的会议论文,可采用组合检索,如 TOPIC 检索与 MEETNG INFO 检索组合,以提高查准率。

11. 标识码检索(Identifying Codes) 可以输入 ISSN、ISBN、专利号、专利批准日期等进行检索。例如,检索专利号为 6830560 的美国专利,可采用检索式:IC-US 6830560。

在各检索入口框中直接输入检索条件(可为词组、单词以及运算符连接的检索表达式等)后,通过检索页面下方的"Restrict search by languages and document types"一栏设定检索限定条件,类似于 PubMed 中的"Limits"和 SciFinder 中的"Filters"功能,除了常见的语种(Languages)、文献类型(Document Types)外,还增加了作品类型(Literature Types)和生物分类(Taxa Notes)这 2 种特殊限定类型,每种限定类型可通过点击"Ctrl"键进行复选,然后点击页面左下方的"SEARCH"进行检索;若同时在多个检索入口框内输入,则系统自动以"AND"对多个条件进行逻辑运算。

（三）高级检索（Advanced Search）

BP 的高级检索将逻辑组配功能和普通检索的功能集中在一起。高级检索通过对 23 个字段标识(Field Tags)进行逻辑组配,实现复杂的检索。此外,在 BP 的高级检索页面上还提供作者索引(Author Index)、来源索引(Source Index)、生物体类别(Organism Classifiers)、主要概念(Major Concepts)、学科代码(Concept Code)等供用户检索时浏览选择检索词。

（四）检索的辅助索引（Search Aids）

在 Author、Source Publication、Taxonomic Data、Major Concepts、Concept Code/Heading 等检索字段中都提供了检索辅助工具,这些辅助工具在普通检索和高级检索页面均可使用。操作步骤如下:

(1) 进入检索辅助工具,点击"S"浏览检索词的含义范围。含义范围是一个独立的窗口,给出了主概念代码或者标题目前的应用范围,并提供了历史上该概念的使用信息。

(2) 点击字母列表浏览检索词或者在框中输入检索词的词干。截词使用星号(*),可以输入词组,或者利用 AND,OR,NOT 组配多个检索词。

(3) 点击"ADD"按钮将该检索词加入检索中,该检索词还会显示在屏幕下方的栏目中。

(4) 当添加完检索词之后,点击"OK"返回到检索页面。检索结果概要页面(Search Result-Summary)在"Search Summary"页面上,可以通过主题(标题、文摘、关键词和词组)在检索结果中进行二次检索,从而生成一个新的集合。这种组合可提高检准率,并生成另一个检索结果页面,使用该功能可以对检索结果进行精简。可以改变检索结果的排序方式,可排序的方式包括最新日期、相关度、第一作者字顺、来源文献名,其中任何一种方式都可以对 100 000 条记录进行排序。

检索命中结果数目显示在页面上方,每页可显示 10 条、25 条或 50 条记录,点击此处可以对检索结果进行分析。提炼检索结果(Refine Results)可以通过点击任意一个字段链接对检索结果进一步完善。出现频率最高的条目会在列表最上方,括号中的数字表示了出现在概要页面上的包含该条目的记录数。点击 more choices 或 fewer choices 筛选更多或更少的字段,选择一个或多个复选框,点击 View Records 可以浏览包含所选择条目的记录。点击 Exclude Records 可以浏览不包含所选择条目的记录。

四、BP 检索结果的处理

对于检索结果的处理,BP 也具有 SciFinder 数据库所提供的操作方式:Sort(排序)、Display Format(显示格式)、二次检索、文献链接、全文链接、打印和存盘以及 Analyze(分析),但是两者功能有所不同。

1. 排序　BP 对于检索结果可以按以下方式进行排序:最新日期、相关度、第一作者姓氏字顺和来源文献名,与 SciFinder 的排序有所区别。

2. 显示格式　BP 检索结果的显示方式较其他文摘型数据库少,只有全记录(Full Record)和概要(Summary)2 种。概要方式显示的文献,包括文献的著者、篇名和来源出处。

3. 二次检索　当检索结果较多,需要进一步优化检索结果时,BP 数据库提供了"Search with results"检索辅助功能,可通过主题(标题、摘要、关键词和词组)在第一次的检索结果中进行二次检索,从而提高查准率;或者通过"Refine Results"检索辅助功能,限定字段,对结果进行优化,类似于 SciFinder 数据库中的"Refine"功能。

4. 文献链接　链接到 Web of Science,除了可以查看引用的"Related Records"(指引用了相同的参考文献的记录)外,BP 还可以查看"Citing Articles"(引用文献)和"Cited Arti-

cles"（参考文献），这与其他文摘型数据库有所区别。

5. 全文链接　BP 可通过提供的全文链接直接浏览全文；除此之外，还可通过保存检索式创建定题（确定某个选题）跟踪服务，随时了解所需要的信息或者通过引文跟踪来追踪某一篇文献的最新被引用情况（此两项服务需要预先注册才可使用）。保存检索结果与创建定题跟踪服务（Search History & Search Alerts），检索历史可以保存在本地计算机或者网络计算机，定题跟踪服务是基于输入的最后一个检索式而建立，也可以在 ISI 点击"Save History"保存检索历史而建立。如果希望包括以前输入的检索 Web of Knowledge 服务历史并创建定题跟踪服务，检索式可通过组配检索创建一个最新的检索集合，保存在当地的检索历史可以重新打开并运行，保存在服务器上的检索历史更容易打开和管理，并可以用于建立定题跟踪服务。

创建定题服务需注意所在机构是否拥有创建定题服务的权限。连接到 Search History 页面或者 Advanced Search 页面，点击"Save History"按钮即可创建定题跟踪服务。点击"Save"将检索式保存到远程的服务器。如果选择"Save to Your Workstation"下的"Save"，则会将检索策略保存到您的计算机硬盘、软盘或 History Name 输入检索式名称者网络驱动器上。如果要得到基于此检索式所建立的定题跟踪服务，在"Send Me E-mail Alerts"复选框中标记并输入邮件地址。Alert types 的定题跟踪服务类型，包括题录（标题、来源、作者）、题录+文摘以及全记录等内容，并以邮件方式通知。E-mail formats（邮件格式）包括 Plain Text、HTML（可链接到全记录）、ISI Research Soft（可输入到 EndNote，Reference Manager 及 ProCite），E-mail frequency（邮件频率）为每周或每个月。

6. 检索结果的分析　分析检索结果功能可按照以下字段对检索结果进行分析：Author、Assignee、Concept Code、Major Concept、Super Taxa、Source Title、Publication Year、Document Type 和 Language。在检索结果概要页面点击"Analyze"按钮，可以按照多种方式对多达100 000 条检索结果进行排序，还可以将分析结果保存，以便导入到其他软件进行分析。选择希望浏览的检索结果集合，然后点击"View Records"，即可浏览该集合的记录。分析功能可以帮助我们更准确地了解相关研究，如 Author（作者）——了解该研究领域的主要研究人员是谁；Concept Code（主概念代码）——了解该研究涉及的主要研究领域及相应的概念代码；Major Concept（主概念词）——了解该研究主要涉及的学科领域；Publication Year（文献出版年）——了解该研究在哪几年里发表的文献最多；Source Title（来源文献名）——了解该研究主要刊登在哪几种期刊上；Super Taxa（上位学科分类）——了解该研究涉及的主要生物的类别。

7. 存盘和打印　可以对检索结果进行 5 种方式的处理：打印、发送电子邮件、保存到文件、导出到 reference software、保存到 endnote web。

（高日阳　李　孟）

复习思考题

1. BA 文摘部分是如何编制的？
2. 简述 BP 的检索途径。
3. BA 有哪几种辅助索引？
4. 如何使用生物分类索引和种属索引。
5. 简述使用 BA 主题索引应注意的问题。

第六章

其他数据库

学习目标

1. 掌握本章所介绍的其他数据库各自特点。
2. 熟悉在本章所介绍的其他数据库中检索常见中药学领域文献。
3. 了解本章所介绍的其他数据库结构与发展概况。

第一节　美国《科学引文索引》

一、概况

（一）简介

美国《科学引文索引》（Science Citation Index，SCI），是由美国科学信息研究所（Institute for Scientific Information Inc.，ISI）于 1957 年创办出版，是国际上收集科学论文相互引证最为完备的刊物。

SCI 是一种综合性文献检索工具，选材于美国、英国、荷兰、德国、俄罗斯、法国、日本、加拿大等 40 多个国家和地区，50 多种文字，包括自然科学、生物、医学、农业、技术和行为科学等学科方面的学术期刊、专题文集、会议论文，以及大量的专利文献和科技图书等。

SCI 数据库包括：①科学引文索引（SCI），涵盖 178 个学科的 9 300 多种主流期刊；②社会科学引文索引（Social Sciences Citation Index，SSCI），涵盖 58 个社会科学学科的 3 400 多种期刊，以及从 3 500 种世界顶尖期刊中筛选的内容；③艺术与人文科学引文索引（Arts & Humanities Citation Index，A & HCI），涵盖超过 1 800 种艺术与人文领域的期刊，以及从 250 多种自然科学和社会科学期刊中筛选的内容；④新兴文献索引（Emerging Sources Citation Index，ESCI），包含 5 000 多种期刊，旨在捕捉高影响力文献之外的自然科学、社会科学和人文学科领域的趋势与发展；⑤图书引文索引（Book Citation Index，BkCI），索引了超过 80 000 种编辑精选的图书，且每年增加 10 000 种新书；⑥会议论文引文索引（Conference Proceedings Citation Index，CPCI），该多学科索引能让人们以最快的方式从 180 000 多种会议论文集中获得最前沿、有影响力的研究（截至 2022 年 12 月）。

SCI 根据来源期刊数量划分为 SCI 和 SCIE。SCI CDE（SCI Compact Disc Edition）是指来源刊为 3 500 多种的 SCI 印刷版和 SCI 光盘版；SCIE（Science Citation Index Expanded）是 SCI 的扩展库，收录了 9 300 种来源期刊（1900 年至今），可通过国际联机或因特网进行检索。ISI Web of Knowledge 是 SCIE 的检索和分析工具，其检索原理和方法具有一定的通用性，本文以 ISI Web of Knowledge 为例进行介绍，如图 6-1 所示。

图 6-1 ISI Web of Knowledge 界面

（二）检索规则和数学运算符

1. 字母不区分大小写　可以使用大写、小写或混合大小写。例如,AIDS、Aids 以及 aids 可查找相同的结果。

2. 逻辑运算符　用于表达多个检索词和检索式序号之间的关系,以扩大或缩小检索范围。可用的逻辑运算符有 AND、OR、NOT、SAME 和 NEAR/x(NEAR)。

AND:表示逻辑"与"的关系,检索结果必须出现所有的检索词,用于缩检。

OR:表示逻辑"或"的关系,检索结果至少出现某一检索词,用于扩检。

NOT:表示逻辑"非"的关系,检索结果中不出现某一检索词,用于缩检。

SAME:用于标题、文摘、关键词和著者地址等字段,表示同句"与"的关系,即检索词必须出现在同一句子中,但不强调先后顺序。如在地址检索中,使用 SAME 可查找该运算符所分隔的检索词出现在同一个地址中的记录。检索时需要使用括号来对地址检索词进行分组。例如:

AD=(Portland SAME Oregon)查找在记录"地址"字段中,存在地址检索词(在同一句子中,但不强调先后顺序)Portland、Oregon 的记录。

NEAR/x:使用 NEAR/x 可查找该运算符连接的检索词之间相隔指定数量的单词记录,该规则也适用于单词处于不同字段的情况。用数字取代 x,可指定将检索词分开的最大单词数。如果只使用"NEAR"而不使用"/x",则系统将查找检索词由 NEAR 连接且彼此相隔不到 15 个单词的记录。例如,以下检索式效果相同:salmon NEAR virus 与 salmon NEAR/15 virus。

3. 通配符　在大多数检索式中都可以使用通配符(*$?)。

4. 短语检索　若要精确查找短语,短语须加引号。例如,检索式"energy conservation"将检索包含精确短语 energy conservation 的记录。这仅适用于"主题"和"标题"检索。

5. 括号　用于将合成布尔运算符进行分组。例如:

(Antibiotic OR Antiviral)AND(Alga* OR Seaweed)

(Pagets OR Paget's)AND(cell* AND tumor*)

6. 撇号　撇号被视为空格,是不可检索字符。例如,Paget's OR Pagets 可查找包含 Paget's 和 Pagets 的记录。

7. 连字号　输入带连字号的检索词可以检索用连字号连接的单词和短语。例如,

speech-impairment 可查找包含 speech-impairment 和 speech impairment 的记录。

如果在检索式中使用不同的运算符,则会根据下面的优先顺序处理检索式。一个检索式中出现多个逻辑运算符时,优先检索顺序为:( )、NEAR/x、SAME、NOT、AND、OR。

二、检索途径和方法

检索字段包括:主题、标题、作者、Researcher ID、团体作者、编者、出版物名称、DOI、出版年、地址、会议、语种、文献类型、基金资助机构和授权号等。

(一)检索"主题"字段

"主题"检索词包含有标题、摘要、作者、关键词、Keywords Plus 等字段,为常用检索字段。例如:

输入 Enzym* 可查找 enzyme、enzymes、enzymatic 和 enzymology。

输入 Sul*ur 可查找 sulfur 和 sulphur。

输入 *Cycline* 可查找 doxycycline、minocycline 和 tetracycline。

输入 *Oxide 可查找 peroxide、sulfoxide、nitric oxide、zinc oxide 等。

输入 Vitamin D 可查找 vitamin D。

(二)检索"作者"字段

1. 输入作者姓名,可在记录中检索作者、书籍作者、书籍团体作者、团体作者等字段。首先输入姓氏,再输入空格和作者名字首字母。例如:

输入 Driscoll 可查找姓氏为 Driscoll 的所有人员。

输入 Driscoll C* 可查找 Driscoll C、Driscoll CF、Driscoll CM、Driscoll CMH 等。

2. 输入姓氏,后跟星号(*)通配符可以查找具有该姓氏的所有作者。例如:

输入 Smith* 可查找 Smith D、Smith JC、Smith ML、Smith JAC 等。

输入 Herbert A* AND Vogel M* 可查找由 Herbert A 和 Vogel M 撰写的论文记录。

输入 Herbert A* OR Vogel M* 可查找由 Herbert A 或 Vogel M(或 Herbert A 和 Vogel M)撰写的论文记录。

数据库中的亚洲姓名准确显示为它们在来源文献中的样子。如作者 Zhuang Jun 可能在数据库中显示为 Zhuang Jun、Zhang Jun、Jun Zhuang、Jun Zhang、Zhuang J.、Zhang J. 或 Jun Z.。建议检索亚洲姓名的所有不同形式,例如:Zhuang J OR Zhang J OR Jun Z。

(三)检索"地址"字段

通过在作者地址字段中输入机构和/或地点的完整或部分名称,可以检索"地址"字段。例如,输入 Univ 和 University 都将找到记录中的地址字段出现检索词"Univ"的机构。

输入全名时,不要在名称中使用冠词(a,an,the)和介词(of,in,for)。例如,可以在地址检索中输入 University Pennsylvania。

常见地址检索词可能在数据库中采用缩写形式。例如,单词 Department 可能缩写为 Dept 或 Dep。

如果将"地址"检索与"作者"检索结合起来使用,可扩大或缩小检索结果。系统将缩写的地址检索词映射为已知的完整的地址检索词,反之亦然。例如:

Ave 映射为 Avenue,并且 Avenue 映射为 Ave;

Univ 映射为 University,并且 University 映射为 Univ。

三、检索类型

(一)普通检索

选择数据库和年份,输入相应的主题、作者、作者地址以及来源文献等内容(一个字段或多个字段检索),点击"检索"即可。检索结果可以通过语种、文献类型进行限制,通过入库时间、被引频次、相关度、第一作者以及来源文献对检索结果进行排序。

所有成功的检索均添加至检索历史表,而且可保存相应的设置,保存入库时间和数据库设置,以便每次开始检索会话时都可以使用它们。例如,可以将入库时间设置为检索"最近5年"。每次开始新的检索会话时,将仅检索最近5年添加到数据库中的记录。

(二)高级检索

能够通过主题、刊名、著者、著者单位、机构名称进行检索,也能够通过引文著者(Cited author)和引文文献(Cited reference)进行检索,支持布尔逻辑检索、截词符和其他调整方法以提高查准率,还允许用户将检索限定在指定的时间段内。

(三)被引参考文献检索

提供了被引作者、被引著作、被引年份3个检索字段进行检索,且这3个字段可使用运算符。输入被引文献的信息,包括被引作者、被引期刊、被引年份等;点击"检索"得出检索结果,可对检索结果进行处理,一般有显示、打印、下载和 E-mail 等输出形式。

四、检索结果处理

(一)检索结果

以简短的记录格式查看检索结果。页面顶部显示用于检索的检索语句概要,包括所选的入库时间和所选的任何数据限制(如文献类型和语种)。"检索结果"页面上的所有题录记录都是源记录。

(二)精炼检索结果

选中复选框可显示从"检索结果"页面的记录中提取的项目分级列表。最常出现的项目显示在列表顶部。括号中的数字表示包含该项目的"检索结果"页面的记录数量。

(三)全记录

查看数据库中所包含记录的全部信息,文献标题显示在页面的顶部。记录中可能显示任何一个或所有字段,具体情况视来源出版物的内容和类型而定。如果没有对应于特定字段的数据,则该字段不显示。

(四)被引参考文献检索结果

第1行显示文献的标题。第2行显示论文列出的第一作者,名称之前的星号(*)表示该作者是团体作者或公司。第3行如果有记录,显示来源文献信息,包括被引出版物的名称,后跟卷号、期号、页码、DIO 和出版年。第4行"被引频次"显示引用当前记录的记录总数。

五、检索举例

(一)检索相关主题文献

丹参的质量评价相关方面的研究,选择相关的主题词:Danshen、Quality Evaluation。可用"Danshen"这个主题词检索,再通过分析功能,检出需要的文献。

进入 Web of Knowledge 界面后,选择入库时间(所有年份,更新时间为 2022 年 12 月),引文数据库为 SCI。以丹参为例,介绍其相关流程,如图 6-2 和图 6-3 所示。

最下方可进行输出记录设置,如检索结果默认为每页显示 10 条、25 条或 50 条。

第一种打印方式:网页打印。在所需要文章前的方框中打钩,点击左上方菜单→文件→打印,直接打印网页(切勿使用数据库提供的"打印"按钮)。

第二种打印方式:选择所需的记录打印。在所需要文章前的方框中打钩,如需要翻页

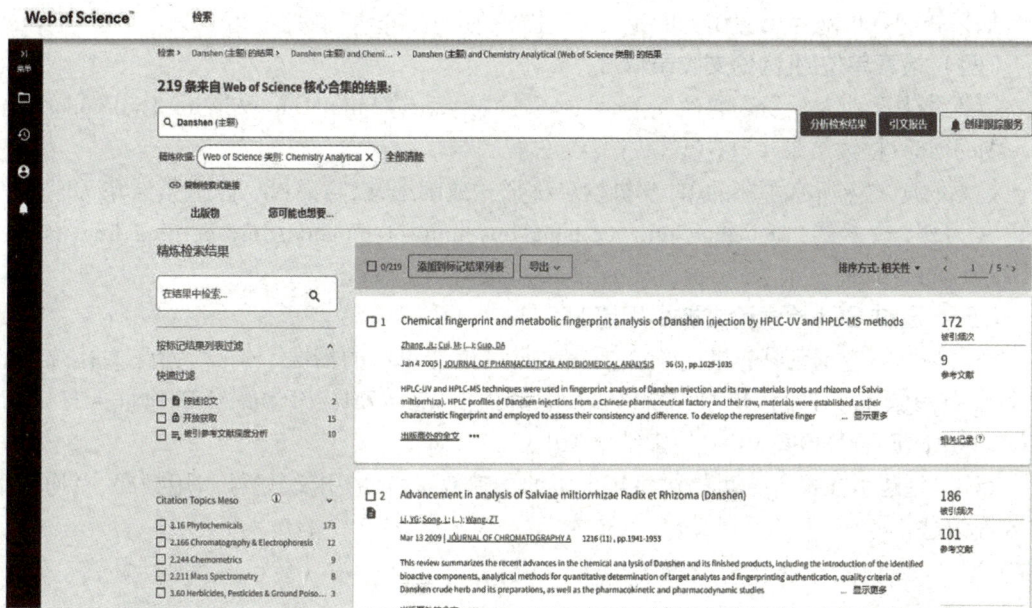

图 6-2　Web of Knowledge 检索结果页面

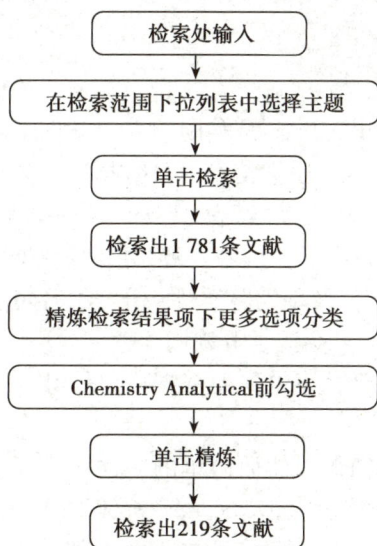

图 6-3　Web of Knowledge 检索流程

时,翻页后继续勾选,系统会自动记录所勾选的文章,全部勾选完毕,点击"添加到标记结果列表",添加完成之后,"标记结果列表"显示已经标记的条数。点击"打开标记结果列表",选择所需的记录打印。

第三种打印方式:在"标记结果列表"中选择打印项目。在"标记结果列表"中"地址"选项前打钩,去掉"ISSN"选项前的勾选,点击"打印"按钮即可。

(二)获得某一研究领域的相关信息

获得丹参研究领域的相关信息。在检索处输入 Danshen→在"检索范围"下拉列表中选择"主题"→单击"检索"→检索出 1 781 条文献。

"结果分析"中有作者、国家/地区等 17 个字段可供分析。其中"机构名称"字段,可获得相关研究机构的信息,发现高产出的机构,有利于机构间的合作;"作者"字段,可获得该研究领域的核心作者信息,从而明确该领域中活跃的研究工作者;"来源出版物"字段,可获得发表该研究领域论文的出版物来源信息,发现相关的学术期刊进行投稿;链接到 Journal Citation Reports 可查看影响因子等。

(三)个人被 SCI 收录论文的检索

检索(所有年份,更新时间 2022 年 12 月)张伯礼院士相关的论文被收录的情况。

检索式:作者=ZHANG BL。在"检索范围"下拉列表中选择"作者"→使用作者甄别工具→分别填写姓"ZHANG",名首字母"B"→单击"按姓名检索"→在"精炼作者"中,单击选择作者不同拼写形式,锁定结果"ZHANG BL"→TIANJIN UNIV TRADIT CHINESE MED 检索结果→101 篇文献。

在 SCI 中可检索第一作者和通讯作者,打开其中一篇文献,在"作者"字段,排在第一位的是第一作者,在"通讯作者地址"字段出现的是通讯作者。

如果查询张伯礼为第一作者的论文,点击"按照第一作者"排序即可。

（四）检索单位/机构论文收录情况

以天津中医药大学发表的论文为例,检索式:地址＝Tianjin University of Traditional Chinese Medicine,检索结果 4 611 篇。

检索时应输入所有可能的单位/机构名称形式或邮编,以防漏检。以检索清华大学发表的论文为例,检索式:(tsinghua univ or tsing hua univ or qinghua univ or qing hua univ or 100084) same(peoples or china or beijing or bei jing)

（五）通过 SCI 检索论文被引用情况

通过检索可查询到某作者的论文被 SCI 收录论文引用的情况。例:检索张伯礼院士的论文被引用情况。时间:1950—2022 年,检索式:作者＝ZHANG BL AND 地址＝TIANJIN UNIV TRADIT CHINESE MED,检索结果 101 篇。

点击"创建引文报告",可提供每年出版的文献数、每年的引文数、被引用频次、平均引用次数等信息。

第二节　MEDLINE 数据库

一、概况

MEDLINE(Medical Literature Analysis and Retrieval System Online)是美国国立医学图书馆(The National Library of Medicine,NLM)建立的国际性综合生物医学信息书目数据库。内容包括美国《医学索引》(Index Medicus,IM)的全部内容,《牙科文献索引》(Index to Dental Literature)以及《国际护理学索引》(International Nursing Index)的部分内容。MEDLINE 数据库收录了世界上 4 800 多种生物医学杂志上发表的文献,内容涉及基础医学、临床医学、环境医学、营养卫生、职业病学、卫生管理、医疗保健、微生物、药学、社会医学等领域。

PubMed 是由美国国立医学图书馆(NLM)研发的查找医学信息的重要数据库,是 MEDLINE 数据库的 Web 版检索软件。

目前的 PubMed 的界面相当简洁清晰,使用起来也非常简单。然而简单的界面并不意味着简单的操作。如果只知道在检索框里输入一个关键字,然后点击"Search"按钮这样一种简单的检索方式,虽然也可能得到相关信息,但也有可能错过了真正有用的信息。如此一来,不但会造成检索效率低,而且只得到了大量有用信息的冰山一角,这是我们在利用 PubMed 时常会遇到的问题。只有真正熟练掌握了 PubMed 的使用方法,才能使检索工作事半功倍。

二、检索途径和方法

在浏览器的地址栏内输入 PubMed 的网址 https://pubmed. ncbi. nlm. nih. gov/,按"Enter"键,进入 PubMed 的主页,如图 6-4 所示。

（一）普通检索

在检索式提问框中输入一个词(例如:salvia miltiorrhiza)或更多的词(例如:Chinese herbal medicine),然后按回车键或用鼠标点击"Search"按钮,PubMed 就会利用"自动词语匹配"功能将重要的词或词组进行检索。输入的词可以是自由词、主题词或其他指定字段。可通过 Search details 查看当前检索的组词情况。

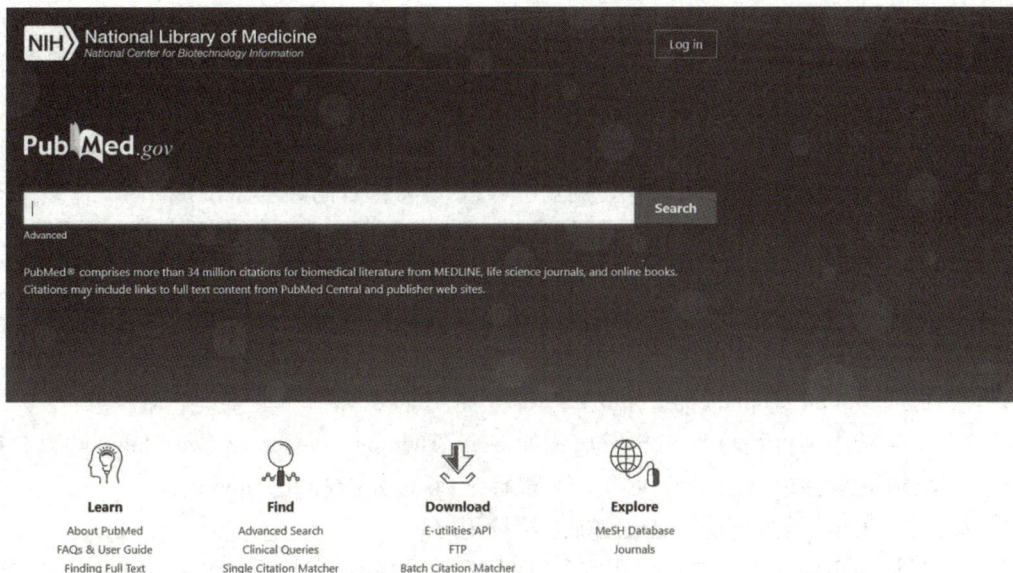

图 6-4　PubMed 主页界面

在普通检索时,还可以使用逻辑词 AND、OR、NOT 指定文献记录字段名称进行检索,使用医学主题词表(MeSH)/副主题词组配格式检索。

1. PubMed 检索规则

(1) 布尔运算符 AND、OR、NOT 必须大写,例如,danshen OR sanqi。

(2) PubMed 从左至右进行布尔运算,但圆括号内作为一个整体来处理,如 danshen in-jection AND(danshen OR sanqi)。

(3) 如果输入的字段含有主题词组,PubMed 优先按词组检索。如果不希望这样,应该加布尔运算符。例如,输入 air bladder fistula,PubMed 会将"air bladder"作为词组,此时应输入:air AND bladder AND fistula。

(4) 字段标记符(tag)使用规则:只能在词后加字段标记符,如 romatherapy[mh],必须用封闭的方括弧[],大小写和空格会被忽略,如 crabs[mh]=Crabs[MH]。

(5) 日期格式:采用 YYYY/MM/DD[DP]格式,如 2022/12/12[DP],2022/12[EDAT]。月和日可以不写,输入日期范围用冒号连接,如 2018:2022[DP]。日期字段标记符有 3 个。①Date of Publication[DP]:出版日期;②Entrez Date[EDAT]:进入 PubMed 的日期;③MeSH Date[MHDA]:该引文被 MeSH 编入的索引日期。

(6) 期刊标记符:有 3 个。jsubseta-Abridged Index Medicus 只检索《医学索引》的期刊;jsubsetd-Dental 只检索《牙科文献索引》的期刊;jsubsetn-Nursing 只检索《护理学索引》的期刊。例如:Angina AND jsubseta。

(7) 检索须有摘要的文献:使用"has abstract"。如:Angina AND has abstract。

(8) 检索印刷前的引文:使用"pubstatusaheadofprint"。例如:pubstatusaheadofprint AND pectoris。

2. PubMed 的检索语法　检索语法格式为:"检索词+[tag]+布尔运算符+检索词+[tag]"。例如:要检索作者 Dr. Crick 在 1993 年撰写的关于 DNA 的文献,格式是:dna[mh]AND crick[au]AND 1993[dp];要检索关于热或潮湿与多发性硬化的关系,格式是:(heat OR humidity)AND multiple sclerosis;检索学龄前儿童哮喘治疗的英文综述文献,格式是:asthma/therapy[mh]AND review[pt]AND child,preschool[mh]AND english[la]。

3. 作者姓名检索　输入作者姓名时应采用姓+名(名的首字母缩写,不用标点符号)的格式,例如 Zhang BL。PubMed 将自动地截取作者姓名中名的首字母以适应不同的名缩写。如果只输入作者的姓,PubMed 会在包括作者字段在内的所有字段进行检索。但如果作者的姓是一个 MeSH 词的时候除外,例如输入 Yang,则 PubMed 将只检索:Yin-Yang[MeSH](阴-阳)或 Yang[Text Word]。此外,如果使用双引号("")将作者的姓全称和名的第一个首字母引起来,并用作者检索字段标识符[au]限制,如"smith j"[au],PubMed 将关闭自动截词,且检索姓名中名只有一个字母缩写的作者。

4. 期刊名检索　可用期刊名全称(如 molecular biology of the cell)、期刊名 MEDLINE 缩写(如 mol biol cell)、国际标准连续出版物号(ISSN,如 1059-1524)等 3 种形式。例如,输入"New England Journal of Medicine",PubMed 将按"N Engl J Med[ta]"查询。应注意:

(1) 如果杂志名也是一个 MeSH 词,例如 Gene Therapy、Science 或 Cell,PubMed 只会按 MeSH 词来检索,要想检索杂志名,必须加字段标记[ta],如 gene therapy[ta]。

(2) 对一个单词的杂志名,也必须加字段标记[ta]。

(3) 尽量使用期刊名全称和期刊名 MEDLINE 缩写检索,在早期的文献中,ISSN 是不能保证检索完全的。

(4) 如果杂志名带有参数或引号,应该去掉这些参数或引号,如 J Hand Surg[Am]应该以 J Hand Surg Am 键入。

5. 截词检索　在词尾加 * 号,可以检索有一样词头的所有词,如输入 bacter *,则会检索 bacter、bacteria、bacterium、bacteriophage 等词,但不会检索带有空格的词组,如 bacteria control。PubMed 只能检索前 150 个相符合的词。再者,截词检索关闭了自动词语匹配功能,也不能进行扩展检索。如 heart attack * 不会匹配 MeSH 词,也不会扩展检索 myocardial infarction、myocardial stunning、shock、cardiogenic 等方面的文献。

6. 强制词组检索(规定 PubMed 检索词组)　一般情况下,常用词组列表中已有的词组进行检索,如 poi-soniv,PubMed 会将其作为一个词组来检索。如果输入的词组在 PubMed 词组表中没有时,PubMed 会对其拆分,如输入 single cell,PubMed 会分成"single"和"cell"分别进行检索。如要强制检索 single cell,必须加双引号,使得 PubMed 将其当作一个词来进行检索,即写成"single cell"。特别需要注意的是,使用双引号规定进行词组检索,PubMed 就不会执行自动词语匹配功能和扩展检索功能。

(二) 限定检索

采用多个选项限定检索,以缩小检索范围,提高检索准确率。限定字段检索的项目有:字段选择、必须有摘要的文献(Only Items with Abstracts)、出版形式(Publication Types)、出版语种(Languages)、年龄(Ages)、性别(Gender)、人或动物(Human or Animal)、子项(Subsets)、文献进入 MEDLINE 的时间(Time)、出版(Published)或进入 MEDLINE 的时间段(Time period)等。

(三) 高级检索

1. 高级检索生成器(Advanced Search)检索　选择一个字段(例如 Author),输入检索词(Zhang BL),点击"添加到检索框"(Add to Search Box)按钮。可重复上述步骤,可选的字段有作者(Author)、杂志(Magazines)、引文检索(Citation Retrieval)等。

2. 索引(Index)检索　索引检索可以预览检索出的文献数量,加快显示速度,可通过一次性地增加检索词来精确检索,增加检索词来检索某些特殊领域,从索引中查看和选择检索词。例如,要检索以"heart"为头的 MeSH 词,先选择在下拉式菜单的 MeSH Terms,在检索框内输入 heart,再点击"Index"按钮。滚动索引 Index 窗,高亮显示"heart arrhythmia",点击

"Add to Search Box"按钮,"heart arrhythmia"就会出现在检索框内。

3. 预览(Preview)检索　在高级检索中,使用"Preview"按钮可预览引用次数。Preview 只能显示最近 3 次检索的预览结果。

4. 历史记录(History)检索　PubMed 能保存所有的检索请求和结果。历史窗口显示检索序号、检索请求、检索时间、检出的文献数。点击检索结果数字,可以阅读检索出的文献。也可以将历史检索合并,重新检索。方法是在检索序号前加"#",如#2 AND #6,或#3 AND (Danshen OR sanqi),再按"Search"按钮开始重新检索。

注意:①历史记录最多保存 100 条;②若 PubMed 停止使用 1 小时,历史记录就会被删除;③PubMed 是利用 cookies 来保存检索历史的,要使用此功能,浏览器必须设置为 accept cookies。

(四)检索结果的处理

1. 显示(Display Settings)　PubMed 最初返回的检索结果是文献题录格式,不含摘要。如需查看摘要,点击"Display Options"按钮即可。PubMed 默认以概要(Summary)形式显示检索出的文献。也可以选择其他几种显示形式:概要(Summary),摘要(Abstract),MEDLINE、XML/SGML 和 PMID(PubMed Unique Identifier,PubMed 和 MEDLINE 对文献的统一标识码)。

(1) 概要(Summary):显示题目(Subject)、作者名(Author)、期刊名(Journal)、记录状态(Record Status)、非英语文献语种提示(Language tips for non-English literature)、文章类型(Article type)、"无文摘"提示("No abstract available")、PMID。

(2) 摘要(Abstract):显示期刊名、记录状态(Record status)、非英语文献语种提示(Language tips for non-English literature)、文章类型(Article type)、作者名(Author)、作者所属单位(The unit to which the author belongs)、题目(Subject)、文摘(如有)、关键词(如有)、错误(Erratum)、收回(Retraction)、注释(Comments)、PMID。

(3) MEDLINE:完全按照 MEDLINE 的记录形式,可以下载检索出的文献到某些检索软件再处理。

(4) XML/SGML:扩展标记语言。是由国际互联网联盟(W3C)维护的一种标准,它定义用信息结构来标记语言的语法规则。其显示形式与 HTML 相似。

2. 每页显示文献数(Show)　PubMed 默认每页显示 10 篇文献,点击"Show"按钮,可以改变每页显示数。

3. 保存(Send to)　利用 File、Collections、E-mail、Order、My Bibliography 等选项,保存检索出的全部文献或所选的部分文献,最大保存量是 10 000 篇。

4. PMID List　PMID 是 PubMed 和 MEDLINE 中每一篇文章的编号,通过 PMID 可以在 PubMed 和 MEDLINE 中非常便捷地搜索到其相对应的文章,PMID 一般是出现在 PubMed 每条记录末尾的数字。

5. PubMed 的其他服务　PubMed 主界面里提供了其他功能或服务。如期刊浏览器(Journals Browser)、MeSH 词浏览器(MeSH Browser)、临床咨询(Clinical Queries)、储存室(Cubby)、单条件和多条件匹配器(Single Citation Matcher,Batch Citation Matcher)等。

三、检索举例

1. 检索 PubMed 与中医药学方面相关的文献　PubMed 系统所认可的表示中医药学方面的主题词有"medicine,Chinese traditional""drugs,Chinese herbal"和"medicine,oriental traditional"等。在 PubMed 检索系统中,输入检索式"drugs,Chinese herbal OR medicine,Chinese

traditional OR oriental traditional",可在 PubMed 数据库中检索到 153 455 条相关文献。

2. 检索中药丹参、大黄、朱砂的信息 丹参,输入检索式"Danshen",或"Danshen Root"或"salvia miltiorrhiza"。大黄,输入检索式 rheum AND(palmatum OR tanguticum OR officinale),可检出多物种来源中药大黄。朱砂,检索式(zhusha OR cinnabar OR cinnabaris) AND(drugs,Chinese herbal OR medicine,chinese traditional),同时使用汉语拼音名称、英文名称和拉丁名称检索矿物类中药,可检出朱砂的相关文献。

在 PubMed 检索系统中,字段标记符(Tag)使用规则,即 Tag 词表,详见表6-1。

表6-1　Tag 词表

Tag	Name	中文说明
AA	Abstract Author	表明有作者自己写的文摘
AB	Abstract	文摘
AD	Affiliation	第一作者所属的机构、地址、资助号等
AU	Author Name	作者名
CM	Comments	相关的注释
CU	Class Update	修改记录日期
CY	Country	期刊出版所在国家
DA	Date of Entry	引文收入美国国立医学图书馆机器检索系统的日期
DOI	Digital Object Identifier	由出版商给予的永久文章标识号码
DP	Publication Date	出版日期
EA	English Abstract Indicator	表明有英文文摘的非英语语种出版的文献
EDAT	Entrez Date	进入 PubMed 数据库的日期
GS	Gene Symbol	基因名称缩写
ID	Identification Number	研究项目编号、合同号码、资助号码等
IP	Issue	期刊期号（第几期）
IS	ISSN	国际标准连续出版物号
JC	Journal Title Code	期刊代码
LA	Language	语种
LR	Last Revision Date	最后修改日期
MH	MeSH Terms	MeSH 词
NI	No-Author Indicator	表示匿名作者
PG	Page Number	页码
PID	Publisher Identifier	出版商使用的标识码
PS	Personal Name as Subject	文献标题里的人名
PMID	PubMed Unique Identifier	PubMed 数据库给予每篇文献的唯一标识码
PT	Publication Type	文献出版类型
RF	Number of References	综述的参考文献数量
SO	Source	文献出处
TA	Journal Title Abbreviation	期刊名称：包括期刊名全称、简称、ISSN
TI	Title Words	文献标题

续表

Tag	Name	中文说明
TT	Transliterated/Vernacular Title	非罗马字母语言文献的翻译后标题
UI	MEDLINE Unique Identifier	文献的 MEDLINE 标识码
URLF	URL Full-Text	在早期的 PubMed 中,全文提供者的网址
URLS	URL Summary	在早期的 PubMed 中,摘要提供者的网址
VI	Volume	期刊卷数

四、常用外文免费数据库

(一) 全文数据库

1. Academic Research Library(ARL,学术研究图书馆,http://www. proquest. com/en-US/default. shtml) ARL 收录的期刊涵盖医学、卫生健康、生命科学等领域,截至 2023 年 12 月其共收录了 4 200 多种综合性期刊和报纸,其中 3 000 多种是全文期刊。用户可检索 1971 年以来的文摘和 1986 年以来的全文。

2. Academic Source Premier(ASP,学术期刊全文数据库,http://search. ebscohost. com/) ASP 覆盖工程、物理、化学、医药等领域,收录了 8 000 多种学术出版物,提供 1965 年以来的 4 700 种出版物全文。

3. ScienceDirect(http://sciencedirect. com/) ScienceDirect 是世界著名的学术期刊出版商 Elsevier 公司开发的最全面的全文文献数据库。该数据库提供 Elsevier 公司出版的 2 500 多种学术期刊的检索,以及其他著名组织和 STM 出版商的期刊。内容涵盖生命科学、化学、临床医学等学科。

4. American Chemical Society(ACS,http://pubs. acs. org/) 收录了美国化学学会 ACS 出版的 36 种期刊,内容涵盖化学、植物学、食品科学等领域。

5. Annual Reviews(http://www. annualreviews. org/) 该出版社专注于出版综述期刊,其内容涵盖生物学、医学、自然科学、农学等多个学科领域。

6. Cambridge University Press(CUP,剑桥大学出版社,http://www. cambridge. org) CUP 成立于 1534 年,该社出版 220 多种学术期刊,内容涉及自然科学、医学等多个学科,大部分期刊可回溯到 1997 年。

7. Cell Press(http://www. cellpress. com/) Cell Press 出版的期刊主要涉及生命科学领域,影响因子一直名列前茅,部分期刊可免费下载全文。

8. Credo Reference(http://www. credoreference. com/topicbrowse. do) 收录的内容包括科学、医学、食品等方面。

9. Online Computer Library Center(OCLC,https://www. oclc. org/) 是世界上最大的图书馆及信息中心,拥有世界上最大的书目数据库,提供文献记录和馆藏地点信息。

OCLC First Search Service 是 OCLC 第一检索服务,可联机检索 80 多个最常用的数据库。其中特别常用且具有代表性的医药数据库有:

(1) Article First:收录了 16 000 多种学术期刊的文章引文以及目录索引,覆盖了医学、科学、技术等领域,可检索到 1990 年至今的资料。

(2) ECO:电子全文期刊数据库 ECO 收录的期刊总计 5 300 多种,200 万余篇,所涉内容广泛,可检索到 1995 年以来的书目、文摘信息和全文文章。

(3) MEDLINE:数据库索引了 9 580 多种期刊,有 1 500 万余条记录,覆盖了从 1965 年到现在所有医学领域的资料,并且从 1975 年至今的大多数记录中有详尽的文摘。

（4）PapersFirst:数据库提供 1993 年至今的世界范围内会议论文的索引,540 万余条记录。

（5）Proceedings:包括 1993 年至今在世界各地举行的学术会议上发表的论文目录表。

（6）WorldCat:是由 9 000 多个 OCLC 的成员馆参加联合目录的一个数据库。它目前包括 400 多种语言的 5 700 万余条记录,主题范畴广泛,所涉信息时间跨度大,覆盖了从公元前 1000 年到现在的资料。

（7）WorldCat Dissertations:该数据库收集了 OCLC WorldCat 中所有的博硕士论文和已出版的以 OCLC 成员编目的论文为基础的资料,涉及所有学科,共有记录 800 万余条。从数据库高级检索的"互联网资源"中,可免费下载 100 万余篇的论文全文。

10. Ingenta(http:∥www. ingentaconnect. com/)　该数据库是目前世界上最大的期刊数据库之一,收录期刊已超过 18 000 种,拥有期刊文章索引(或文摘)700 万余篇,覆盖了自然科学与社会科学的大部分主题。

11. Wiley Online Library(http:∥onlinelibrary. wiley. com/)　目前,Wiley 共有 1 600 多种电子期刊,22 000 多本电子图书,170 多种在线参考工具书,580 多种在线参考书,19 种生物学、生命科学和生物医学的实验室指南(Current Protocols),17 种化学、光谱和循证医学数据库(Cochrane Library)。

12. LexisNexis Academic(http:∥origin-www. lexisnexis. com/ap/academic/)　该数据库可浏览有关药物、癌症、外科治疗等方面的研究文章,可查到 6 100 多种医学期刊的文摘。

13. Lippincott,Williams & Wilkins(LWW,http:∥www. lww. com/)　该数据库收录 235 种医学期刊,其中 154 种为核心期刊,约 150 种期刊被美国科学信息研究所(ISI)收录。期刊内容主要涉及临床医学及护理学。

14. Reaxys(http:∥www. reaxys. com)　该数据库是 Elsevier 旗下的全球最大物质理化性质和事实反应数据库,包含了超过 5 亿条经过实验验证的物质信息,收录超过 1. 05 亿种化合物,4 300 万种单步和多步反应、5 300 万条文摘记录。涵盖全球 105 个专利机构和 16 000 多种期刊文献文摘,对核心内容进行提炼,并提炼 16 个学科中与化合物性质检测、鉴定和合成方法相关的所有信息。Reaxys 的前身是历史悠久的德国贝尔斯坦(Beilstein)、盖墨林(Gmelin)数据库,其文献涵盖历史可追溯到 1771 年。该库所收录的数据库有:

（1）CrossFire Beilstein Database:世界最全的有机化学数值和事实数据库,包含详细的药理学、环境病毒学等信息资源,时间跨度从 1771 年至今。

（2）Patent Chemistry Database:收录了 1869—1980 年的有机化学专利,以及 1976 年以来有机化学、药学等的英文专利。

（3）CrossFire Gmelin Database:全面的无机化学和金属有机化学数值和事实数据库,时间跨度从 1772 年至今。

15. Plant Science(http:∥www. elsevier. com/)　此为植物科学书目和文摘数据库,被 Elsevier 数据库收录,所载内容涵盖病理学、生物学等学科。

16. Royal Society of Chemistry(RSC,http:∥pubs. rsc. org/)　RSC 出版的期刊是化学领域的核心期刊,大部分被 SCI 和 MEDLINE 收录。

（二）免费数据库

1. High Wire Press(https:∥www. highwirepress. com/)　全球最大的提供免费全文的学术文献出版商。目前已收录电子期刊 1 800 多种,其中 120 万余篇文章可免费获得全文。内容包括生命科学、医学、自然科学以及其他科学栏目。

2. WorldSciNet(http://www.worldscinet.com/) 提供 212 种科技期刊的电子全文和 15 169 本电子图书的网络服务,覆盖化学、医学与生命科学等 12 种学科。

3. Directory of Open Access Journals(DOAJ,http://www.doaj.org/) 最大的开放获取期刊目录库,它收录了免费的、可获取全文的、高质量的学术期刊。该库内容涉及所有学科。

4. ChemSpider(http://www.chemspider.com/) 是免费在线化学引擎,提供多达数百万种化学结构式以及整合多项在线服务。

5. PLoS(http://www.plos.org/) 公共科学图书馆,是一家非营利性学术组织,它出版了 8 种生命科学与医学领域的期刊,可以免费获取全文。

6. BioMed Central(BMC,http://www.biomedcentral.com/) 生物医学领域的一家独立的新型出版社,目前出版近 300 种生物学和医学领域的期刊。其出版的网络版期刊可供世界各国的读者免费检索、阅读和下载全文。

7. BioOne(http://www.bioone.org/) 一个在生物科学研究领域具有高影响力的期刊整合联盟,具有非营利性质。截至 2022 年 12 月,BioOne 共收录近 200 种高品质的生物科学学术期刊,其中 75% 的全文期刊被 ISI 收录。内容涵盖生物学、生物化学、微生物学、植物学等学科。

8. Bioline(http://www.bioline.org.br/) 一家非营利的电子出版物服务机构,提供来自发展中国家(如巴西、印度、印度尼西亚等)的开放获取的多种期刊的全文。

9. The National Academies Press(NAP,http://www.nap.edu/) 每年出版约 200 本有关科学、工程、健康及其相关政策等方面的书籍。提供 8 500 多种可以免费网上阅览的电子图书。

10. Nature(http://www.nature.com/) 创刊于 1869 年,涵盖内容丰富。

11. Science(http://www.sciencemag.org/content/current) 在中国大陆的读者都可以在网上免费看到 Science 的全文。

12. Free Patents Online(http://www.freepatentsonline.com/) 免费的专利数据库。

13. NCBI(http://www.ncbi.nlm.nih.gov) 美国国立生物医学信息中心,包含与生物科学相关的许多数据库,如 PubMed 等。

14. American Society of Plant Biologists(ASPB,http://www.aspb.org/) 目前已出版了 3 种期刊,内容涵盖植物生物学领域,被国际上多种著名检索工具书和数据库收录、索引。

15. Free Medical Journals(http://www.freemedicaljournals.com/) 该期刊提供 5 088 种免费医学期刊全文。

16. Biological and Pharmaceutical Bulletin(http://bpb.pharm.or.jp/) 该库提供生物药学方面的摘要。

17. The Journal of General and Applied Microbiology(https://www.jstage.jst.go.jp/browse/jgam) 日本科学技术协会在明治大学图书馆站点的一个免费全文电子期刊,收录了 3 900 多种全文电子期刊和会议论文等,涉及化学、生物、医学等学科。

18. Chembase(http://www.chembase.cn/) 该数据库可以提供化合物物理和化学的特性、NMR、MS、UV/Vis 和 IR 光谱数据。

19. DSpace@ MIT(MIT,http://dspace.mit.edu/handle/1721.1/7582) 麻省理工学院(MIT)及惠普所设立的集中式的电子档案存储库,数据资源类型包括预印论文、技术报告、工作文档、会议论文、图像等。

20. eScholarship Repository(http://repositories.cdlib.org/escholarship/) 加利福尼亚大

学机构收藏库,主要提供已出版的期刊论文、未出版的研究手稿、会议文献以及其他连接出版物上的文章35万余篇,均可免费阅读。

21. DEEPBLUE(http://deepblue.lib.umich.edu/index.jsp)　美国密西根大学论文库,包括2万余篇期刊论文、技术报告、评论等文献全文。内容涵盖生物学、社会科学、资源环境学等学科。标识为"OPEN"的可以打开全文。

22. DSpace@Cambridge(http://www.dspace.cam.ac.uk/)　剑桥大学机构收藏库,提供剑桥大学相关的期刊、学术论文、学位论文等电子资源。

思政元素

中国的科学研究与腾飞的中国

中华民族在16世纪中期以前一直处于世界科技舞台的中心,为人类发展做出了巨大的贡献。14世纪60年代末,中国实行"闭关锁国"政策,造成了科学技术处于相对停滞状态。"五四运动"所提倡的民主与科学,为中国近代科学的诞生扫清了道路。中华人民共和国成立后,中国政府大力发展科学技术研究,组建了一批学科较齐全、设备较好的研究所和大学,培养了一支水平较高、力量较强的科研队伍。中国进入了改革开放的历史新时期,也迎来了科学的春天,取得了巨大的科技成就,在很多科学和技术领域达到国际先进和领先水平。从科研研究的发文量可见一斑,根据Web of Science数据库统计,截至2021年5月中国科研人员发表SCI论文的总数已累计339.7万篇,位居世界第二,仅次于美国。2021年5月,中国发文量已经反超美国占据榜首。日本国家科学技术政策研究所公布的一份报告表示,2018—2020年发表的被引论文中,中国占27.2%,美国占24.9%。该报告表明在已发表论文的引用率上,中国首次超过了美国,这一里程碑事件表明中国学术开始在质量方面迎头赶上。开放包容的中国将为人类科技文明事业做出更多的贡献。

（折政梅　付利娟）

复习思考题

1. 美国科学引文索引、医学文献数据库、学术谷歌、ScienceDirect等外文数据库的特点、主要结构和常用检索方法有哪些?

2. 美国科学引文索引不同检索字段的意义是什么?

3. 常用外文免费数据库有哪些?

4. MEDLINE数据库的检索途径有哪些?

◇◇◇ 第七章 ◇◇◇

专利文献检索

💡 学习目标

1. 掌握专利文献常用检索工具及其使用方法。

2. 熟悉根据检索目的和要求制订出查全率较高的专利检索策略,以及选择合理的检索工具和方法。

3. 了解如何能够批判性反思检索过程中存在的问题,并独立调整检索策略。

专利文献,是已经申请或被确认为发现、发明、实用新型和工业品外观设计的研究、设计、开发和试验成果等的有关资料,以及保护发明人、专利所有人及工业品外观设计和实用新型注册证书持有人有关资料的已出版或未出版文件(或其摘要)的总称。

专利文献是专利制度的产物。专利制度是为推动科技进步和生产力发展,由政府审查和公布发明内容,并运用法律和经济手段保护发明创造所有权的制度。专利文献是记录有关发明创造信息的文献,广义上包括专利申请书、专利说明书、专利公报、专利检索工具以及与专利有关的一切资料;狭义上仅指各国(地区)专利局出版的专利说明书或发明说明书。

由于专利可区分为发明专利、实用新型专利、外观设计专利、植物专利、再公告专利、防卫性公告、商标、技术诀窍等,专利文献也可按以上内容进行划分。狭义的专利文献主要指专利说明书、权利要求书、说明书附图、说明书摘要;广义的专利文献除了包括狭义的专利文献外,还包括专利申请文件、专利证书、专利公报、专利索引、专利题录、专利文摘、专利分类等。

专利说明书是专利文献的主体,它是个人或企业为了获得某项发明的专利权,在申请专利时必须向专利局呈交的有关该发明的详细技术说明。专利说明书一般由 3 部分组成:①著录项目,包括专利号、专利申请号、申请日期、公布日期、专利分类号、发明题目、专利摘要或专利权范围、法律上有关联的文件、专利申请人、专利发明人、专利权所有者等。专利说明书的著录项目较多并且整齐划一,每个著录事项前还须标有国际通用的数据识别代号(INID)。②发明说明书,是申请人对发明技术背景、发明内容以及发明实施方式的说明,通常还附有插图。它旨在让同一技术领域的技术人员能依据说明重现该发明。③专利权项(简称权项,又称权利要求书),是专利申请人要求专利局对其发明给予法律保护的项目,当专利批准后,权项具有直接的法律作用。

对于科研工作者来说,在研究课题开题立项时,专利文献可全面了解特定技术领域的现有技术水平,选择高起点及新的科研领域,避免重复劳动和投入,节省时间及科研经费;可以了解科研项目的发展历史、已取得的成果及各种解决方案,有利于科研人员开拓思路,启发创造性的思维;有助于实现科技产业化,使科研与市场较好结合,加速科技成果的推广运用;

立项评估阶段进行新颖性检索,可为项目申报与鉴定提供较科学的尺度;有利于了解世界科技发展动态,及时引进国外新技术,提高我国科研水平及总体实力。

第一节　专利文献的手工检索

一、中国专利文献的手工检索

（一）中国专利公报

公报类专利文献主要有以下3种:《发明专利公报》《实用新型专利公报》《外观设计专利公报》。目前,3种公报均为周刊,每星期三出版一期。它们的内容主要有以下3部分。

1. 公布及授权公告部分　主要内容为发明专利申请公布、3种专利申请授权公告。发明专利申请公布、实用新型专利和外观设计专利授权公告以文摘的形式记载,文摘均按IPC号顺序编排。发明专利申请公布和实用新型专利授权公告包括IPC号、申请号、文献号(公开或公告号)、优先权数据、申请人及其地址、发明人、专利代理机构、发明名称、说明书摘要等内容;外观设计专利授权公告由图片描述及著录项组成。以发明专利申请公布为例:

申请号:2006×××××××　申请日:2006/06/21　公开日:2006/11/29
公开号:1869055　专利类别:发明　国别省市代码:66[中国|海南]
发明名称:一种从人参叶中提取分离人参皂苷单体的方法
国际分类号:C07J 9/00;A61K 31/704;A61K 36/258;A61K 127/00
发明人:李××;桂××;金××　申请人:海南亚洲制药有限公司
申请人地址:海南省海口市××路××号××××室,邮编:××××××
摘要:本发明公开了从人参叶中提取分离人参皂苷 Rb_1、人参皂苷 Rb_2、人参皂苷 Rb_3、人参皂苷 F_1 等制备方法,利用大孔吸附树脂……

2. 专利事务部分　记载专利申请审查及专利法律状态等有关的事项,如申请撤回、专利权的终止、专利权的继承或转让等。

3. 索引部分　发明专利公报包括申请公布索引和授权公告索引。实用新型专利和外观设计专利公报仅有授权公告索引。申请公布索引包括IPC-公开号、申请号-公开号、专利权人-公开号及公开号-申请号对照表索引;授权公告索引包括IPC-授权公告号、专利号-授权公告号、专利权人-授权公告号及授权公告号对照表索引。

（二）中国专利索引

《中国专利索引》由国家知识产权局主办,每季度出版一套,每套由《分类号索引》《申请人、专利权人索引》和《申请号/专利号索引》3部分组成。检索者可根据所掌握的资料选择不同的索引类别,获得国际专利分类号、发明名称、授权公告号、申请号、专利号、申请人(或专利权人)以及专利公报的卷和期等信息,从而进一步追踪专利公报或专利说明书。

1. 分类号索引　将发明、实用新型专利和外观设计专利分别根据IPC号或国际外观设计分类顺序编排,在分类号相同的情况下,按申请号(或专利号)递增顺序排列。其内容依次为IPC号/外观设计分类号、公开号/授权公告号、申请号/专利号ZL、申请人/专利权人、专利名称、刊登该专利信息的专利公报的卷和期。

2. 申请人、专利权人索引　以申请人或专利权人姓名或译名的汉语拼音字母顺序进行编排。为方便查找,以阿拉伯数字或英文字母等非汉字起首的,均集中安排在该部分内容的最前面;日文汉字及计算机用以外的汉字起首的,均放在该部分内容的最后面。索引分为发明专利申请公开、发明专利权授予、实用新型专利和外观设计专利授予4部分。

3. 申请号/专利号索引　以申请号或专利号的顺序编排。

二、国外专利文献的手工检索

世界专利索引(World Patent Index)由英国德温特出版公司(Derwent Publication Ltd.)于1974年创刊,并以WPI索引周报(WPI Gazette)、WPI文摘周报(WPI Alerting Abstracts Bulletin)及各类分册的形式出版,索引周报因以题录的形式报道,故也称为"题录周报"。

第二节　专利文献的光盘检索

光盘检索需到特定的光盘收藏单位进行,很多是收费服务项目,且更新的速度也有一定的限制。

一、中国专利文献 CD-ROM 光盘

中国专利信息中心是国家级大型专利信息服务机构,拥有国家知识产权局赋予的专利数据库管理权、使用权。该中心于1992年成功开发了中国专利文献数据库(CNPAT),标志着我国专利文献的出版迈入电子化时代。其后陆续出版了多种光盘,已成为专利文献的主要载体之一。其收录了1985—2023年,在中国专利局申请并公开的全部专利信息43万余件,内容有题录、文摘和主权项,提供了关键词、发明名称、国际专利分类号、范畴分类号、申请号、发明人、公告号、优先权项、摘要、国别省市代码、申请日、公告日、申请人地址、代理机构代码共14个检索入口,其中申请人、发明人、发明名称为全文检索。中国专利文献 CD-ROM 光盘主要有以下几种:

(一)《中国专利说明书全文》光盘

《中国专利说明书全文》光盘于1994年1月正式出版发行,收录了1985年9月以来的所有发明专利和实用新型专利说明书上的全部信息,包括摘要及其附图、权利要求书、说明书及其附图等,是中国最完整、最准确的专利图文信息库。

(二)《中国专利数据库文摘》光盘

《中国专利数据库文摘》光盘收录了1985年9月以来的所有专利信息,包含实用新型专利、发明专利、外观设计专利等。每条信息均包含著录项目,如发明人、发明日期、公开日、公告日、优先权、摘要、主权项等,共提供20多个检索入口,操作简单易懂,使用方便。

(三)《专利公报》光盘

《专利公报》光盘是知识产权出版社为了进一步满足广大用户的要求,完善专利文献系列出版的电子出版物。该光盘提供了各期专利公报的全部图文信息,并实现了外观设计专利图形的电子化。

(四)《外观设计》光盘

《外观设计》光盘记载了1985年以来的所有外观图形信息,采用电子扫描方式,再现了其外观设计的线条图、灰度图和彩色图。本套光盘检索方便、快捷,是查询外观设计专利最好的工具。

（五）《中国医药及化工产品专利文献数据库》光盘

由国家药品监督管理局信息中心与知识产权出版社共同研究开发。该光盘收载了自1985年以来世界各国在中国申请的医药专利,其中包括化学合成原料药、中间体、抗生素、制剂、传统中药、天然药物、生物技术产品、饲料添加剂、保健品等。

（六）其他专利光盘

为了更好地为用户服务,提高专利的利用率,知识产权出版社还出版了大量其他专利文献光盘,如《专利复审委员会决定》《中国失效专利》等;同时还为用户提供定制各种分类光盘或按申请号提取专利数据等服务。

二、国外专利文献光盘数据库

国外专利数据库主要有美国专利检索光盘系统(CPAS)(1969—)、欧洲/PCT检索光盘ESPACE/ACCESS(1978—)、欧洲法律状态光盘ESPACE/Bulletin(1978—)、国际专利检索光盘GLOBALPat(1971—)、英国专利文摘光盘GB-A(1994—)等。

第三节　专利文献的网络检索

网上专利检索速度快、内容新,但如要将其作为证据使用,则需要有关部门出示相应的证明,或通过法律认可的部门检索后下载并予以证明,才具有法律效力。

一、中国专利文献的网络检索

（一）国家知识产权局网站

国家知识产权局专利检索系统收录了自1985年以来公开(告)的全部中国发明专利、实用新型专利、外观设计专利的中文著录项目、摘要及全文说明书图像。该数据库定期更新,并提供2002年以来每周变化的最新法律信息。本系统最大的优点是简单明了、使用方便,自动安装其提供的浏览工具,可免费查看专利说明书全文,支持全文在线阅读和全文下载离线阅读。国家知识产权局网站(https://www.cnipa.gov.cn/)首页如图7-1所示。

在政务服务平台的专利检索与分析系统界面设置自动识别、检索要素、申请号、公开号、申请人、发明人、发明名称7种检索入口。每种检索入口输入字符数量不限,如在"发明人"框中填入"马百平",可检索到15条其申请已公开或授权的相关专利目录,其专利检索及分析界面如图7-2所示。

点击"发明名称"或"申请号",可看到该专利的具体信息,包括申请号、名称、摘要、申请日、公开日等。检索专利具体信息界面,如图7-3所示。

点击"详览"可看到申请说明书/授权说明书全文,如图7-4所示。

（二）中国专利信息中心专利检索系统

中国专利信息中心专利检索系统(http://www.cnpat.com.cn/)由国家知识产权局中国专利信息中心创建并维护。该检索系统提供了自1985年以来的专利摘要及专利说明书全文等内容,网上数据每周更新1次,面向公众提供免费专利检索服务,具有较高的权威性,是国内较好的专利数据库检索系统之一。中国专利信息中心专利检索系统首页,如图7-5所示。

该网站包括中文专利数据库和英文专利数据库,且成——对应关系。用户可以通过互联网在英语界面下检索中国已公开专利文献的著录项目和摘要,并可将检索到的发明或实用新型专利的全文(权利要求书、说明书)在线转换为英语,从而帮助用户了解中国专利信息,使我国申请人的利益得到更有效的保护。

图 7-1　国家知识产权局网站首页

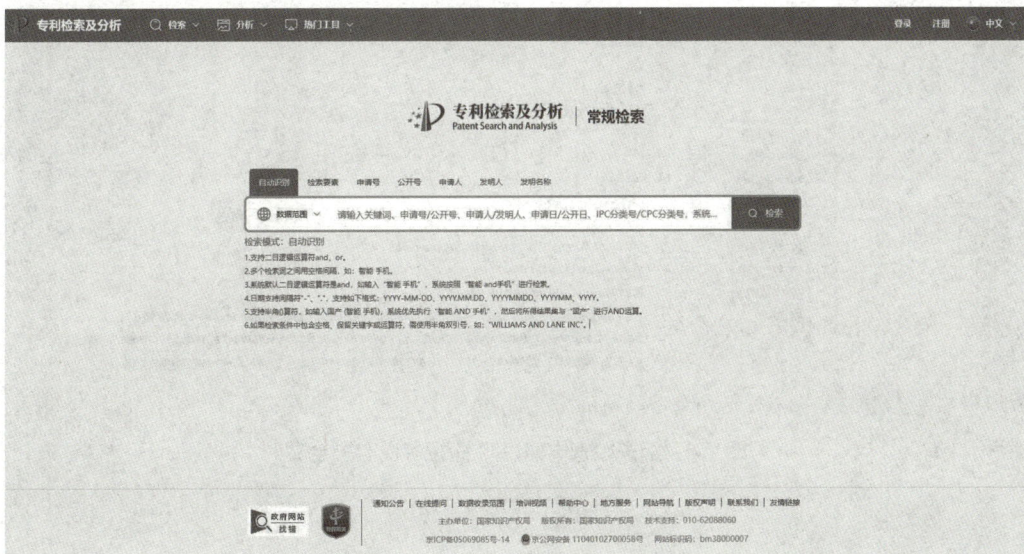

图 7-2　专利检索及分析界面

图 7-3　检索专利具体信息界面

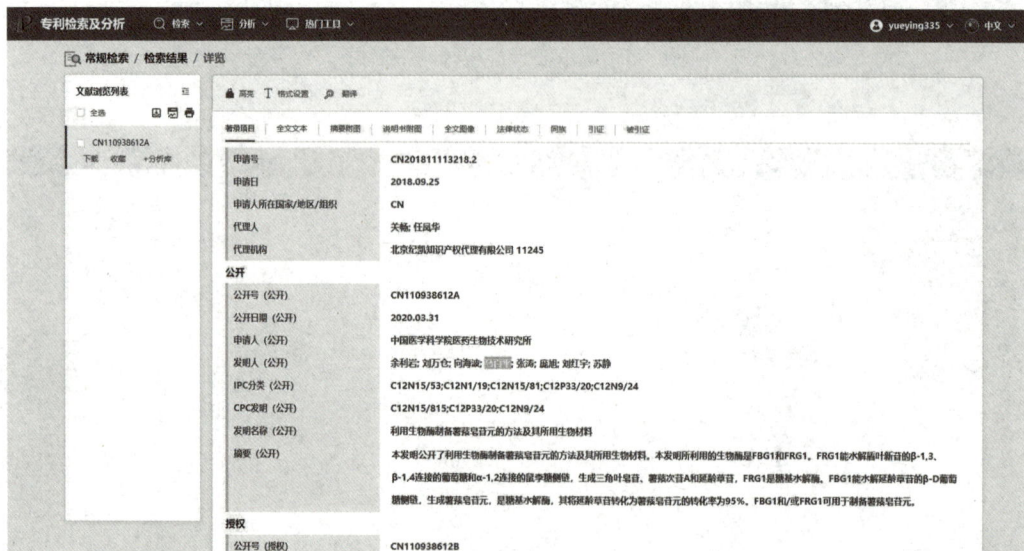

图 7-4　相关检索申请说明书/授权说明书全文

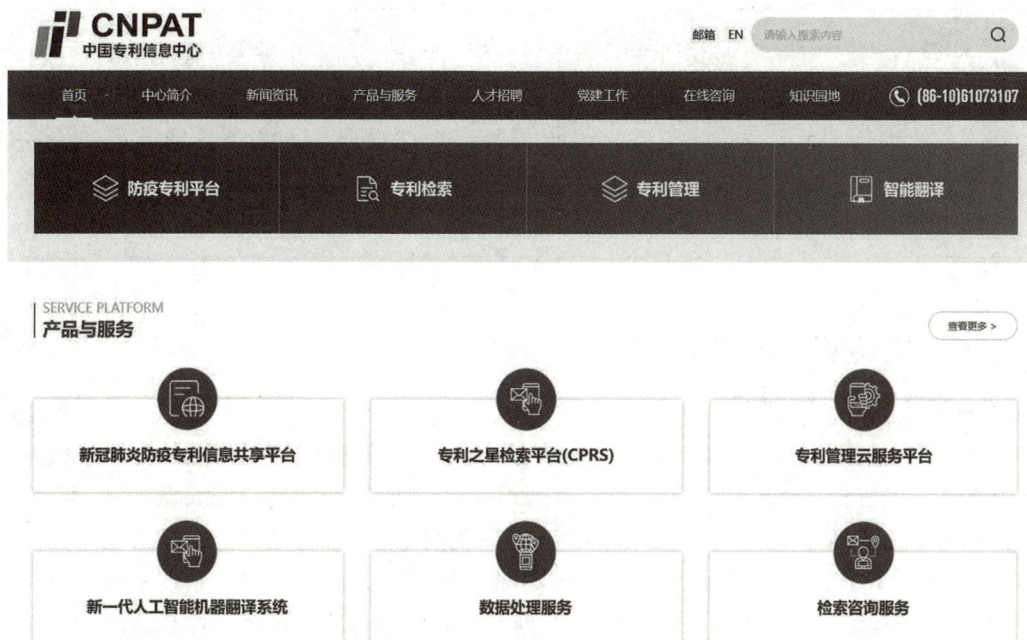

图 7-5　中国专利信息中心专利检索系统首页

（三）中国专利信息网

中国专利信息网（http://www.patent.com.cn）由国家知识产权局专利检索咨询中心与长通飞华信息技术有限公司共同开发创建,于 1998 年 5 月底建成并开通。数据库网站集中了我国自 1985 年 4 月 1 日《中华人民共和国专利法》实施以来的全部发明专利和实用新型专利。数据库为全文检索数据库,用户注册并登录成功后可使用各项检索功能,包括简单检索、逻辑组配检索和菜单检索。输入检索词、专利号、分类号等即可进行检索。正式用户和高级用户可以查阅、打印或下载说明书的全部内容,免费用户可以自由浏览专利题录信息和摘要。中国专利信息网除提供中国专利检索外,还附有世界各国家、地区及专利组织的免费专利的链接。

（四）中国知识产权网

中国知识产权网（http://www.cnipr.com/）由国家知识产权局知识产权出版社于 1999 年 10 月正式向公众开放。其收录了 1985 年至今在中国公开的所有专利信息(包括所有全文说明书),外观设计专利也首次实现网上公开,并按法定公开日实现信息每周更新。

（五）药物在线

药物在线（http://www.drugfuture.com/）是一个药学综合性网站,网站内容包括专利全文下载,中国、日本、英国药典在线查询,FDA 药品数据库查询等。该网站可打包下载专利全文说明书/授权书,且无须注册为其会员或用户即可免费使用,操作简便、快捷。对于文件容量较大的专利而言,省去了翻页和分页下载的烦琐操作,节约大量时间,提高了工作效率。在其网页右上方,有"中国专利全文下载""美国专利全文下载""欧洲专利全文下载"等选项。以下载中国专利全文为例,具体操作步骤如下:

> Step 1:在国家知识产权局网站（https://www.cnipa.gov.cn/）查询,得到待下载专利的申请号或公开号,然后点击药物在线网站首页中的"中国专利全文下载",在"请输入中国专利申请号"框中输入从国家知识产权局网站查询到的某专利的申请号"200510059466.X"。

Step 2：点击"查询"，按网页提示输入验证码，点击"确定"后进入界面。

Step 3：在该页面，可看到待下载专利的具体信息，包括申请号、申请日、公开（公告）号、公开（公告）日、发明（设计）人、摘要等，点击"发明专利申请说明书图形下载（标准版）"，然后点击"下载专利"，并指定待下载专利文件保存的路径，即可把申请号为"200510059466.X"的专利说明书全文下载完毕。

二、国外专利文献的网络检索

（一）欧洲专利数据库

欧洲专利数据库（http://worldwide.espacenet.com/）由欧洲专利局提供，可用于检索包括19个成员国在内的50多个国家（包括英国、德国、法国、奥地利、比利时、意大利、芬兰、丹麦、西班牙、瑞典、瑞士等国）的专利数据库。该专利数据库收录了1979年以来在欧洲专利局申请的图形文本、全部图像信息和专利的法律状态等数据，以及1980年以来欧洲专利局批准的专利的图形文本和全部图像信息。数据库每周更新一次。该数据库检索界面简单清晰易懂，尤其适合非专业检索人员使用，可快速、方便地了解所关注的课题在世界范围内的研究状况。检索方式包括：快速检索（Quick Search）、数字检索（Number Search）、分类检索（Classification Search）、高级检索（Advanced Search）。具体操作步骤如下：

Step 1：输入http://worldwide.espacenet.com/，即进入欧洲专利局网站。网站顶部2个主功能即高级检索（Advanced search）和分类检索（Classification search）。欧洲专利局网站界面，如图7-6所示。

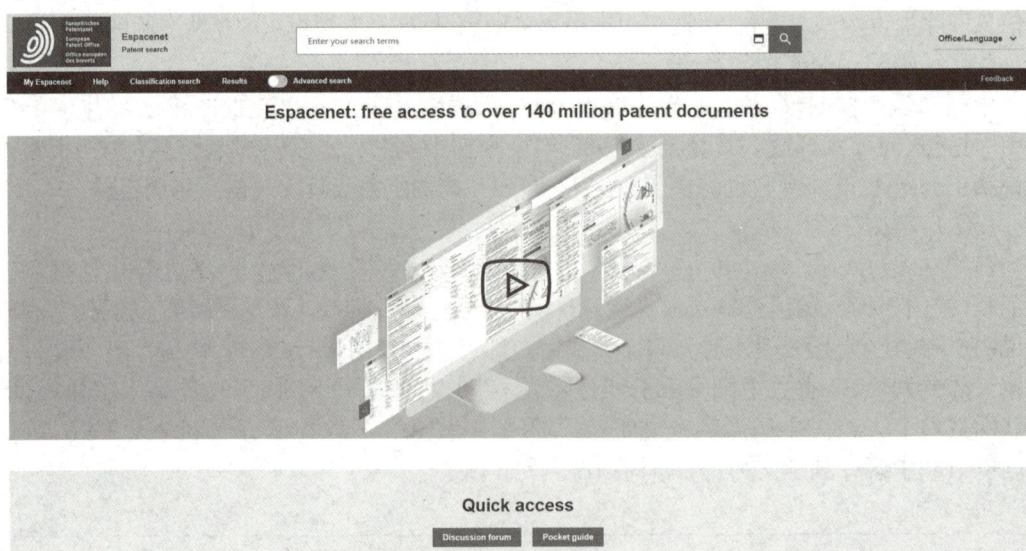

图 7-6　欧洲专利局网站界面

Step 2：在高级检索专区中，在"Enter keywords"栏目下的"titles"中输入检索字串"steroidal saponin"。

Step 3：点击"Search"，即可查询所有专利资料库中专利标题摘要内出现有"steroidal saponin"的专利。

Step 4：显示有 20 条与检索条件相关的专利检索结果，再从中选择要查看的资料。

Step 5：点击所选内容的标题，可在"Bibliographic data"查看此篇专利描述，包括专利名称、专利发明人、专利公开时间、专利申请号、专利公开号等信息。Bibliographic data 状态下查看专利描述界面，如图 7-7 所示。

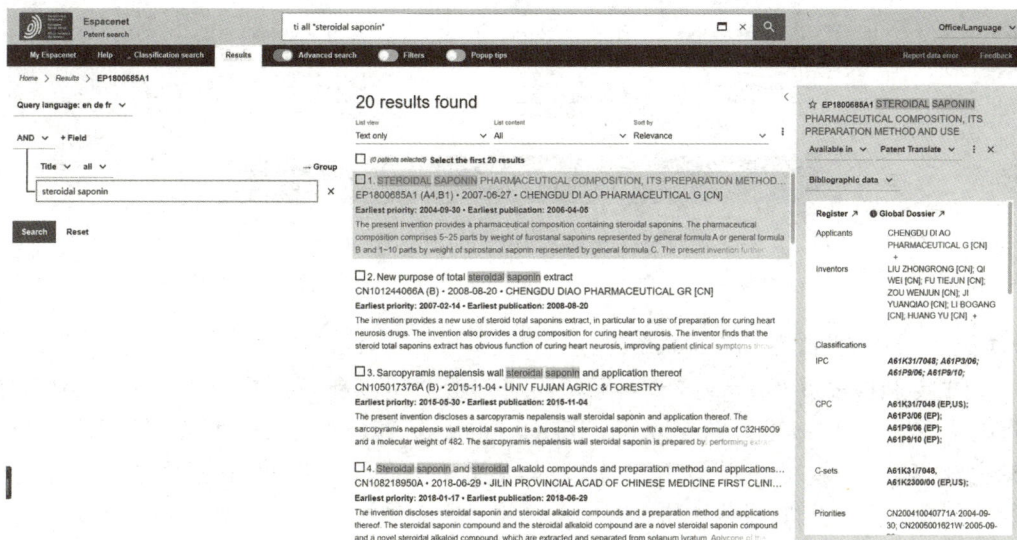

图 7-7　Bibliographic data 状态下查看专利描述界面

可在"original document"查看并下载全篇原始专利申请说明书资料，在"INPADOC legal status"查看此篇专利的法律状态。

（二）美国专利和商标局专利数据库

美国专利和商标局（USPTO）数据库（http://www.uspto.gov/patents）由美国专利和商标局提供，收录了 1976 年 1 月 1 日至今的美国专利，数据每周更新一次。USPTO 网上专利检索数据库分为两部分：第一部分是 1790 年以来出版的所有授权的美国专利说明书扫描图形，其中，1976 年以后的说明书实现了全文代码；第二部分是 2001 年 3 月 15 日以来所有公开（未授权）的美国专利申请说明书扫描图形。本数据库检索方式灵活多样，且能进行免费的全文检索，但检索范围仅限于美国专利，也没有相关网页或相关信息的链接。具体操作步骤如下：

Step 1：输入 http://patft.uspto.gov/，即进入美国专利和商标局网站，如图 7-8 所示。

Step 2：在高级检索专区中，可从 31 种检索入口检索 1976 年以来的各种美国授权专利文献；从 2 种检索入口检索 1790 年以来的各种美国授权专利，浏览 1790 年以来的各种美国授权专利全文（图像文件）。

Step 3：在高级检索专区中，可从 23 种检索入口检索并浏览 2001 年 3 月 15 日以来的美国专利申请公开的专利申请说明书全文（图像文件）。

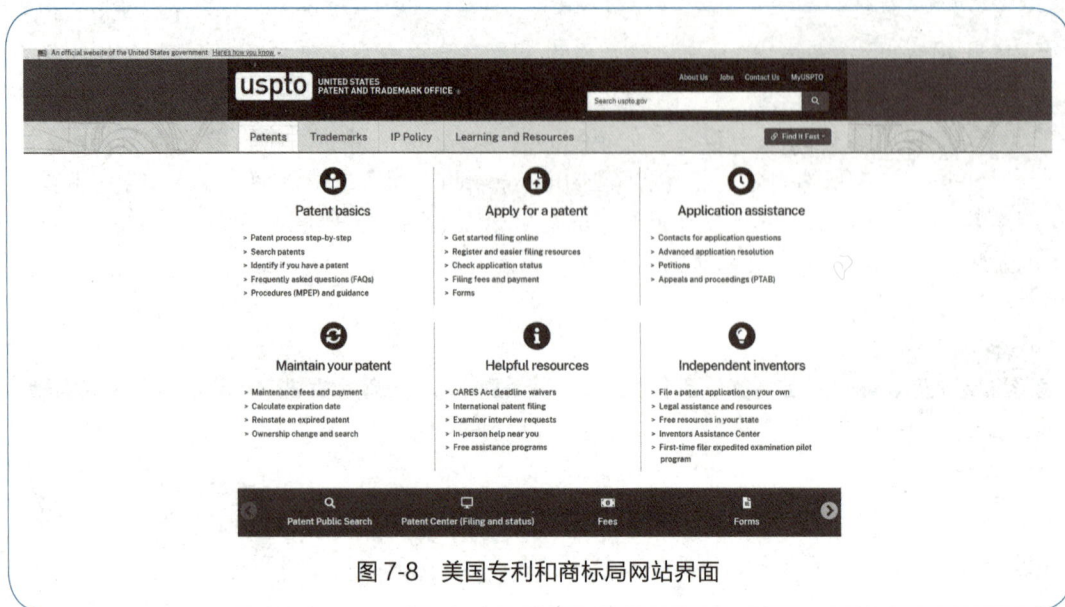

图 7-8 美国专利和商标局网站界面

（三）日本 IPDL 专利检索系统

IPDL 专利检索系统（https：∥www.jpo.go.jp∕）是日本专利局官方开设的日本工业知识产权电子图书馆（The Industrial Property Digital Library），其目的是向全球因特网用户提供日本专利局已有的 4 000 万余份日本专利文献的免费检索途径。通过该检索系统的多种检索途径，可获取日本专利文献信息和专利全文说明书。该系统收录了 1976 年 10 月以来所有公开的日本专利（包括发明专利、实用新型专利、外观设计专利）的扫描图形，其中 1993 年以后的说明书实现了英文全文数码化。此外，IPDL 专利检索系统还提供日、英 2 种检索界面，并提供免费在线翻译。

该系统不仅可以检索发明专利、实用新型专利、外观设计专利和商标，还可检索到各专利的法律状态。数据库每周更新一次。该检索系统的文献更新速度较快，收录范围较广，但由于该系统访问人数较多，下载全文说明书速度较慢。具体操作步骤如下：

Step 1：输入 https：∥www.jpo.go.jp∕，即进入日本专利局的首页，如图 7-9 所示。

Step 2：在页面右侧点击第一个模块，如图 7-9 蓝色框区域，进入专利检索界面，如图 7-10。

Step 3：选择"意匠"模块，如图 7-10 蓝色框区域，可输入一些检索关键词，如专利名称、专利号等。还可以限制年份，或直接用 IPC 分类号检索，词间用空格表示。

Step 4：检索得到专利后，点击"View List"就会列出检索结果。当检索到超过 1 000 条记录时，系统会要求再增加条件，缩小检索范围。

Step 5：根据相应的专利题名，点击页面左边的专利号，则可连接到该专利的英文版的扉页。

Step 6：与美国专利和商标局非常相似，页面上往往带有最重要的菜单，如 Data Coverage（数据概况）、Image Data（Japanese）[图像信息（日语版）]、Legal Status（法律状态）、Full Text（全文）等。点击其中的某一个菜单，界面可以很快跳转。如点击"Legal Status"，即显示公开号为 2004-224797 的专利目前所处的法律状态。

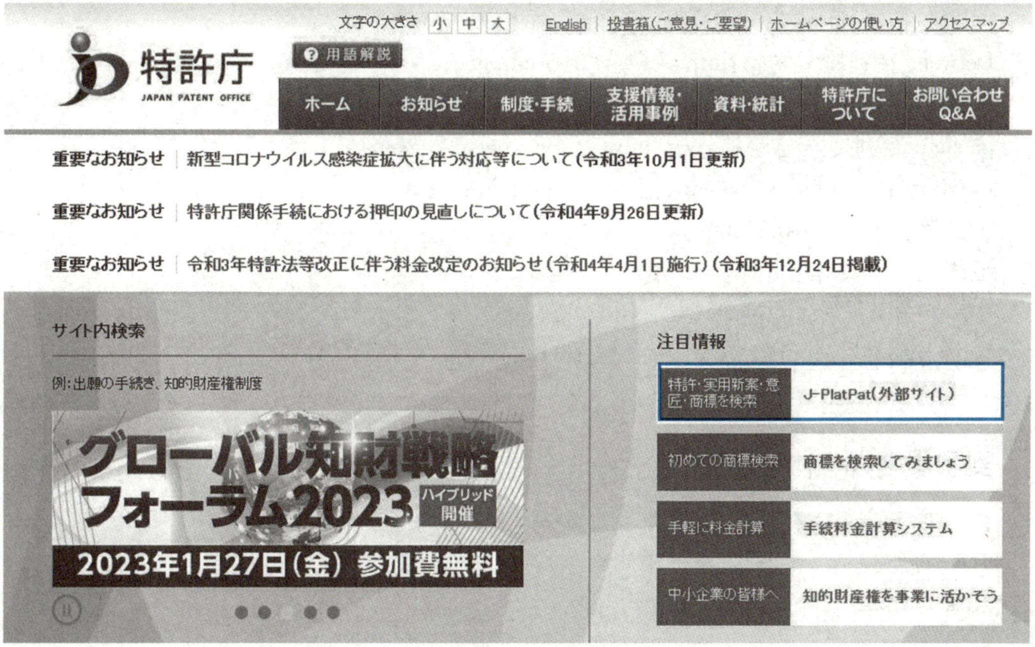

图 7-9　日本专利局首页

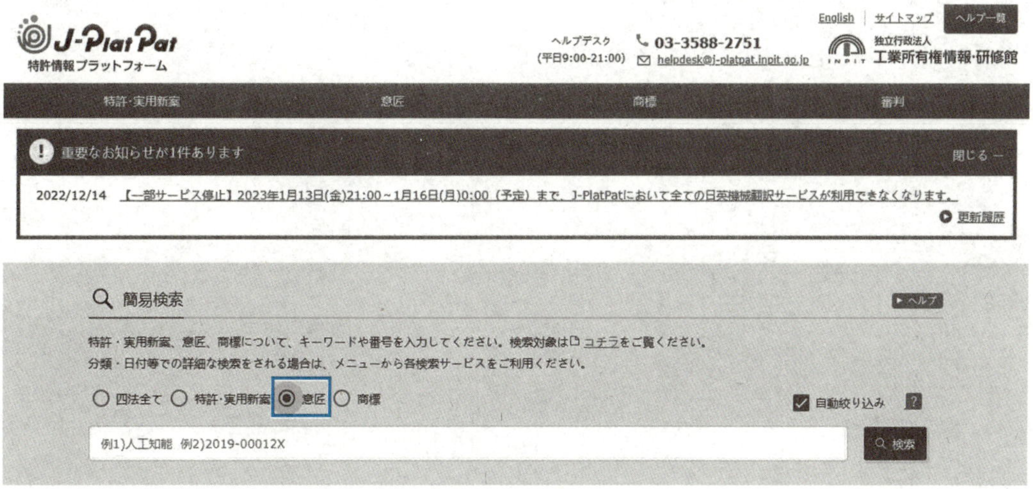

图 7-10　专利检索界面

三、其他专利检索网址

德国专利商标局：http://www.deutsches-patentamt.de

芬兰国家专利与注册委员会：http://www.prh.fi/

瑞典专利注册局：http://www.prv.se/sv/

罗马尼亚国家发明和商标局：http://www.osim.ro/

匈牙利知识产权局：http://www.sztnh.gov.hu/en

丹麦专利商标局：http://www.dkpto.dk/

法国专利局：http://www.inpi.fr/

笔记栏

ER-7-3

扫一扫，
测一测

瑞士联邦知识产权局：http：∥www.ige.ch/

南非专利局：http：∥www.cipro.co.za

Derwent 专利检索网站：http：∥www.derwent.com/

SooPAT 专利搜索：http：∥www.soopat.com/Home/Index

patsnap 专利搜索与专利分析：http：∥www.patsnap.com/

Patentics：http：∥www.patentics.com/search.htm

智慧芽：http：∥www.zhihuiya.com/

佰腾网专利检索：http：∥so.5ipatent.com/

中科院知识产权：http：∥www.caship.ac.cn/

免费专利在线：http：∥www.freepatentsonline.com/

●（闫静怡 付利娟）

复习思考题

1. 简述中国专利公报的组成及其主要内容。

2. 中国专利文献检索的途径有哪些？

3. 中国专利公报文献主要有哪 3 种？

4. 常见国外专利数据库有哪些？

第八章

中药文献的综合利用

📌 **学习目标**

1. 掌握文献管理方法及常用文献管理软件的使用,以及文献评价的原则、内容和方法。

2. 熟悉文献积累的原则,以及文献资料的搜集与积累方法。

3. 了解文献与信息咨询服务、医药学科技查新的作用和方法。

第一节　文献资料的搜集与积累

一、文献积累的原则

积累是创造的基石。任何一种认识和知识,都不是凭空产生和突兀而至的,更不可能平地起高楼,而是几代人、十几代人甚至几十代人艰苦奋斗,努力探索和实践的结果。牛顿所说的"我比别人看得远,那是因为我站在巨人的肩膀上",就是指在前人的基础上学习、思考、继承和创新。任何一门学科,都是经历了几代甚至几十代人的不断努力,方有如今的体系、水平和高度。针对每一个具体的学术问题,在浩瀚的文献海洋中获取数量可控、内容相关和质量上乘的知识信息,应遵循以下原则:

(一)目的性原则

随着现代科技的发展,知识学科门类日趋细化,各类学科文献信息浩如烟海,掌握全部文献信息成为一个全才已是不可能完成的任务。由于每个人所从事的专业和研究方向不同,对文献的需求也各不相同。贯彻目的性原则有利于提高文献积累的针对性,从而避免或减少文献积累的盲目性。因此,应围绕自己的专业或爱好,有目的、有方向、有重点、有层次地积累文献信息。当确定某一研究主题或方向后,应将体现学科前沿、研究动态及发展趋向等方面的文献作为文献积累的重点,同时兼顾边缘学科的文献情报。

(二)全面性原则

在当今技术变革、信息爆炸的时代背景下,文献载体与时俱进,信息类型层出不穷,知识更新日新月异。文献积累的全面性原则应包含以下几方面:从文献的载体类型上讲,不能仅满足于传统的纸质文献,更应包含电子文献与互联网信息;从文献的时效性上看,必须要做到时间上的接续,保证相关专题报道的连续性、完整性和新颖性;从文献的类型上说,固然不能缺失图书、期刊,更应兼顾学位论文、会议论文、专利等特种文献,还要留意与研究主题相关的非公开出版的政府文献(报告),不公开发行的会议文献、科技报告、技术档案,不对外发行的企业文件、企业产品资料、贸易文件和工作文件,未刊登稿件以及内部刊物、交换资料、赠阅资料等一些灰色文献。

（三）准确性原则

文献积累的准确性原则即要求所搜集到的文献真实可靠且内容符合自己的研究方向和研究思路。搜集过程中，要有强烈的信息意识和责任感，对有关资料多作评价分析，不断总结和积累经验，以提高对虚假信息的鉴别和判断能力。一般来说，文献报道来自大型科研院校、知名专家或是高水平科研项目资助的科研成果，其可信度较高，是文献积累的重点对象。

（四）时效性原则

知识更新频率的加速，导致其使用价值也随着时间的推移而迅速弱化，超过了有效期，文献信息的使用价值将大打折扣。这种时效性与信息处理能力高低、信息渠道是否畅通和信息获取手段是否先进密切相关。为了积累时效性强的文献信息，要求我们具有高度的责任感与紧迫感，保持敏锐的信息意识，时时洞察本研究领域的发展动态，利用现代化的计算机技术和多元化的信息来源，搜集、整理最新的文献信息。

二、中药文献搜集方法与积累步骤

（一）中药文献资料的搜集方法

中药学工作者所搜集的文献资料一般为间接资料，即同行发表的相关文献资料。间接资料的搜集，主要有检索法、查阅法、追溯法、咨询或委托搜集法以及网络信息收集法。

1. 检索法　中药文献的检索分为手工检索和计算机检索 2 种。手工检索主要依赖于医药科技情报部门所收集和建立的资料目录、索引、文摘、参考指南和文献性综述，如当前我国出版的 3 种主要纸质中文药学文献检索工具《中文科技资料目录·医药卫生》《中文科技资料目录·中草药》《中国药学文摘》，以及与药学专业有关的世界闻名的 4 种文献：《化学文摘》(Chemical Abstracts, CA)、《生物学文摘》(Biological Abstracts, BA)、《医学索引》(Index Medicus, IM)和《医学文摘》(Excerpta Medica, EM)。计算机检索则是现代计算机技术与传统文献检索相结合的产物，其主要特点是检索速度快、范围广和信息量大，是现在收集药学文献资料的主要手段。如三大中文期刊论文全文数据库：中国学术期刊全文数据库(CNKI)、万方数字化期刊(万方)、中文科技期刊数据库(维普)，国外的 CUP 剑桥电子期刊、SpringerLink 等，以及题录型数据库中国生物医学文献服务系统(SinoMed)和 PubMed 等，均是计算机检索药学文献资料的首选。

2. 查阅法　通过查阅国内外发表的药学相关文献报道获取信息。其检索对象为各种公共出版物和内部资料，如专利说明书、技术标准、期刊、报纸、手册和年鉴等。

3. 追溯法　充分利用文献资料后方所附的参考文献，可由此及彼、由远及近、追本溯源地查找一种知识信息发生、发展的文献脉络，是文献积累查漏补缺的有效方法，更是发现研究主题相关边缘学科文献的重要手段。

4. 咨询或委托搜集法　即咨询情报信息机构专门从事文献检索的专业人员进行指导，制定并反复修改检索策略进行查找，或者直接委托情报部门、有关单位或数据库技术人员帮助收集文献资料。

5. 网络信息收集法　互联网上丰富的中药资源、电子读物、论坛帖子、开源期刊，一直以来都是药学文献积累的重要来源，慕课(MOOC)在线课程以及虚拟图书馆则是近年来网络信息收集工具的后起之秀。随着互联网进入 WEB3.0 时代，这种开放式的平台、聚合化的信息、共建共享的用户体验，使对某个或者某些问题感兴趣的群体得以聚集，不受时间和地域的限制，分享各种观点和信息，成为专业领域知识信息交流的重要阵地，是一些难以公开发表的灰色文献的主要来源。

（二）中药文献资料积累的步骤

1. 筛选　所谓筛选，即根据研究目的选择有用的文献类型与篇目。首先，根据获得的文献的外在形式或内容，选择适合于研究使用的一种或几种文献类型。然后，分门别类地将各种所获文献纳入相应的类目之中，制作文献的目录。目录一般有分类目录、书（题）名目录、作者目录和主题目录4种。最后，可根据文献围绕研究主题的实际价值，分为高、中、低和无价值4种。

2. 标记　精读与研究主题高度契合、准备使用的文献，并标记重要内容。常用的标记方法如下：

着重号（……）表示关键性的内容

直　线（——）表示比较重要的内容

曲　线（～～）表示特别重要的内容

夹　线（～～）表示定义或经典论述

惊叹号（!）表示对某些内容欣赏

问　号（?）表示对某些内容疑问

三角号（△）表示文献中并列的观点

双圈号（。。）表示文献中重要内容的结束

3. 摘录　即从文献中抄录或精炼浓缩有关内容。其主要形式有2种，一种是指示性文摘，即对题目、作者、出处、主题等进行概括无需具体的数据或内容，字数以几十字为宜；另一种是报道性文摘，即对文献的主要内容、观点、数据进行叙述，字数一般为几百字。

4. 鉴别　即对文献的真实性、可靠性进行判断，去伪存真，或对同样内容和观点的文献进行比较，去粗存精。

5. 登录　对最后保留下的文献进行分类和登记，建立纸质卡片分别保存，或依托文献管理软件加以标记和存储，最终形成符合实际需要的、简单实用的文献资料库。

第二节　个人文献管理

个人文献管理（personal document management，PDM），即对隶属于自己个人的各式文件（包括电子文献）进行管理。从广义上讲，个人存储的一切文献资料、网页、通讯录、账号密码、ID信息、日程安排、财务信息等均隶属于个人文献管理的对象。从狭义上讲，个人文献管理指个人因学习、科研目的需要而针对某个或多个主题所收集的文献资料进行管理。本节主要探讨狭义范围的专业文献资料的文献管理方法与技巧。

一、文献管理的意义与作用

1. 便于文献的有序化管理　随着积累文献资料的日益增多，若能及时为这些文献构建索引和目录，就能快速精确定位到所需要的文献，从而避免了无序化的二次查询所造成的时间和精力上的浪费。

2. 便于使用和查找文献内容　一个分类合理、标引清晰的个人文献管理体系可有序编排前期搜集积累的文献，使用时按图索骥地查询到所需文献的特定信息，可以极大地提高文献使用的效率。多数文献管理软件还可以直接联网到不同的数据库进行检索，免去了登录的烦琐与不便。

3. 便于保存阅读体验内容　在研读文献资料的过程中，可能在文献的启发下产生一些

笔记栏

心得、体会和思路,传统的卡片式文献管理方法或者是现代计算机文献管理系统都可以快速存储这些个性化的资料。

4.便于论文撰写中的参考引用 很多文献管理软件提供多种参考文献引文格式,在论文撰写过程中自动生成参考文献目录,且自动化的引文功能避免了因正文内容更改而导致的引文序号前后不对应的错误。

二、文献管理的方法

文献管理方法主要分为传统的读书卡片管理与现代的计算机文献管理。

(一)读书卡片管理方法

读书卡片式的资料保存方法历史悠久,直到21世纪随着计算机技术的发展和个人计算机的普及才逐渐淡出人们的视野。读书卡片管理方法的一般步骤是:先拟定一个分类简表,可参照"中图法"进行分类,也可以根据自己的特定需求确定类目,然后将读书卡片根据类目从大到小、从粗到细地纳入,就形成了按一定科学和逻辑体系的资料系统。

在读书卡片分类时,应当注意的是,应紧密围绕所学的专业知识或所从事的专业工作(设为A资料群)和外围边缘学科知识或兴趣爱好(设为B资料群),A资料群尤其要加以细分,B资料群则可粗略一点。当然,细则不宜太细,过细则繁杂琐碎;粗亦不宜太粗,过粗就不方便查找,粗细合适、类目相宜是建立手工卡片式文献管理体系的基本要求。

(二)计算机文献管理

早期的文献资料计算机管理主要基于操作系统自带的文件夹,具有很大的局限性。目前,已有诸如 EndNote、NoteExpress、知网研学等一系列文献管理软件可供使用。其共同的作用包括:根据研究主题建立个性化的数据库,存储收集到的文献资料;随时检索、更新文献内容;准确定位文献内容、图片或表格;整合 Word 处理软件,随时将文献的相关信息插入 Word文本,或自动生成参考文献目录等。

三、常用文献管理软件介绍

(一)EndNote

EndNote 是一个世界知名的文献题录管理软件,也是最早的个人文献管理软件之一。其界面友善,检索功能强大,是科研工作者不可或缺的好助手。

1. EndNote 的特点和功能

(1) EndNote 的主要特点

1)支持国际期刊的参考文献格式超过 7 000 种,写作模板数百种,基本涵盖了各个学科领域的主流杂志。

2)可直接连接上千个在线数据库,并提供通用的检索方式,大幅度提高了科技文献的检索效率。

3)可管理高达数十万条的参考文献;内嵌 Word 编辑器,可方便地边书写论文边插入参考文献。

4)系统资源占用小,很少出现因 EndNote 数据库过大而发生计算机死机现象。

5)可方便地扩展其功能而不需要专业的编程知识。

(2) EndNote 的主要功能

1)在线搜索文献:直接从网络搜索相关文献并导入 EndNote 的文献库内。

2)建立文献库和图片库:方便收藏,管理和搜索个人文献和图片、表格。

3)定制文稿:直接在 Word 中格式化引文和图形,利用文稿模板直接撰写合乎杂志社要

ER-8-2

EndNote 软件介绍视频

求的文章。

4）引文编排：可以自动编辑参考文献的格式。

通过 EndNote，可以简化查找文献资料、编辑 PDF 的流程，并自动生成参考文献信息。当使用大量文献资料开展文献综述工作时，EndNote 可以帮助建立稳健、高效的工作流，管理并共享研究资料和研究数据。

2. EndNote 工作界面　以 EndNote20 为例，首次使用 EndNote，系统会自动弹出"End-Note 20-New Library"对话框，快速指引用户选择使用，如图 8-1 所示。

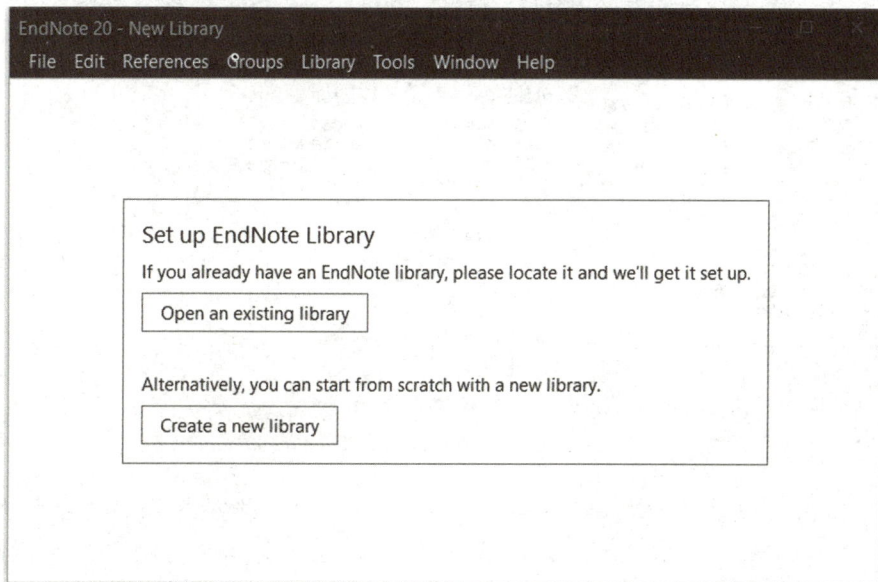

图 8-1　"EndNote 20-New Library"对话框

（1）创建我的数字图书馆：点击"Create a new library"新建"My EndNote Library"，将出现 EndNote 的主界面。主界面可分为 6 部分。最上面为菜单栏；菜单栏下面可分成：左边为分组区，中间为搜索栏、工具栏和文献列表区，显示文献相关信息，右边为文献阅读区（图 8-2）。

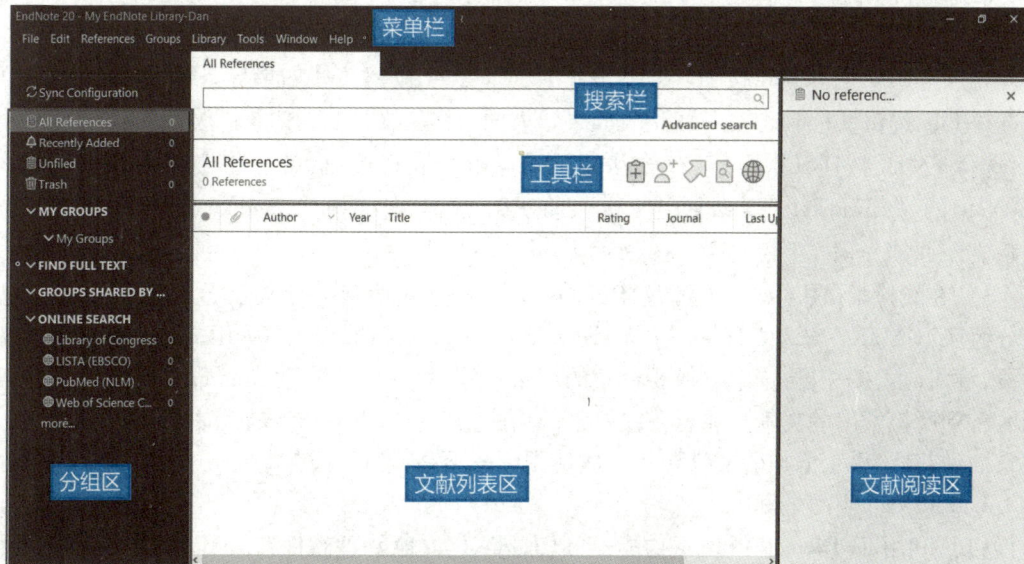

图 8-2　EndNote 主界面

（2）EndNote 菜单栏：主界面上方为 EndNote 的菜单栏，包括文件操作（File）、格式编辑（Edit）、文献处理（References）、分组相关（Groups）、图书馆（Library）、工具（Tools）等部分。如图 8-3 所示。

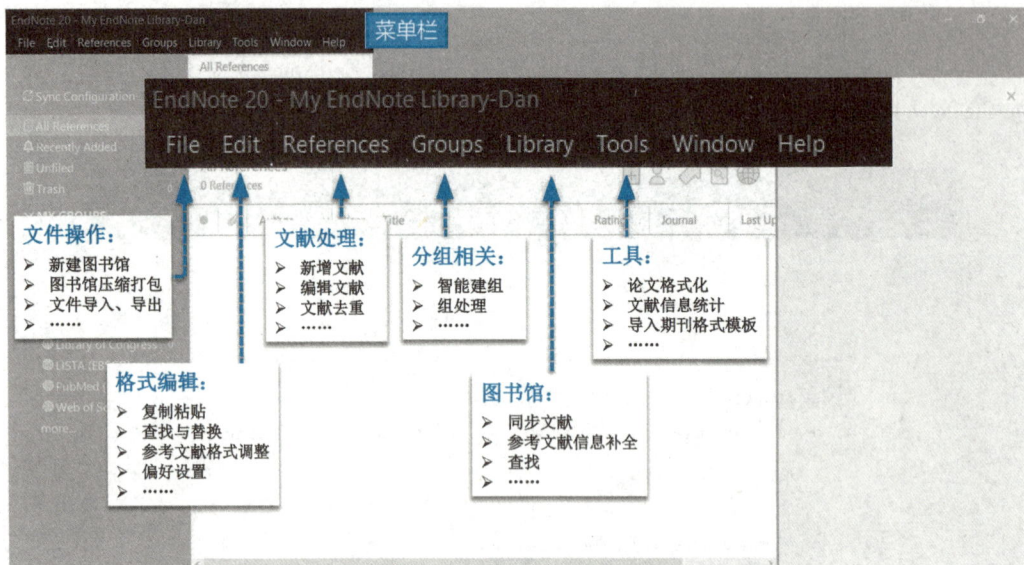

图 8-3　EndNote 菜单栏

（3）文献导入功能：EndNote 使用简洁的智能文献信息下载方式，可以避免手动重复下载、信息不全等问题，可以提高后期文献使用效率。常用的文献导入方法有 5 种：网站输出、格式转换、在线检索、插件获取、手工添加。其中网站输出是使用最广泛、最简便的导入方法；格式转换多用于已下载的文献导入；在线检索的好处在于无须登录检索平台；插件获取主要针对无 citation 的网上信息资源；手工添加适用于纸质文献等的导入。

1）网站输出功能方法（图 8-4）：以从 PubMed 导入 EndNote 为例。①首先勾选文献；②选择 Send to；③选择 Citation manager；④点击 Create file；⑤点击 nbib 文件，导入 EndNote。文献信息将自动导入 EndNote 的 My Library 中。

2）格式转换方法（图 8-5）：对于已下载的 PDF 文献，采用格式转换进行文献导入。①首先点击 File 中 Import 按钮。②点击 File 或 Folder 按钮。③如果导入的为单个文件，可以选择 File 按钮，Choose 其存放路径；如果导入的为多个文件，可以将其放入统一的文件夹中，选择 Folder 按钮，Choose 其存放路径。④点击 Import 按钮，就可将文献信息自动导入 EndNote 的 My EndNote Library 中。也可将 PDF 文献直接拖入 EndNote 界面，实现导入文献。

3）在线检索（图 8-6）：以 Web of Science 为例，在线检索进行文献导入 EndNote。①点击分组区"ONLINE SEARCH"中的"Web of Science Core Collection（Clarivate）"；②选择检索字段，输入检索条件，再选中选择要检索的记录范围，最后单击检索"Search"，就能在文献列表区看到所检索出的文献。注意在线检索的功能，其更适用于一定文献调研后的精确检索。

插件获取、手工添加的文献导入方法使用频率不高，不再介绍。

3. EndNote 应用举例

（1）利用 EndNote 在线搜索功能：现以 EndNote 文献管理软件在 PubMed 中利用主题词方式检索关于"阿司匹林的副作用"的文献题录。

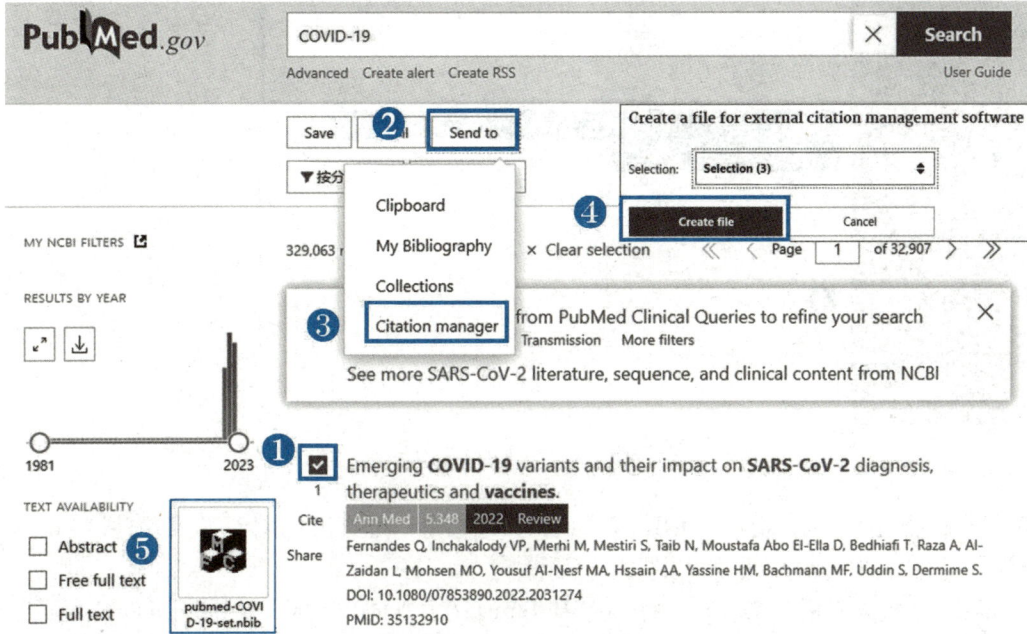

图 8-4　网站输出方法

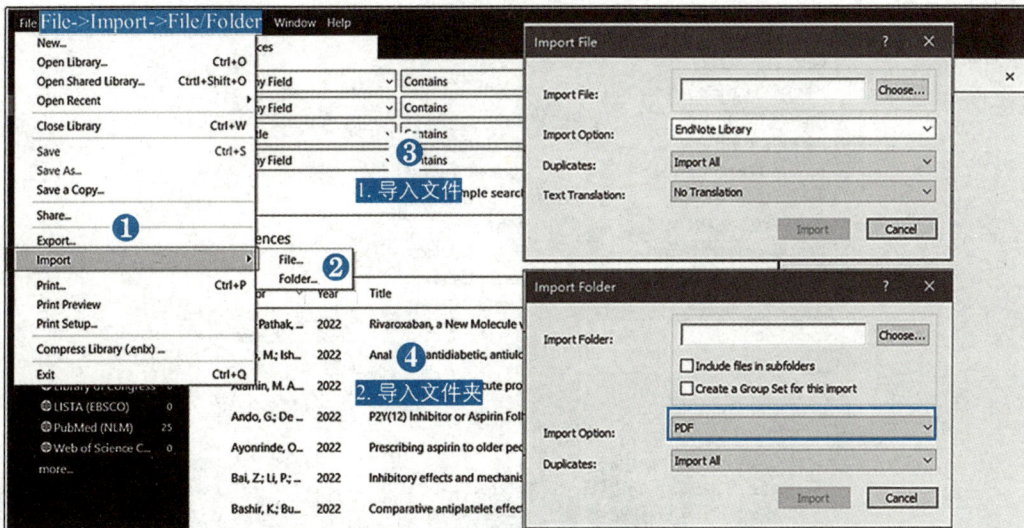

图 8-5　格式转换方法

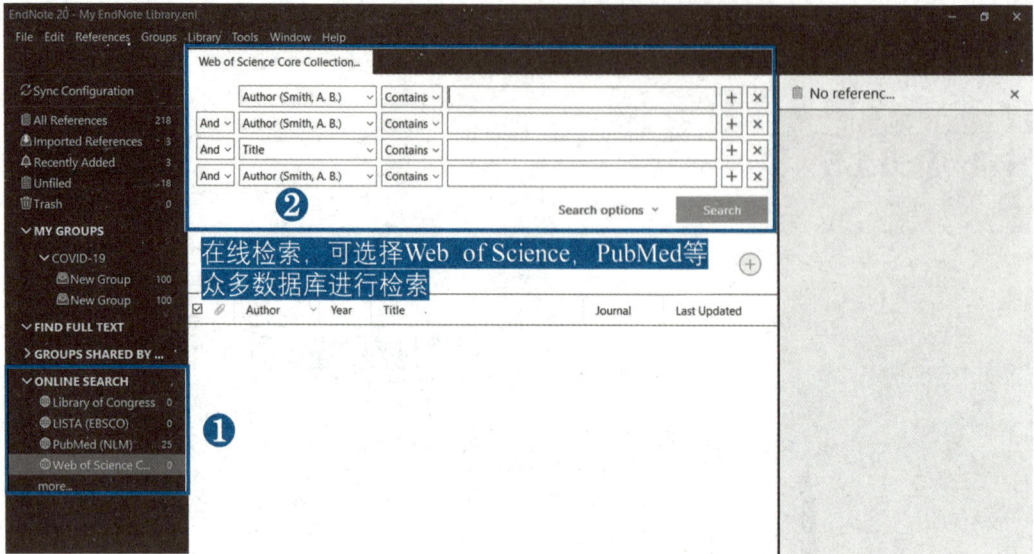

图 8-6　在线检索方法

首先,点击工具栏中的"ONLINE SEARCH"按钮,在弹出的对话框中选择"PubMed (NLM)"后点击"Choose"按钮,如图 8-7 所示。

其次,在检索对话框中分别选择"MeSH Terms"(主题词)和"MeSH Subheading"(副主题

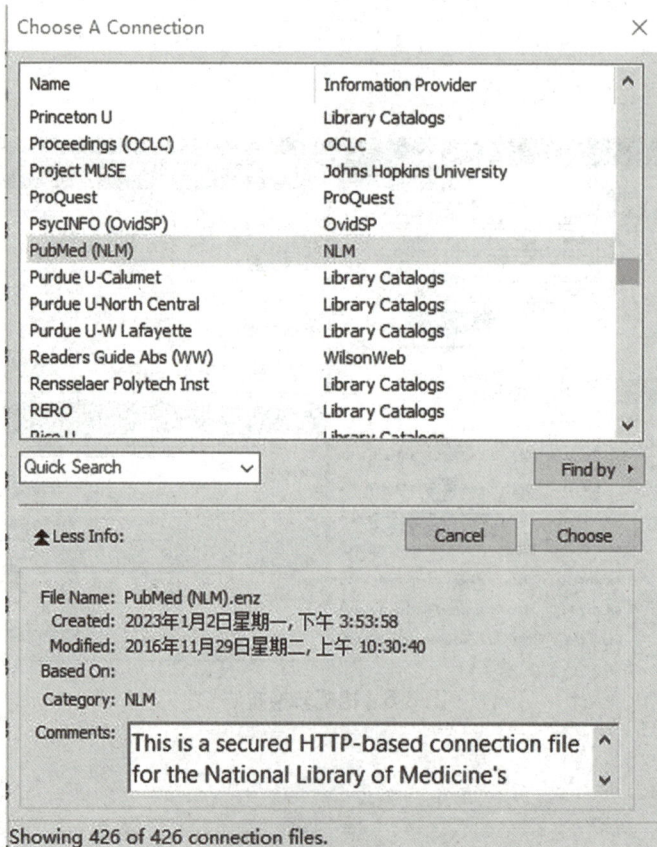

图 8-7　在线数据库选择对话框

词）字段,各自输入检索内容"aspirin"和"adverse effects",布尔逻辑关系选择"And",直接按回车键或点击右下方"Search"按钮,如图 8-8 所示。

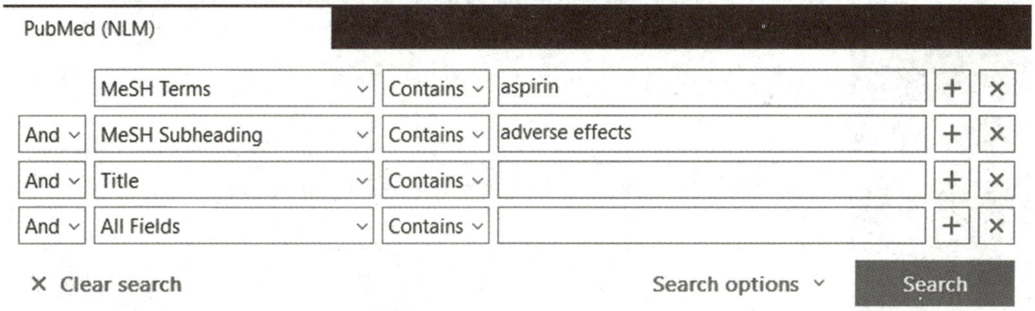

	MeSH Terms ∨	Contains ∨	aspirin
And ∨	MeSH Subheading ∨	Contains ∨	adverse effects
And ∨	Title ∨	Contains ∨	
And ∨	All Fields ∨	Contains ∨	

✕ Clear search　　　　　　　　Search options ∨　　Search

图 8-8　在线搜索 PubMed 中有关"阿司匹林的副作用"的文献题录

检索后系统可根据实际需要输入检索结果数量调整显示。一般来说,数字越大,其文献出版发表的时间越早;数字越小,其文献出版发表的时间越近,如图 8-9 所示。

Searching PubMed (NLM)
Retrieve results: 25 50 75 100 … 15,191

☐	🖉	Author	Year	Title	Journal	Last Updated	Reference Ty
☐		Zeng, B. Y.; T...	2022	Dual Antiplatelet Therap...	JAMA	2023/1/5 星期...	Journal Artic
☐		Zhang, J.; Zh...	2022	Risk factors for in-stent r...	Medicin...	2023/1/5 星期...	Journal Artic
☐		Zheng, K. L; ...	2022	Postoperative myocardia...	Thromb ...	2023/1/5 星期...	Journal Artic
☐		Zhou, L. W.; ...	2022	Cost-Effectiveness of Cil...	J Am He...	2023/1/6 星期...	Journal Artic
☐		Zhu, Y.; Wan...	2022	Proton pump inhibitor in...	Trials	2023/1/6 星期...	Journal Artic
☐		Ziesenitz, V. ...	2022	Efficacy and Safety of NS...	Paediatr ...	2023/1/5 星期...	Journal Artic
☐		Zywicka, E. ...	2022	Aspirin Mediated Platele...	Eur J Vas...	2023/1/6 星期...	Journal Artic
☐	🖉	Yamashiro, K.	2022	Adverse event profiles of	Sci Rep.	2023/1/5 星期	Journal Artic

图 8-9　搜索结果显示选项

最后,根据文献筛选的结果,在需要保留的文献题录上点击右键,选择将相应的题录信息保存到预先设定的群组中。在有下载权限的前提下,EndNote 可自动连接该数据源下载相应文献。具体操作方法是选定相应题录信息,点击"Attached"（下载全文附件）按钮。下载成功后,文献题录前方将出现附件标记,可通过点击"Attached PDFs"栏直接查看原文,如图 8-10 所示。

EndNote 还提供了查重功能,对于获取的文献题录进行查重,防止出现由于多数据源检索导致文献题录重复的情况。

（2）在线数据库文献题录导入 EndNote:EndNote 文献题录导入除利用该软件直接检索在线数据库进行导入以外,还可以通过其他 2 种方式完成。一是在 Reference 窗口中手工输入文献题录各字段信息,但该方法较为烦琐,且容易发生错误,一般只用于一些难以在线获

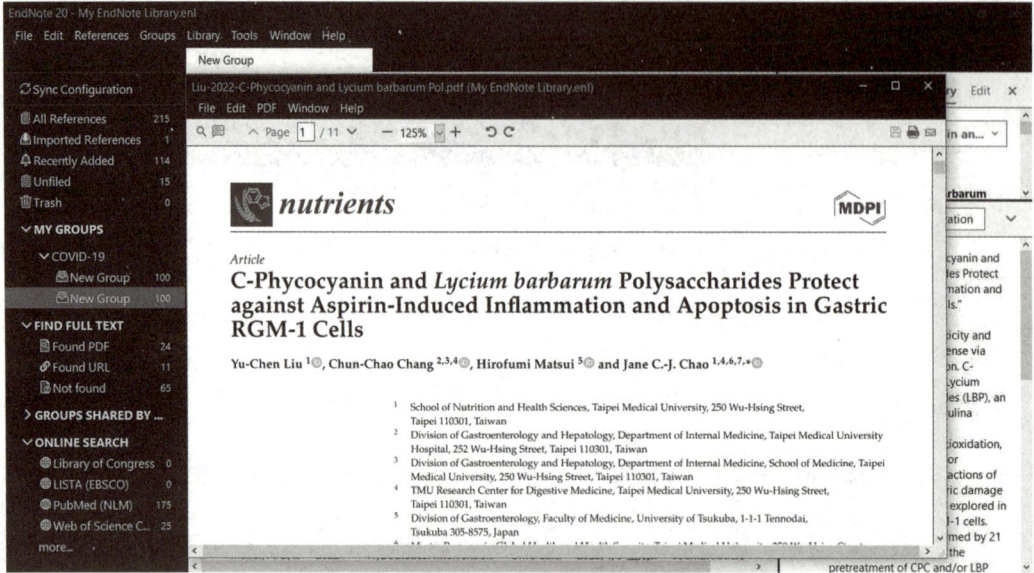

图 8-10 全文附件显示

取的灰色文献的管理。二是自行查找在线数据库,并下载成纯文本文档汇入 EndNote。现同样以在 PubMed 中检索"阿司匹林的副作用"为例加以说明。

首先,在 PubMed 中通过主题词方式检索该主题后,即可获取检索结果。勾选所需的题录信息后,选择"Send to"按钮,在弹出的列表中选择"Citation manager",输入需要导出的题录数量,点击"Create file",即可自动生成题录纯文本文档,如图 8-11 所示。

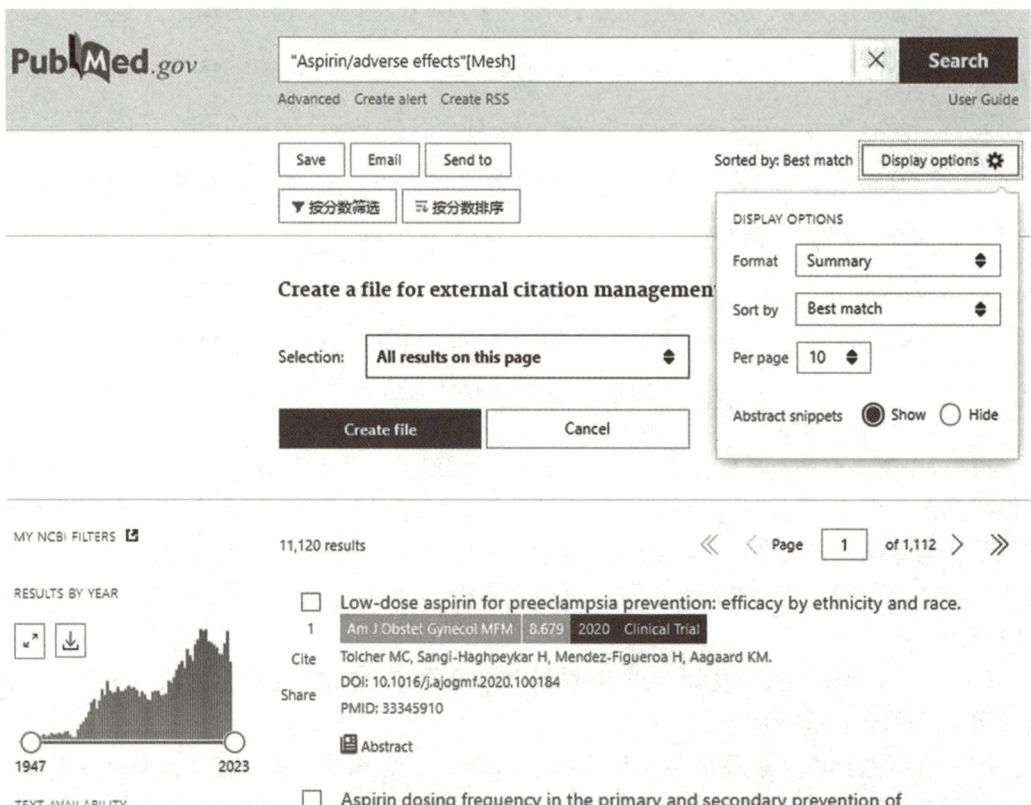

图 8-11 PubMed 检索结果导出示例

其次,点击工具栏中的"import"按钮,在弹出的对话框中选择相应的题录纯文本文档,直接点击下方的"import"按钮即可完成导入过程。

最后,随着中文科技文献的管理需求,各中文数据库也提供了各种方法来方便用户使用EndNote。如中国知网和万方数据库已提供 EndNote 格式的文献题录选项,可参照英文文献的导入方法,直接将中文文献纯文本题录信息导入 EndNote。而维普则需下载专门的过滤器(Filter)。

(3)引用 EndNote 中的参考文献至 Word:EndNote 通过其"Cite While You Write"技术,可在 Word 文档中自动插入参考文献,并将其显示于 Word 文档末端。如以下文档需要在"in terms of CAA location and thrombosis"句后方插入参考文献,如图 8-12 所示。

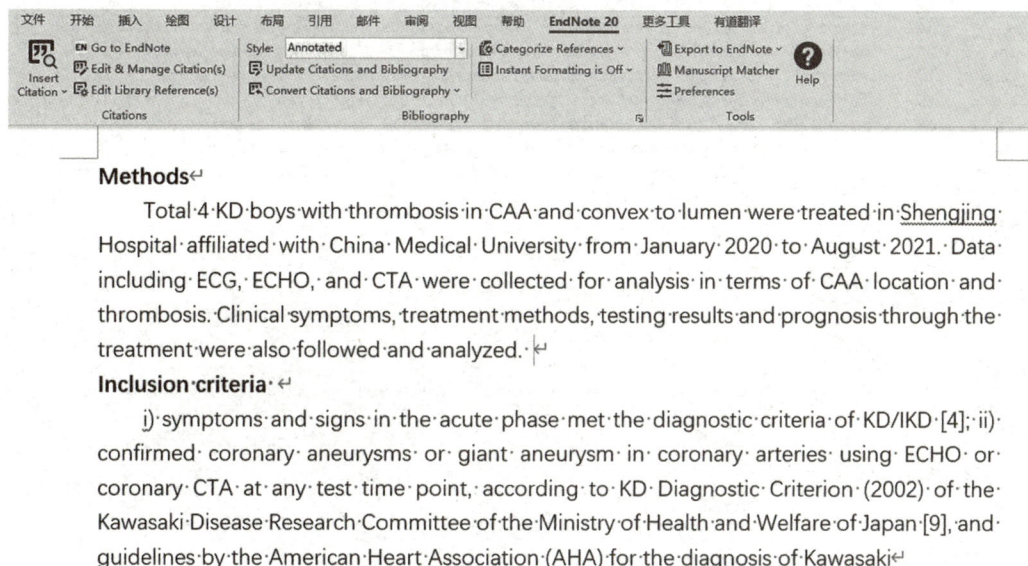

图 8-12　需要插入参考文献的 Word 文档

通过点击 Word 中的 EndNote 插件,在最前端就有"Insert Citation"按钮,点击该按钮即可弹出插入对话框。在上方的空格中输入任何关键词,如作者、年代等,即可在 EndNote 的本地资料库中查找符合该条件的所有参考文献。选取相应题录点击"Insert"按钮即可插入相关参考文献题录,如图 8-13 所示。

参考文献的格式既可预先设定,也可以通过后期批量修改。目前,EndNote 提供了超过7 000 种的参考文献格式,使得作者根据不同期刊的格式要求修改参考文献的工作大为简化。如该论文将投稿于 *PLoS One*,该刊物的参考文献格式与系统默认的"APA 6TH"格式不尽相同,可通过点击"Style"下拉列表,选择"Select Another Style"选项,更改所需格式,如图8-14 所示。

于是,参考文献将自动转化格式,符合 *PLoS One* 要求,如图 8-15 所示。

最后需要指出的是,由于 EndNote 对中文文献的支持并非完美,中文期刊参考文献格式仍无法在现有模板中获取,故对于中文论文的参考文献自动插入,尚需手工添加相应模板。

(二)NoteExpress

正是由于国外的文献管理软件对于中文文献并非完美支持,国内许多数据库开发人员也着力于开发适合中国研究人员使用的中文文献管理软件。NoteExpress 主要是帮助读者在整个科研流程中高效利用电子资源,检索并管理得到的文献摘要、全文。撰写学术论文、学位论文、专著或报告时,可在正文中的指定位置方便地添加文中注释,然后按照不同期刊的

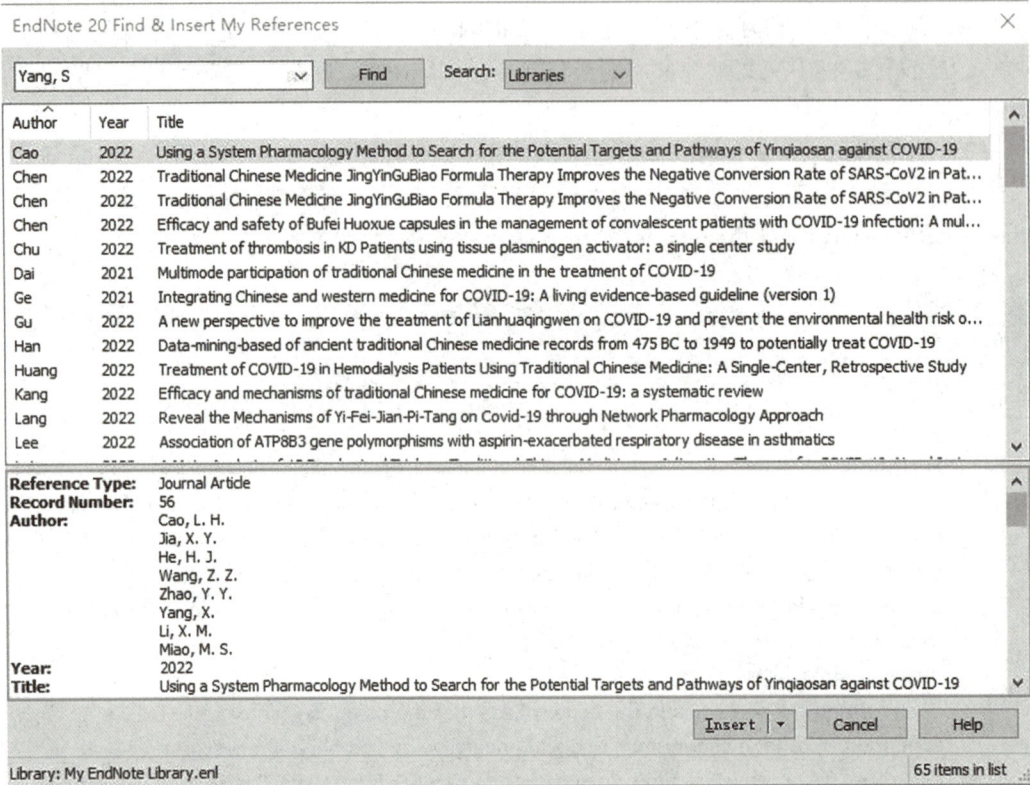

图 8-13　插入参考文献检索对话框

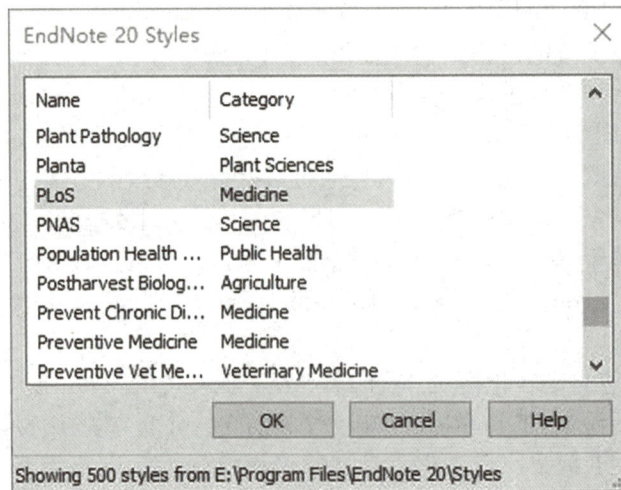

图 8-14　参考文献格式选择对话框

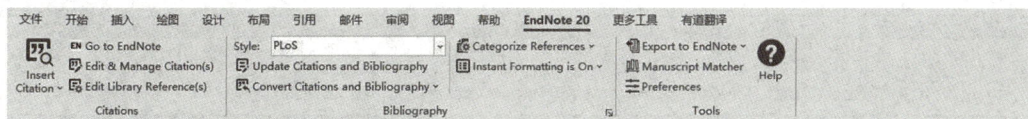

Methods

Total 4 KD boys with thrombosis in CAA and convex to lumen were treated in Shengjing Hospital affiliated with China Medical University from January 2020 to August 2021. Data including ECG, ECHO, and CTA were collected for analysis in terms of CAA location and thrombosis[1]. Clinical symptoms, treatment methods, testing results and prognosis through the treatment were also followed and analyzed.

Inclusion criteria

i) symptoms and signs in the acute phase met the diagnostic criteria of KD/IKD [4]; ii) confirmed coronary aneurysms or giant aneurysm in coronary arteries using ECHO or coronary CTA at any test time point, according to KD Diagnostic Criterion (2002) of the Kawasaki Disease Research Committee of the Ministry of Health and Welfare of Japan [9], and guidelines by the American Heart Association (AHA) for the diagnosis of Kawasaki

图 8-15　已插入符合期刊要求参考文献的 Word 文档

学位论文格式要求,自动生成参考文献索引。

1. NoteExpress 的核心功能

(1) 检索:支持数以百计的全球图书馆书库和电子数据库,如万方、维普、CNKI、ScienceDirect、ACS、OCLC、美国国会图书馆等。一次检索,永久保存。

(2) 管理:可以分门别类管理百万级的电子文献题录和全文,独创的虚拟文件夹功能更适合多学科交叉的现代科研。

(3) 分析:对检索结果进行多种统计分析,从而使研究者更快速地了解某领域里的重要专家、研究机构、研究热点等。

(4) 发现:与文献相互关联的笔记功能,能随时记录阅读文献时的思考,方便以后查看和引用。检索结果可以长期保存,并自动推送符合特定条件的相关文献,对于长期跟踪某一专业的研究动态提供了极大方便。

(5) 写作:支持 Word/WPS 和 Latex,在论文写作时可以随时引用保存的文献题录,并自动生成符合要求的参考文献索引。

2. NoteExpress 的主界面　NoteExpress 主界面主要分为 5 个部分,如图 8-16 所示。

(1) 工具栏:汇集了 NoteExpress 所有常用的功能按钮以及快速搜索框。

(2) 文件夹:展示当前打开数据库的目录结构;NoteExpress 支持建立多级文件夹结构,支持同时打开多个数据库。

(3) 题录列表:展示当前选中文件夹内存储的题录,题录是 NoteExpress 管理文献的基本单位,由文献的元数据信息、笔记和附件 3 部分构成。

(4) 题录预览:快速查看和编辑当前选中题录的元数据信息、综述、附件、笔记、预览格式化引文样式和文件夹位置。

(5) 标签云:展示当前数据库中题录含有的所有标签,并可以通过标签组合进行快速筛选。

3. NoteExpress 的使用方法

(1) 新建一个数据库:以阿司匹林的文献管理为例。

应用 NoteExpress 进行文献管理首先要新建数据库,单击工具栏中的"数据库"按钮,选择"新建数据库",选择数据库文件的存储位置,并录入文件名"阿司匹林"。数据库文件扩展名为 ndb。在 NoteExpress 软件左侧导航栏出现如下界面,数据库建立完成,如图 8-17 所

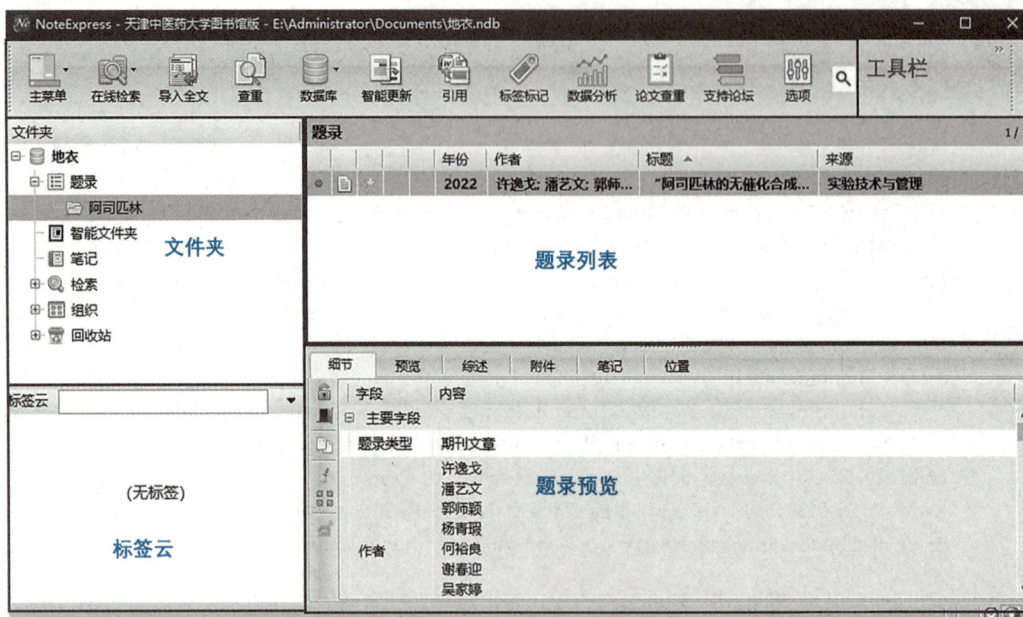

图 8-16 NoteExpress 主界面

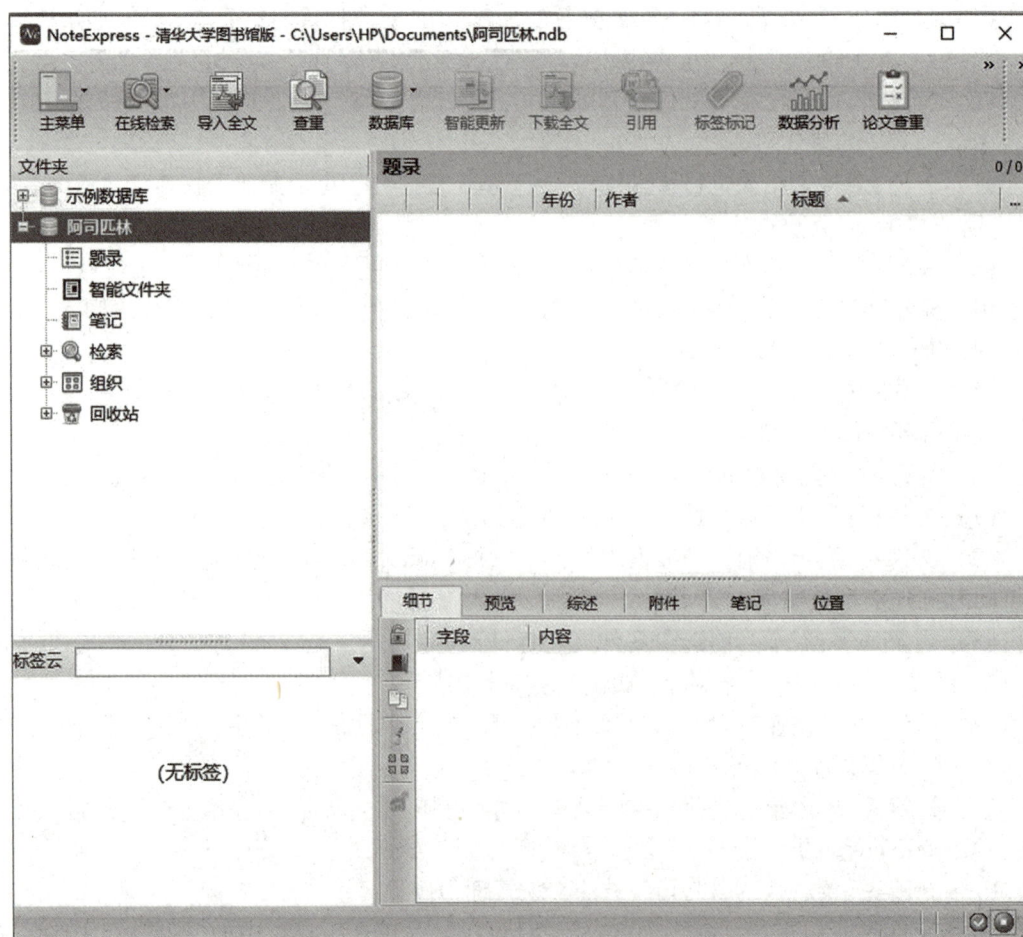

图 8-17 建立"阿司匹林"数据库

示。创建目录分类 NoteExpress 的数据库含有 5 个默认文件夹,分别是:题录、笔记、检索、组织和回收站。题录是 NoteExpress 管理文献的基本单位,可以在题录下创建多级文件夹,来分类管理文献。其他 4 个文件夹会随着对题录的操作,自动生成对应内容。

(2)导入本地文献全文:大多数用户在使用 NoteExpress 之前,计算机中会存储一些文献的全文文件,在创建了数据库之后,需要将本地存储的文献全文文件导入 NoteExpress 中进行管理。NoteExpress 提供了 2 种导入方式。

1)文件夹导入:如果全文文件都存储在计算机的一个根文件夹中,或在根文件夹中又通过子文件夹进行分类管理的,建议使用文件夹导入。如图 8-18 所示。

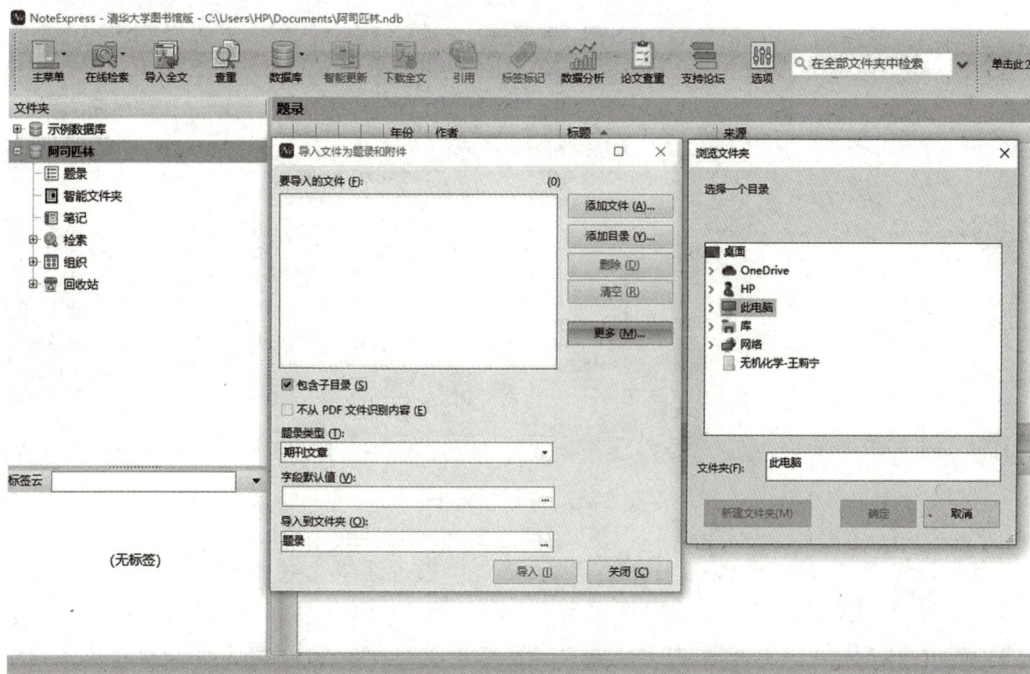

图 8-18 本地全文附件的导入

2)拖拽导入:如果全文文件存储在计算机的不同位置,建议使用拖拽导入。

(3)自动识别及智能更新:在导入全文之后,NoteExpress 会从全文中提取标题或 DOI 信息,智能更新补全题录的元数据字段信息(需要联网),有部分全文文件识别的信息会有错误,此时需要用户把正确的标题或 DOI 填入题录对应的字段,保存后,点击工具栏里的"智能更新"按钮(图 8-19),完成题录元数据字段信息的补全。提示:针对付费会员,全文导入时,NoteExpress 还可从 PDF 中识别文献核心元数据。

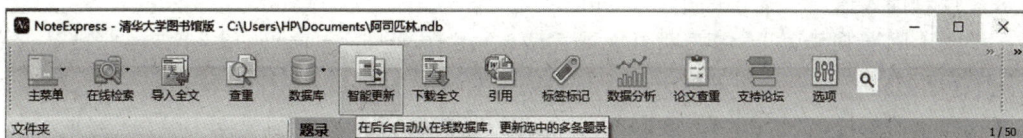

图 8-19 智能更新

(4)在线检索:在线检索提供了一种从国内外主要数据库中,大量、快速收集文献元数据信息的方式,配合查重功能,可以在研究初期帮助用户大幅提升文献收集效率。

点击工具栏中的"在线检索"按钮,然后点击下拉菜单中的"选择在线数据库"。如图 8-20 所示。

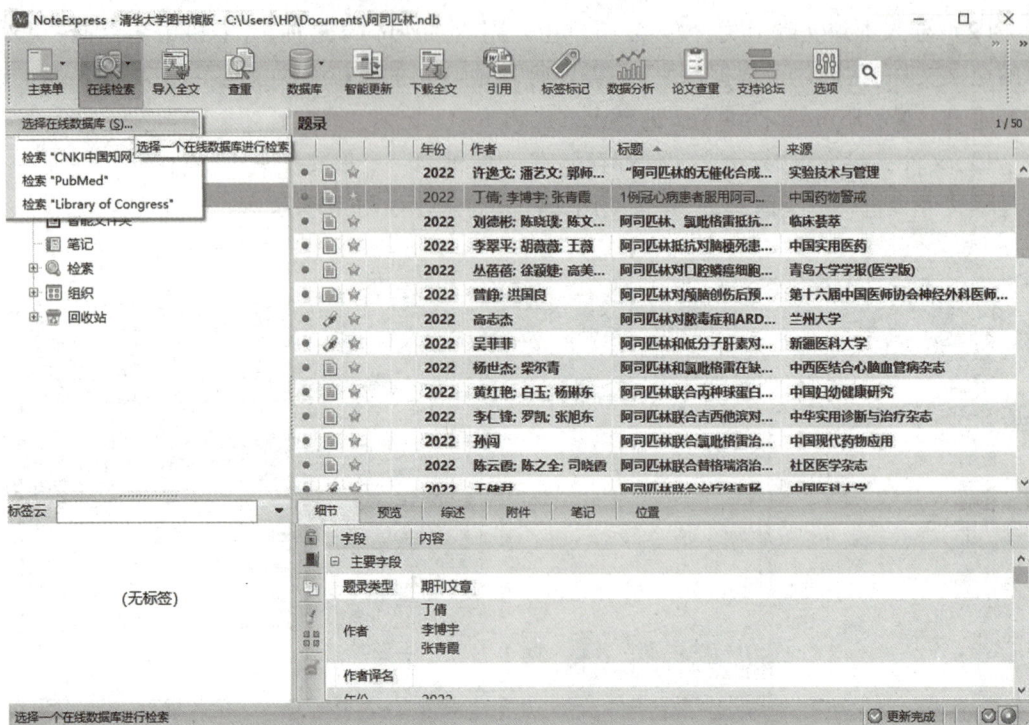

图 8-20　在线检索(1)

可以选择系统的在线数据库中的数据库,点击确定。如图 8-21 所示。

如选择"CNKI 中国知网"后,出现检索对话框。输入字段组合,限定检索条件,即可开始检索。默认勾选取回结果的前 50~60 条,点击"批量获取"和"勾选题录",可调整勾选数量,最后点击"保存勾选的题录"。如图 8-22 所示。

(5)格式化文件导入:几乎国内外所有的数据库都会提供检索结果的格式化导出功能,只是格式不尽相同,常见的有 RIS、BibTeX、Refworks 等,国内主要的数据库还会提供 NoteExpress 的格式。格式化文件导入最重要的步骤就是过滤器选择,NoteExpress 的过滤器多数是以格式化文件的名字或数据库名字命名的,只有选择了正确的过滤器,才能成功导入。

(6)引文功能:选择待插入的引文,打开 Word 文档,选择菜单栏中 NoteExpress 一栏(安装上 NoteExpress 的计算机会自动在 Office Word 的菜单栏加上 NoteExpress 一栏),点击插入引文。NoteExpress 插入的引文每次都会自动格式化一次,会影响插入引文的速度。我们可以通过"去除格式化"后,再插入引文速度要明显快于普通插入引文。适用于参考文献插入过多并且对插入速度有需求的用户。如图 8-23 所示。

根据不同期刊的要求,需要把引文格式调整成相应样式,点击"样式"选项,选择其他样式(浏览更多样式……),即可弹出绝大部分常用样式的对话框,选择需要的样式(如果要投的期刊样式这里没有,可以去 NoteExpress 的官网下载数据包),如图 8-24 所示。

(三)NoteExpress 与 EndNote 的比较

1. 文献的发现、组织、管理功能　NoteExpress 和 EndNote 功能相近,均可通过手动导入、联机检索导入、检索结果生成文件导入来导入参考文献;支持对本地文献库进行检索、查重、编辑。

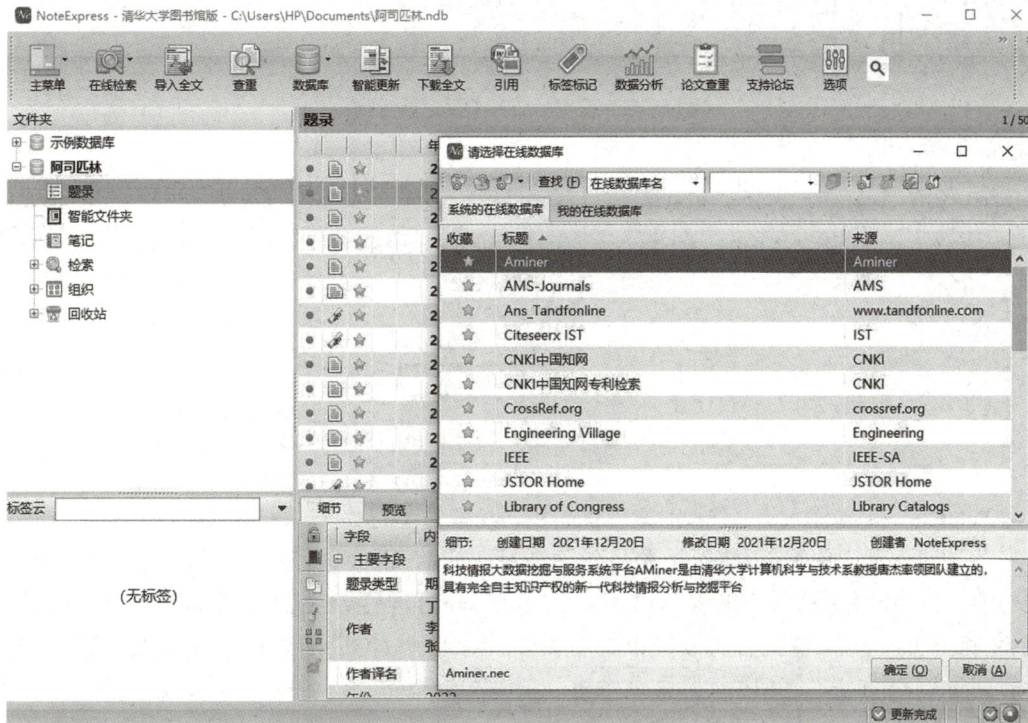

图 8-21　在线检索（2）

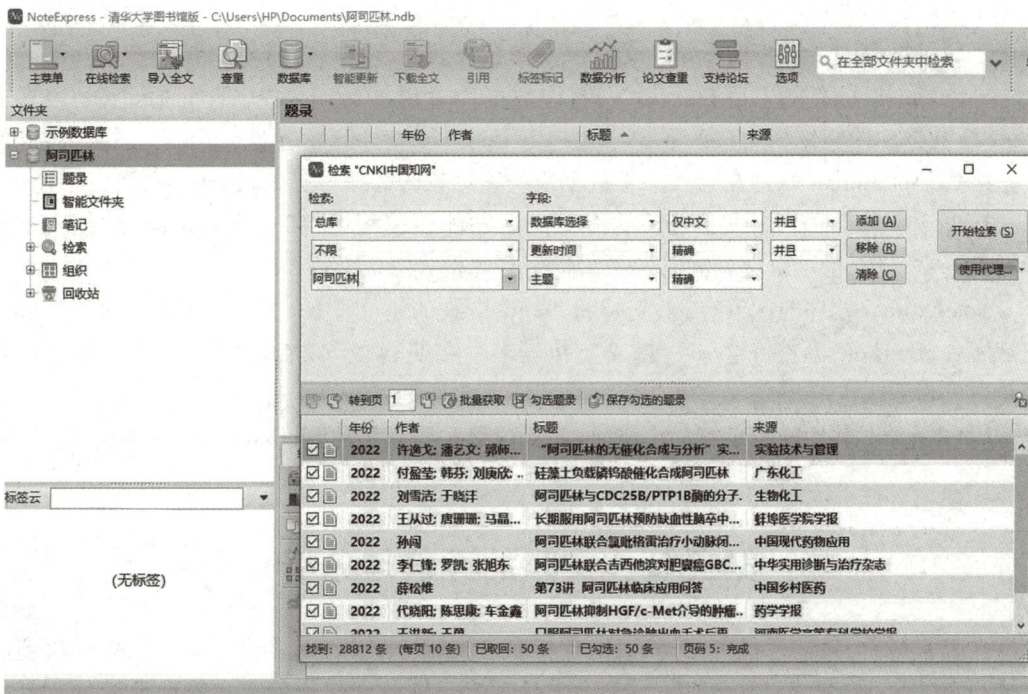

图 8-22　在线检索（3）

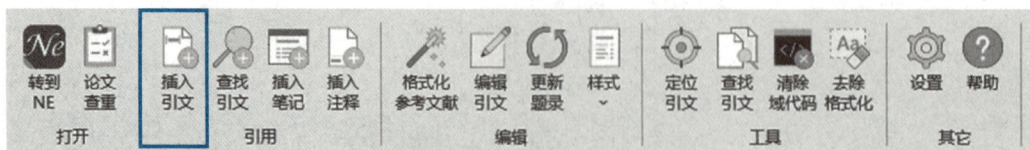

图 8-23　在 Word 中插入引文题录

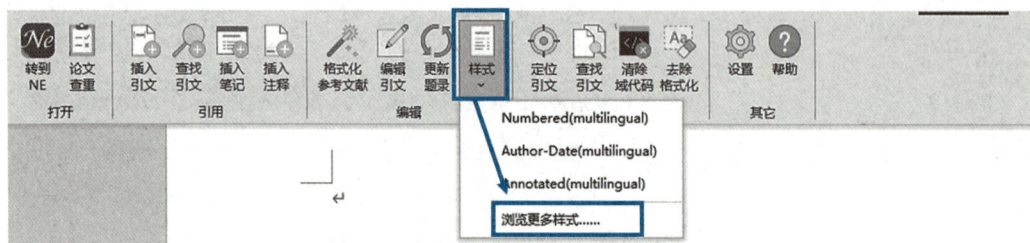

图 8-24　选择需插入 Word 的引文样式

NoteExpress 的优点有：①全中文界面，用户较容易学习操作；②NoteExpress 支持在同一个参考文献数据库中建立目录，按照目录管理参考文献，EndNote 不支持此项功能；③支持笔记功能，可以随时对感兴趣的参考文献作别笔记，并可进行分类管理，EndNote 不支持此功能；④将 NoteExpress 快捷方式做进鼠标右键快捷菜单中，可以随时将正在浏览的网页内容下载到本地，并放进"笔记"分类目录中进行管理，EndNote 不支持此功能；⑤提供相关检索历史保存功能，EndNote 不支持此功能；⑥NoteExpress 支持输入、输出 Bibtex 格式的参考文献数据；EndNote 仅支持将参考文献输出为 Bibtex 格式；⑦能够导入 EndNote 的数据库期刊的参考文献格式，也都能够导入 NoteExpress 中；⑧NoteExpress 导入中文文献数据库如维普、万方、CNKI 的参考文献比较方便，软件自带相应的过滤器，EndNote 没有自带这些过滤器；⑨支持在线联机检索中文维普批量导入文献中文文献数据，EndNote 没有提供相应设置。

NoteExpress 软件的不足有：①个人制作数据库过滤器时稍复杂，不如 EndNote 容易上手；②从数据库检索结果生成的数据格式是由 EndNote 软件开发者制定的，没有自己独立的数据格式，NoteEpress 软件在导入外文数据库检索结果时需要选择 EndNote 格式。

2. 论文写作时的参考文献管理功能　两者功能比较相近，都支持在 Word 中插入工具条方便论文写作，都可以设置输出参考文献的具体格式。

NoteExpress 软件的优点有：①支持将 Word 格式的论文中的参考文献导入 NoteExpress 文献库中，EndNote 不支持这一功能；②支持较多中文期刊参考文献格式，EndNote 软件需要用户自己设置。

NoteExpress 软件的不足有：没有提供期刊投稿写作模板功能，EndNote 有相应功能。

第三节　文献的评价与分析

在日常科研、教学过程中，药学工作者与专业文献接触频繁。同时，专业文献的价值因其撰写者的科研能力、主观态度和写作水平呈现出不同的文献价值。一篇高质量的文献往往能够引发深层次的学术思考和共鸣，进而产生新的思路和方法，带来新的突破和创造。而一篇低水平甚至是肆意编纂的文献，则会容易产生误导。因此，对搜集到的文献进行准确评价和分析，对于节约科研工作者的学习和科研时间，从高质量的文献中汲取优秀的思路和方法,用于日常学习、论文写作、科研设计和研究过程,具有极为重要的指导价值。

一、传统文献评价

传统文献指通过印刷或数字化方法而形成的纸质或电子文献,包括图书、期刊以及学位论文、会议论文和专利文献等特种文献。相对于网络文献,传统文献因经过一定的编审过程而具有更强的真实性、可靠性和科学性。对于传统文献的评价,一般可通过以下几个步骤进行。

（一）对传统文献表面特征的评价

1. 作者　在科学研究中,科研文献的发表都是建立在个人努力的基础上的。作者一般分为 3 种,即个人作者、集体作者和团体作者。个人作者的科研文献是在个人研究成果的基础上撰写的论文,可通过了解作者的身份、单位、专业成就和获得奖项等,从而推测文献内容的可靠性。一般来说,知名专家、学者所发表的文献质量要高于其他研究人员。集体研究形式正在成为科学研究的重要形式之一,集体作者的科研文献是由许多人的小成果或协作组成的,其可靠度较个人作者高。团体作者的署名形式一般与个人的集体署名形式并存,多由机构或单位命名,质量最为稳定。

2. 文献出版单位　文献出版单位不同,水平也各有千秋。总体来说,知名出版社出版的文献质量较高,如人民卫生出版社、科学出版社、中国中医药出版社等;著名的学会、协会等学术团体以及知名大学创办的出版社、杂志社,其文献质量也较高,如清华大学出版社、北京大学出版社和中华医学会系列期刊等。

3. 文献发表时间　发表时间越是近期的文献,其内容越新颖,但有 2 种情况需要注意:一是发表时间较近,但写作时间远远早于发表时间,导致文献内容与当前实际生产水平和生产力有较大脱节;二是图书文献应了解其版本情况,如果是首次出版,说明该文献内所载的科技内容是新颖的;如果是再版,则说明内容不变或稍作修改;如果是修订版,则文献内容肯定与初版的内容有较大变化,研究方式有了新的突破,研究成果有了新的发现。因此,在获取图书文献时,应尽量选择近期首次出版或修订出版的图书。

4. 期刊文献的定量评价指标　在文献的评价体系中,最有代表性的是对科技期刊的评价。利用一系列量化指标,就可以从一个角度反映期刊质量的高低,从而作为一个参照依据,反映该刊所载科技论文质量水平的高低。

（1）发文率:期刊的发文率是指单位时间内某期刊发表论文的数量与期刊总页数之比。发文率体现的是信息密度,同样页数的 2 种期刊,一种发表论文 30 篇,另一种发表论文 60 篇,后者发文率是前者的 1 倍,意味着可提供更多的有用信息。

（2）载文率:期刊的载文率是指以某种期刊的每一期为基本单位进行统计,计算在一份期刊内,刊载某方面学科论文占其全部论文的百分比。1934 年,英国文献计量学家布拉德福(Samuel Clement Bradford)首次发现论文在期刊中的分布规律——对某一主题而言,将科学期刊按其登载相关论文减少的顺序排列时,都可以划出对该主题最有贡献的核心区。这些少数信息密度大、载文量多的期刊可称为核心期刊。载文率是评价期刊质量的重要指标之一。

（3）引文率:期刊的引文率指某期刊中被引文献数量与该期刊载文量之比。科学发展的继承性是以科学文献为前提,并通过文献之间的利用与被利用、引证与被引证、参考与被参考的关系来实现的。一般来说,引文率高的期刊,其质量相对较高。

（4）平均响应时间:期刊的平均响应时间是指期刊中的论文从发表到首次被引用所经过时间的平均值。该指标可以用来衡量期刊在信息传递过程中的重要性、及时性、新颖性和适用性。

5. 中国科技期刊卓越行动和中医药科技期刊分级目录

（1）中国科技期刊卓越行动计划：由中国科协、财政部、教育部、科技部、国家新闻出版署、中国科学院和中国工程院联合实施，旨在推动我国科技期刊高质量发展，服务科技强国建设。该计划设立有领军期刊、重点期刊、梯队期刊、高起点新刊、集群化试点以及建设国际化数字出版服务平台等。入选行动的文献质量较高，如《分子植物》《科学通报（英文版）》《细胞研究（英文版）》《药学学报（英文版）》等领军期刊；中国科技出版传媒股份有限公司、中华医学会等集群化试点。

（2）中医药科技期刊分级目录：在充分考虑中医药期刊现状的基础上，以立足现状、引导发展为指导思想，强调规范化、标准化，坚持政策导向、学术导向、质量导向，设计了期刊遴选体系。为进一步突出分类评估的特征，将中医药期刊分为中医类、中药类、中西医结合类、针灸类、专科。为区别期刊发展定位，将英文期刊作为一个单独的期刊群体进行评估。完成了中医药科技期刊分级目录（T1、T2 级期刊），如《中华中医药学刊》《中国中药杂志》《中草药》等位于 T1 目录的文献质量均较高。

需要说明的是，对传统文献表面特征的评价并不是绝对的，其评价结果也仅供参考。在实践中发现，知名专家、高等级科研机构也会发表低质量的文献，高被引期刊或核心期刊也存在低质量的论文。因此，评价文献质量的高低，更要注重文献的内容本身，而不是对知名专家、机构、出版社和期刊等的盲从。

（二）对文献内容的评价

科研文献价值的高低，主要体现在其内容上。因此，对于文献内容的评价则更符合科研应用的实际需求。其评价方法主要包括以下 5 部分。

1. 文献结构的评价　从文献的结构，可以看出作者的科研能力和态度。文献结构的安排是否合理，主要从以下几方面进行评价：

（1）选材是否集中，材料是否真实。

（2）主题是否单一，表述是否符合逻辑。

（3）结构是否清晰，观点是否正确，论据是否充分、有力。

（4）界限是否明确，数据是否准确。

（5）格式是否规范，引文是否确有所出。

（6）结论是否可信，质量有无保证。

2. 文献先进性的评价　一篇高水平的文献，其研究成果的先进性可以从两方面进行评价：

（1）理论水平：理论探讨是否有新的突破，结论是否有普适价值。

（2）实践操作：技术是否先进、效率是否提高，进而对指导实践做出启发、促进和改善。

3. 文献科学性的评价　评价文献的科学性，主要从方法是否合理、设计是否规范，结论是否可靠等层面进行。以药学实验为例：

（1）实验设计是否严密，包括样本是否有代表性、一致性和满足数量需求，选用的实验单位是否具备条件与要求，拟定的观测指标是否对说明实验结论最有意义，是否有相互比较的处理等。

（2）实验观测方法是否精确完善，并具有一定的特异性、灵敏性和客观性。

（3）实验条件包括器具、模型、药物及操作熟练程度等是否严格控制。

（4）观测记录是否客观，将各实验单位分配到各种处理中的原则是否合适。

（5）实验结果是否可重现。

4. 文献实用性的评价　评价一篇文献的实用性,可从两方面进行探讨:

(1) 文献中所描述的研究方法(研究条件和研究对象)是否具备和有代表性。

(2) 文献中所解决的问题是否常见,能否解决理论和实践中的实际问题。

5. 文献结论真实性评价　真实性指文献的内容真实可靠,无虚假和浮夸之处。判断一篇文献的真实性,主要看它是否言之成理,论之有据;如果事实清楚,数据翔实,推理合乎逻辑,结论符合事实,则可认定它是真实的。然而在医药学文献中,文献真实性评价是最为困难的,其涉及思维方法、实验设计、数据获取、结果评价和结论总结等一系列过程。中间任何一个环节出现马虎或是不负责任,甚至是伪造编纂,都可能极大地降低文献的可靠性。

如考察药学实验结论是否真实正确,要仔细推敲以下几个关键点:

(1) 从"一种实验内容"所得到的事实材料做出"另一种实验内容"的结论。

(2) 从"离体"的实验结果做出"在体"的结论。

(3) 从"一种实验单位"的结果做出"另一种实验单位"的结论。

(4) 从"一种实验对象"的结果做出"另一种对象"的结论。

(5) 从"先后"或"同时"发生的现象推出"因果"关系的结论。

(6) 从"原因"可能"很多"的事物中推出"唯一原因"的结论。

(7) 把"新引进"的因素误为表现现象"原因"的结论。

(8) 把"统计学的结论"当作阐明因果关系的"实验结论"。

(9) 由于错误的观点、方法推出错误的结论。

二、网络文献评价

网络文献是指以计算机网络为第一载体,通过网络存储传递图文、声、像等信息,并在网络终端进行联机检索,以网页的形式再现的信息资源或信息集合。可知,网络文献是网络原生且通过网络存储、传递和呈现的信息或其集合。网络文献的信息资源类型与文献类型相匹配,即包含图像、文字、声频、视频等大类及其混合体,如视频文献中除了声音和图像,可能还会包含部分文字内容。网络文献是网络原生的,包括网站或网页、网络数据库、网络报刊、BBS 讨论区、网络多媒体信息以及其他网络出版物等。

(一) 网络文献的特点

网络文献的来源广泛、类型多样、形式复杂,但均具有以下共同特点:

1. 内容丰富,信息量大　互联网规模的急剧扩大,使得网络文献信息量急剧增加,网络文献几乎覆盖政治、经济、科技、文化、教育、娱乐等所有领域,同时也促进了全球文献信息资源的共享和交流,而信息的共享又进一步刺激网络文献信息的蓬勃发展。

2. 网络文献更新速度快,时效性强,生命周期缩短　网络文献的产生、交流和获取都在网络上进行,而网络的传输速度决定其较传统文献缩短了信息时滞,无空间和时间的限制,几秒的时间就可以完成网络文献信息从产生到获取的全过程,极大地缩短了网络文献的生命周期,加快了网络文献的新陈代谢速度,也使网络文献的稳定性降低。

3. 网络文献来源和形式多样化,规范性相对较差,质量良莠不齐　网络文献来源复杂,既有政府、专业机构发布的信息,又有微博、微信、网络小说等以个人为单位产生的网络信息;既有传统出版机构网络正式出版物面世,又有博客、播客等自媒体生产者持续输出。各类网络文献信息由于来源和表现形式不同,产生的信息没有相对统一的规范,且质量参差不齐。

4. 网络文献分布广泛,具有无序性和隐蔽性,检索难度大　无论是传统的文字、图片、音乐信息,还是现有的视频、音频等信息,或是未来的增强现实、虚拟现实等表现方式,多种形式融合的网络文献分布在互联网的各个角落。其中有经过加工整理、结构规范、方便检索和获取的文献信息,但更多的文献信息处于无序状态,甚至具有一定的隐蔽性,检索或获取时需要多种技术手段进行文献处理,才能进行统一管理和利用。

据调查,80%以上的用户在检索学术资料时,更加倾向于利用专业网站或专题数据库。另外,用户利用网络,也更愿意浏览那些专注于新闻报道的网站或网页。特别是用户在利用虚拟图书馆时,首先是查询书目、索引和文摘等工具性网络资料,其次是利用相关专业的网络期刊查找最新、最全的网络信息。

(二) 对网络文献的评价

网络文献纷繁复杂,其文献质量良莠并存、鱼龙混杂,因此在网络文献的科研应用中,须使用最审慎的态度对网络文献进行评价。其具体过程大致可分为如下三步:

1. 对网站和作者进行评价　首先,评价网页主办者的声誉,网站及其建站机构的权威性与知名度。一般来说,权威机构或者知名机构发布的信息在质量上比较可靠,尤其是政府机构、著名研究机构或大学发布的网络文献信息,可信度较高。同时,从网站的域名后缀,可预先了解网站的目的和网站上文献的相关信息。

.net:network operations and service centers,网络服务商

.org:other organizations,非营利组织

.gov:governmental entities,政府部门

.edu:educational institutions,教研机构

.pub:public,大众、公共、知名

.info:information,信息网与信息服务

.name:一般由个人注册和使用

整体而言,从 .edu、.gov 上获取的文献质量和可信程度较高。

其次,评价网络文献作者的个人情况,包括作者的声誉与知名度,通常某领域的著名专家、学者或者社会知名人士发布的文献信息可信度较高,更能赢得用户的信任。网络文献如提供作者的 E-mail 地址、电话等联系方式,可靠性较高,可以和作者取得联系,并和他讨论你所关心的问题;相反,如果查到的文献没有作者、组织结构名称,甚至连 E-mail 地址都没有,则无法确定文献的权威性,不管其内容多么吸引人,都不能采用。

2. 评价文献的时效性　对许多研究课题来说,时效性是非常重要的。不同于传统文献,网络文献可以不停地被修改和更新,因此需要确定最初的文献创建日期、更新间隔周期和最新修改日期,是否还有其他的提供方式,如:是否有印刷形式或者别的电子形式。然后确定该文献对研究课题是否必要,是否为最新的研究成果,如果所查到的文献达不到要求,或是需要更新的文献,则必须查找更好的资源。

3. 评价文献内容　该过程可参考借鉴传统文献内容评价方法完成。

第四节　文献与信息咨询

一、信息咨询概述

当今信息社会带来了无限的信息资源,提供了丰富多彩的精神食粮,改变了工业社会的传统模式,展现了人类理想的美好前景。信息已成为一种新的生产要素,信息化在现代经济发展中的作用越来越突出。例如,一个企业即便有了充足的资金、宽阔的厂房、丰富的物资

和能源,但缺乏信息资源,这个企业也就缺乏了生命力,在残酷的企业竞争中很难生存下去。人们越来越清楚地认识到,信息已成为国家在经济、政治和科技等领域发展中一项重要的战略资源,可以提高产业的技术密集度,提高产品的技术含量和附加值,进而提高单位土地面积的产出;可以提高生产自动化水平,减少用工需求;可以减少原材料损耗,促进节能减排;可以帮助企业、政府和科研单位防范风险,提高抵御各种危机的能力,信息咨询作为一项产业应运而生了。

随着生活水平的不断提高,信息的重要性越来越凸显,重视信息、积极地生产和利用信息已成为各行各业的共识。营利性质的信息咨询活动,已有 100 多年的应用历史。此处所指的信息,不仅包含项目开发研究、生产流通、利用和管理信息,还包括与事业相关的其他方面的信息,横跨农业、工业、商业、医药卫生、管理、教育等多个行业。随着计算机、网络和通信等信息技术的进步,新技术、新知识和新产品的信息不断增多,如研究生产信息、监督管理信息、价格信息、供求信息、质量信息、教育信息、就业信息等。

(一)信息咨询的概念

1. 咨询　在现代汉语中,对"咨询"的解释是"询问,征求意见"。咨询的一般含义是商议、询问、咨问和谋划。英文对应词为"consultation"。早期,咨询的含义指同其他人商量、征求意见或向书籍寻求知识,共同商议提出建议或接受建议。后来,咨询演变成向有关专家学者请教、同有关专家学者谋划的意思,以重要之事与能给予明智劝告的人作商量之意。咨询的范围很广,按照涉及的领域不同,有信息咨询、法律咨询、心理咨询、财务咨询、管理咨询等之分。

2. 信息咨询　信息咨询是以信息理论为基础,系统运用科学知识、技术手段和分析研究方法,基于各种信息收集、加工、传递有效利用和反馈的咨询活动。根据用户需求,以研究报告的形式向用户提供可行性研究成果、可供选择方案和一般性建议等的知识型活动。信息咨询可以分为简单咨询和高级咨询 2 种形式。

(1)简单咨询:图书馆和其他文献信息情报机构进行信息咨询的主要形式多为参考咨询和查新咨询。这类咨询大多是进行原始文献资源和数据的提供,一般针对的是具体提问的一种事实性或数据型的信息咨询服务。

(2)高级咨询:要求咨询者和被咨询者均具有浓厚的信息意识与信息素养,是一种具有创新性、研究性的复杂脑力劳动。被咨询者还应具备较强的信息获取能力,通过利用各种信息处理手段技术和研究方法,遵循信息咨询活动的基本规律,在充分搜集、整理、分析和提炼信息数据的基础上,利用专家学者个人和团体的智慧,对各类信息知识开展搜集和加工、整理和分析,向咨询者提供解决问题的方案、措施和建议等信息咨询服务。

3. 信息咨询业　信息咨询业是信息社会的产物,是以信息为基础,系统运用现代科技知识手段和研究方法,综合多学科知识、经验、手段和技术,对各类信息开展搜集、加工、整理、分析、传递,向客户提供解决问题的方案、策略、建议、规划或措施等信息产品的知识型产业。它是从事创造型的智力劳动密集型产业,服务领域几乎涉及社会、经济的每个方面,包括资产评估、管理咨询、工程咨询、法律咨询、统计咨询、会计咨询、市场调查等行业,以其特定的组织形式生产信息咨询产品,为社会提供智力支撑,以少投入和高产出,为社会创造价值。

信息咨询业的蓬勃发展得益于科学技术的进步和社会的发展,同时其又成为科学技术进步和社会发展的助推器。信息咨询业作为潜力巨大的智力行业,在我国国民经济产业结构、工业化建设发展、经济增长方式、基础设施建设、国际竞争力等方面都发挥着极为重要的作用。

承担咨询的专业信息咨询人员,不是直接从事具体的实验或科学技术的研发工作,而是利用信息情报中有价值的信息,对新项目的研发、新技术的引进、产品销售以及各产业的发展战略、规划等提供保障,为政府、企业和个人提供多层次、多方面的咨询服务,同样为社会带来较高的经济效益。

(二) 信息咨询的作用

1. 信息咨询促进第一产业、第二产业和第三产业的发展　信息咨询对政府、企业发展均发挥积极作用,已成为推动经济生产力迅速发展的关键因素之一。就政府而言,信息咨询通过提供相关的文献资料、数据分析、调查论证、产业发展前景预测、对策建议或意见等,对政府相关部门的决策具有参考价值,能够增强政府决策的民主性和科学性。对企业而言,随着各行业竞争激烈化,信息的掌握程度、信息的利用程度直接关系到企业的生死存亡。信息咨询服务可以为企业在项目产品投资开发、新技术引进及市场营销、服务方案制订等过程中提供信息收集、调查分析和研究论证,帮助企业规避潜在的风险,把握机遇,促进可持续发展。

2. 信息咨询支持科研成果的不断转化　以信息咨询服务作为媒介,可促进科学研究成果转化为生产力,创造良好的社会效益和经济效益。首先,科学研究项目立项是否合理,从基础上决定了科学研究项目成果转化率的高低。在科学研究项目立项前就做好咨询工作,如项目可行性分析,包括投资必要性、技术可行性、财务可行性、组织可行性、经济可行性和潜在的风险因素及对策,明确科学研究项目的技术领先性以及潜在市场需求,有利于科学研究成果顺利地完成转化。其次,信息咨询服务为科学研究成果和转化的双方提供良好的交流和沟通平台,建立科学研究成果情报信息检索和推广,组织行业专家筛选确定网络推广项目,在市场上建立信息反馈中心、技术设备、贸易信息数据库,达到保证市场及网络推广各环节顺畅的目的,为科学研究成果的转化创造良好的信息氛围。

3. 信息咨询促进了经济的可持续发展　信息咨询是以知识、技术、智力密集型为主的产业,能节约能源和资源而且无公害。在一定范围内,资源、物质和信息可以相互替代,当信息替代能源和物质的时候,可降低成本。同时,还可以通过对资源的开发来替代各种经济资源,减少物质投入,降低物质的消耗。信息咨询对经济、社会环境破坏程度低,而且将信息科学技术融入环保科学技术中还可改善社会环境污染状况,保护周围环境,从而促进经济的可持续发展。

(三) 信息咨询发展现状

1. 国外信息咨询概述　有关资料显示,信息咨询起源于19世纪90年代的英国,作为营利性质的产业,已有100多年的历史,当时是以在电力、煤气等领域开展技术服务和技术咨询为表现形式,之后向其他欧美发达国家转移。国外信息咨询起步较早,服务范围较广,有很多地方值得我们学习和借鉴。

美国信息咨询机构有营利型与公益型之分,经营模式不尽相同。一般以公司形式出现,其顾客群体主要为企业、公司、学术研究机构等。国外的咨询公司一般不外露委托客户的概况,对咨询项目和主要内容均采取保密措施。如果委托客户不对外宣布聘请信息咨询公司概况,一般无从得知。这种保密制度不仅保护了信息咨询客户的利益,而且在某种意义上来说也促进了信息咨询经济效益的增长。

2. 国外咨询机构类型　国外咨询机构类型的划分,一般有2种模式:一是根据机构的功能划分;二是根据提供的服务内容划分。

(1) 根据机构的功能划分

1) 为政府决策提供信息咨询的机构:这类咨询机构主要为政府相关部门提供行业发展

策略、新兴产业和市场发展前景预测,对某些重要相关课题进行经济技术的论证,将科学研究部门的成果向社会企业推广。有的咨询机构还承担着如行业准则的制定、行业内各种评估职能等,这类机构成为政府决策高参,相当于政府部门的"外脑",某些国家的政府部门在相当程度上依赖这些智囊团,从而实现了"小政府、大社会"的良性运转。

2)营利型咨询机构:营利型咨询机构的主要服务对象是企业,如帮助企业研究其产品的销售手段,市场前景预测,提出技术发展方向,帮助企业增强管理水平等。

3)具有投资功能的咨询机构:此类咨询机构主要针对的也是企业,有的在多国设立分支咨询机构,具有集团性的特点。它以行业学会、协会或科学技术部门作为后盾,具有强大的科学技术保障。在为企业提供咨询的同时,由于其自身在信息资源领域占有强大的优势,能够对企业、行业的前景进行洞察和判断,也对那些条件较好的企业进行投资,以取得丰厚的利润。

4)中介服务型咨询机构:中介服务型咨询机构与高校和科研情报机构有着千丝万缕的联系,能够较早发现好的项目并予以扶植。此类带有中介性质的信息咨询服务机构,主要将高校和科学研究部门的最新科研成果推向社会,成为社会、学校、科研机构之间的链条,在生产和研究之间起到了媒介的作用。

5)公益型信息咨询服务机构:随着经济、科技的发展而不断形成的公益型信息咨询服务机构,在许多行业发挥着越来越重要的作用。如美国政府支持的公益型信息咨询机构美国国会图书馆、国家技术信息服务中心、各部(州)所属的专业信息中心等,这类信息咨询机构通过立法,完成立法规定的任务,由国家预算拨款,形成信息服务产品。如果信息产品进入市场,财务实行的是"收支两条线"发展策略。此外,还有由隶属于教育系统的信息服务机构和基金会支持的公益型信息咨询服务机构,如由基金支持的信息中心、战略研究所和信息研究所等。

(2)根据提供的服务内容划分

1)开发项目信息咨询:此类信息咨询需要从业者具有较高的相关知识背景、较强的信息搜索能力,通常根据高校和科学研究机构提供科学研究成果的基本情况,对项目鉴定和成果进行预测。并以此为基础,为相关企业提供新开发的项目,为研究工作人员选择切入点,为管理者确定研发的策略,为投资者评价市场前景提供信息咨询服务。

2)市场调查分析咨询:该咨询是对市场动向,宏观形势的变化及直接对影响企业产品和服务的政策、法律、经济、外部环境等因素进行追踪,把竞争信息和消费者信息作为研究的重点。利用定量分析和定性分析,协助企业把握市场的不断变化,使之对市场趋势做出迅速、快捷的反应。

3)综合性的信息咨询:科技经济的迅速发展增加了决策的难度,信息咨询业已偏向于综合咨询,出现了更高层次的综合咨询机构,从技术咨询发展到战略咨询,研究领域由军事、政治发展到科技、经济、法律、环境、文化、教育及社会生活各领域,通过综合分析寻求最佳决策方案。该咨询可为企业提供全面、长期的信息咨询服务。在项目研发的早期提供相关科技信息,在公司上市时提供市场信息,这种服务一直贯穿于科学研究成果从生产、研发到销售的各阶段,进行全方位的咨询服务。服务内容包括:项目的研发、企业的前景、原材料市场、产品标准、竞争对手监测、价格走势和市场评估等。具有100余年历史的美国 AC 尼尔森在全球100多个国家里有超过9 000的客户可以说是一个成功的案例。这种方式代表了信息咨询的方向,我们应重点学习借鉴。

3. 中国信息咨询业的发展现状 中国信息咨询服务业起步较晚,从 20 世纪 80 年代初中国改革开放后才逐步形成和发展起来,但发展较为迅速。在计划经济转向市场经济的过程中,中国咨询服务业得到了一定的发展,但是咨询服务的范围比较窄,服务的内容也不尽完善。此时,主体力量为政府部门下设的情报研究所,高校、科研院所、国有大中型企业内部设立的情报研究机构,主要为本行业或本部门服务,从事的是最基本的咨询业务,信息咨询服务职能的发挥极其有限。进入 20 世纪 90 年代,一批私营(民营)的市场调查公司、信息咨询公司和一些大城市中外资信息咨询公司开始出现,打破了信息市场由国有咨询机构垄断的局面,服务范围逐步拓宽,呈现出良好的发展态势。2015 年政府对科技的扶持 14 169.9 亿元,企业对科研的重视程度不断增加。信息服务业法人单位数量保持平稳的增长趋势,第四次全国经济普查报告指出 2018 年末,信息传输、软件和信息技术服务业共有法人单位 92 万个,比 2013 年末增加 69.4 万个,增长 306.9%;从业人员超过 1 000 万人,增长 87.4%;资产总计 15.7 万亿元,增长 102.4%。第五次全国经济普查于 2024 年 1 月 1 日启动,2024 年 4 月底结束。我国从事信息咨询的机构有高校图书馆、信息情报研究机构、国有和民营的咨询或数据分析公司、市场调查分析公司、证券投资部门和各种行业的事务所等。这些机构从不同角度为相关行业提供多种类型的咨询服务,积极促进相关事业的发展。总体而言,我国的信息咨询业的发展还存在着产业发展不均衡、人才结构不合理和融资体制不健全等问题,与发达国家相比,缺乏具有领先地位的大型企业和高水平的专利技术,缺乏产业国际竞争力。因此,我国现代信息咨询业的发展还不能与我国大国的地位匹配,这种局面必须尽快扭转。

(四) 信息咨询服务类别

关于信息咨询的类别,每个国家有着各自的标准,学术界的认识也各不相同,多按照不同的划分标准对咨询活动进行分类。1926 年,由 James O. McKinsey 在美国创建的麦肯锡公司将信息咨询业划分为 4 种类型,即:管理咨询、信息技术咨询、市场咨询和专业咨询。管理咨询又称为企业诊断,是指以企业的经营管理为主要咨询对象的咨询,如麦肯锡、波士顿、安达信、贝恩公司等。信息技术咨询主要为企业信息化建设服务,如安达信、波士顿咨询集团。市场咨询主要以市场调查分析为主要手段,如 AC 尼尔森、盖洛普等。专业咨询主要涉及法律、会计、工程和人力资源等领域,信息咨询人员运用专业理论知识和实践经验等才能,提供咨询服务。目前,又将专业咨询分为决策信息咨询、经济信息咨询、社会信息咨询等不同类型。其中,决策信息咨询又被称为政策咨询或综合咨询,主要包含决策者向专家学者或特设机构的咨询,主要是企事业单位和政府等的重大政治、经济和文化、科技和社会问题,还包括国际和军事、能源和资源、城市与交通、企业发展战略等决策性问题的咨询,为国家某些重大经济政策和经济措施提供参考意见,起到参谋的作用。经济信息咨询则直接影响到国家、企业和个人的各方面,包含国家或企业单位等组织的金融、行业投资、财务信息、市场营销等多方面的咨询。社会信息咨询主要指社会与民生问题的咨询,以服务个体咨询者为对象,主要围绕社会关注问题的相关信息的搜集、整理、分析、提炼、传递和应用而开展的咨询服务活动,如心理健康咨询、职业生涯规划的咨询、财务会计咨询、旅游咨询、法律咨询等。一般认为,信息咨询按特征、性质、学科领域和行业等标准,可归类为以下几种。

(1) 参考咨询:参考咨询又称为文献信息咨询,是信息服务的一个重要方面。所谓参考咨询,是参考馆员协助用户利用图书馆或电子文献资源,以解答疑问、检索或者专题文献报道等方式向用户提供事实、数据和文献信息线索的活动。此类咨询可充分发挥图书馆和信息情报机构的情报职能,开发文献信息资源,提高文献使用效率。大多数图书馆与信息情报机构都建有专业的参考咨询部门,配备熟悉检索工具并且具有一定专业知识的参考馆员,利用检索工具、参考工具书和网络信息等资源开展咨询服务工作。如高校的图书馆配有专职的参考馆员,他们多为信息情报专业出身,具有较强的信息素养和信息获取能力,负责解答用户提出的各种问题,辅导用户通过各种方式查找所需的信息文献资料。

(2) 综合咨询:综合咨询又称为管理决策咨询,主要针对的是企业的所有部门,从生产成本、财务成本和机构设置等基本情况,一直到企业的经营策略、目标、市场营销和环境保护等提供全面战略性的综合性咨询服务。如管理体制与机制的确立、管理方法的优化、新技术的引进、方案的制订和效果的评估等,特别是在管理理念的创新上提供具有全局性、综合性的咨询服务,从而帮助提高企业用户素质和经营管理水平。

(3) 研发咨询:研发咨询主要针对科研院所和高校所开展的科学研究成果的开发与利用进行信息咨询活动。如跟踪某一新项目研究课题的专题信息咨询服务;依据新课题申报、鉴定和评估的要求提供科技查新、检索咨询等服务。

(4) 专业咨询:专业咨询主要的服务对象为企业和社会,其更贴近人民群众,部分信息咨询直接满足人民群众的需求。如经济信息咨询、煤炭信息咨询、法律信息咨询、金融信息咨询、市场调查分析、产品销售营销等专业咨询。

二、信息咨询方法和步骤

信息咨询的一般方法与步骤,指的是咨询工作人员答复用户咨询问题所采取步骤的总和及过程。一般团体用户、机构用户多经历下列方法和步骤进行咨询。

(1) 委托:委托方提出书面申请,并提交咨询项目的相关文献资料,例如申请项目的申报书或成果鉴定的相关文献资料以及参考文献等。

(2) 受理信息咨询:信息咨询机构审核确定是否符合本机构的服务范围,经委托方和受理方双方协商,弄清楚咨询目的、具体要求内容、委托方已做过的检索及已掌握的情况、费用与时间期限等相关问题,并达成相同意见。确定受理咨询委托后,填写"申请单",进行登记、编号、收取信息咨询费用,通知委托方计划完成的时间。

(3) 制订计划和方案:咨询机构受理后,信息咨询工作人员要详细阅读相关文件,分析和理解咨询项目具体要求、咨询具体内容、技术设备路线等基本情况,拟订信息咨询策略,确定信息咨询方法,形成工作方案。

(4) 搜集、整理信息:依据咨询项目需要进行文献检索,制订检索策略,利用参考工具书、数据库或网络进行相关检索;还要根据该项目的需要,开展实地考察和调查,搜集与项目相关的各类信息,以确保基本文献的真实、准确和全面。在此基础上,按标准进行整理、分类和研究等。

(5) 分析研究综合信息:将搜集、整理与咨询项目相关的文献资料信息利用统计软件进行统计学分析,进行归纳、推理,汇总后反复推敲,认真研究形成初步结论。分析研究综合信息直接关系到整个研究成果的水平,为保证质量,可运用"自填问卷法""结构访问法""头脑风暴法""集脑会商法"等多种研究方法。同时,此过程可为一人分析、加工,也可以是集体参与,利用团队智慧,最终形成初步研究成果。

(6) 撰写报告:对信息咨询的成果进行研究分析之后,形成初步结论,草拟信息咨询报告,一般经过信息咨询人员及主管两级审核通过后,最终形成信息咨询报告。

(7) 出具正式咨询建议或咨询报告:咨询工作人员和咨询中心主管签字、盖章,形成正式信息咨询报告,提交给委托方。

(8) 咨询报告反馈及文件归档备案:咨询项目完成后,听取委托方对信息咨询结果的建议,掌握实施效果和服务质量的反馈;建立和完成咨询档案,从项目一开始就形成档案意识,保留所有重要的文献资料,项目结束后整理咨询过程中的相关重要材料,归档、存档,进行分类保存,以便今后查找。

　　这里要特别注意的是,信息咨询涉及范围非常广泛,以上叙述的方法和步骤只是一般过程。对不同信息咨询委托方提出的不同要求,可以采用不同的方法、不同的信息工具,灵活掌握,不必拘于形式。如对有长期服务要求的用户,信息咨询单位还需要进行跟踪服务,定期或不定期提供咨询报告,以满足不同类型委托方的需求。

第五节　中医药科技项目查新

　　科技查新,简称查新,是指查新机构的查新人员根据查新委托人提供的需要查证其新颖性的科学技术内容,按照一定的操作规范,经过文献检索与对比分析,做出查新结论并出具查新报告的信息咨询业务。科技查新是文献检索和情报调研相结合的情报研究工作,它以文献为基础,以文献检索和情报调研为手段,以检出结果为依据,通过综合分析,对查新项目的新颖性进行情报学审查,写出有依据、有分析、有对比、有结论的查新报告,是科学研究、产品开发和科技管理等活动中的一项重要基础工作。科技查新必须拥有较为齐全的查新资源(检索工具和数据库),工作人员需掌握一定的查新知识和检索技能,有较高的外语水平和综合分析能力。根据查新委托人申请查新目的和用途,医药学科技查新可分为立项查新、成果鉴定查新、科技成果奖励或转化查新、新药报批查新和专利申请查新。根据医药学查新项目所涉及的学科进行分类,又可将查新分为生物科学查新,预防医学、卫生学查新,基础医学查新,临床医学查新,特种医学查新,中医、中药查新,药学查新,生物医学工程学查新等。

一、查新工作的意义

(一)为科研立项提供依据

　　为了避免低水平研究或重复性研究,在科研课题立项之前,研究人员和科研管理部门委托专门的查新机构对科研项目进行专题检索,针对研究目的、立论依据、技术路线、技术内容、技术指标、技术水平等方面是否具有科学性和新颖性做出评估判断。借此可以了解在此领域国内外有关科学技术的发展水平、研究开发方向;是否已研究开发或正在研究开发;研究开发的深度及广度;已解决和尚未解决的问题等,对所选课题是否具有新颖性的判断提供客观依据。这样可避免重复研究开发而造成人力、物力和财力的浪费和损失。

(二)为科技成果鉴定、评审、验收、转化、奖励等提供依据

　　科技成果鉴定、评审、验收、转化、奖励等之前,科研管理部门需要针对科技成果的创新性进行评估,并由查新机构提供可靠的查新报告作为文献依据,借此判断该科技成果在国内或国外相同或类似研究中的技术水平、先进性、创新点。否则只凭专家小组的专业知识和经验,难免会出现不公正之处,可能会得不到确切的结论。高质量的查新,结合专家丰富的专业知识,便可防止上述现象的发生,从而保证鉴定、评审、验收、转化、奖励等的权威性和科学性。

(三)为新药研发与报批提供依据

　　新药研发是一个严谨的过程,药品研发立项或报批之前,相关管理机构需要由研发机构提供查新报告,作为立项或审批的重要参考依据。借此可以了解国内外同类药物的研制动态,其研究进程如何,是否通过认证,是否申请专利,是否已进入流通,以及已流通的国家、地区或区域性的组织。

(四)为专利申请提供依据

　　科研成果申请专利前,按知识产权相关管理机构要求提交专利查新报告,借此了解国内

外是否已有相同成果申报专利、专利保护的权限要求,批准的国家、地区或区域性组织以及专利期限等,还可以通过专利查新了解与同类专利在技术指标和性能方面有无类似之处,为专利申报和获批提供文献参考依据。

（五）为教学、科研、医药工作人员提供科技信息

随着科学技术的不断发展,学科分类越来越细,信息的不同形式和不同载体已成为普遍现象,这给获取信息带来了一定的难度。有关研究表明,医药专业技术人员查阅文献所花的时间,约占其工作量的50%。然而,若通过专业查新人员查新,则可以大量节省科研人员查阅文献的时间。查新机构拥有丰富的信息资源、专业的检索技巧和完善的计算机检索系统,可提供从一次文献到二次文献的全面服务,内容涉及各种学术会议和期刊的论文、技术报告、学位论文、政府出版物、科技图书、专利、标准和规范、报纸和通告等,充分保证了信息的回溯性和时效性,基本能满足医药工作人员教学和科研工作的信息需求。

二、查新工作的原理

查新工作的原理简单地说就是根据查新项目的需求,在对应的信息源中检索、匹配的过程。相关查新机构利用所占有的文献资源优势和专业检索人员的技术优势,编制符合数据源标引格式和编制特点的检索策略,尽可能查全、查准相关文献,并将具有代表性的检索结果与查新项目进行比对,分析检索结果,总结差异和相同之处,并及时与查新委托人沟通和反馈,直至最终以查新报告的形式完成此项查新。

文献检索与查新工作的区别在于:文献检索是针对具体课题的需要,查找一定范围内的文献,仅提供文献或文献线索,对检出的文献不进行分析和评价,其关键是相关文献的查全率,其目的是提供文献依据。查新则是文献检索和情报调研相结合的情报研究工作,它以文献为基础,以文献检索和情报调研为手段,以查新项目的科学技术要点与检出的科技文献及相关信息为基础,通过运用文献对比、综合分析等情报学研究方法,对查新项目的新颖性进行情报学审查,撰写并提供具有参考价值的查新报告,其目的是为科研单位、科研管理部门及相关的评审机构提供立项和评审依据。因此,查新有较严格的年限、范围和程序规定,有查全、查准尤其是查准率的严格要求,要求给出明确的结论,查新结论具有鉴证性,这些都是单纯的文献检索所不具备的。

三、新颖性判断与分析

（一）查新内容的新颖性判断原则

查新内容的新颖性,是指在查新委托日之前,除委托人发表的文献外,查新委托项目的部分或全部科学技术要素没有在国内外出版物上公开发表过。

查新工作的新颖性判断,是查新报告的重点,其判断原则包括单独对比原则、相同排斥原则、公开时间优先原则、上下位否定原则和突破传统数值原则。

1. 单独对比原则　单独对比原则指查新项目的科学技术要点应与检出的每一篇相关文献单独地进行比较,不得将检出的多篇文献进行组合后再比较。

2. 相同排斥原则　同样的项目是指科学技术领域和目的相同,技术解决手段实质上相同,预期效果相同的项目。在查新中,对"同样的项目"采取"相同排斥原则",查新项目的科学技术要点与检出文献相比较,在研究内容、研究目标、研究方法、技术路线、研究结果和结论等方面均出现了实质性相同,即可以判断其缺乏新颖性的查新结果。反之,则查新项目的新颖性成立。

3. 公开时间优先原则　公开时间优先原则指的是查新项目委托人所发表研究成果的

时间是否先于他人相关文献公开发表的时间,是判断查新项目是否具有新颖性的重要原则。如果两个文献实质内容相同,公开时间早的文献否定公开时间晚的文献,换句话说就是科学研究,只有第一,没有第二。

4. 上下位否定原则 上下位否定原则指当隶属于同一科技主题树状结构的科学技术要点在查新检索结果中出现时,较早公开报道下位概念的研究结果文献,可以导致上位概念的查新项目失去新颖性。反之,上位概念的公开并不影响下位概念的查新项目的新颖性。

5. 突破传统数值原则 突破传统数值原则指的是在一个已有的成熟稳定的指标体系中,查新项目的科学技术要点却突破了该数值范围,提出了新的范围或标准,即可以判断该项目具有新颖性。

(二)新颖性分析的内容与方法

1. 新颖性分析内容 查新工作的新颖性分析内容,主要是针对查新项目的查新点与检索结果的科学技术要素进行比对分析。查新点所体现的是查新项目的创新内容,包括理论、原理、方法、成分、材料、配方、功能及效用等。检索结果的科学技术要素体现的是整个相关研究主题的现状和动态。通过比较两者之间有无实质性差异,可以分析创新的类型,包括开拓、组合、选择、领域转用、要素变更、应用情况等。常用于判断查新点新颖性的条件如下:

(1)发明创造:如在所属技术领域内外,各查新点均未见相关报道。

(2)开拓创新:如主要查新点未见相关报道,仅个别技术手段采用了通用方案。

(3)领域转用:如在所属技术领域外已有同样成果,且覆盖全部查新点,但在该领域范围内属首次移植应用。

(4)付诸应用:如已覆盖全部技术领域,但首次应用于实践层面。

(5)要素变更:如借鉴国外研究成果,但在国内属首次应用。

2. 新颖性分析方法 新颖性分析方法包括4方面的内容:技术创新来源分析、技术研究现状分析、国内外信息对比分析和新颖点特征分析。

(1)技术创新来源分析:分析查新项目的新颖性,应该分析查新项目所属的学科专业、理论基础、技术方法、研究方式等,即查找创新源。任何科学研究都不会是无源之水、无本之木,其必须建立在一定的理论基础和实验方法之上。此外,应该分析本学科领域和相关学科的理论支持与技术支撑,它是科研立项、成果查新、专利申报、新药审批的重要创新源泉,也为分析查新项目是否新颖提供方向性的指导。

如"硬蜱体内莱姆病螺旋体的分布定位与媒介潜能的关系研究",该研究项目尝试通过与非媒介蜱的对比研究,分析莱姆病螺旋体在蜱虫体内的黏附、传播、扩散和消失途径。通过该项目的名称及主要技术内容,即可判断其属于流行病学的基础实验研究,提示了其技术创新的来源。

(2)技术研究现状分析:对同类研究技术、方法、手段、成果的总体特点和水平进行分析,可以判断查新点是否具有新颖性。技术研究现状以检索获取的全部文献作为依据,做出现有技术水平的总结,将其与查新点进行对比,也是判断查新项目有无新颖性的基础。

如对"硬蜱体内莱姆病螺旋体的分布定位与媒介潜能的关系研究"查新项目技术文献和文献检索结果内容进行阅读分析,发现国内外对媒介蜱传播莱姆病螺旋体方式的相关研究存在许多争议,集中表现在传播能力、途径、生理机制等。因此,该查新项目拟就媒介蜱易感性和非媒介蜱阻遏莱姆病螺旋体定位、增殖的生理特征等研究内容,在国内外均具有前瞻性。

(3)国内外信息对比分析:将国内外各种相关文献与查新委托项目查新点进行分析判断,是判断查新项目新颖性的宏观特征。

如国内有关莱姆病螺旋体的生物媒介研究主要集中于流行病学调查或综述性报告,未涉及硬蜱感染莱姆病螺旋体的分类与鉴定的实验室研究。而国外有已见于文献报告涉及应用 PCR 技术检测莱姆病螺旋体,探讨相关蛋白生物学特性,灵长类动物模型体内定位及螺旋体外膜蛋白阻遏蜱感染等实验研究的报道,但未涉及媒介蜱的生理特性及其对莱姆病螺旋体易感性的报道,也未涉及相关非媒介蜱对体内莱姆病螺旋体的阻遏或抑制作用的对比性报道。

（4）新颖点特征分析:对查新项目宏观特征进行把握后,还可以进一步深入其技术层面,探讨是否还存在有新颖点,是判断查新项目新颖性的微观把握。

就"硬蜱体内莱姆病螺旋体的分布定位与媒体潜能的关系研究"查新项目以上宏观内容的分析把握,即可发现该查新项目至少具有两个新颖点。在基础理论方面,从理论上探讨了莱姆病螺旋体在媒介蜱体内的定位、增殖和分布规律。在研究方法方面,比较研究了媒介蜱和非媒介蜱对于莱姆病螺旋体增殖的不同结果,探讨了莱姆病螺旋体在蜱虫体内的黏附、传播、扩散和消失途径。

（彭　亮　王莉宁）

复习思考题

1. 文献积累的原则有哪些?
2. 什么是狭义的个人文献管理? 其意义和作用是什么?
3. 如何对文献内容进行评价?
4. 什么是科技项目查新? 医药科技项目查新有何意义?
5. 网络文献的共同特点有哪些?

◇◇◇ 第九章 ◇◇◇

引文检索与循证医学资源检索

学习目标

1. 掌握引文检索基础知识,以及国内外常用引文数据库的使用方法。
2. 熟悉循证医学证据资源及其常用数据库的使用。
3. 了解循证医学资源的分类方法。

第一节　引文检索基础知识

一、引文

引文(citation),又称被引文献(cited paper),是指一篇学术文献中所引用的参考文献(reference),常以脚注或尾注的形式出现。列有参考文献的文献称为引用文献(citing paper),又称来源文献(source item)或施引文献(citing article)。

引文是一篇文献论述观点的重要支撑,是其不可分割的组成部分,是对前人研究成果的继承和尊重,同时为科研人员获取知识,查找信息提供了新的思路。科学研究之间存在承前启后的内在逻辑,大多数研究成果是对前人研究的一种深化和拓展,这些都是通过引用相关文献得以实现的;文献发表以后,随着时间的推移而被后人发表的文献引用,成为引文。

引文索引是根据文献之间的引证关系、按一定规则组织起来的一种检索系统,是一种将科技文献所附参考文献(引文)的作者、题目、出处等项目,按照引证与被引证的关系进行排列而编制的索引,是反映文献之间引用和被引用关系及规律的一种新型的索引工具。根据引文索引,可以作者姓名(被引作者或引文作者)为检索起点,查找该作者历年发表的论文曾被哪些人(施引作者或引用作者)、哪些文献(来源文献)引用过,并查出这些来源文献的题录和施引作者所在的单位。

最早的引文索引可追溯至美国律师谢泼德(Frank Shepard)于 1873 年编制出版的供律师和法学家查阅法律判例及其引用情况的检索工具《谢泼德引文》(*Shepard's Citations*)。20世纪 50 年代,美国尤金·加菲尔德(Eugene Garfield)博士从中受到启发,研制出用计算机辅助编制的引文索引,从而使引文索引成为一项全新的文献信息检索、分析和评价工具。

目前,国内常用的引文数据库有中国科学引文数据库(CSCD)、中文社会科学引文索引数据库(CSSCI)、CNKI 的中国引文数据库等。国外常用的引文数据库有基于 Web of Science核心合集的科学引文索引扩展版(SCIE)、社会科学引文索引(SSCI)和艺术与人文科学引文索引(A & HCI)三大多学科引文索引,Elsevier 公司的 Scopus 数据库等。

二、引文检索

引文检索是利用引文检索系统(引文索引),以被引用文献为检索起点来检索文献的被引用情况。引文检索利用文献之间相互引证的关系,提供新的检索途径,常见的检索途径包括被引文献的标题、被引作者、被引期刊、被引年份等。

(一)引文检索系统的编制原理

一篇 A 文献发表在先,在其后发表的 B 文献引用了 A 文献,则称 A 文献为 B 文献的"参考文献"或"被引文献""引文"。A 文献作者为"引文作者",称 B 文献为"引用文献",或"来源文献""施引文献",称 B 文献作者为"引用作者",称刊载来源文献的期刊、专著或丛书等为来源出版物。如果 B 文献引用了 A 文献,C 文献也引用了 A 文献,则 B 文献和 C 文献的论题应该是相同或相近的,这时称 B 文献和 C 文献互为"相关文献"或"相关记录",它们引用的相同的参考文献 A 被称为 B 文献和 C 文献的"共享参考文献",如果 B、C 两篇文献的"共享参考文献"越多,说明这两篇文献的相关性越密切。

文献之间的引用和被引用关系体现了学科上的相关性和科学研究的继承性,从而在"引文"和"来源文献"之间形成一种链接。随着时间的推移,该论文也可能被另外的论文所引用,而成为其他"来源文献"的"引文",从而形成一个新的链接。久而久之,文献之间通过引用和被引用就构成一个网络。引文检索系统就是向读者展示这种链接关系,如借助引文检索系统可将一篇文献的参考文献、相关文献、共享参考文献等被引用的详细资料显示给读者。

(二)引文检索的作用

1. 获取某一学术问题或观点的起源、发展、修正及最新研究进展　借助文献间的引用和被引用关系,从某一学术问题或观点的一两篇文献入手,可以分别向前和向后检索到一批相关文献,使科研人员快速深入地了解到该学术问题的起源、发展、修正,以及最新的研究进展。如以一两篇相关文献为起点,寻找它们的参考文献,再以这些引文为新的检索起点,寻找这些引文的引文;如此,则会掌握一批越查越经典的相关文献,一直往前追溯到该学术问题的起源。同理,以这一两篇相关文献为起点,查找有哪些后人发表的文献引用了它们,再以这些来源文献为新的检索起点,寻找这些来源文献的来源文献;如此,则会掌握一批越查越新的相关文献,探究出该学术问题的进展和现状。

2. 弥补传统检索途径的不足　利用分类、主题词、关键词、著者等传统检索途径,需要用户对检索语言比较熟悉,其检索质量还依赖于标引人员对文献的加工质量,即使是检索经验丰富的研究人员,在跨学科或边缘学科的研究领域,也常常会遗漏很多重要的文献资料。引文检索从文献之间相互引证的关系入手,打破了传统的学科分类界限,既能揭示某一学科的继承与发展关系,又能反映学科之间的交叉渗透关系,有利于跨越学科间的局限,提高检索效率。另外,引文检索还可提高检索结果的相关性。

三、引文分析法

引文分析法是利用各种数学、统计学的方法,对科学期刊、论文、著者等分析对象的引用和被引用现象进行比较、归纳、抽象、概括,以揭示其数量特征和内在规律的一种文献计量分析方法。

(一)引文分析法的特点

1. 广泛适用性　引文分析的要素是引文(参考文献)与来源文献,而科学研究的继承性决定了一篇学术文献引用参考文献是普遍存在的,从而为研究文献间相互引证的关系和内在规律提供了素材。越来越多的二次文献数据库应用引文分析法来提供知识点之间的连接,使读者在检索过程中获取更多的、相关的、有价值的文献,某种程度上起到了"知识发现"的作用。

2. 简单易行性　引文分析法无需应用者掌握十分专深的信息计量学知识,可自由控制研究的深度和广度,一般科研人员均可借助这种方法完成一些有价值的研究课题,解决一些专业问题。如中医文献学研究生借助引文分析法,揭示中医古代文献中消渴治疗方剂的收录特点,量化确定收录消渴相关方剂的中医古籍在当时及后世的影响力,获得中国古代对消渴认识的演变过程,为进一步探索消渴的治疗提供研究思路和文献支持。

3. 功能特异性　引文分析法是目前信息计量学中最重要的方法之一,越来越多地用于研究文献利用规律、绩效评估、期刊评价、人才评价、用户需求分析、学科趋势预测等领域。

(二)引文分析法的种类

1. 根据获取引文数据的方式,分为直接法和间接法。直接法是直接从来源期刊中获取原始文献所附引文的相关数据,并进行引文分析的方法。间接法则是借助"期刊引证报告"(Journal Citation Reports)、"基本科学指标"(Essential Science Indicators,ESI)等引文分析工具,获取相关数据资源后再进行分析的一种方法。

2. 根据文献引证的相关程度,分为自引分析、双引分析、三引分析等类型。

3. 根据引文分析的出发点和内容,分为引文数量分析、引文网状分析和引文链状分析3种基本类型。

(1) 引文数量分析:主要用于评价期刊、论文或著者,研究文献情报流的规律等。

(2) 引文网状分析:主要用于揭示学科结构、学科相关程度,并展望学科的未来前景。

(3) 引文链状分析:科技文献间存在着一种"引文链",对这种引文的链状结构进行研究可以揭示某一科学问题的发展过程并展望未来的前景。

(三)引文分析法的主要应用

1. 洞悉某一研究领域的前沿与热点,助力科研选题　对于科研工作者来说,不仅需要时刻把握科研的最新脉搏,而且对于该研究领域的最新研究热点也要了如指掌。借助"基本科学指标"等引文分析工具,能够锁定高被引论文和热点论文,快速定位高影响力成果,从而使科研人员更好地洞察科研动向,追踪新兴领域,助力科研选题。

2. 评价学术论文或科研人员的学术水平　一篇文献发表后被其他论文引用,尤其是正面引用时,是其学术观点和研究成果被他人参考借鉴和认可的例证。被引频次越高,说明该文献的科学价值和影响力越大,可能是高质量的原创文献。同理,被他人引用频次亦可作为评价科研人员学术水平高低的依据之一。

3. 评价学术期刊的质量　学术期刊所载论文的被引情况可间接反映其质量,常用评价指标有期刊的影响因子、即年指数、被引半衰期、被引总频次等,这些数据可从相关引文数据库的副产品"期刊引证报告"中获取,可有助于选择利用高质量、高水平的学术期刊。

4. 评价某科研机构、国家或地区的学术水平和科研实力　文献总被引频次主要取决于文献发表量和文献本身的学术质量,在一定程度上能反映一所科研机构、一所大学乃至一个国家的科研实力。这类评估可通过专门的课题研究来完成,也可通过引文数据库的副产品"基本科学指标"来查询。

5. 为学科发展研究提供计量数据　借助引文分析工具,可以观察学科间的渗透交叉、测定学科文献老化速度、研究文献引证规律、开展文献计量研究等,从而在学科发展研究中提供有重要参考价值的计量数据,为科技管理者制定和研究政策提供依据。引文数据库及其副产品"期刊引证报告""基本科学指标"等都是学科发展评估和数据计量中的重要工具。

（四）引文分析法的局限性

引文分析在学术交流和科研评价中的重要作用显而易见，但也存在一定局限性。如有争议的论文或好友师生之间过度引用的文献，其被引频次虚高；并不是所有的 SCI 期刊质量都较高；有一定学术质量，但未被 SCI 收录的期刊，特别是非英语期刊，在引文检索中易受冷落；部分期刊过度自引会使该刊影响因子虚高。目前，学术界和科研管理部门已形成共识，引文分析可作为科研绩效评价的依据，但不宜作为唯一依据。

近年来，为进一步加强引文分析法的研究精度，引文分析的一些不合理之处也在不断改进。如针对期刊过度自引，增加期刊自引率指标；针对同一篇被引文献在来源文献中被多次引用而只计算为 1 次，增加引用强度分析；针对被引文献出现在来源文献不同位置的作用各异，增加引用位置分析；传统引文分析时，默认来源文献对被引文献是持赞同或正面态度而做出引用行为的，增加正面引用、负面引用和中性引用评价指标，可以精准地判断施引作者的引证动机。

第二节 常用引文数据库介绍

一、国内常用引文数据库

（一）中国科学引文数据库

1. 概述 中国科学引文数据库（Chinese Science Citation Database, CSCD）是我国第一个引文数据库，由中国科学院文献情报中心创建于 1989 年，收录我国数学、物理、化学、天文学、地学、生物学、农林科学、医药卫生、工程技术、环境科学、管理科学等领域出版的中英文科技核心期刊和优秀期刊千余种。目前已积累从 1989 年到现在的论文记录 606 万余条，引文记录 9 500 万余条。CSCD 内容丰富、结构科学，具有专业性强、数据准确规范、检索方式多样、完整、方便等特点。使用 CSCD 提供的引文索引，用户可迅速从数百万条引文中查询到某篇科技文献被引用的详细情况，还可以从一篇早期的重要文献或著者姓名入手，检索到一批近期发表的相关文献，对交叉学科和新学科的发展研究具有十分重要的参考价值。

1995 年 CSCD 出版我国第一本印刷本《中国科学引文索引》，1998 年出版我国第一张中国科学引文数据库检索光盘，1999 年出版基于 CSCD 和 SCI 数据，利用文献计量学原理制作的《中国科学计量指标：论文与引文统计》，2003 年 CSCD 推出网络版，2005 年 CSCD 出版《中国科学计量指标：期刊引证报告》。2007 年，中国科学院文献情报中心与美国 Thomson-Reuters Scientific 合作，借助 ISI Web of Knowledge 平台，实现与 Web of Science 的跨库检索，CSCD 是 ISI Web of Knowledge 平台上第一个非英文语种的数据库。2019 年其又与 Elsevier 公司达成战略合作协议，通过 Scopus 数据库向世界推广中国期刊。目前，CSCD 是我国唯一一个与 Web of Science 和 Scopus 两大国际数据服务平台在数据层面深度合作的文献数据库。

中国科学引文数据库来源期刊原则上每两年遴选一次，采用定量统计、专家评审相结合的方法，对我国出版的自然科学、工程技术、医学领域期刊进行遴选。定量数据来自中国科学引文数据库，定性评价则通过聘请国内专家定性评估对期刊进行评审。CSCD 来源期刊分为核心库和扩展库两部分，核心库的来源期刊经过严格评选，是各学科领域中具有权威性和代表性的核心期刊，扩展库的来源期刊为我国各学科领域较优秀的期刊。2021—2022 年度中国科学引文数据库收录来源期刊 1 313 种，其中中国出版的英文期刊 296 种，中文期刊 1 017 种，核心库 977 种，扩展库 336 种。

CSCD 与中国科学文献计量指标（CSCD-ESI）数据库、中国科学院学位论文数据库、中国科技期刊引证指标（CSCD-JCR）数据库等共同使用"中国科学文献服务系统"（Science China，http：//sciencechina.cn），如图 9-1 所示。基于 Web of Science 的 CSCD 检索方法，除可进行中文检索外，其他的与 Web of Science 核心合集等数据库检索一样。下面主要基于中国科学文献服务系统介绍 CSCD 的使用方法。

图 9-1　中国科学文献服务系统界面

2. 检索方法

（1）简单检索：用户根据下拉菜单，直接在选定的检索字段中输入检索词，进行快速检索，并可以进行多个检索字段的组合检索。简单检索提供来源文献检索和引文检索，均可以点击"+"增加检索输入框，支持使用""进行精确检索，并提供"与""或"帮助用户组配检索词。

1）来源文献检索：来源文献检索为简单检索系统默认界面，如图 9-2 所示。在检索字段下拉框中共 13 个字段，包括：作者、第一作者、题名、刊名、ISSN、文摘、机构、第一机构、关键词、基金名称、实验室、ORCID、DOI。可以根据检索需求对论文发表时间和学科范围进行设置。

2）引文检索：在检索字段下拉框中共有 6 个字段，包括：被引作者（引文的前 3 位作者姓名）、被引第一作者、被引来源（引文中出现的期刊、专著、专利、硕博论文、会议录等名称）、被引机构、被引实验室、被引主编（不包含期刊主编）。可以根据检索需求对论文发表时间和论文被引时间进行设置，如图 9-3 所示。

（2）高级检索：高级检索可以根据检索系统提供的检索字段，在检索框中输入"字段名称"和"布尔运算符"以及检索内容构建检索式；也可以在最下方的检索框填入相应检索词，点击增加，将自动生成检索语句。高级检索提供来源文献检索和引文检索，并默认为模糊检

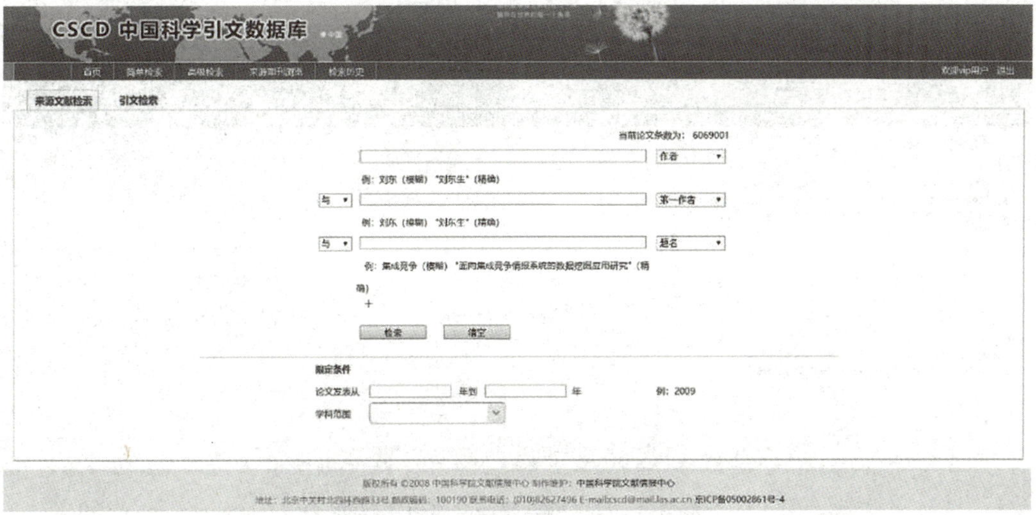

图 9-2　简单检索来源文献检索界面

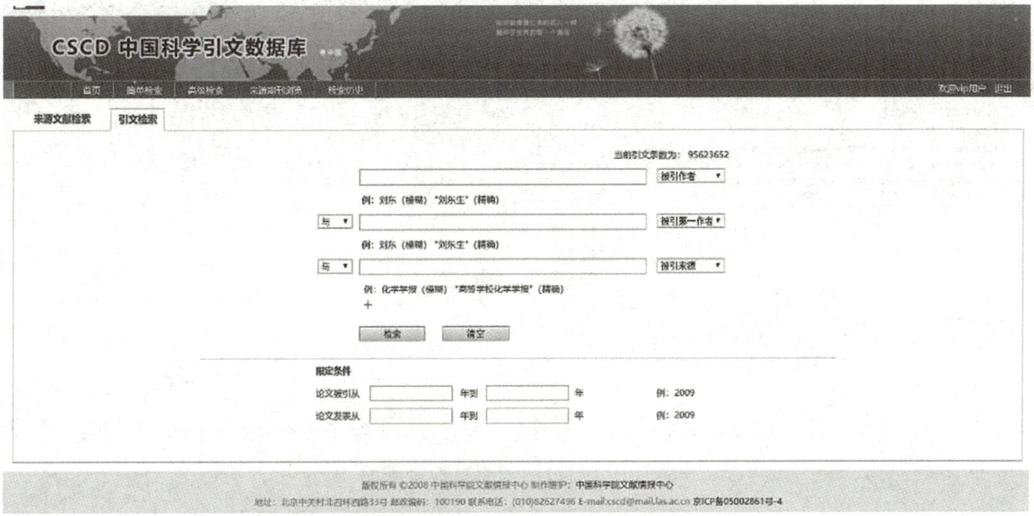

图 9-3　简单检索引文检索界面

索,如在被引来源字段中输入"中药",可以检索到"中国中药杂志""中药新药与临床药理""中药药理与临床"。若要进行精确检索,可以在检索辅助区字段后选择"精确"按钮,或在上面检索运算式输入区相应字段名后加 EX。高级检索还可以应用截词符"%"(代表多个字符)和"?"(代表一个字符)。

1)来源文献检索:在检索字段下拉框中共有 13 个字段,包括:作者、第一作者、题名、刊名、ISSN、文摘、机构、第一机构、关键词、基金名称、实验室、ORCID、DOI。可以限定文献时间和核心库收录情况,如图 9-4 所示。

2)引文检索:在检索字段下拉框中共有 7 个字段,包括:被引作者、被引第一作者、被引来源、被引机构、被引实验室、被引出版社、被引主编。可以限定论文被引时间和出版时间,如图 9-5 所示。

(3)来源期刊浏览:按照中英文期刊进行分类,中文期刊按刊名拼音首字母进行排序,英文期刊按刊名英文首字母进行排序。点击字母即可浏览相应期刊,显示刊名、ISSN、收录年代。点击刊名可以浏览每一期发表的文献,并提供来源文献详细信息的详细浏览页面,显

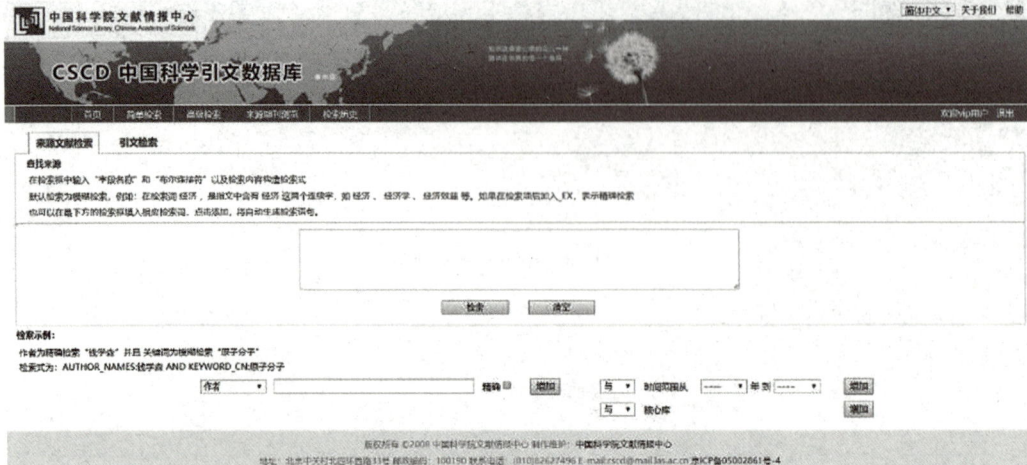

图 9-4　高级检索来源文献检索界面

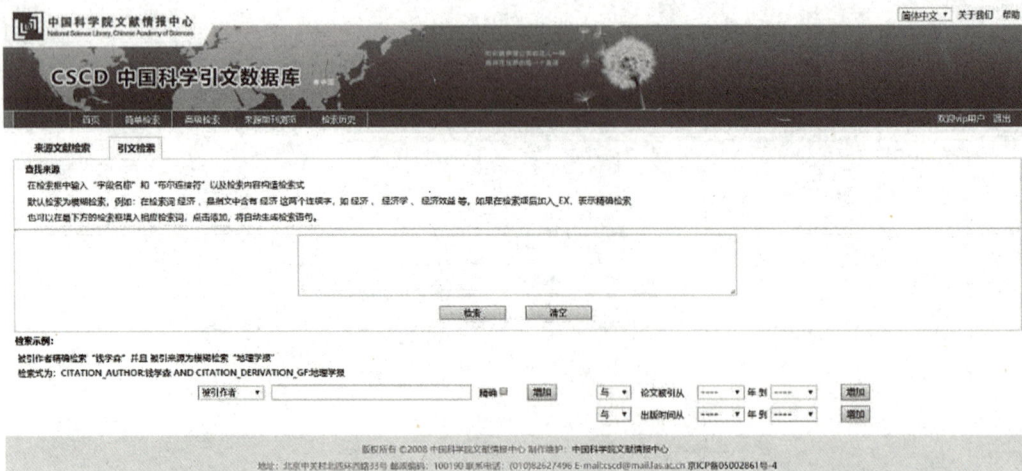

图 9-5　高级检索引文检索界面

示信息包括题名、作者、机构、文摘、出处、ISSN、关键词、学科、基金、参考文献、引证文献和相关文献。还提供期刊检索,可以选择"刊名"和"ISSN"字段,输入检索词进行期刊检索。如图 9-6 所示。

3.检索举例　检索题名为"香附和醋香附 HPLC 特征图谱及多元统计分析"论文的被引用情况。采用简单检索的来源文献检索,选择"题名"字段,输入"香附和醋香附 HPLC 特征图谱及多元统计分析",检索结果如图 9-7 所示。单击被引频次列表中的数字可以查看被引用的详细情况,如图 9-8 所示。单击界面上的"下载",系统会在新窗口提供需要下载字段的选择,如图 9-9 所示,可实现所查论文的被引用情况下载。

4.检索结果管理

(1)结果限定、排序、显示和输出:可以通过"结果限定"来限定检索结果,来源文献检索结果可以按照来源、年代、作者和学科进行结果限定;引文检索结果可以按照被引出处、年代和作者进行结果限定。

点击检索结果显示框的"标题栏"进行排序,来源文献检索结果可以按照题名、作者、来源和被引频次进行排序,引文检索可以按照作者、被引出处和被引频次进行排序。

每页默认显示 20 条文献记录。点击结果列表中每条记录题名中的"详细信息",可以查

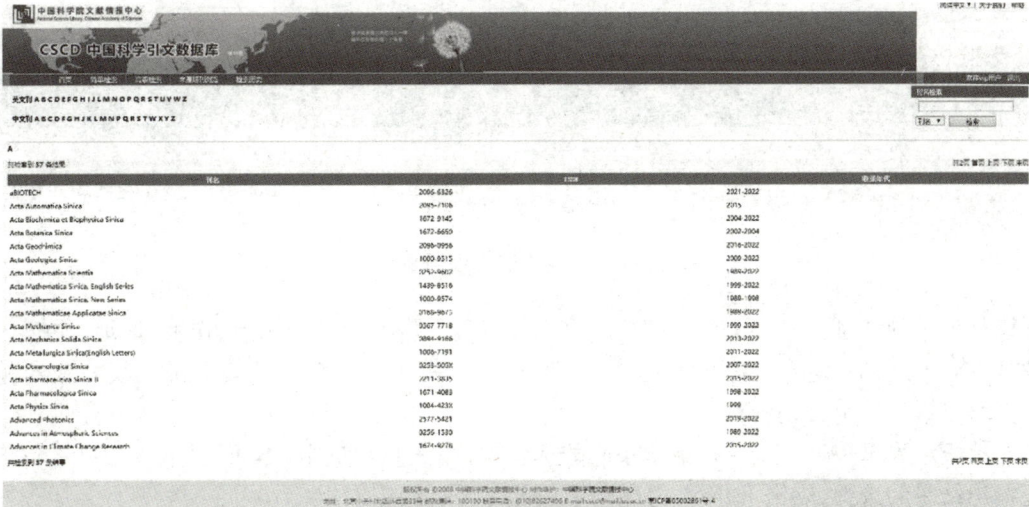

图 9-6 来源期刊浏览界面

图 9-7 来源文献检索结果

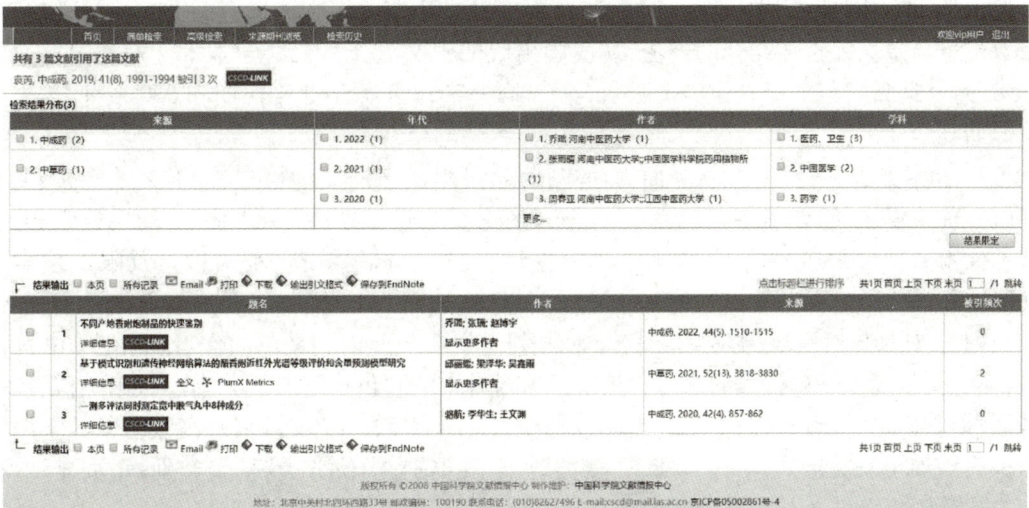

图 9-8 所查论文的被引用详细情况

图 9-9　所查论文的被引用情况下载

看该条记录的详细信息。结果详细信息页面可以查看该条记录的题名、作者、地址、文摘、来源、ISSN、关键词、基金、参考文献、引文文献、相关文献和其他链接。其中,作者、关键词、基金都可以进一步链接,进行检索。

检索结果可以通过勾选每条记录前的选择框,或者直接选中"本页"或者"所有记录"进行输出结果的选择,点击 E-mail、打印和下载即可进行相应操作。

(2) 相关文献:来源文献检索和引文检索中对能够提供详细信息的记录,系统均提供相关文献,包括作者相关、关键词相关、参考文献相关。

作者相关是指与本文(来源文献)的作者共同发表的文献。可以在作者相关选项的弹出作者列表中选择作者,选择一个作者,表示检索所选择的作者发表的所有文献;选择 2 个或 2 个以上的作者,表示检索所选择的 2 个或 2 个以上作者共同发表的所有文献。

关键词相关是指与本文(来源文献)的关键词共同出现的文献。可以在关键词相关选项的弹出关键词列表中选择关键词,选择一个关键词,表示检索所选择的关键词的所有文献,选择 2 个或 2 个以上的关键词,表示所选择的 2 个或 2 个以上关键词共同出现的所有文献。

参考文献相关是指与本文(来源文献)具有共同参考文献的文献。直接点击提交查看与本文具有共同参考文献的文献,即可进行查看。

(3) 开放链接与全文获取:来源文献检索和引文检索中对能够提供详细信息的记录,系统均提供开放链接,通过开放链接可获取相应的全文或摘要。若通过开放链接未能获取全文,可点击"原文传递"索取全文。

(二) 中文社会科学引文索引

1. 概述　中文社会科学引文索引(Chinese Social Science Citation Index, CSSCI)由南京大学中国社会科学研究评价中心研制,是我国人文社会科学领域论文收录和被引用情况的检索工具,访问网址为 http://cssci.nju.edu.cn。CSSCI 来源期刊遴选遵循文献计量学规律,采取定量与定性评价相结合的方法,从我国出版的中文人文社会科学学术性期刊中精选出学术性强、编辑规范的期刊作为来源期刊。2021—2023 年 CSSCI 来源期刊 600 余种,扩展版来源期刊 200 余种。

2. 检索方法　CSSCI 默认界面为简单检索,可提供来源文献检索、被引文献检索、期刊导航 3 种检索途径,如图 9-10 所示。单击"高级检索"进入高级检索界面,与简单检索相比,除了保留 3 种检索途径外,还增加了部分检索字段、逻辑运算符、精确检索及限定检索等功能。

(1) 来源文献检索:主要用于查询本索引所收录来源期刊文献的作者(所在单位)、篇名、参考文献等。简单检索的来源文献检索途径有 10 项,包括篇名(词)、作者、第一作者、关键词、期刊名称、作者机构、中图分类号、基金细节、所有字段、英文篇名。高级检索的来源文献检索增加了发文年代、年代卷期、文献类型、学科类别、学位分类、基金类别、每页显示、排序方式等限定条件。如图 9-11 所示。

(2) 被引文献检索:主要用于查询作者、论文、期刊等的被引情况。简单检索的被引文献

图 9-10　CSSCI 的登录界面

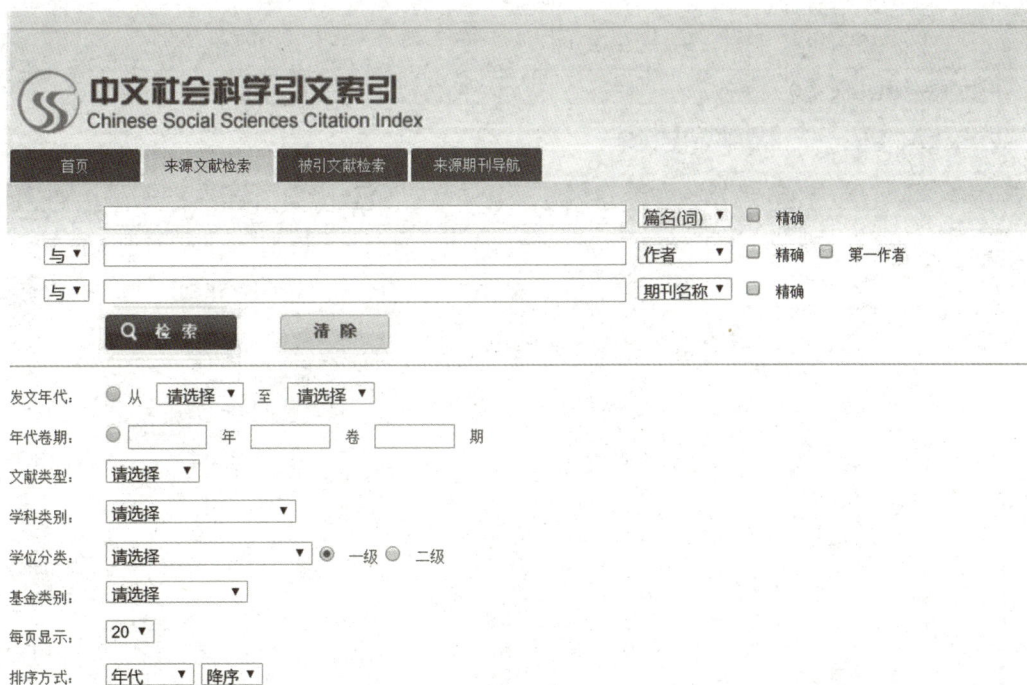

图 9-11　CSSCI 高级检索的来源文献检索界面

检索字段有被引作者、被引作者(排除自引)、被引篇名(词)、被引文献期刊、被引文献细节。高级检索的被引文献检索增加了被引文献年代、被引年份等限定条件。如图 9-12 所示。

3. 检索举例　检索山东中医药大学在 CSSCI 所收录的期刊发表了多少篇文献。采用高级检索的来源文献检索,选择"作者机构"途径,输入"山东中医药大学",检索结果如图 9-13 所示。还可单击检索结果中的任一文献查看来源文献的详细信息,如图 9-14 所示。

采用高级检索的被引文献检索,检索《中国心理卫生杂志》发表的文献在 2022 年被引用的情况,如图 9-15 所示。检索结果如图 9-16 所示。

图 9-12 CSSCI 高级检索的被引文献检索界面

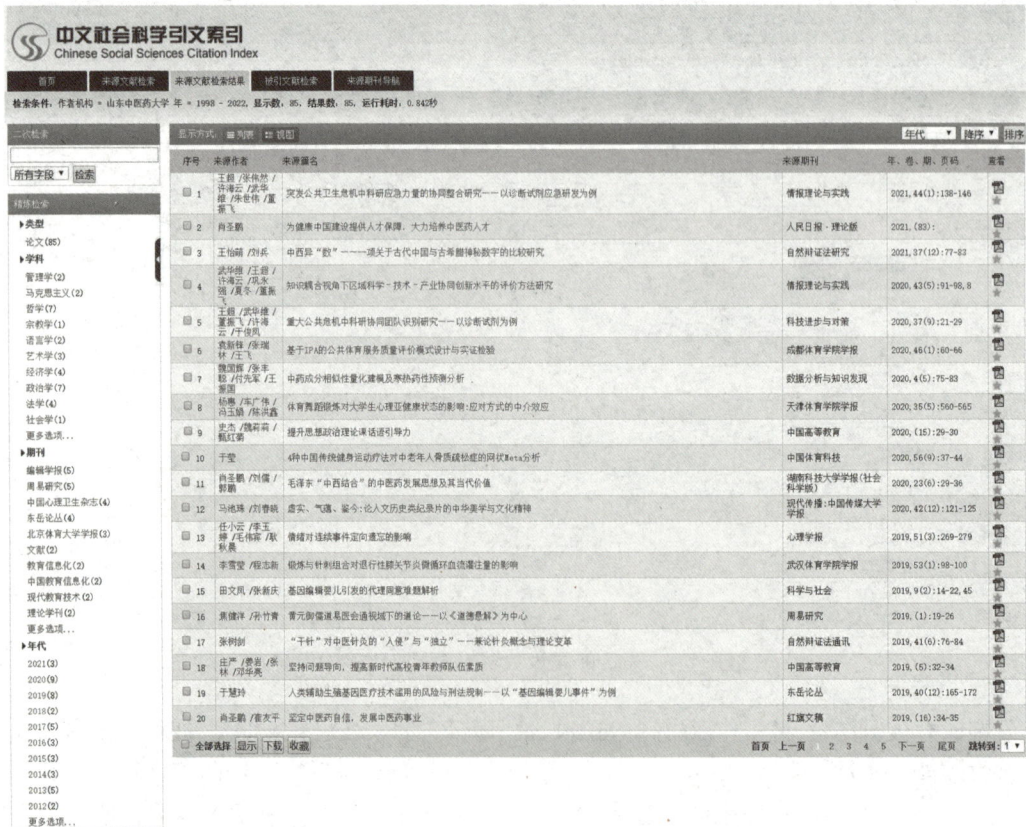

图 9-13 CSSCI 的来源文献检索结果

笔记栏

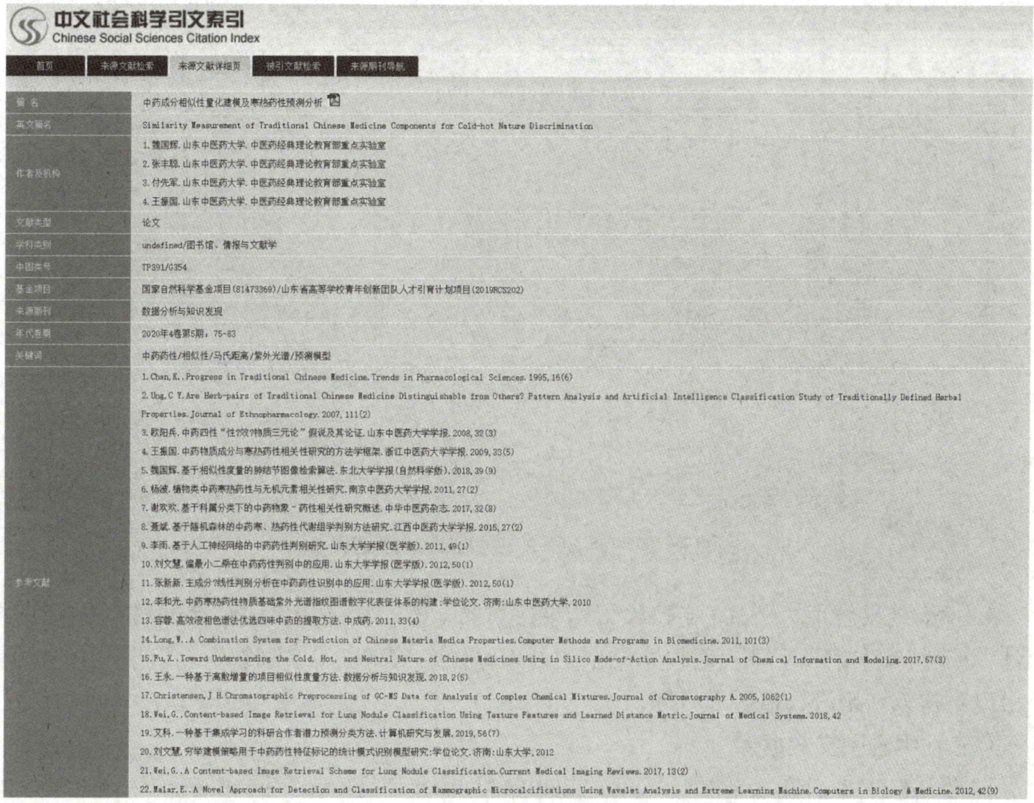

图 9-14　CSSCI 的来源文献详细信息页

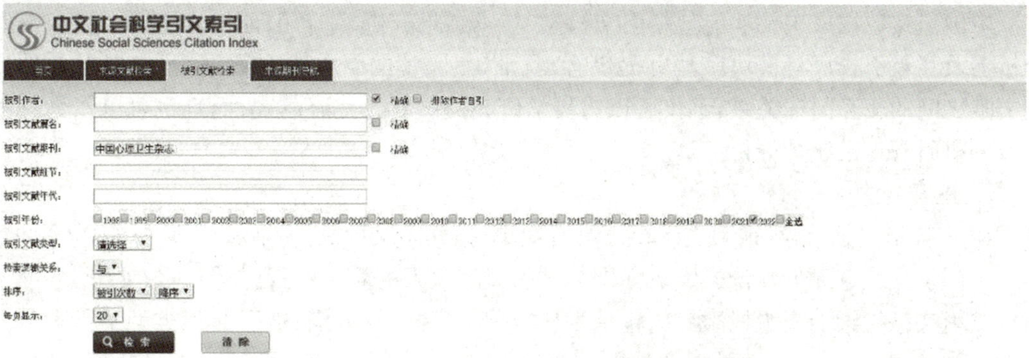

图 9-15　CSSCI 的被引文献检索举例

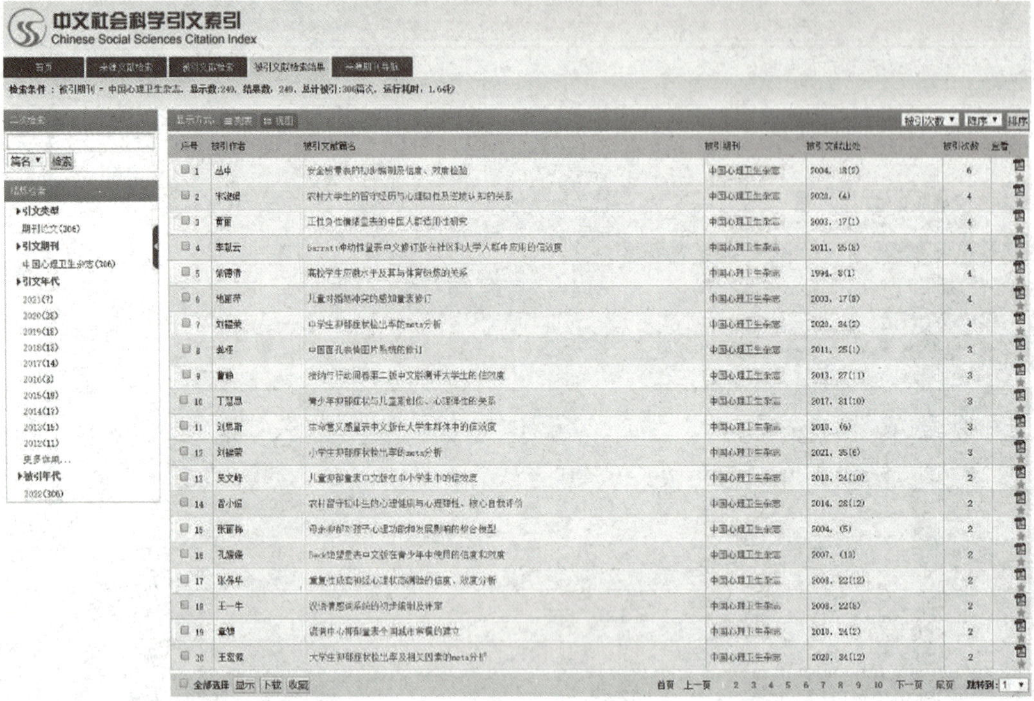

图 9-16　CSSCI 的被引文献检索结果

4. 检索结果管理　CSSCI 支持检索结果按不同检索途径进行发文信息或被引信息分析统计，并支持文本信息下载。对检索结果的处理提供结果浏览、二次检索、标记记录等功能，还可以对检索结果进行显示和打印。

（三）中国引文数据库

1. 概述　中国引文数据库（Chinese Citation Database）是依据中国知网（CNKI）收录数据库及增补部分重要期刊文献的文后参考文献和文献注释为信息对象建立的、具有特殊检索功能的文献数据库，是目前中国最大最全的引文数据库，并于 2015 年 3 月正式对外发布。数据库有 3 种访问途径：直接访问网址 http://ref.cnki.net；通过 CNKI 主页导航"引文检索"输入相应检索词，单击检索，或者单击"引文检索"的高级检索均可直接跳转到引文库；通过 CNKI 主页导航，单击"中国引文数据库"链接访问。

中国引文数据库主要功能包括引文检索、检索结果分析、作者引证报告、文献导出、数据分析器及高被引排序等模块。其可提供客观、准确、完整的引文索引数据，通过揭示各种类型文献之间的相互引证关系，不仅可以为科学研究提供新的交流模式，而且也可以作为一种有效的科研管理及统计分析工具。

2. 检索方法

（1）被引文献检索：被引文献检索具有简单检索、高级检索、专业检索 3 种方式。

中国引文数据库的默认检索页面即为被引文献检索的简单检索，如图 9-17 所示。

被引文献检索的高级检索界面包括学科类别、来源文献范围、被引文献类型和检索条件 4 部分，如图 9-18 所示。学科类别是指 CNKI 的 10 个专辑 168 个专题，可选择全部专辑，也可在特定专辑或专题类别下进行限定检索。来源文献范围是指全部引文来自期刊库、学位论文库、会议论文库这 3 个数据库。被引文献类型分为期刊类型、学位论文类型、会议论文类型、报纸类型、图书类型、专利类型、标准类型、年鉴类型、外文类型以及其他类型引文，新增"其他类型"指的是未实现全文链接的数据。检索条件包括被引主题、被引题名、被引关键

图 9-17　中国引文数据库的默认检索页面

图 9-18　被引文献检索的高级检索界面

词、被引摘要、被引中图分类号、被引作者、被引第一责任人、被引单位、被引来源、被引基金等项,可以限定出版年和被引年。

被引文献检索的专业检索需要在检索框中输入语法表达式,有 10 个检索字段(被引主题、被引题名、被引关键词、被引摘要、被引作者、被引第一责任人、被引机构、被引来源、被引基金、被引中图分类号)供表达式选择使用,还可对出版年和被引年进行限定,如图 9-19 所示。

(2) 来源文献检索:来源文献检索具有高级检索和专业检索 2 种方式。

来源文献检索的高级检索界面包括学科类别、来源文献范围和检索条件 3 部分,如图 9-20 所示。学科类别是指 CNKI 的 10 个专辑 168 个专题,可选择全部专辑,也可在特定专辑或专题类别下进行限定检索。来源文献范围是指 CNKI 收录的期刊库、博士论文库、硕士论文库、国内会议论文库、国际会议论文库等来源数据库。检索条件包括主题、题名、关键词、摘要、中图分类号、作者、第一作者、作者单位、文献来源、支持基金等项,可以限定出版年和被引频次。

来源文献检索的专业检索需要在检索框中输入语法表达式,有 11 个检索字段(主题、题名、关键词、摘要、作者、第一作者、作者单位、文献来源、支持基金、中图分类号、被引频次)供表达式选择使用,还可对出版年进行限定,如图 9-21 所示。

3. 检索举例　检索题名为"香附和醋香附 HPLC 特征图谱及多元统计分析"论文 2019—2022 年的被引用情况。采用被引文献检索的高级检索,选择"被引题名"字段,输入

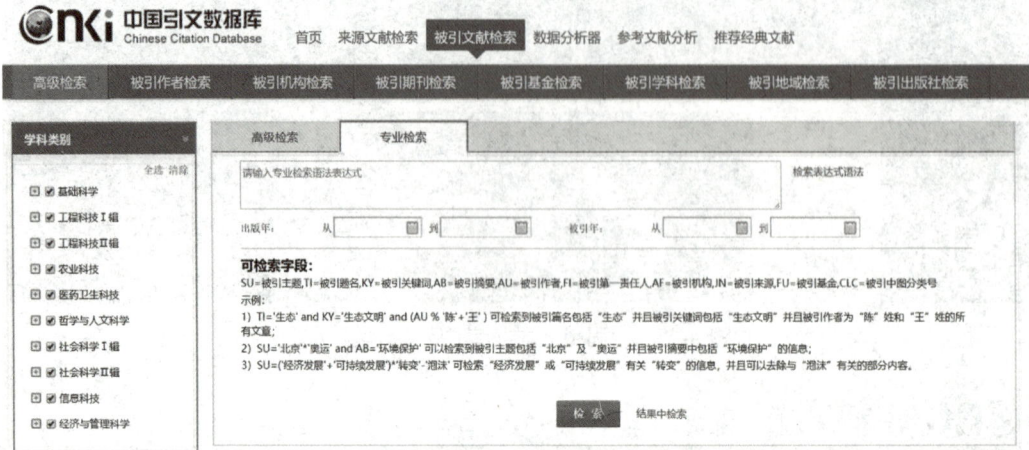

图 9-19　被引文献检索的专业检索界面

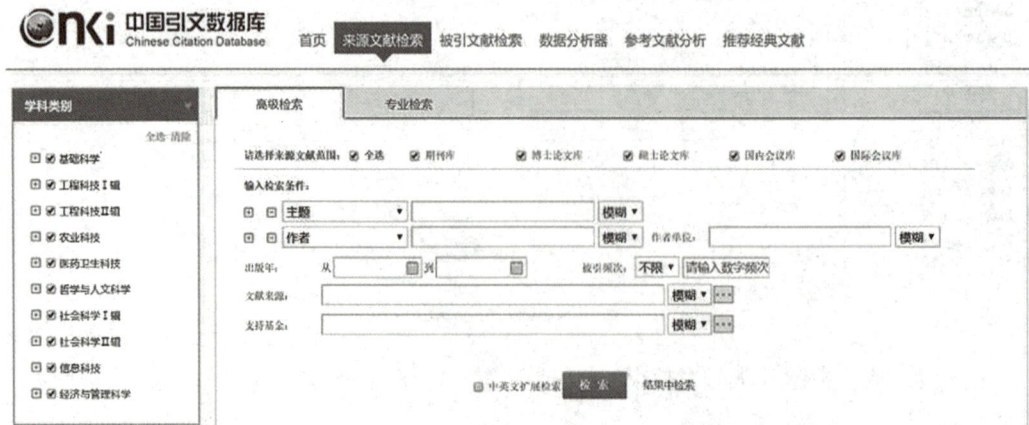

图 9-20　来源文献检索的高级检索界面

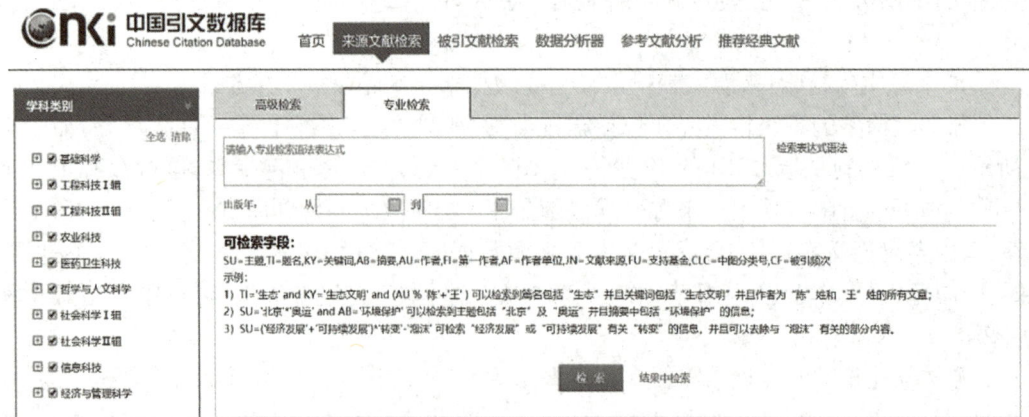

图 9-21　来源文献检索的专业检索界面

"香附和醋香附 HPLC 特征图谱及多元统计分析",设置"被引年"进行限定,检索结果如图 9-22 所示。单击结果列表中"被引"项下的数字可以查看引证明细,如图 9-23 所示。单击每篇引证文献末尾的符号,还可查看该文献的参考文献。

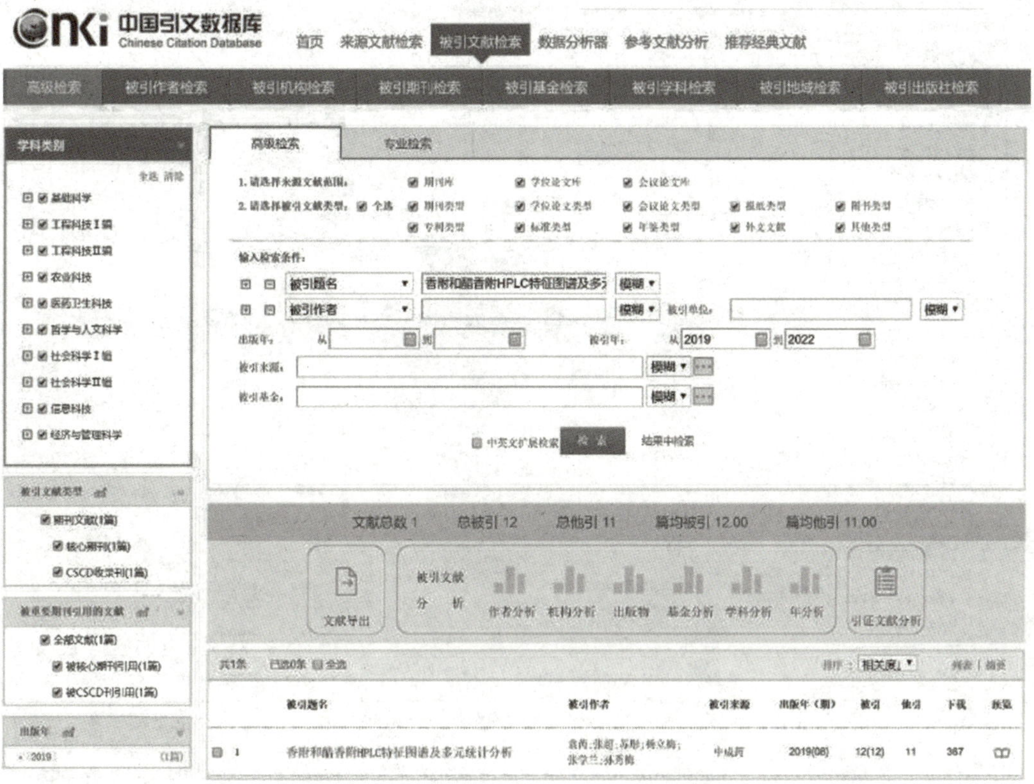

图 9-22　某论文被引用情况的检索结果

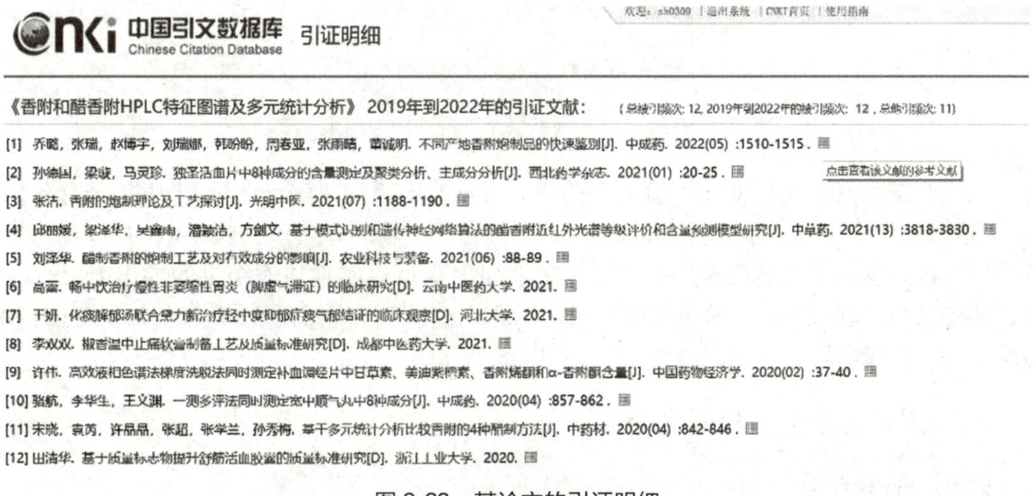

图 9-23　某论文的引证明细

检索国家自然科学基金资助的中药炮制类文献在 2022 年的被引用情况。采用被引文献检索的高级检索,选择"被引主题"字段,输入"中药炮制",设置"被引年"进行限定,设置"被引基金"为"国家自然科学基金",检索结果如图 9-24 所示。由检索结果可知,国家自然科学基金资助的中药炮制类文献在 2022 年有 155 篇被引用,总被引 2 335 次。单击结果列

图 9-24　某主题被引用情况的检索结果

表中"被引文献分析"可以对 155 篇文献的作者、机构、出版物、基金、学科、出版年进行分析。单击结果列表中"引证文献分析"可以对 2 335 次引证文献的作者、机构、出版物、基金、学科等进行分析。通过检索结果的筛选，单击"文献导出"，可以实现检索结果的导出，导出文件格式支持参考文献、CNKI E-Study、Refworks、EndNote、BIB、自定义（文本、Excel 格式），新增Excel 格式的文献导出，更加清晰易用，如图 9-25 所示。

二、国外常用引文数据库

（一）Web of Science

1. 概述　1957 年尤金·加菲尔德博士创立科学信息研究所（Institute for Scientific Information，ISI），1964 年出版了印刷版的《科学引文索引》（Science Citation Index，SCI），之后又在 1973 年、1978 年相继出版了《社会科学引文索引》（Social Sciences Citation Index，SSCI）和《艺术与人文科学引文索引》（Arts & Humanities Citation Index，A & HCI），由此形成三大多学科引文索引。1992 年，ISI 被加拿大媒体巨头汤姆森集团收购，1997 年将 SCI、SSCI、A & HCI

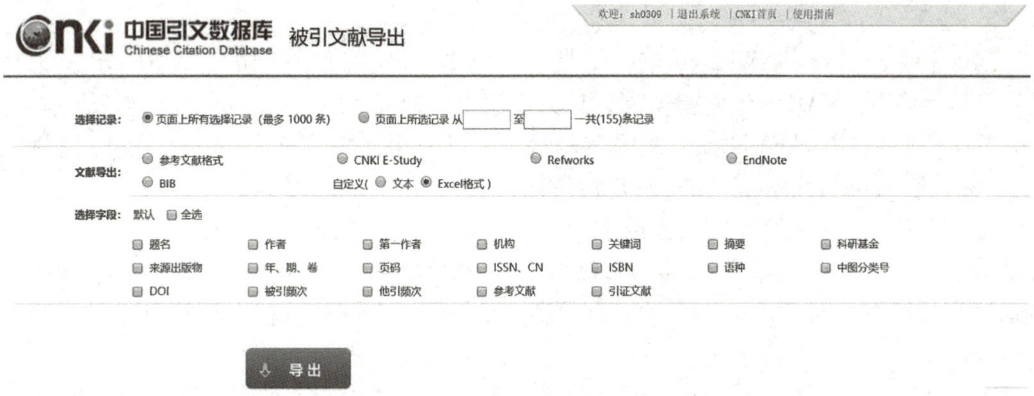

图 9-25　被引文献导出界面

整合,创建了网络版的多学科引文数据库 Web of Science,2000 年推出新一代学术信息资源整合平台 Web of Knowledge。2008 年汤姆森集团与英国路透集团合并,新公司命名为汤森路透(Thomson-Reuters),ISI 成为该公司旗下的"知识产权与科技事业部"(Intellectual Property and Science Division)。2014 年,Web of Knowledge 平台更新并正式更名为 Web of Science 平台,原 Web of Science 数据库更名为 Web of Science Core Collection(Web of Science 核心合集)。2016 年 10 月,该部被奥奈克斯公司(Onex Corporation)与霸菱亚洲投资有限公司(Baring Private Equity Asia)收购后独立,命名为 Clarivate Analytics(科睿唯安)。

2. Web of Science 核心合集数据库简介　Web of Science 核心合集是基于 Web of Science 平台的综合性文摘索引数据库,由 4 个期刊引文数据库、1 个会议引文数据库、1 个图书引文数据库、2 个化学信息数据库组成。

(1) 科学引文索引扩展版(Science Citation Index Expanded,SCIE):收录了涉及 178 个自然科学学科的 9 500 多种期刊,提供 1900 年以来的数据。

(2) 社会科学引文索引(Social Sciences Citation Index,SSCI):收录了 3 500 多种社会科学核心期刊,从世界一流科技期刊中挑选相关数据收录,涵盖 50 余种主题,与印刷版 SSCI 内容一致,提供 1900 年以来的数据。

(3) 艺术与人文科学引文索引(Arts & Humanities Citation Index,A&HCI):收录了 1 850 多种艺术与人文类核心期刊,从主要自然科学和社会科学类期刊中挑选相关数据收录,涵盖艺术评论、戏剧音乐及舞蹈表演、电视广播等 28 个主题,提供 1975 年以来的数据。

(4) 新兴资源引文索引(Emerging Sources Citation Index,ESCI):为 2015 年 11 月 Web of Science 核心合集新增的数据库,主要定位于拥有活力和潜力,且在学术界已经产生"地区"影响力的新刊。其目的在于补充 SCI、SSCI、A&HCI,扩大 Web of Science 核心合集的收录和评价范围,提供 2005 年以来的数据。截至 2022 年 3 月,ESCI 收录 7 999 种期刊。

(5) 科学会议录引文索引(Conference Proceedings Citation Indexes,CPCI):分为自然科学版(CPCI-S)和人文社会科学版(CPCI-SSH),提供 1990 年以来的数据。

(6) 图书引文索引(Book Citation Indexes,BKCI):分为自然科学版(BKCI-S)和人文社会科学版(BKCI-SSH),提供 2005 年以来的数据。

(7) 化学索引(Index Chemicus,IC):可检索 1993 年以来国际一流期刊上报道的新化合物的化学结构与评论数据,甚至包含从最初的原料到最终产品的整个化学反应过程。

(8) Chemical Reactions:包括原 Current Chemical Reactions(检索 1985 年以来新奇的化学反应)及其扩展数据[来自法国工业产权局(INPI)的化学结构数据,可回溯至 1840 年]。截至 2022 年 3 月收录 106 种期刊。

3. 检索规则

(1) 检索运算符:在 Web of Science 核心合集中,可使用布尔运算符 AND、OR、NOT 和位置算符 SAME、NEAR/x 组配检索词以扩大或缩小检索范围,且无须区分大小写。

除了"所有字段(AF)"检索,在单个检索式中可使用无限数量的布尔运算符,"所有字段"检索限制为 49 个布尔运算符或位置算符。

在大多数字段输入 2 个或 2 个以上相邻的检索词时,系统会使用隐含的 AND,如检索式 rainbow trout fish farm 与检索式 rainbow AND trout AND fish AND farm 的效果相同。检索包括运算符的组织名称、期刊、书籍、会议录文献时,应使用引号("")将运算符引起,如"Near" East Univ。

使用 NEAR/x 可查找由该运算符连接的检索词之间相隔指定数量的单词的记录,即间隔词语数量小于等于 x 的记录,默认 x 的缺省值是 15,如检索式 salmon NEAR virus 与检索式 salmon NEAR/15 virus 的效果相同。在包含 NEAR 运算符的检索式中不能使用 AND 运算符,如检索式 TS=(Germany NEAR/10(monetary AND union))是无效的。

运算符 SAME 通常用于"地址"字段检索,如检索式 AD=(McGill Univ SAME Quebec SAME Canada)表示检索 McGill Univ、Quebec、Canada 同时出现在一个完整地址中的记录。

如果在检索式中使用不同的运算符,则会根据下面的优先顺序处理检索式:NEAR/x>SAME>NOT>AND>OR,若有括号,则括号内的表达式优先执行。

(2) 通配符:通配符(* ? $)表示未知字符,"*"表示 0 至数个字符,"?"表示任何单个字符,"$"表示 0 或 1 个字符。

在"所有字段"检索中,使用通配符(* ? $)时,仅支持右截词符(如 oxid* 可检索到 oxidation,oxidative,oxidizing),而不支持左截词符(如 *oxide 或 *oxid* 则返回错误的信息),使用右截词符时必须在通配符前至少输入 3 个字符。

在"标题"和"主题"检索中,通配符前面必须至少有 3 个字符,如允许使用 zeo*,但不允许使用 ze*。通配符可位于检索词的中间,如 odo$r 可查找到 odor 和 odour。还可在一个检索词中使用不同的通配符,如 l?chee$ 可查找 lichee、lichees、lychee、lychees。但是不能在特殊字符(/@#)和标点符号(.,:;!)后面使用通配符;不能在"出版年"检索中使用通配符,如可以使用 2007,但不能使用 200*。如果通配符出现在单词或名称中,亦不能对其进行检索,如检索式 TS=E*Trade OR TS="E*Trade"无法返回有关名为 E*Trade 公司的记录。

在"主题"和"标题"检索中,通配符还可位于检索词的左侧,通配符后面必须至少有 3 个字符,如:*bio。"作者"和"被引作者"检索中不支持使用左截词符。

(3) 检索姓名的原则:尽管已经知晓 Web of Science 所采用的作者著录格式,即无论外国人还是中国人一律"姓前名后"的形式,且姓用全部字母拼写,名仅取首字母,但在检索姓名时仍然建议使用姓名的各种形式。

若在姓氏后只输入一个首字母,系统会自动添加通配符"*",如输入 Johnson M 则会找到 Johnson M,Johnson M J S 和 Johnson Michael A,等同于 Johnson M* 的检索效果。若输入"Johnson M"则只找到 Johnson M,原因是引号限制了作者检索。

可以在作者姓名的每个首字母或最后一个首字母后输入通配符,如输入 Johnson M*S* 则会找到 Johnson Melissa,Johnson Marjorie Seddon,Johnson Markes E。通配符和名字首字母输入方式不同,返回结果的数量不同,具体排序如下:Johnson M*S*(首字母和通配符之间有空格)<Johnson MS*≤Johnson M*S*。

检索包含空格的姓氏时应同时使用带空格和不带空格的形式,以确保返回所有相关记录,如输入 Van Hecke T* OR Vanhecke T* 检索是因为这两个名称可能是同一作者。

当检索包含连字号(-)和撇号(')的姓名时,应包括这些标记或用空格替代,如输入 OB-rien 与输入 O'Brien 或 O Brien 会返回不同的结果。在大多数姓名检索中,输入空格、连字号(-)或撇号(')将得到相同的记录。

(4) 其他说明:许多期刊名称的标题中都带有"与"号(&),不论是否输入"与"号,系统都会返回相同数量的记录,如输入 Science Education 与输入 Science & Education 将返回相同数量的记录。但是出版物名称索引中的期刊标题不包含"与"号,如 Science & Education 期刊在索引中显示为 Science Education。

在检索式中输入分子式时,切勿将字母数字字符分开(即不能使用空格),如使用检索式 KxFe2-ySe2 执行检索将返回多个结果,使用 K x Fe 2-y Se 2 检索式返回的检索结果要少于 KxFe2-ySe2,且检索结果不可预料。可以在检索式中使用引号,如输入"KxFe2-ySe2"将返回与输入 KxFe2-ySe2 相同的记录。

Web of Science 检索词使用大写、小写或混合大小写,对检索结果没有任何影响。地址字段检索词输入时,具体的名称不能简写,通用的名称可以简写,如浙江大学可输入 Zhejiang Univ,耶鲁大学可输入 Yale Univ。对于刚发表的文献,被引次数少或还没有被引用,建议不使用被引参考文献检索途径。

4. 检索方法　新版 Web of Science 平台于 2022 年 1 月初全面启用,在新版平台中 Web of Science 核心合集数据库的默认界面为"文献"(Documents)检索(即基本检索)界面,如图 9-26 所示。系统还提供"被引参考文献"(Cited Reference)检索(又称"引文检索")、"高级检索"(Advanced Search)、"研究人员"(Researchers)检索(即作者检索)、"化学结构"(Structure)检索等检索方式。

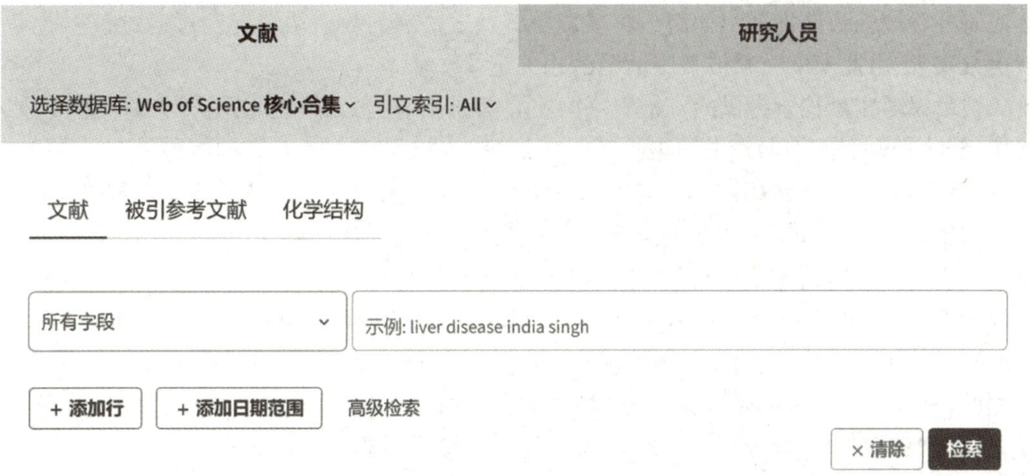

图 9-26　核心合集的默认界面

(1) 文献检索:利用主题、标题、作者、出版物名称等字段组配检索,适用于检索特定的研究、某个作者或机构发表的文献、特定期刊特定年代发表的文献等。

在新版 Web of Science 平台中,选择一个检索字段时,平台会给出该字段的检索说明与实际举例,方便用户操作;同时新增了出版商检索字段,部分检索字段可以更灵活自定义,如出版日期和索引日期均可以精确到年月日。选择检索字段"Affiliation"(所属机构)时,平台新增输入联想功能,可根据输入内容推荐归并后的机构,并支持从索引中搜索和添加。平台支持一串 DOI、入藏号、PubMed ID 检索,中间无须使用布尔运算符连接,即默认为 OR 运算。

检索 2018—2022 年有关中药多糖调节肠道菌群的文献。如图 9-27 所示,第一个检索框选"主题"检索字段,输入"polysaccharide";第二个检索框选"主题"检索字段,输入"intestinal flora";两个检索框的逻辑关系采用默认的 AND;出版日期限定为 2018 年 1 月 1 日—2022 年 12 月 31 日,单击检索即可。

图 9-27　核心合集的文献检索界面

（2）被引参考文献检索:当只有一篇论文、一个专利号、一本书或一篇会议论文,如何了解该研究领域的最新进展? 如何了解某位作者发表文献的被引用情况? 可通过被引参考文献检索实现,由此获取文献被引用情况的相关记录。

被引参考文献检索提供的可检索字段主要有被引作者（输入被引用作者的姓名）、被引著作（输入期刊名、专利号、书名等）、被引年份（输入被引用文献发表的年份）、被引 DOI、被引卷、被引期、被引页、被引标题。被引作者还可以从索引中选择。被引著作还可以单击"选择检索辅助选项"中的"从索引中选择"或"查看缩写列表"进行输入。

检索山东中医药大学张超 2020 年以第一作者在 Journal of Separation Science 第 7 期上发表的论文"Study on steroidal saponins in crude and stir-fried Fructus Tribuli by ultra-high-performance liquid chromatography-mass spectrometry coupled with multivariate statistical analysis"被引用的情况。如图 9-28 所示,第一个检索框选"被引标题"检索字段,输入论文题名;第二个检索框选"被引年份"检索字段,输入"2020";两个检索框的逻辑关系采用默认的 AND,单击检索即可。如图 9-29 所示,该文献被引用 3 次,单击结果列表中"施引文献"项下的数字,可获得 3 篇施引文献的详细信息,如图 9-30 所示。

（3）高级检索:利用字段标识符、检索词和运算符进行组配,创建复杂检索式进行检索,但不要在一个检索式中混合使用字段标识符。Web of Science 中的高级检索只限于来源文献检索,不用于引文检索。新版平台增加字段 DOP（出版日期）、ID（索引日期）,还增加"精确检索"选项。

高级检索界面下方列出了所有执行过的检索式,称为会话检索式（Session Queries）,即旧版的检索历史（Search History）。对于复杂的课题,可在检索提问框中一次性输入复合检索式,也可以先分步检索,然后通过检索式序号进行逻辑组配。

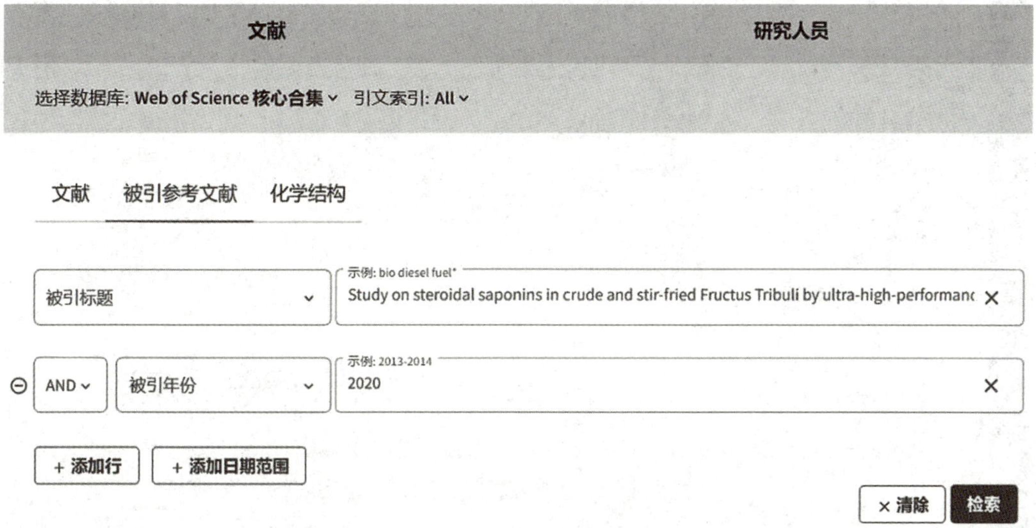

图 9-28　核心合集的被引参考文献检索界面

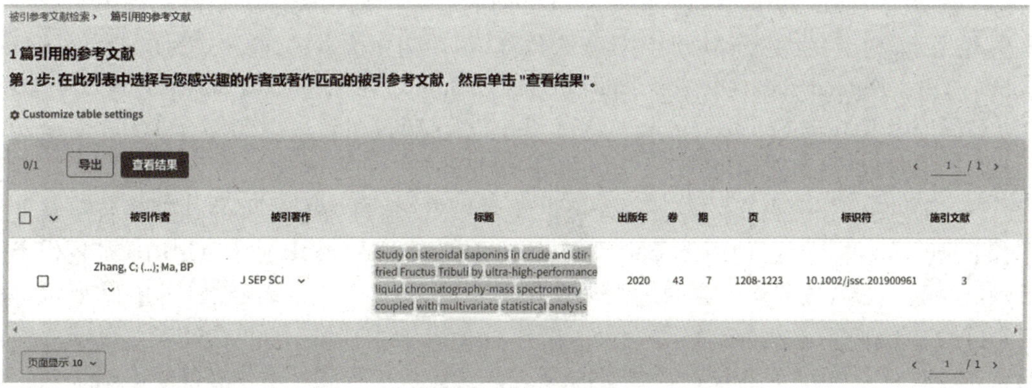

图 9-29　核心合集的被引参考文献检索结果

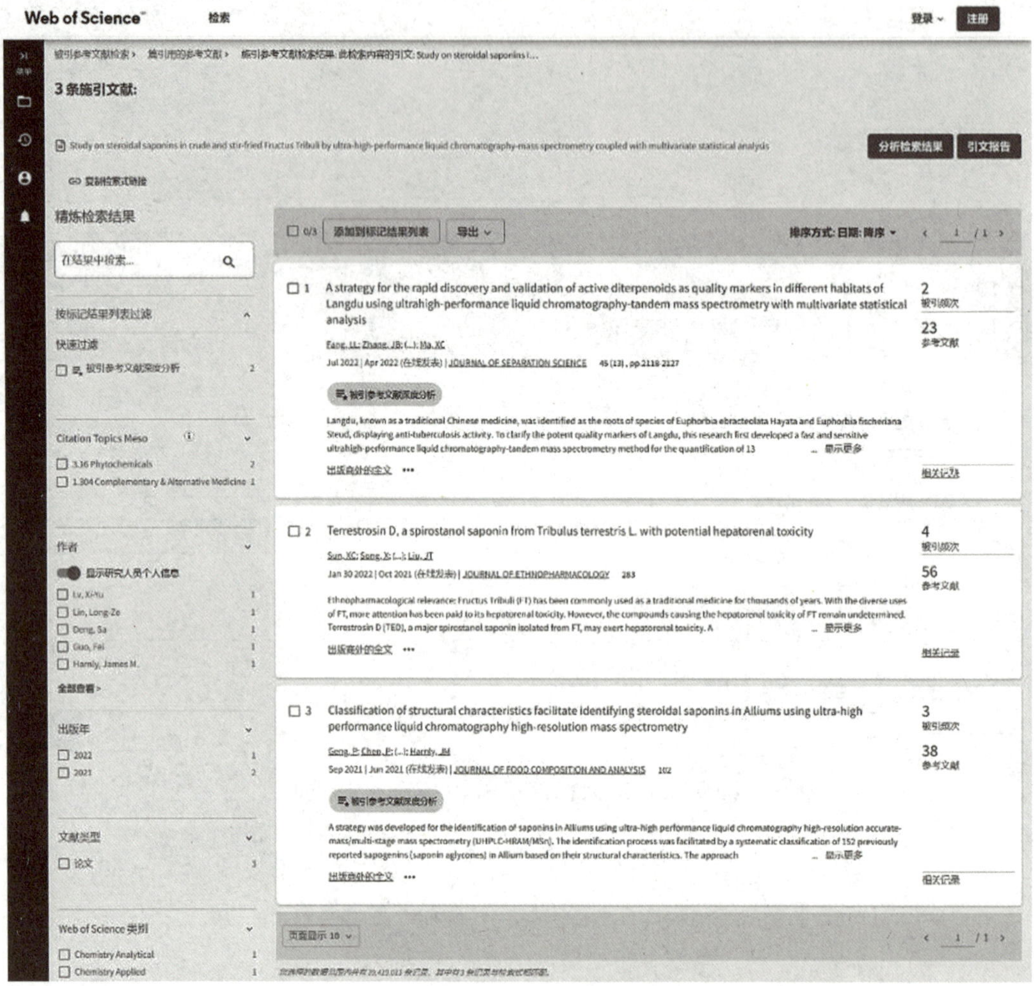

图 9-30 施引文献的详细信息

检索 2018—2022 年国家自然科学基金资助的有关中药多糖调节肠道菌群的文献。如图 9-31 所示,利用"将检索词添加到检索式预览"模块构建检索式,检索式为((TS=(gut microbiota OR intestinal flora OR gut flora OR bowel flora)) AND TS=(polysaccharide)) AND FO=(National Natural Science Foundation of China),出版日期限定为 2018 年 1 月 1 日—2022 年 12 月 31 日,单击检索即可。

(4)研究人员检索:研究人员检索提供姓名检索(通过检索作者的姓氏和名字来查找作者记录)、作者标识符(使用作者的 Web of Science Researcher ID 或 ORCID ID 查找作者记录)和组织(通过检索作者所属的组织来查找作者记录)3 个检索途径,如图 9-32 所示。研究人员检索通过查找作者记录,可充分了解作者个人学术档案,还可通过作者影响力射束图、出版物、引文网络、作者位置、合作网络等信息全方位了解和展示作者的学术成果及影响力。当检索结果过多时,新版平台不再强制用户填写"国家"与"机构"信息,增加"合并作者记录"等功能,在作者检索结果页面左侧还增加有精炼选项。

(5)化学结构检索:化学结构检索包括 Index Chemicus 和 Chemical Reactions 两个数据库的化学信息,检索界面主要包括化学结构绘图区(输入化学结构图检索)、Compound Data 字段添加区和 Reaction Data 字段添加区。Compound Data 可添加化合物名称、生物活性、分子量和特征描述等字段。Reaction Data 可添加气体环境、反应检索词、大气压(atm)、时间(小时)、温度(摄氏度)、产率、反应关键词、化学反应备注等字段,如图 9-33 所示。

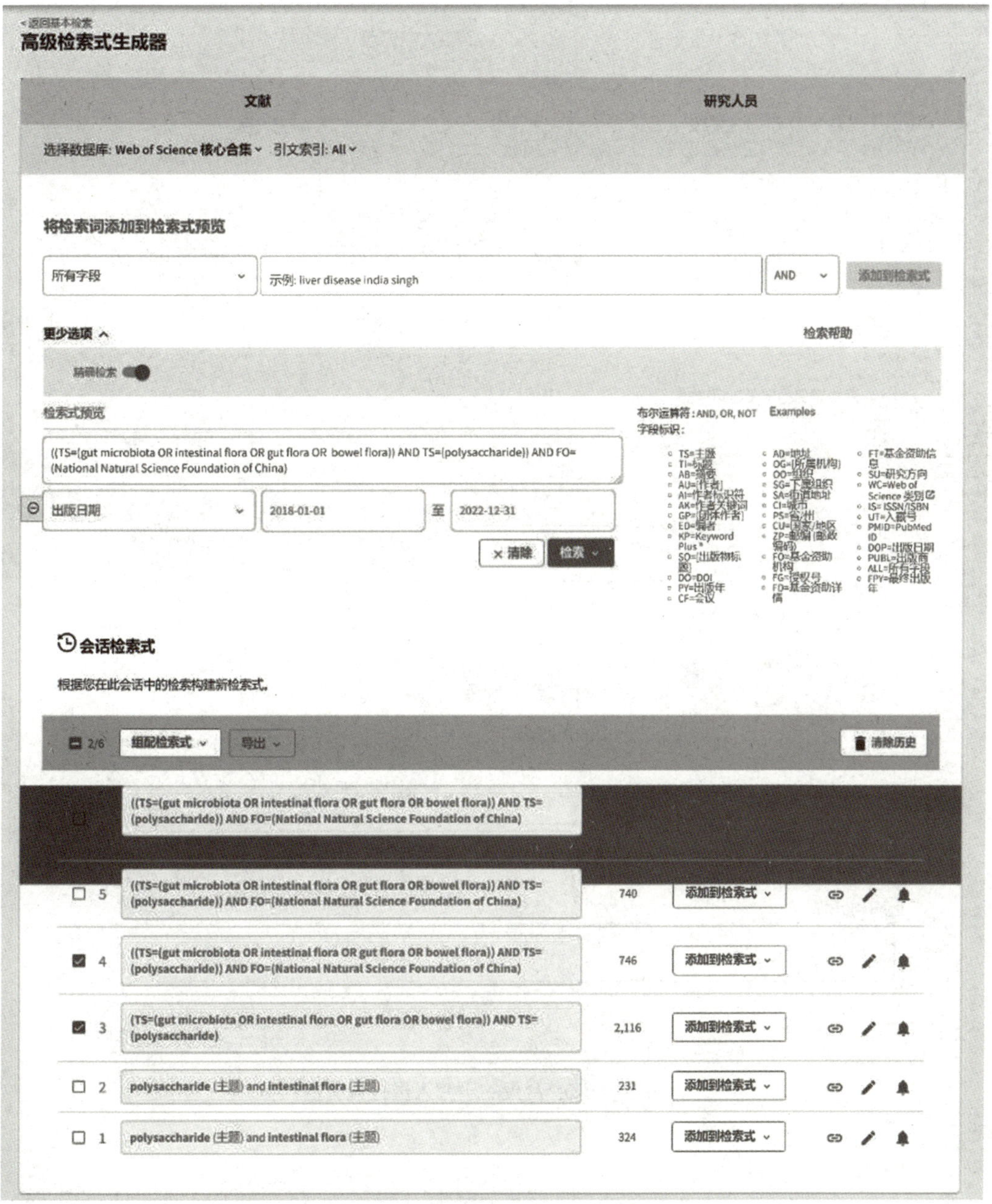

图 9-31 核心合集的高级检索界面

笔记栏

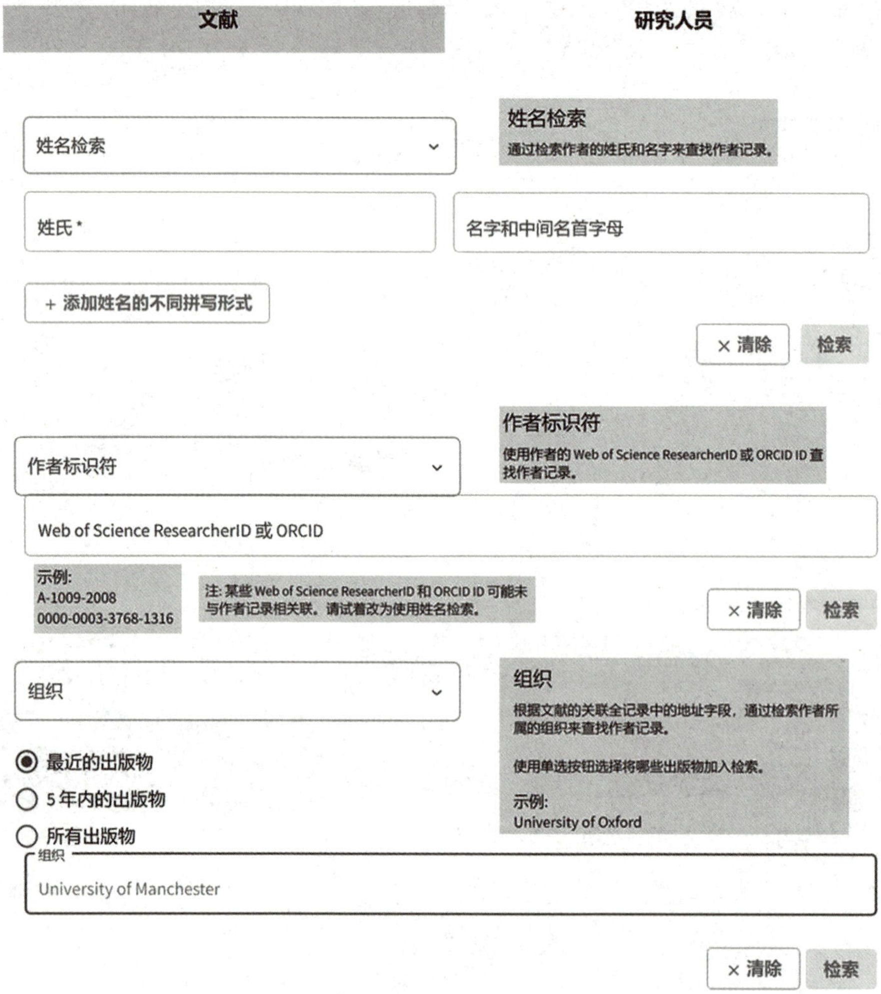

图 9-32　核心合集的研究人员检索界面

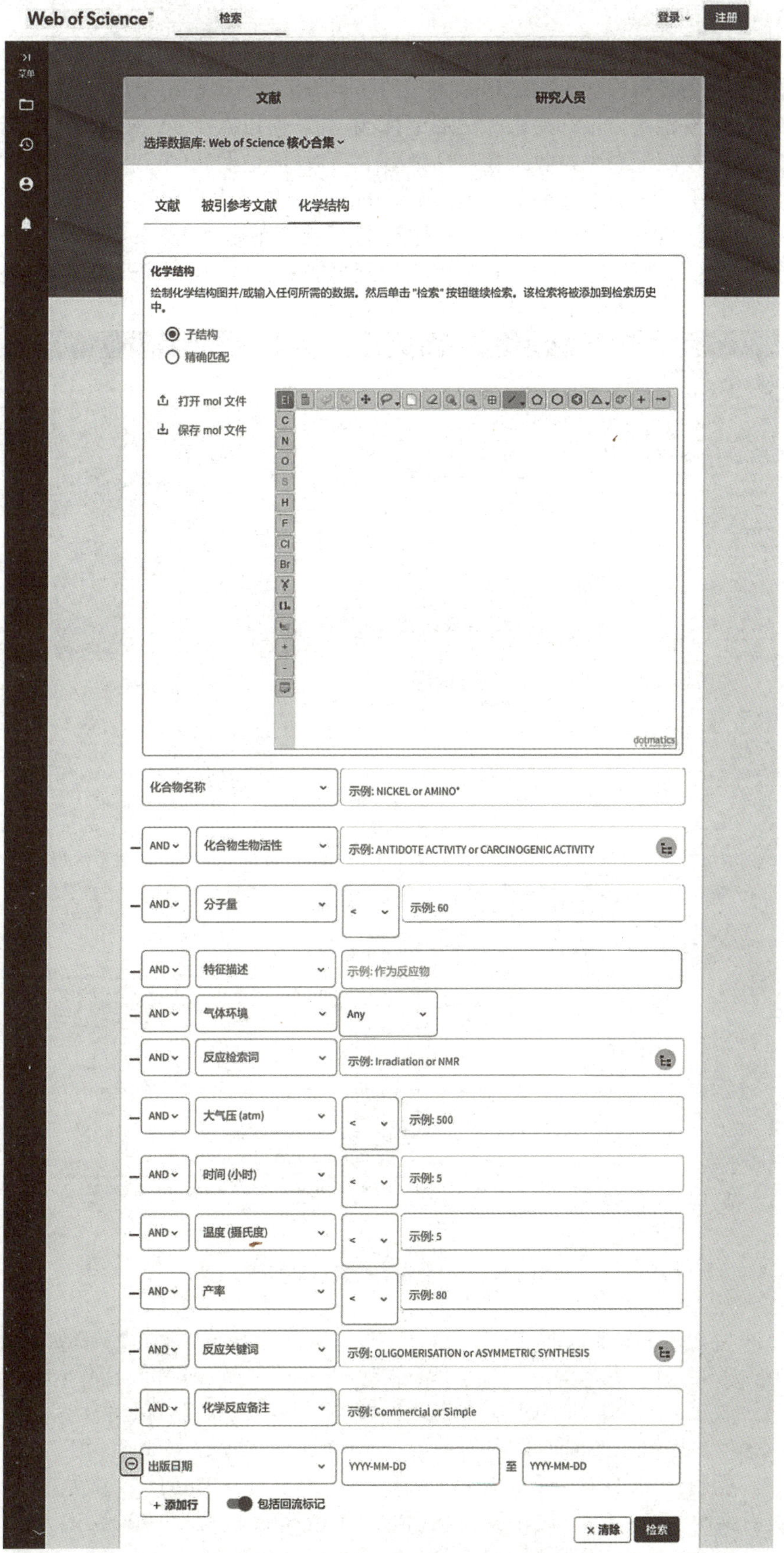

笔记栏

Web of Science™　　检索　　　　　　　　　　　　　　　　登录 ∨　注册

文献　　　　　　　　　　　研究人员

选择数据库: Web of Science **核心合集** ∨

文献　　被引参考文献　　化学结构

化学结构
绘制化学结构图并/或输入任何所需的数据。然后单击"检索"按钮继续检索。该检索将被添加到检索历史中。

◉ 子结构
○ 精确匹配

⬆ 打开 mol 文件
⬇ 保存 mol 文件

| 化合物名称 | ∨ | 示例: NICKEL or AMINO* |

| AND ∨ | 化合物生物活性 ∨ | 示例: ANTIDOTE ACTIVITY or CARCINOGENIC ACTIVITY |

| AND ∨ | 分子量 ∨ | < ∨ | 示例: 60 |

| AND ∨ | 特征描述 ∨ | 示例: 作为反应物 |

| AND ∨ | 气体环境 ∨ | Any ∨ |

| AND ∨ | 反应检索词 ∨ | 示例: Irradiation or NMR |

| AND ∨ | 大气压 (atm) ∨ | < ∨ | 示例: 500 |

| AND ∨ | 时间 (小时) ∨ | < ∨ | 示例: 5 |

| AND ∨ | 温度 (摄氏度) ∨ | < ∨ | 示例: 5 |

| AND ∨ | 产率 ∨ | < ∨ | 示例: 80 |

| AND ∨ | 反应关键词 ∨ | 示例: OLIGOMERISATION or ASYMMETRIC SYNTHESIS |

| AND ∨ | 化学反应备注 ∨ | 示例: Commercial or Simple |

| ⊖ 出版日期 ∨ | YYYY-MM-DD | 至 | YYYY-MM-DD |

+ 添加行　　⬤ 包括回流标记

× 清除　　检索

图 9-33　核心合集的化学结构检索界面

5. 检索结果管理

（1）检索结果概要页面：检索结果概要页面（图9-34）以简短的记录格式显示检索结果。页面左上角会显示检索出的结果数量，还显示有检索出这些结果的检索式。检索结果概要页面上的所有题录记录都是来源文献记录，单击来源刊链接，可查看该刊的 JCR 分区等信息。这些来源文献记录来自收录在产品索引中的项目（如期刊、书籍、会议和专利）。每篇来源文献记录都有用户可以访问的"全记录"。此外，用户还可以将来源文献记录添加到自己的标记结果列表，如果属本人论文，可在"导出"下拉菜单中单击"添加到我的研究人员个人信息"将该文添加至个人账号中，以便集中管理自己的文献（免费注册后使用）。

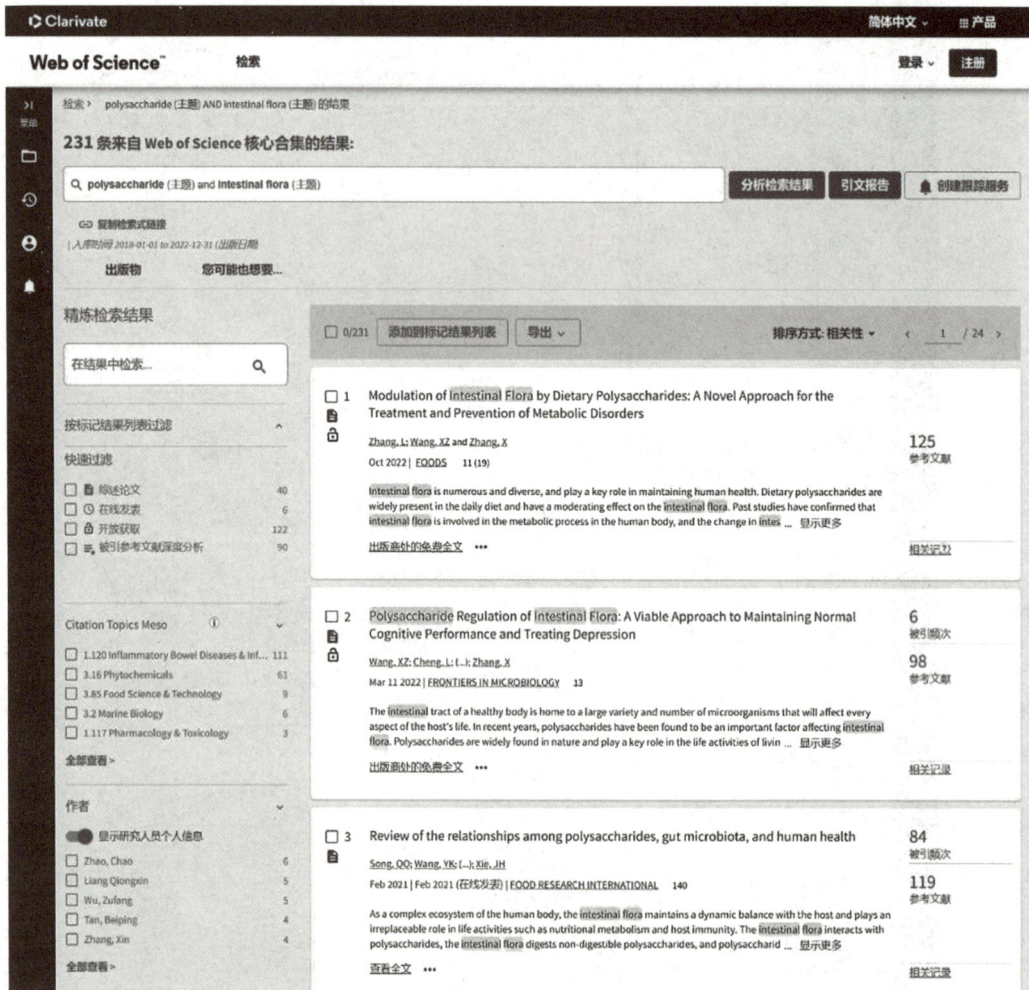

图 9-34　核心合集的检索结果概要页面

另外，在检索结果概要页面，用户可选择多种方式对检索结果进行精炼，如快速过滤（综述论文、在线发表、开放获取等）、引文主题（中观）（Citation Topics Meso）、作者、出版年、文献类型、Web of Science 类别、所属机构、出版物标题、出版商、国家/地区、语种等。

（2）检索结果全记录页面：单击某一条记录，可进入其全记录页面（图9-35）。全记录中的字段有：标题（Title）、作者（Author）、来源出版物（Source Title）、参考文献（Cited References）、被引频次（Time Cited）、相关记录（Related Records）、摘要（Abstracts）、作者关键词（Author Keywords）、补关键词（Keywords Plus）、通讯作者地址（Reprint Address）、电子邮件地址（E-mail Address）、入藏号（Accession Number）、IDS 号（IDS Number）等。

笔记栏

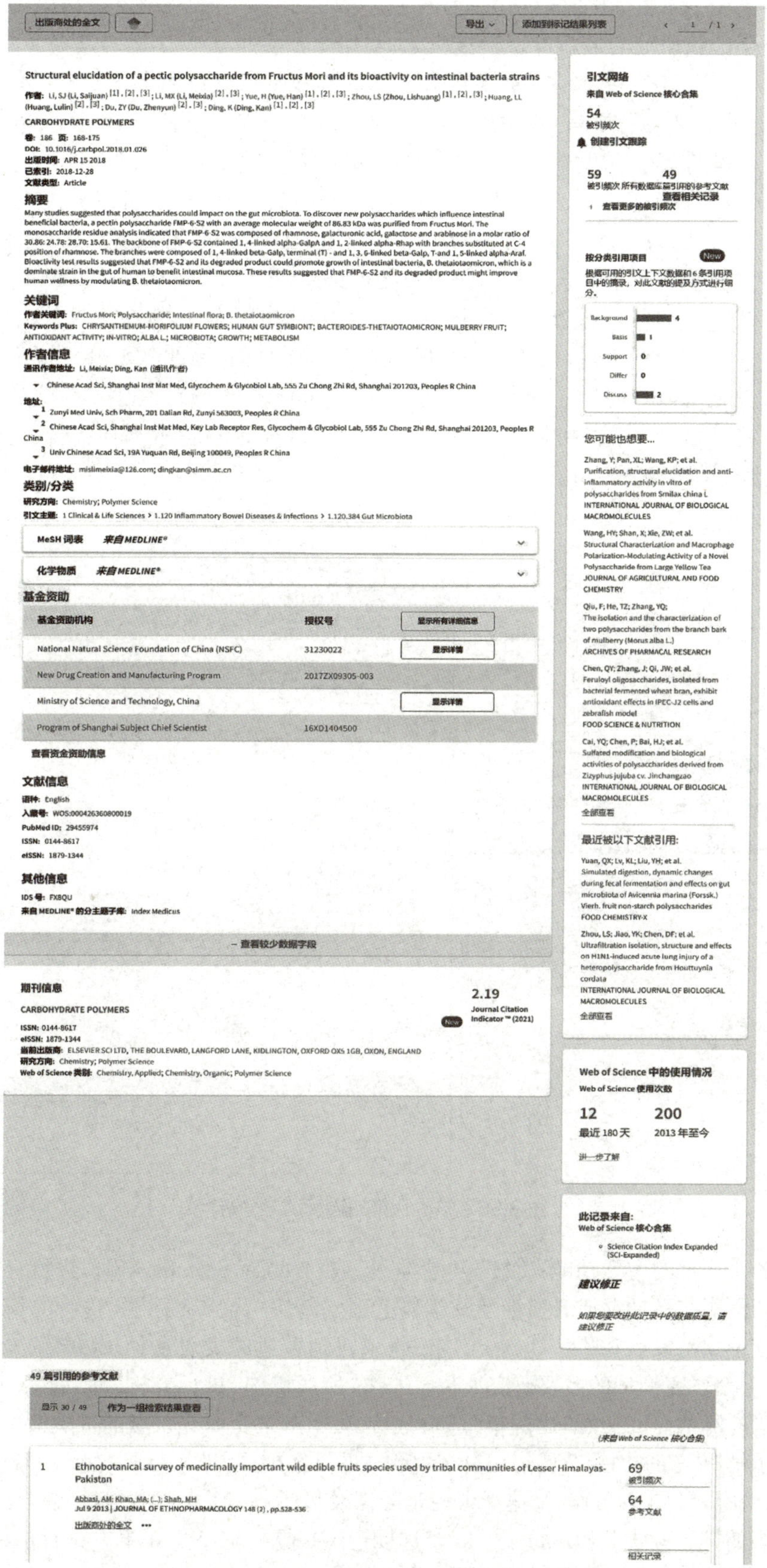

图 9-35 核心合集的检索结果全记录页面

检索结果全记录页面的主要功能：①该文献被引频次背后的施引文献可以展现未来，检索者据此可了解该研究的最新进展，发现该文对当今研究的影响。②通过该文献的参考文献追溯过去，可了解该文的研究依据和课题起源。③"相关记录"有助于扩展视野，找到更多相关的文献(具有共被引参考文献的文章)，将结果越查越广；通过"您可能也想要"也可获取更多相关文献推荐。④创建引文跟踪服务，可了解今后该文献的被引用情况。⑤通过 EndNote Click 插件(Kopernio，一个免费的浏览器插件及在线工具)，可链接到本机构 OPAC 馆藏、本机构已订购数据库的全文或 OA 全文、其他机构 OPAC 馆藏、Google 学术搜索的全文。⑥可通过多种方式下载该文献记录以及将该记录保存到 EndNote 单机版或者网络版个人图书馆。⑦在"期刊信息"中可查看期刊影响力、当前出版商、ISSN、eISSN 等信息。

（3）检索结果分析：分析功能可用于任何结果概要页面，因此除了分析检索结果外，也可以分析相关记录(Related Records)和施引文献(Citing Articles)。检索者可按多种途径对检索记录进行分析，如作者、出版年、文献类型、Web of Science 类别、所属机构、出版物标题、出版商、基金资助机构等，如图 9-36 所示。

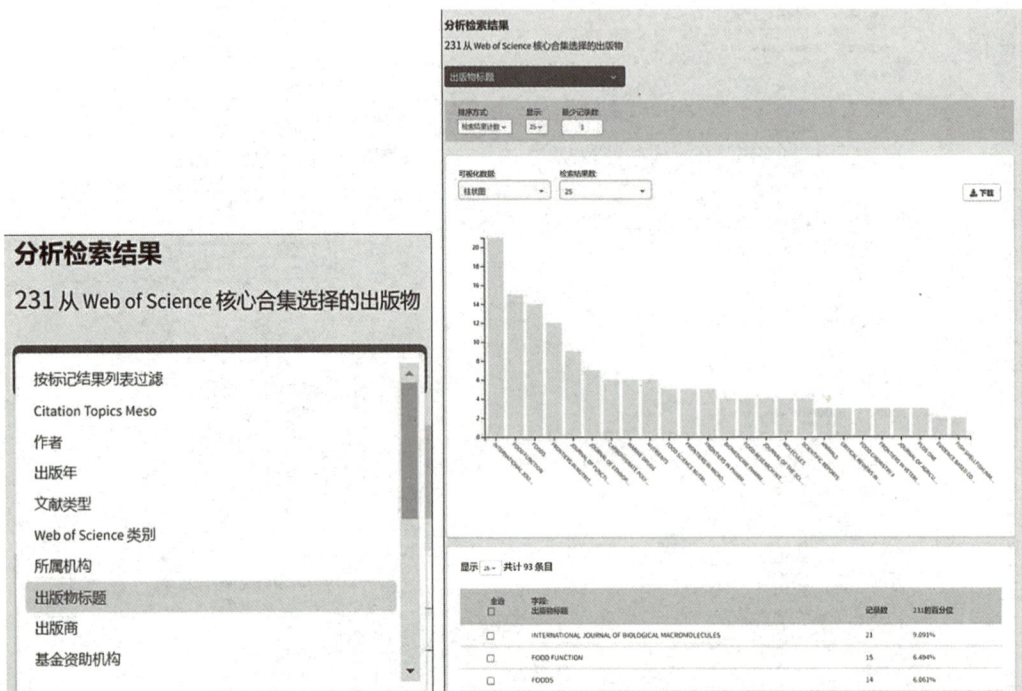

图 9-36　核心合集的检索结果分析

各种分析途径的主要功能：①按"文献类型"或"Web of Science 类别"进行分析，可了解某个课题的学科交叉情况或者所涉及的学科范围。②按"出版物标题"进行分析，可关注该领域的研究论文都发表在哪些期刊上，以便将来找到合适的发表途径。③按"作者"进行分析，可了解某个研究领域的主要研究人员。④按"所属机构"进行分析，可了解从事同一研究的相关机构有哪些。⑤按照"出版年"进行分析，可了解某个研究领域的进展情况。

若要了解"中药多糖调节肠道菌群"研究的期刊分布，可进行以下操作。①选择分析的字段：出版物标题(图 9-36)。②选择可视化图像及显示结果数。③下载可视化图像。④设置结果列表的排序方式及显示选项。⑤勾选标记感兴趣的记录。⑥单击查看标记结果的文献。⑦可选择下载部分或全部分析结果。

检索者也可以先对检索结果按照被引频次排序后再进行分析，从而可获得更有意义的分析结果。在浏览分析结果的同时,还可以在该页面上对分析结果进行再次分析。

（4）创建引文报告:在检索结果概要页面,单击右上角的"引文报告",可对检索结果创建引文报告。如图 9-37 所示,是对"中药多糖调节肠道菌群"课题创建的引文报告,图中直方图显示了近 5 年来每年发表的文献量,可用于分析文献产出趋势,如该课题 2021 年和 2022 年发文数量激增,说明"中药多糖调节肠道菌群"已成为这两年的研究热点;折线图显示了检出文献近 5 年来每年的被引频次,反映其引文影响力趋势,2022 年的被引频次达到 1 312 次,说明该研究领域受关注度非常高。

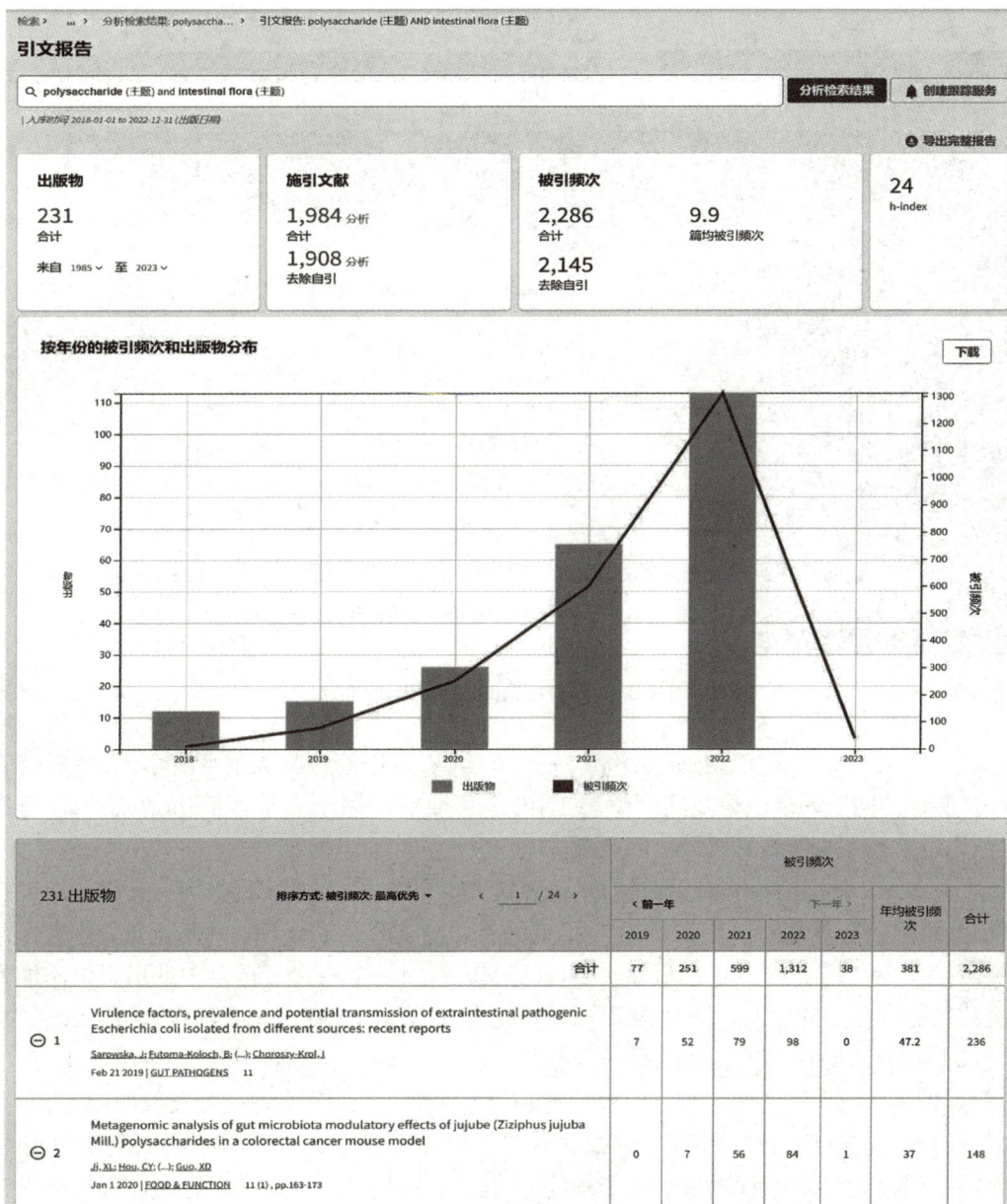

图 9-37　核心合集的引文报告

如图 9-37 所示,折线图上方可见施引文献总量、去除自引的施引文献总量、被引频次总计、去除自引的被引频次总计、篇均被引频次和检出文献的 H 指数。折线图下方列出了每篇检出文献的总被引频次,并由高到低排序,由此可获得该研究领域的高被引文献。

6. 个性化服务和功能 在新版 Web of Science 平台上,个性化服务和功能主要存在于左侧导航面板上,主要包括标记结果列表、检索历史、个人信息、保存的检索式和跟踪。只有注册用户并且必须登录才能使用个性化服务和功能。

(1) 检索历史:如图 9-38 所示,所有执行过的检索式都在检索历史列表中,从中可以保存检索历史,打开保存过的检索历史,对检索结果进行组配以及删除检索式等。检索历史可以选择保存在 Web of Science 平台服务器上,也可以选择保存在本地计算机上,要将检索历史保存到服务器,必须注册登录后才能使用。由于系统不会自动将检索历史保存为跟踪服务,注册登录的用户可在保存检索历史时手动创建跟踪服务。

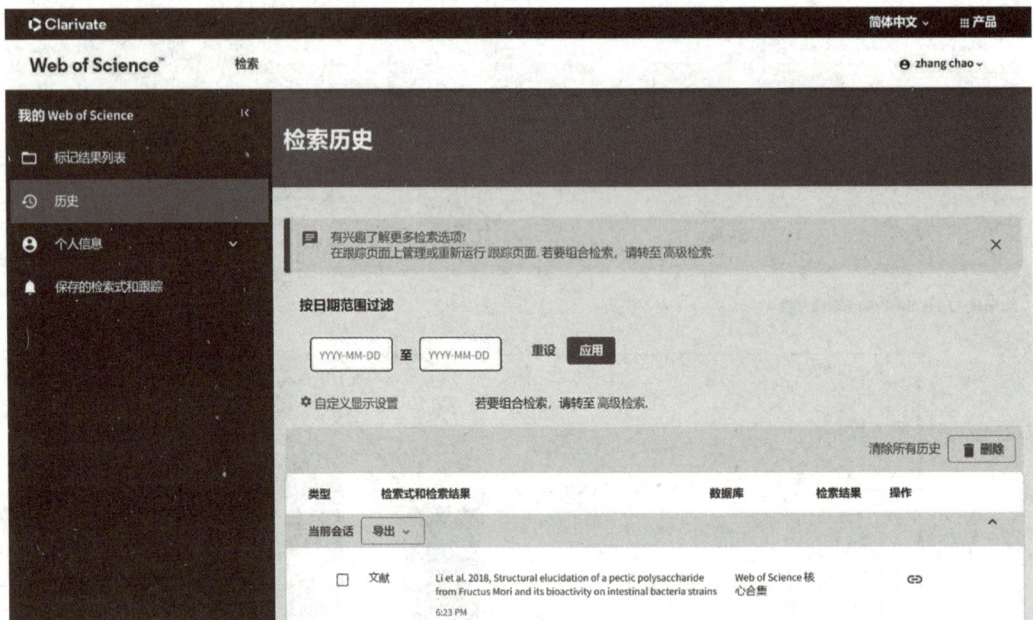

图 9-38 核心合集的检索历史界面

(2) 研究人员个人信息:通过研究人员个人信息,可以管理个人的所有学术出版物,管理经过验证的同行评议记录及期刊编辑工作,还可便捷下载个人学术简历,以展示作为作者、编辑及审稿人为学术界所做出的贡献。

Web of Science Researcher ID 是学术研究人员一个专属的身份识别号码,解决了作者身份问题,可用于区分 Web of Science 中的研究人员。拥有 Researcher ID 并不意味着作者记录已被研究人员认领,需要其主动认领属于自己的作者记录,或将作者记录中的出版物添加到现有认领的研究人员个人信息中,从而确保研究人员和其出版物之间的正确归属。

(3) 保存的检索式和跟踪:如图 9-39 所示,新版 Web of Science 平台提供引文跟踪、检索跟踪、作者跟踪 3 种功能。通过设置检索和引文跟踪,可及时了解最近发表的研究,并能及时查看所关注著作的引用情况。通过设置检索跟踪,当与保存的检索条件相匹配的新出版物添加到数据库时,会及时发送电子邮件提醒。通过设置作者跟踪,当新的出版物或引文与给定作者相关联时,会通过电子邮件发送跟踪。

(4) EndNote:EndNote 是科睿唯安公司发行的一款重要的文献管理软件,分为单机版和网络版。EndNote 账号与 Web of Science 通用,Web of Science 平台的注册用户可直接登录 EndNote 网络版,如图 9-40 所示。科研人员浏览检索结果时,可将相关记录输出、保存到 EndNote 网络版,建立个人文献数据库,从而加强对科技文献的有效管理和分析,有利于激发

图 9-39　保存的检索式和跟踪界面

图 9-40　EndNote 网络版界面

科研思路。撰写论文时,可以边写作边引用参考文献,并可一键调整参考文献格式,提高论文的写作效率。

（二）Scopus 数据库

1. 概述　Scopus 是 Elsevier 公司于 2004 年 11 月推出的文摘和引文数据库,内容涵盖数学、物理、化学、工程学、生物学、生命科学及医学、农业及环境科学、社会科学、心理学、经济学等 27 个学科领域。Scopus 收录了来自 150 多个国家或地区、40 多种语言、约 7 000 家出版商的同行评议文献,类型包括期刊(其中有 860 余种中国大陆期刊)、会议论文、丛书、专利等,数据每日更新,年均数据增长率约为 8%,目前数据最早可追溯至 1778 年。Scopus 使用多元指数评价文献和期刊影响力,不使用分区、影响因子,可认为同为 Elsevier 产品的 EI(Engineering Index,工程索引)是 Scopus 的子集,且 Scopus 比 EI 更便捷、更全面。相对于其他单一的文摘索引数据库而言,Scopus 的内容更加全面,学科更加广泛,特别是在获取欧洲及亚太地区的文献方面,用户可检索出更多的文献数量。由于功能强大,Scopus 已受到国内外学术界普遍关注,其数据在全球权威大学排名(如英国的 THE、QS 世界大学排名)、"中国高被引学者"榜单、高校学科评估等领域得到广泛应用。

2. Scopus 数据库的多元指数　Scopus 数据库主要提供 3 种不同类型的多元指数:期刊指数、文献指数和研究者指数,供用户针对期刊、文献、研究者,从不同角度评估期刊与文献的影响力、研究者的学术产出。

（1）期刊指数:主要包括 CiteScore、SJR 和 SNIP。

CiteScore 即期刊影响力指数"引用分"。CiteScore 以四年区间为基准来计算每本期刊的平均被引用次数,并提供期刊领域排名、期刊分区的相关信息,其作用是测量期刊的篇均影响力,让用户了解期刊在其相应领域的重要性。Scopus 的 CiteScore 每个月更新,可查看最新期刊的引用分。

SJR(SCImago Journal Rank),由西班牙的 Félix de Moya 教授所在的 SCImago 研究团队提出,其核心概念来自 Google 的 PageRank 计算法,根据引用权衡表以及复杂且性质不同的网络资源引用,如 Scopus 使用的特征向量中心性来决定学术期刊的排名。SJR 指数是不受体量影响的计量方法,旨在衡量期刊目前的"文章平均声望"。

SNIP(Source Normalized Impact per Paper,标准化影响系数),由荷兰莱顿大学(Leiden University)CWTS 团队的 Henk Moed 教授提出。其根据某个主题领域的总引用次数、给予引用权重,进而衡量上下文引用所造成的影响。该方法就是找出每篇论文中期刊引用的数目与主题领域内引用的可能性之间的比例,目的是可以直接比较不同主题领域内的文献,以突破传统影响因子无法考量不同研究领域的引用情形。

(2) 文献指数:可协助使用者评估研究文献的影响力,包括 FWCI 和 PlumX。FWCI(Field-Weighted Citation Impact,领域权重引用影响力指数),是显示一篇文献与类似文献相比之下的引用频率,考虑的因素为出版年份、文献类型和与出处相关的学科。该指数世界平均为 1,高于 1 则表示文献表现优于世界平均水准,反之亦然。PlumX 是于 2017 年 6 月替代原 Plum Metrics 的新指数,可提供 Usage、Captures、Mentions、Social Media、Citations 五个方面的信息。

(3) 研究者指数:即 H-index(H 指数),是由美国加利福尼亚大学圣地亚哥分校的 Jorge E. Hirsch 教授所发展的混合量化指数,用于评估研究者的学术产出数量与学术产出影响力。

3. Scopus 数据库的功能　Scopus 数据库的登录网址为 https://www.scopus.com。对于非订阅用户来说,通过 Scopus 预览可免费获取相关信息,如查看访问权限,查看、认领并更新个人资料,查看 Scopus 内容,提供期刊排名和度量标准,如图 9-41 所示。至于文章搜索和其他一些功能(如排序功能等)仅对订阅客户开放。

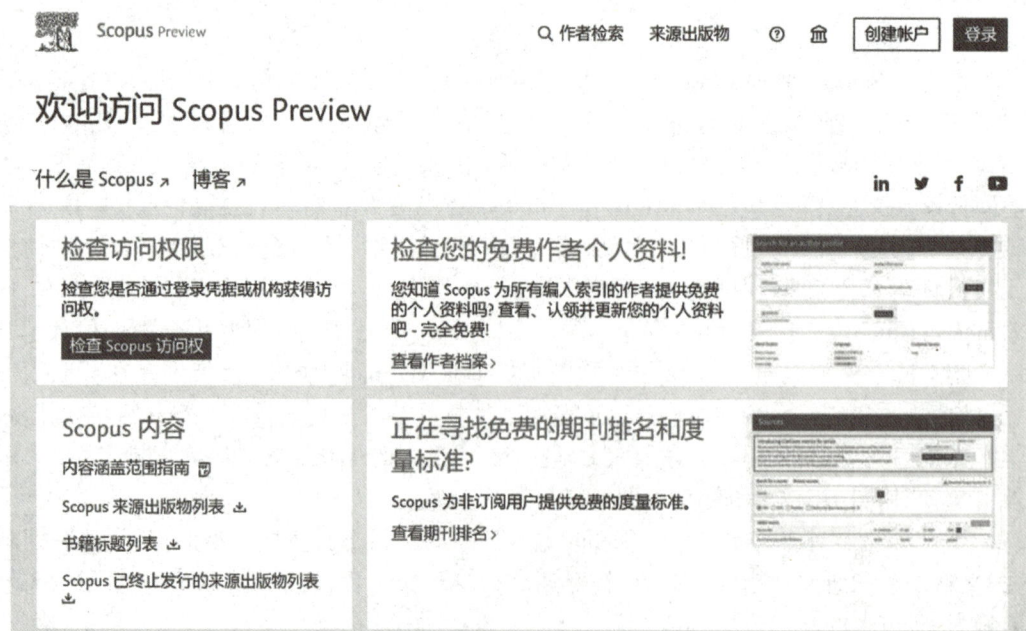

图 9-41　非订阅用户的 Scopus 预览界面

Scopus 数据库的主要功能如下:

（1）提供快速检索、基本检索、作者检索、高级检索以及多种精炼检索结果的方式,可以同时检索网络和专利信息(通过 Scirus 网络搜索引擎)。

（2）提供标准的全文链接,还可以基于用户定购期刊列表定制全文链接,这 2 种方式都可以通过 Scopus 管理工具(Admin Tool)来设置。Scopus 还提供了"View of Web"链接,让用户可以从参考文献页面直接链接到网络上的全文资源。目前 Scopus 已经有超过 39 万条"View of Web"链接。

（3）提供引文分析的功能,自 1996 年以来的 2.8 亿条参考文献都可以通过简单直观的方式进行评估,从而发现某一领域的研究热点和发展趋势,进一步寻找新的研究突破口。

（4）作者身份识别系统(Author Identifier)可以帮助用户排除容易混淆的作者,进而确定唯一作者。Scopus 为约 2 000 万作者分配了独有的唯一识别号,并可以识别出某一位作者最近的 150 位同著者。将作者身份识别与引文追踪结合运用,可以方便地对特定文献的影响、作者的影响和特定期刊的影响进行分析。

第三节　循证医学资源检索

一、循证医学简介

1. 循证医学的定义　循证医学(evidence based medicine,EBM)是 20 世纪 90 年代初兴起的一门交叉学科。1996 年,David Sackett 将循证医学定义为"慎重、准确、明智地应用当前所能获得的最佳研究证据来确定患者的治疗措施"。2000 年,David Sackett 更新定义为"慎重、准确、明智地应用当前可得最佳研究证据,同时结合临床医师个人的专业技能和长期临床经验,考虑患者的价值观和意愿,完美地将三者结合在一起,制订出具体的治疗方案"。2014 年,Gordon Guyatt 将循证医学定义完善为"临床实践需结合临床医生个人经验、患者意愿与来自系统化评价和合成的研究证据"。

2. 循证医学的三要素　循证医学的定义表明其实践具有以下三个要素特点:

（1）医务工作者的专业技能与经验,是实践循证医学的基础。

（2）"证据"的质量及其运用,是实践循证医学的决策依据。

（3）患者的期望与选择,是实践循证医学的独特优势。

由此可见,在实践循证医学的过程中,文献检索具有重要作用。

3. 循证医学的四原则

（1）基于问题研究:循证实践需从实际问题出发,科学构建临床问题。例如在防治性研究中,按照"PICOTS"进行要素分析,从而明确问题,检索证据,见表 9-1。

表9-1　"PICOTS"要素分解

P	I	C	O	T	S
population/patients/partici-pants	intervention	comparison	outcomes	time	setting
研究对象的类型、特征、所患疾病类型等	干预措施	对照措施	结局指标	时间框架	研究环境

（2）遵循证据决策：决策是多因素互相关联且需要进行综合权衡的复杂过程，受到证据本身、决策环境、决策者和患者偏好等多因素影响。因此，决策需依据当前可得的所有最佳证据，充分考量证据的科学性、适用性和可靠性，并综合分析证据与问题的匹配度。

（3）关注实践结果：对证据指导实践的结果进行关注，将已解决的问题上升为新的证据，对未解决的问题查找原因，开展深入研究。

（4）加强后效评价：随着研究的增加及技术的进步，更新证据，对实践的结果进行后效评价。

4. 循证医学的基本步骤

（1）明确问题：问题包括临床问题及卫生政策问题等。

（2）检索证据：科学严谨地制订检索策略，系统全面地搜集解决问题的研究证据。

（3）评价证据：根据循证医学证据分级标准，采用科学的方法、公认的工具，对证据的真实性、可靠性、适用性、临床重要性及相关性等方面进行严格评价。

（4）指导实践：将经过严格评价的最佳证据应用于指导决策，制订实施方案。

（5）后效评价：对应用当前最佳证据指导实践的效果进行后效评价。若效果理想，则可用于进一步指导实践；反之，则查找问题，分析原因，针对问题进行新的循证研究及实践，探索新的解决方案。

二、循证医学资源介绍

加拿大 McMaster 大学临床流行病学与生物统计学教授 R. Brian Haynes 等分别于 2001 年、2007 年和 2009 年提出了循证医学证据资源的"4S""5S"和"6S"金字塔模型，循证医学证据资源模型的演进从侧面反映了循证医学证据资源的发展。

如图 9-42 所示，在"6S"模型中，居于顶层的计算机决策辅助系统（Systems）是循证医学证据来源的首选，但当现有数据库智能化水平不能解决问题时，则需要利用证据总结；若问题仍不能解决，则需要从系统评价摘要及系统评价中寻求解决方案；若问题还未得到解决，则可利用原始研究摘要和原始研究。"6S"循证医学资源分类介绍见表 9-2。

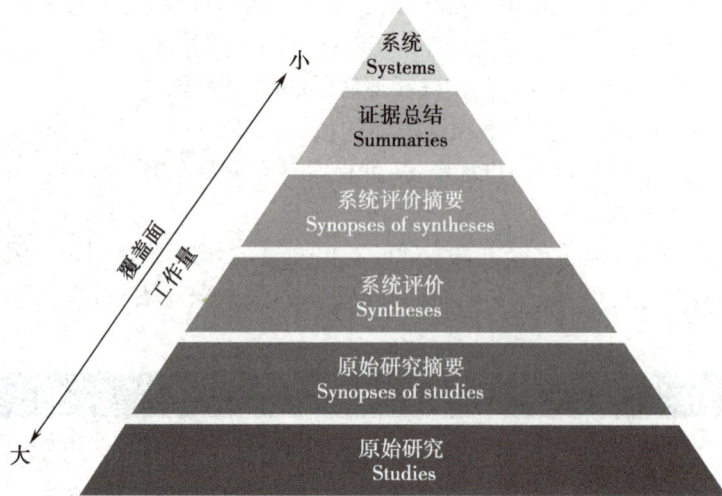

图 9-42 证据资源的"6S"模型

表 9-2　循证医学资源分类

分类	特点	资源举例
系统（systems）	是指将医院信息系统与循证知识库相整合的计算机决策辅助系统。针对临床问题，主动向医生提供循证的诊断意见、治疗方案、护理文件、药物信息及其他与患者安全相关的重要信息	ProVation MD ZynxCare VisualDX GIDEON
证据总结（summaries）	是指循证知识库以及循证临床指南。针对临床问题，整合来自系统评价摘要、系统评价、原始研究摘要和原始研究的最佳证据，直接提供相关背景知识、专家推荐意见、推荐强度和证据级别	Up To Date DynaMed Plus Best Practice Clinical Key Essential Evidence Plus GIN NGC
系统评价摘要（synopses of syntheses）	是指对系统评价和原始研究证据的简要总结及专家对证据质量和证据结论的简要点评和推荐意见，表现形式通常为期刊、临床实践指南等	EBM 系列期刊 ACP Journal Club
系统评价（syntheses）	是指对原始临床研究的系统评价	Cochrane Library——CDSR Cochrane Library——DARE
原始研究摘要（synopses of studies）	是指对原始临床研究数据的评价和总结	ACP Journal Club EBM 系列期刊
原始研究（studies）	是指原始单项研究	PubMed Embase Cochrane Library——CEN-TRAL

三、循证医学证据检索

（一）UpToDate

1. 概述　UpToDate（http://www.uptodate.com）创建于 1992 年，现隶属于荷兰威科出版集团的循证医学数据库，服务全球 30 000 多家医疗机构，为 1 700 000 多名医生提供高效的医疗决策支持。UpToDate 的内容覆盖 25 个临床专科，提供 11 800 多篇全面而详尽的临床专题及 9 600 多条经过循证医学 GRADE 分级的推荐意见。同时，提供 35 000 多张专业的图片资料、6 300 多篇英文药物专论、1 200 多篇中文药物总论、3 400 多篇药物说明书、1 500 多篇患者教育资料、200 多个医学计算器、440 000 多篇参考文献摘要/MEDLINE 引文。

2. 检索步骤

进入网站首页 → 输入检索词语 → 筛选检索结果 → 列出检索结果 → 查阅全文资料

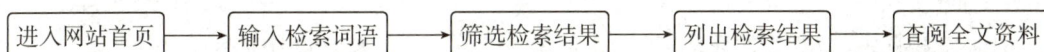

（1）进入网站首页：如图 9-43 所示，UpToDate 目前已提供中文检索界面，在检索界面右上角可选择中文检索界面或英文检索界面，以下步骤以中文检索界面为例。

（2）输入检索词语：用户可以在检索栏中输入英文或中文检索词，系统会将中文检索词自动转换为英文进行检索，同时用户既可以输入完整的检索词句，也可以输入医学缩略语进行检索，系统会将可能匹配的词语或短语列出，供用户选择。如输入医学缩略语 CEA，系统提供了"carotid endarterectomy"和"carcinoembryonic antigen"两个匹配的短语供用户选择，点击其中任意一个，即可排除无关结果。用户可以直接在检索栏中输入单一关键词、多个关键词、词句或问题进行检索，具备根据输入词汇自动联想功能，检索内容包括病名、症状、程序、

图 9-43　UpToDate 网站首页

药名、实验室异常等。

（3）列出检索结果：如图 9-44 所示，UpToDate 将根据检索词的相关性依次列出检索结果。在输入检索词后，会出现相关的检索结果，检索结果界面的上方是筛选项，可以通过"All""Adult""Pediatric""Patient""Graphics"5 个筛选项对检索结果进行所有专题、成人、儿童、患者及图表的筛选。逐一浏览检索结果的标题，查看是否满足检索要求。

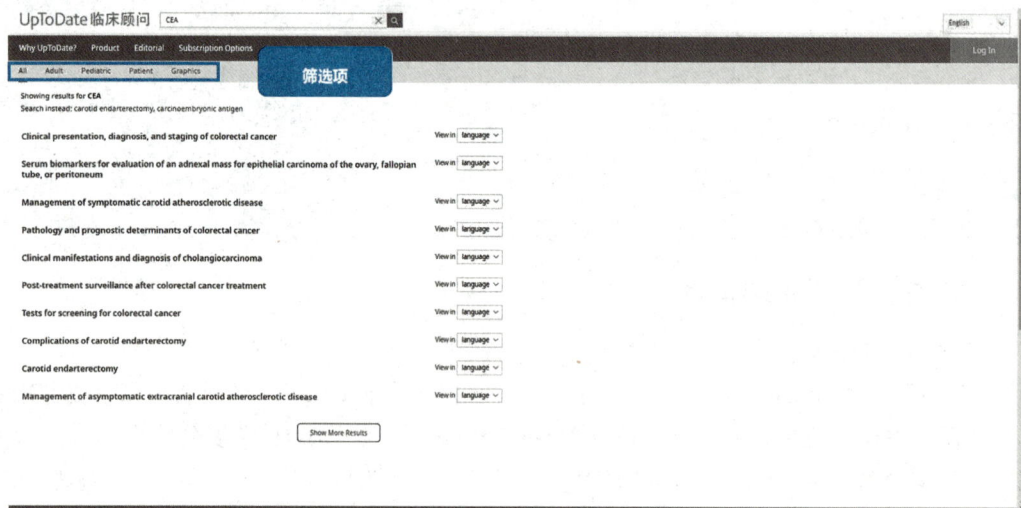

图 9-44　UpToDate 检索结果页面

（4）查阅全文资料：如图 9-45 和图 9-46 所示，点击其中一条检索结果，即可进入资料全文中。UpToDate 采用循证医学 GRADE 分级，正文内容所涉及图表、影像和表格可导出至PowerPoint。

1）专题提纲：位于界面左侧，可以快速定位文章段落（图 9-45 中的①）。

2）作者与编辑团队：文献作者与编辑团队的相关信息（图 9-45 中的②）。

3）参考文献：通过数字序号标识该段文字的参考文献（图 9-45 中的③）。

4）更新日期：包括文献评审有效期及专题最后更新日期（图 9-46 中的④）。

5）总结：该主题的总结和推荐意见（图 9-46 中的⑤）。

6）相关专题：与检索结果相关的其他临床专题链接（图 9-46 中的⑥）。

（二）DynaMed Plus

1. 概述　DynaMed Plus（https://www.dynamed.com/）隶属于 EBSCO 出版集团，为医疗保健专业人员提供有用的循证信息。DynaMed Plus 具有 3 个独特的优势：第一，系统评价当前所有相关研究，为临床医生提供最佳证据。第二，每日更新，及时整合新发表的研究证据

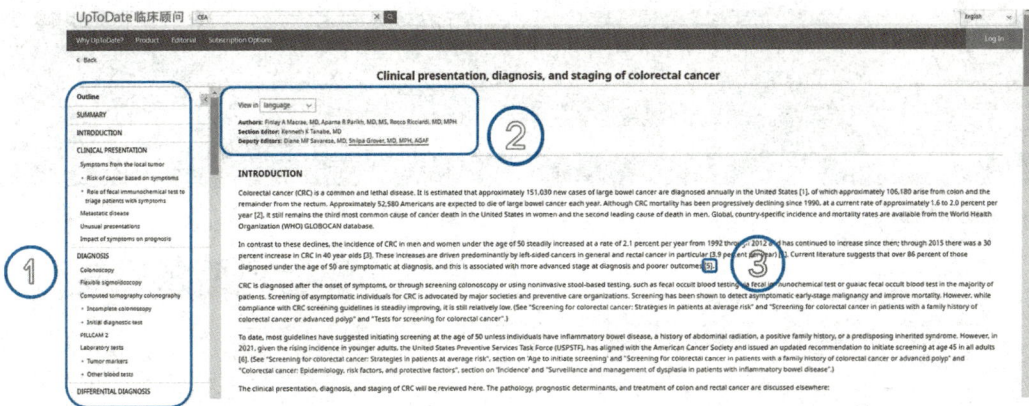

图 9-45 UpToDate 全文资料页面（1）

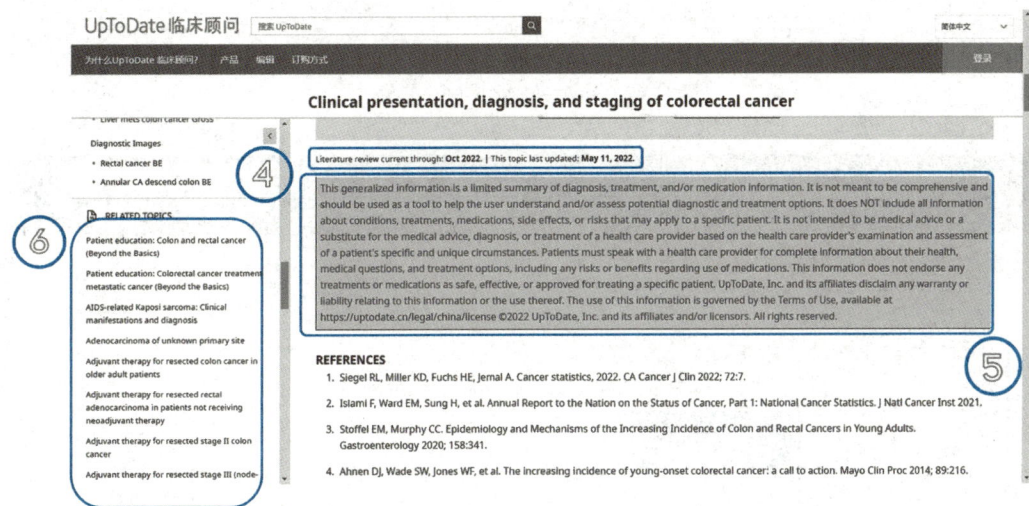

图 9-46 UpToDate 全文资料页面（2）

更新至 DynaMed Plus。第三，可通过网址和移动设备对 DynaMed Plus 进行检索和阅读。

2. 检索步骤

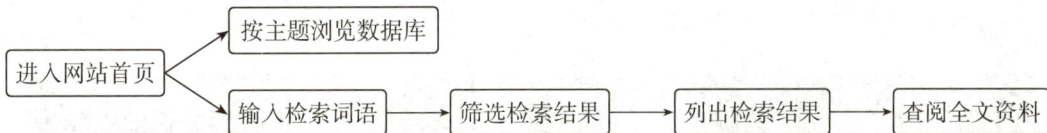

（1）进入网站首页：用户可通过网址和手机 APP 对 DynaMed Plus 进行访问。在网站首页，既可以按主题浏览数据库，也可以输入检索词进行检索，DynaMed Plus 网站首页面，如图 9-47 所示。

（2）输入检索词语：在检索栏中输入检索词，点击 🔍 进行检索，DynaMed Plus 检索结果页面。

（3）列出检索结果：在输入检索词后，出现相关的检索结果，在检索结果界面左侧会出现筛选项（图 9-48），可以通过"Approach To Patient""Condition""Drug Monograph""Drug Review""Lab Monograph""Procedure""Quality Improvement""Other"等筛选项对检索结果进行筛选。逐一浏览检索结果的标题，查看是否满足检索要求。

（4）查阅全文资料：点击其中一条检索结果，即可查阅全文，如图 9-49 和图 9-50 所示。

笔记栏

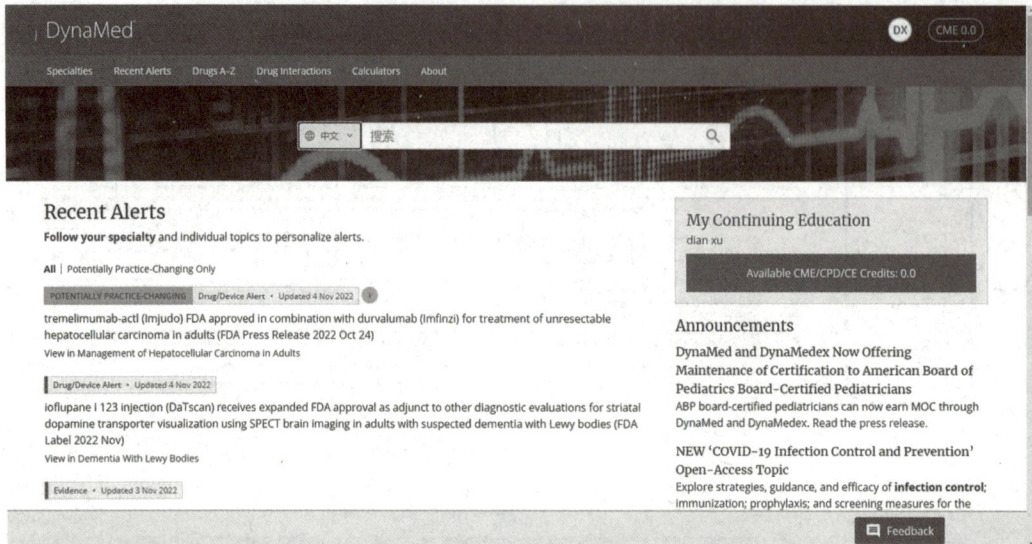

图 9-47　DynaMed Plus 网站首页

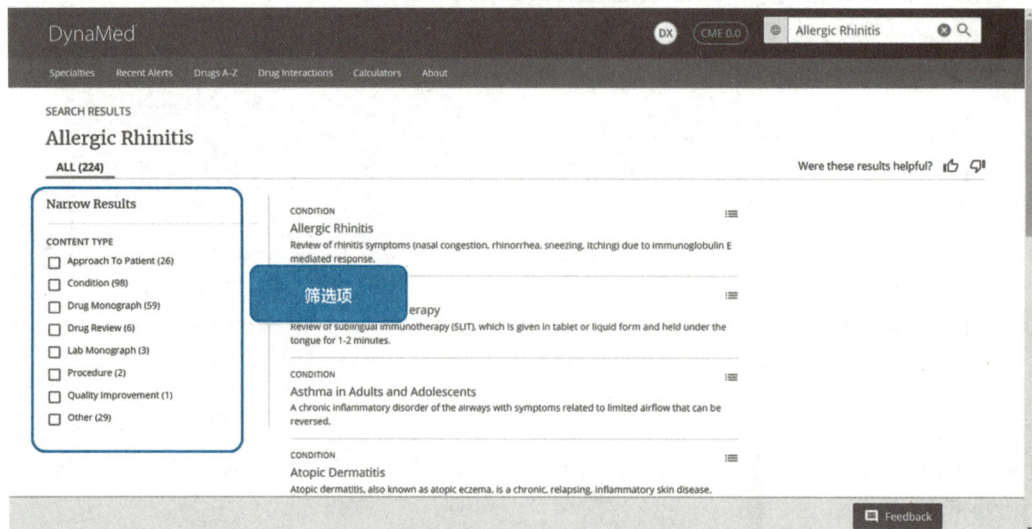

图 9-48　DynaMed Plus 检索结果页面

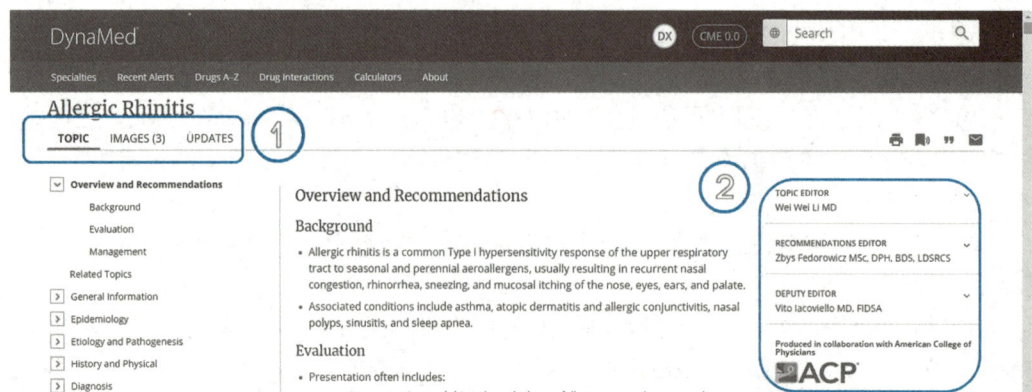

图 9-49　DynaMed Plus 全文资料页面（1）

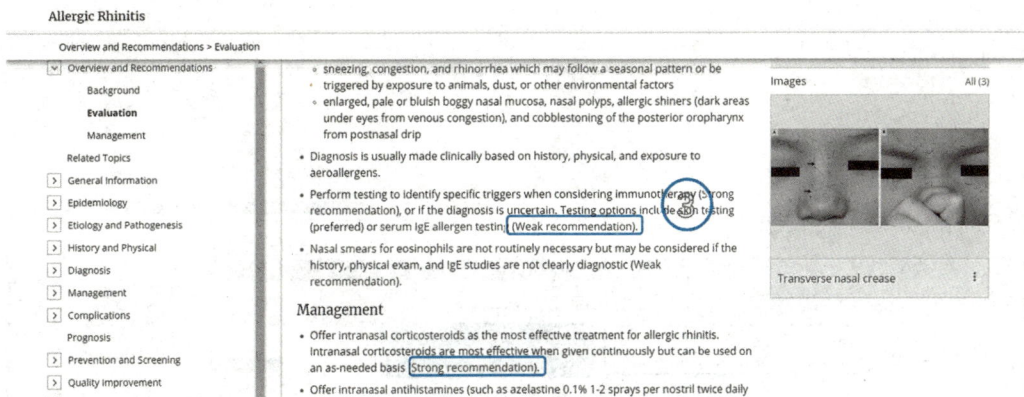

图 9-50 DynaMed Plus 全文资料页面（2）

1）专题提纲：位于界面左侧，可以快速定位文章段落、图片及最新相关文献（图 9-49 中的①）。

2）作者与编辑团队：专题作者与编辑团队的相关信息（图 9-49 中的②）。

3）推荐意见：DynaMed Plus 根据 GRADE 将证据的推荐意见分为强推荐及弱推荐（图 9-50 中的③）。

（三）Cochrane Library

1. 概述 Cochrane Library（http：//www. thecochranelibrary. com）由英国 Wiley Inter-Science 公司出版发行，包含 Cochrane 系统评价数据库（Cochrane Database of Systematic Reviews，CDSR）、疗效评价摘要数据库（Database of Abstracts of Reviews of Effects，DARE）、临床对照试验数据库（Cochrane Central Register of Controlled Trials，CENTRAL）、方法综述数据库（Cochrane Methodology Register，CRM）、卫生技术评估数据库（Health Technology Assessment Database，HTA）、英国国家卫生服务系统经济评价数据库（NHS Economic Evaluation Database，EED）6 个子数据库，适用于对循证卫生保健感兴趣的群体。

2. 检索步骤

```
进入网站首页 ──→ 浏览数据库 ──→ 按主题浏览数据库
             │              └─→ 按Cochrane系统评价小组浏览数据库
             └─→ 输入检索词语 ──→ 筛选检索结果 ──→ 列出检索结果 ──→ 查阅全文资料
```

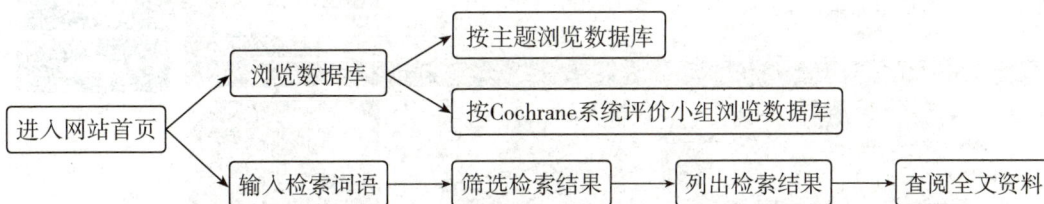

（1）进入网站首页：在网站首页，用户点击"Browse"，可按主题（Browse by Topic）浏览数据库，结果如图 9-51 所示。

（2）输入检索词语：在 Cochrane Library 里可以进行基本检索、高级检索（Advanced search）和主题检索（Medical terms）。

1）基本检索：在 Cochrane Library 首页，如图 9-52 所示，右上角检索栏中输入检索词，点击 🔍 即可进行基本检索。Cochrane Library 具备词汇提示功能，即针对输入的词汇内容自动提示其他相关可供检索的词汇，检索的字段包括"Title"（题名）、"Abstract"（摘要）、"Keyword"（关键词）。当输入多个检索词语时，默认为词与词之间的关系是逻辑运算符"AND"的关系，也可用"，"代表词与词之间的关系是逻辑运算符"OR"的关系。若对短语或词组进行检索时，应前后加双引号（""），进行精确检索。

2）高级检索：在 Cochrane Library 首页右上角检索栏下方点击"Advanced search"即可进

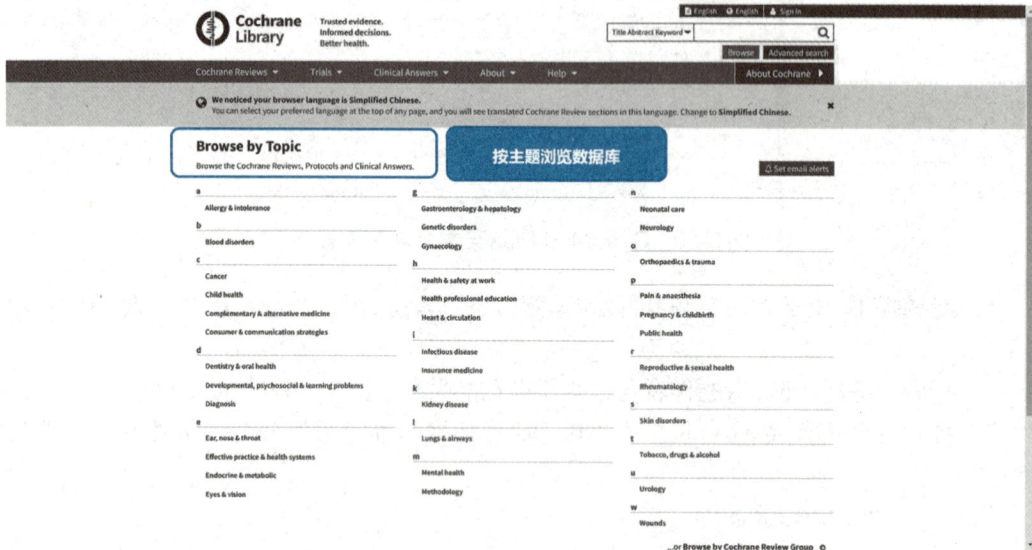

图 9-51　Cochrane Library 主题浏览数据库页面

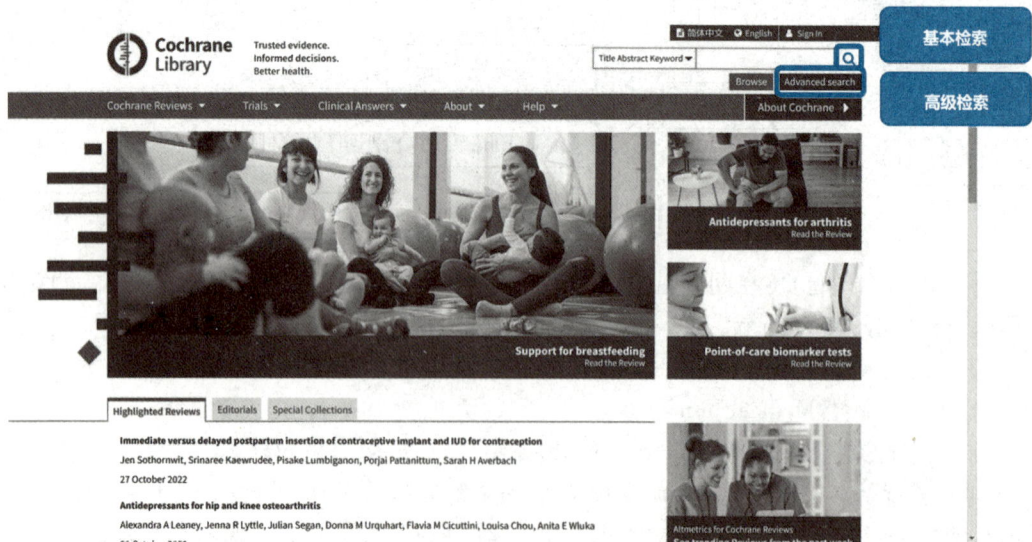

图 9-52　Cochrane Library 网站首页

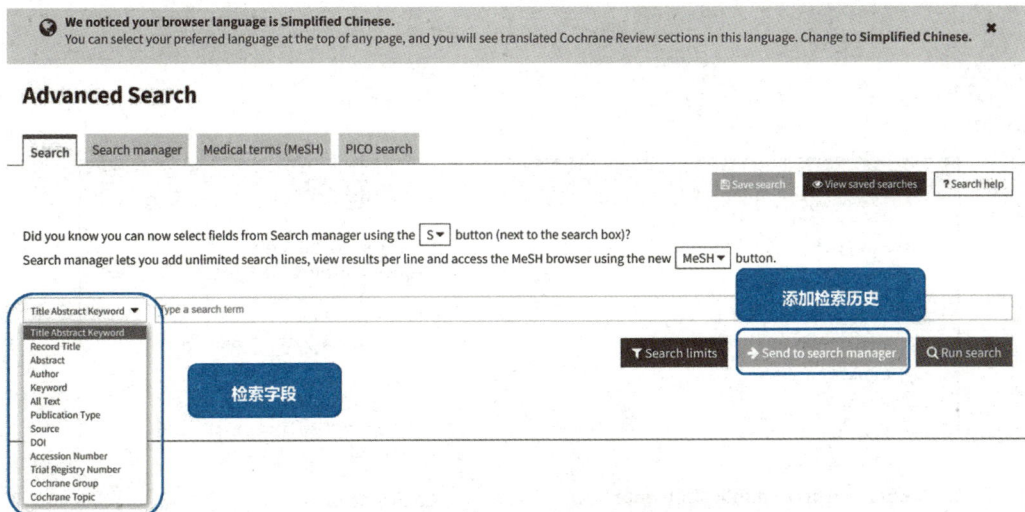

图 9-53　Cochrane Library 高级检索页面（1）

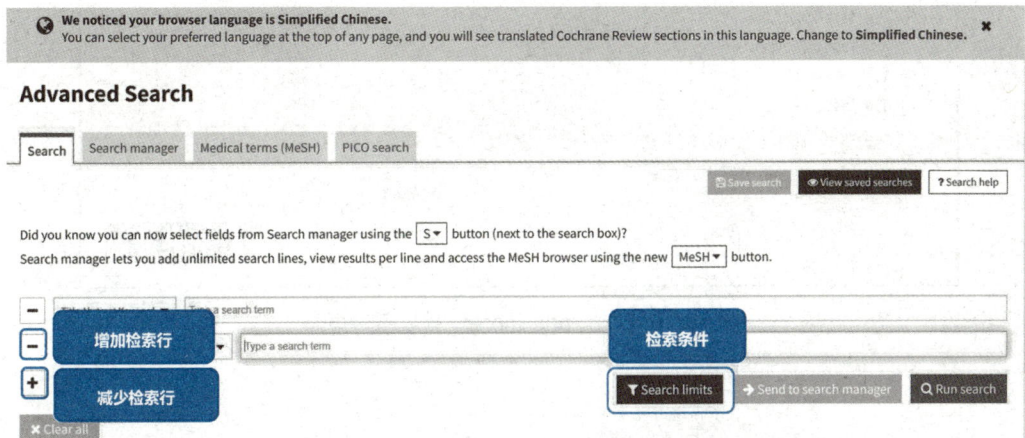

图 9-54　Cochrane Library 高级检索页面（2）

入高级检索界面,如图 9-53 和图 9-54 所示,点击"Title Abstracted Keyword"选择检索字段,输入检索词,点击"Run search"执行检索。在 Cochrane Library 中,可使用布尔逻辑进行检索,点击"+"或"-",可以增加或减少检索行,最多可增加 4 行。在高级检索界面中点击"Send to search manager",可以将本次检索添加到检索历史中,方便组配检索,也可以点击"Search limits"对检索条件进行选择和限定,进一步提高查准率,如图 9-55 所示。

3）主题检索:在高级检索界面中点击"Medical terms（MeSH）"进入主题检索界面,如图 9-56 所示,在"Enter MeSH term"中输入检索词,在"Select subheadings/qualifiers"中输入副主题词（需要时选择）,点击"Look up"可查看输入检索词的主题词及其定义和树状结构,点选位于树状结构上层的上位词可以直接移到 MeSH 树状结构的上位词上。点击"Explode all trees"选项会自动扩大检索结果。在主题检索结果界面中点击"Add to search manager",可以将本次检索添加到检索历史中,方便组配检索。在高级检索界面中点击"Search manager"可进入检索历史界面,显示已进行检索的检索策略和结果,在检索栏内,可使用逻辑运算符将多个检索结果的检索序号组合在一起进行二次检索。

（3）列出检索结果:在执行以上任一检索方法后,均可出现如图 9-57 所示界面。

检索结果界面的左侧是筛选项,可以通过"Date""Status""Available Translations""Re-

笔记栏

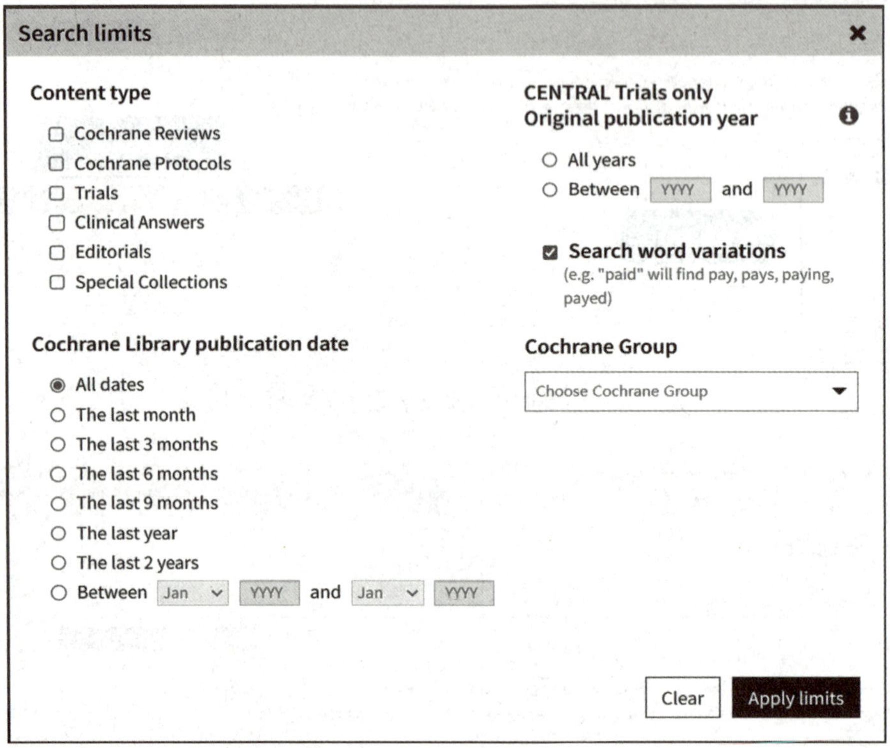

图 9-55　Cochrane Library 检索条件页面

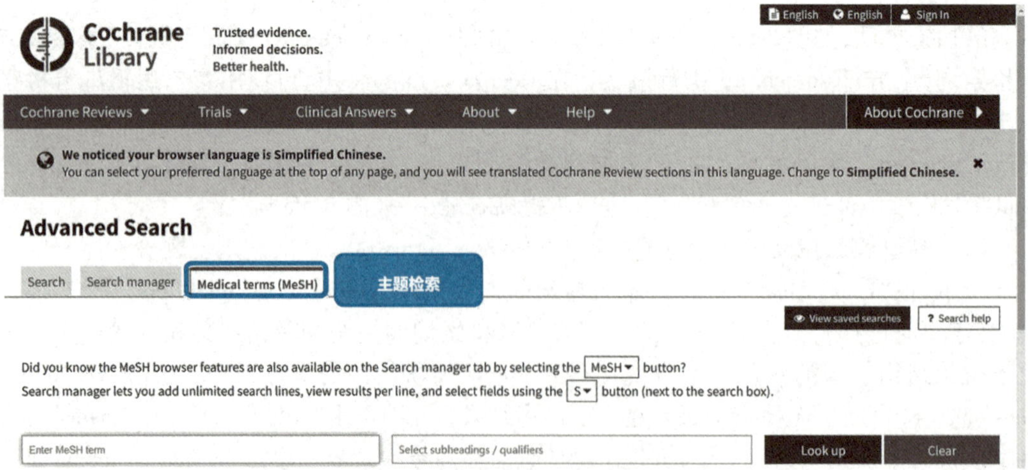

图 9-56　Cochrane Library 主题检索页面

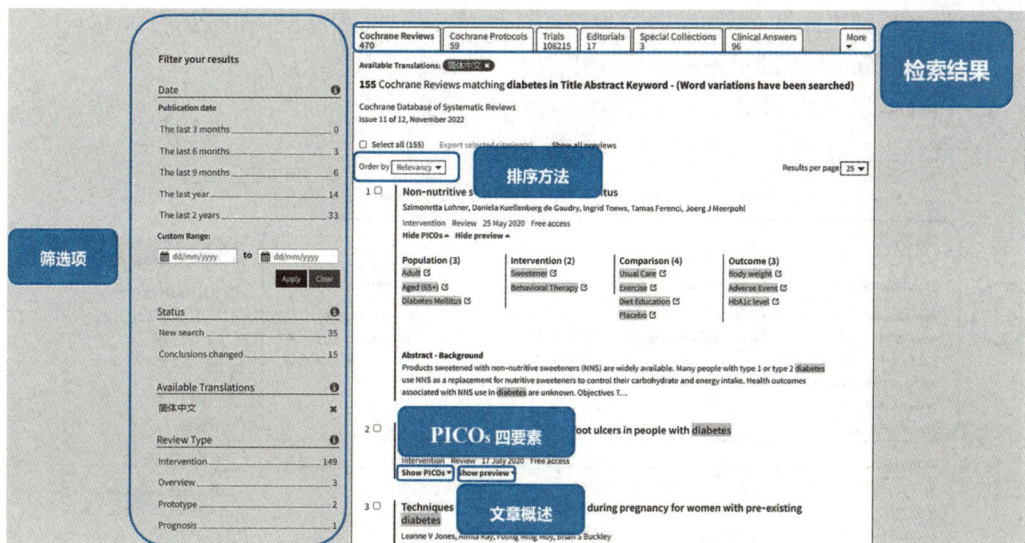

图 9-57 Cochrane Library 检索结果页面

view Type"等筛选项对检索结果进行时间、状态标记、可用翻译版本、评价类型、主题等筛选。检索结果界面的右上方为检索结果分类提示,包括"Cochrane Reviews""Cochrane Protocols""Trials""Editorials""Special Collections""Clinical Answers",点击"Order by Relevancy"可以更改排序方法,Cochrane Library 提供相关度排序、首字母排序及日期排序等。逐一浏览检索结果的标题,查看是否满足检索要求。点击标题下方的"Show PICOs",可以看到这篇文章的PICOs 四要素;点击标题下方的"Show preview",可以看到这篇文章的概述。

(4)查阅全文资料:点击满足要求的论文标题即可进入摘要界面。通过浏览摘要(Abstract)和概要(Plain language summary)进行临床决策,若需浏览全文,点击"Full All content"即可,如图 9-58 所示。

1)文章目录:位于界面右侧,可以快速定位文章段落、图片及最新相关文献(图 9-58 中的①)。

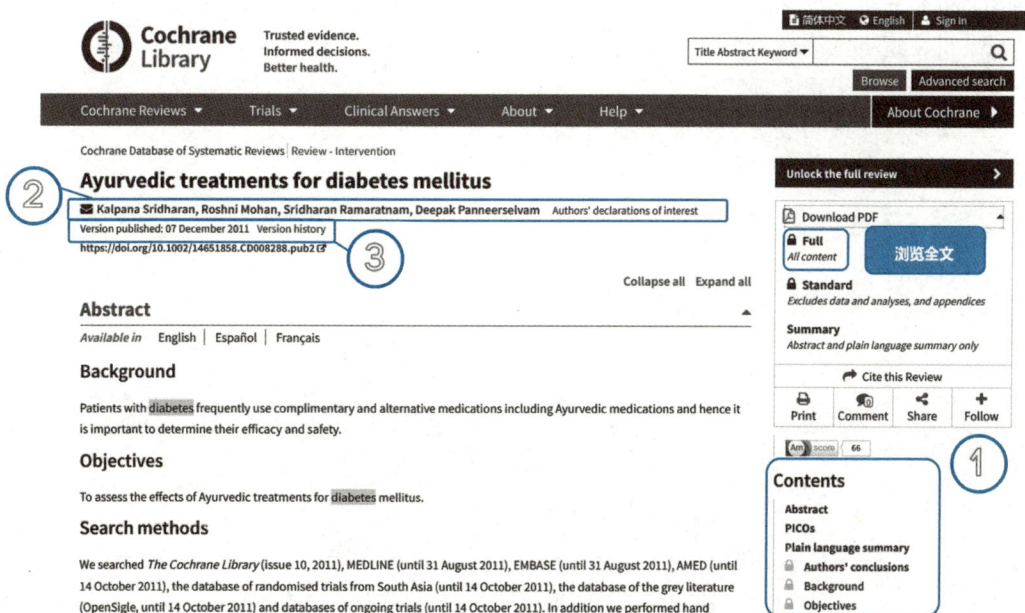

图 9-58 Cochrane Library 文章摘要页面(1)

笔记栏

2）作者与编辑团队：专题作者与编辑团队的相关信息（图 9-58 中的②）。

3）发布时间：文本的更新时间和历史版本（图 9-58 中的③）。

4）PICOs：文章的 PICOS 四要素（图 9-59 中的④）。

5）概要：与主题相关的概要（图 9-59 中的⑤）。

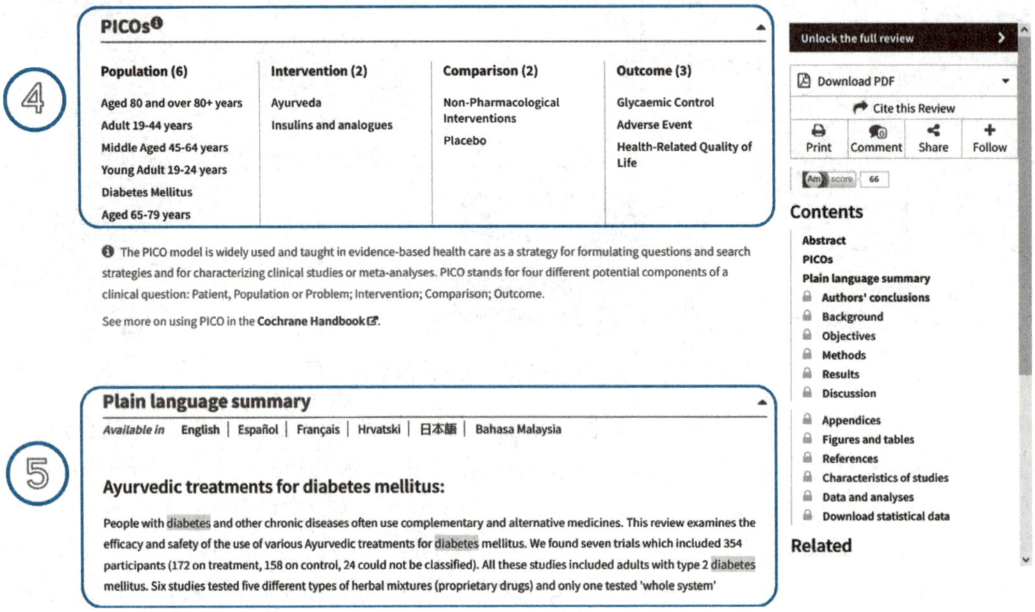

图 9-59　Cochrane Library 文章摘要页面（2）

ER-9-3

扫一扫，测一测

（张　超　唐琍萍）

复习思考题

1. 引文检索的作用有哪些？
2. 引文分析法的特点有哪些？
3. 请简述引文分析法的主要应用。
4. 请简述循证医学的四个原则。
5. 请简述实践循证医学的基本步骤。

第十章

中药文献综述及论文写作

📖 **学习目标**

1. 掌握撰写中药文献综述论文的要求,并正确运用文献类型标识和著录格式。
2. 熟悉中药文献综述与中药科研论文的撰写、论文编写格式与文摘编写规则。
3. 了解学术不端文献检测系统及其使用。

第一节　中药文献综述的撰写

一、文献综述

文献综述(review),简称综述,是在确定了选题后,在对选题所涉及的研究领域或专题文献资料进行广泛阅读和理解的基础上,对该研究领域的研究现状(包括主要学术观点、前人研究成果和研究水平、争论焦点、存在的问题及可能的原因等)、最新研究成果、进展、研究动态、技术和发现以及发展前沿等内容进行综合分析、归纳整理和评论,并且提出自己的见解和研究思路后所形成的科学研究信息交流的书面形式。具体地说,就是作者在某一时间内,针对一定的专题,对大量原始研究论文中的数据、资料和主要观点进行归纳整理、分析提炼而写成的论文。综述属三次文献,专题性强,涉及范围较小,具有一定的深度和时间性,能反映出这一专题的历史背景、研究现状和发展趋势,具有较高的情报学价值。

文献综述是"综"与"述"相结合。"综"是指通过作者对阅读材料的整理、综合分析,把许多文献资料的共同观点、实验结果和方法提炼出来,按一定思维程序加以综合、概括的科学思维过程,所以"综"是精华与核心。"述"是指在"综"的基础上,专门、深入、系统地论述某方面的问题,按文章的写作程序把它表达出来展示给读者的过程,是一种手段和方法。

中药文献综述是作者在阅读了有关中药专题的大量文献资料的基础上,经过综合分析、归纳整理和评论总结而形成的一种科技论文。其内容以中药文献为主,遵循一般文献综述的撰写原则与方法。

二、文献综述的类型

(一)按文献的撰写方法分类

1. 文摘性综述　又称"综合性文摘"。这类综述对原始文献的内容一般不进行评价,只对其进行综合性阐述,其目的是为读者提供较为详尽的资料。

2. 分析性综述　又称"评论性综述"。综述者为表达自己的意见和见解,对原始文献的内容做了一定的分析和评价。

（二）按综述的内容性质分类

综述的内容一般包括历史回顾、成就概述、学术争鸣、未来展望等方面,根据各方面所占的比例不同,可分为以下几种:

1. 动态性综述　以历史回顾为主。针对某一专题,按时代先后和学科发展的历史阶段,由远及近地进行综合分析和介绍。其旨在反映某专题的历史阶段性成就,强调时间上的顺序性。

2. 成就性综述　以成就概述为主。重在介绍某一专题的研究成果,如新观点、新方法、新技术、新进展等。对研究的历史回顾可以从略。这种综述对科研的借鉴和指导意义较大,实用价值较高。

3. 展望性综述　以未来展望为主。重在分析预测某一学科或某一专题研究的发展趋势,对学科的发展和专题研究有一定的导向作用。

4. 争鸣性综述　以学术争鸣为主。针对某一学科的不同学术观点,进行广泛的搜罗、归类和总结,很少加入作者的观点。该类综述对活跃学术气氛、开拓思路,有一定益处。

三、文献综述的作用与目的

（一）作用

文献综述是一切合理研究的基础,是科研选题及进行科研的第一步,因此学习文献综述的撰写也是为今后科研活动打基础的过程。其作用主要有以下几点:

1. 有利于选择科研方向　在科研开始阶段,综述为科研人员提供研究课题的历史、现状、当前争论的焦点及发展趋势等资料,帮助科研人员全面了解本领域的情况,从而选定有意义、有价值的研究课题。

2. 有利于更新专业知识　综述能让我们用较少的时间和精力对某项专题的内容、意义、历史、现状及发展趋势等有较完整、系统、明确的认识。能最大限度地借鉴前人的成果,正确制定科研题目,拟定切实可行的科研方案。

3. 有利于查阅资料　综述文后所附的参考文献可为读者提供已确定课题的相关参考文献,成为一种独特的情报检索系统。利用参考文献回溯、循环检索,可获得成千上万篇文献资料,并可满足在检索工具缺乏时的族性检索。族性检索是对具有某种共同性质或特征的众多事物、概念的检索。

4. 有利于提高学术表达与评判能力　写作综述不仅是积累科研资料的重要方法,也是了解有关专题的历史现状和发展趋势,培养科学组织材料,提高正确表达学术思想以及客观评价和判断学术观点能力的有效途径。

（二）目的

通过深入分析某个领域过去和现在的研究成果,指出其目前的研究状态,明确需要进一步解决的问题和未来的发展方向,并依据有关学科理论,结合具体的研究条件和实际需要,对各种研究成果进行评论,提出自己的观点、意见和建议。此外,还可收集新动态、新水平、新发现、新原理、新技术等文献进行综述,为人们提供较全面的信息。

四、文献综述的撰写步骤

（一）精心选题

做好选题是写好文献综述的基础和关键。首先,选题要新。确定主题之前必须检索近期是否有类似综述文章发表,如果所写的主题与别人的文章重复,而和别人的文章相比又没有独到的见解和新进展,应另选主题。选择近几年进展较快、知识尚未普及、原始报道积累较多、意见不一致而存在争论的新课题。最好从综述的理论研究、实验研究及临床研究实际出发,选择自己专长的、有基础的或者正在开展的研究工作的相关题目。选题要结合中医药研究特点,突出中医药特色。选择的题目可大可小,大到一个领域、一个学科,小到一个病证、一种治法或一种药物。初次撰写文献综述,所选题目尽量小而具体,不宜过大、过宽,这样查阅文献的数量相对较小,撰写时易于归纳整理。

（二）收集文献

选定题目后,就要有针对性地广泛搜集文献资料。搜集文献要求越全越好,至少几十篇,多者数百篇,应主要搜集近 5 年内的一次性文献。目前,文献搜集主要通过计算机检索的方式进行,作者可通过中国知网、万方、维普等国内优秀的科技文献全文数据库进行检索。但是由于期刊出版周期的限制,作者仍难以从中获得最新的资料;加之用主题词检索的方法往往会漏掉部分相关文章,因此要检索高水平学术会议、预印本、仓储式在线出版平台等,要综合利用不同的文献检索方法,甚至传统的手检方式仍不可或缺。

（三）整理材料

搜集好与选题有关的文献后,就要对这些文献进行阅读、归纳、整理。如何从这些文献中选出具有典型性、科学性和可靠性大的材料十分重要,从某种意义上讲,所阅读和选择的文献的质量高低,直接影响文献综述的水平。因此在阅读文献时,要写好"读书笔记""读书心得"和做好"文摘卡"。用自己的语言写下阅读时得到的启示、体会和想法,将文献的精髓摘录下来,不仅为撰写综述时提供有用的材料,而且对于训练自己的表达能力、阅读水平都有好处。综述要如实反映原作者的观点,不能任意改动,但对引用的资料也要有所取舍,不应把搜集和阅读过的文献都写进去。

借助文献可视化分析软件 CiteSpace、HistCite、VOSviewer 等,对文献进行主题、关键词、作者单位、合作网络、期刊、发表时间、文献被引等内容的可视化分析,可快速理清某一领域的发展历程,识别出该领域的研究前沿和发展趋势,提高文献整理效率。

（四）编写文献综述提纲

所谓提纲,是按照一定的逻辑关系,将笼统框架的各部分内容具体化的大小标题。提纲应具有观点明确,能指明各部分的详简程度和逻辑关系,提出结论,帮助理清脉络层次等特点。提纲要求紧扣主题、层次分明、提纲挈领、用词精炼,并把摘录卡置于相应标题之下,这样就把整篇综述的"骨架"搭起来了。拟定提纲主要有以下几个步骤:

1. 拟定大纲 即设计综述文章的一级标题。列举要论述的各问题或方面,一个问题或一个方面列出一个标题,如理论、观点、方法等。

2. 细化大纲 即确定综述的二级、三级标题。列出各一级标题的分论点,以及对每个分论点展开论述的每一个小论点。论述的每个问题所包含和涉及内容的详简和深浅程度都不同,因此要根据具体情况列出二级、三级标题。对大纲的细化可明确文章各部分的逻辑关系及各部分要阐述的具体内容。提纲的粗细与思考问题的深入程度成正比,考虑问题越深,对所要综述的问题论述得越透彻、全面。

拟定提纲的重点是确定前言的内容和正文的各级标题。把主要观点放在前,次要观点放在后,通过顺序上的安排以突出文章重点。根据写作提纲将内容逐项展开,并注意观点与内容的一致。在写作过程中,可根据需要调整结构和补充内容。

（五）阐述自己的主要观点

作者要用简练的语言将主要论点进行总结,并得出结论。最后还要提出尚待解决的问题及解决问题的可能方法,为今后在该领域或专题开展研究提出建设性的展望。

（六）整理及润色整篇文献

当作者对综述的思路、结构、轮廓已越来越清楚,对案头的文献资料及应该在何处引用也十分清楚时,就可开始下笔写作。

五、文献综述的撰写格式

文献综述主要包括题目、作者所在单位和姓名、摘要及关键词、前言、正文、总结、参考文献、致谢等部分。下面就文献综述的主要组成部分的写作方法作一简要说明。

(一)题目

题目应简明扼要,主题突出,一般不超过 25 个字,常由文献引用的时限、综述主题加文体标志性词语组成,有时可省去标志性词语和时限,采用"近况""进展""概况""研究""综述"等模糊词语,多属研究历史不长的课题或泛指近几年的情况,如《酸枣仁汤治疗失眠及作用机制研究进展》等。

(二)摘要

摘要及关键词综述摘要包括综述的目的、研究现况、存在问题、解决的方法和今后研究的方向,为陈述性摘要。关键词是自由词,可列出 3~5 个。

(三)前言

前言主要说明综述撰写的目的和意义,简明扼要地说明写作的目的、相关概念、所涉及的内容及时间范围、相关问题的现状及焦点,使读者对综述内容有大概的了解。前言不宜写得过长,一般应控制在 200 字以内。

(四)正文

该部分内容是综述的主体部分。多围绕提出问题、分析问题和解决问题而展开。正文内各段落的排列次序,因其撰写的目的和类别而异。如动态性综述,强调时间上的顺序性,要求严格按时间顺序排列其内容。其他类别则对此没有严格的要求。主体部分,可围绕着几个主题的论点和论据来分别组织材料。每一论点的提出,应首先将综合归纳出来的论点放在前面,然后分别介绍各家论点,以其原始文献作为论据进行引证。引证的文字,既可以是直接取自原始文献,也可以是经过综述者加工之后的文字。但其基本观点必须与原作者保持一致。

(五)总结

总结是全篇文章的精华,要用简练的语言将全文主要的论点和论据进行概括性总结,得出结论。结论是研究者根据自己对前言中提出的问题及正文部分提供的依据有了深入理解之后,做出的恰如其分的评价。最后对尚待解决的问题提出解决的办法,对今后进一步开展该领域或专题的研究,提出建设性的预测和展望。

(六)参考文献

与一般论文相比,数量众多的参考文献,就成为综述文体结构的显著特点之一。参考文献必须是作者亲自阅读过的、最新的、最重要的文献。引用参考文献的意义在于:标明资料来源,提高综述的可信度;为读者提供查找原始资料的线索;表示对原文作者权益的保护与尊重。参考文献的排列次序与序号,要与正文中的引文次序和序号保持一致。

例如文献:酸枣仁汤治疗失眠及作用机制研究进展

摘要:目的 分析总结酸枣仁汤治疗失眠症的疗效及作用机制的研究进展,为优选临床失眠症治疗方案、深入研究其作用机制提供依据。方法 全面检索各大中英文数据库建库至 2021 年 3 月的酸枣仁汤治疗失眠的中英文文献,构建"酸枣仁汤治疗失眠临床研究数据库"(clinical research database of suanzaoren decoction in treating insomnia,

CRDSTI）。根据排除/纳入标准的筛选文献并提取相关数据,对文献数据进行归类分析和疗效评价;并以网络药理学方法为例,获取酸枣仁汤化学成分、化合物靶点、疾病靶点、共有靶点等相关信息,运用生物信息学技术分析"靶点-通路"之间的联系,对关键通路进行解释,介绍酸枣仁汤治疗失眠症的主要作用机制。**结果** 共纳入 64 篇文献,含患者:观察组 3 290 例,对照组 2 971 例。数据整理结果显示,在临床有效率、睡眠评分改善、调节睡眠质量和调控血样指标方面,观察组的治疗效果均优于对照组,具有统计学意义($P<0.05$);通过在线数据库检索,共得到 135 个化学成分和 413 个潜在靶点,其中 77 个化学成分、36 个潜在靶点和 47 条通路与治疗失眠密切相关,主要涉及多巴胺能突触(dopaminergic synapse)、神经活性配体-受体相互作用(neuroactive ligand-receptor interaction)、5-羟色胺能突触(serotonergic synapse)、肿瘤坏死因子信号转导通路(TNF signaling pathway)、细胞因子-细胞因子受体互作(cytokine-cytokine receptor interaction)等途径。**结论** 在常规西药治疗失眠的基础上联合使用酸枣仁汤,可通过调节血样指标、改善睡眠质量、减少不良反应,显著提高治疗效果;此外,酸枣仁汤主要通过干预神经递质调节、炎性反应、下丘脑-垂体-肾上腺轴(HPA 轴)功能等途径治疗失眠症。研究汇集近年较全面的酸枣仁汤治疗的临床研究数据,从治疗效果评价到微观作用机制分析,对酸枣仁汤治疗失眠的研究进展进行综述,为后续相关研究的深入及其他药物的临床评价、机制研究等提供参考与借鉴。

关键词:酸枣仁汤;失眠;疗效评价;作用机制

前言:一项对失眠发病率及影响因素的国际调查研究[1],发现 11.3% 的参与者被诊断为失眠,这证实了失眠问题在全球范围内的重要影响。研究也发现,引发失眠的因素很多:性别、生活压力、从事宗教活动、患有情绪障碍、焦虑症、饮酒和精神疾病等都与失眠症密切相关,尤其是情绪问题和焦虑症。失眠症,一般指患者对睡眠时间和/或质量不满足并影响日间社会功能的一种主观体验,常表现为入睡困难、睡眠维持障碍、早醒或易醒、睡眠质量下降和总睡眠时间减少,伴有日间功能障碍等[2]……

正文提纲:

1 资料检索与整理

2 文献分析

3 疗效评价

3.1 有效率分析

3.2 不良反应分析

3.3 其他指标评价

4 作用机制研究

4.1 研究方法

4.2 机制介绍

5 结语

参考文献

（引自《中华中医药学刊》2022 年 10 月第 40 卷第 10 期）

六、文献综述的取材原则与注意事项

撰写文献综述的前提条件,就是必须查阅足够的文献资料。原则上,凡是与某专题有关的文献资料,都可以作为素材使用。但由于综述的篇幅和性质所限,在撰写之时,必须对其素材进行一定的取舍。

(一)取材原则

1. 取一次文献,舍二次文献、三次文献　因为一次文献是作者根据本人的研究成果而撰写的第一手资料,属于原始文献,其中往往含有前所未有的发明创造或一些新颖的观点,具有较高的参考利用价值。二次文献、三次文献则是在一次文献的基础上,经过再次加工而产生的文献,其中可能掺入了再次整理者的某些认识和观点。

2. 取主要资料,舍次要资料　文献综述是以大量占有一手资料为前提的。但在收集到的大量原始文献资料中,难免有相互重复或与主题关系不甚密切的内容,对此均应舍去,只取其主要内容,以杜绝事无巨细的有文必录。

3. 取新舍旧,取近舍远　对于成就性综述来说,因其主要目的是介绍某一专题的最新研究成果,故其取材内容应以能够反映综述专题的新观点、新经验、新方法或新技术的原始文献为主,取新舍旧,取近舍远,以确保综述的新颖性。

通过上述对素材的取舍过程,在大量原始文献中去粗取精、去伪存真,才能确保综述的质量和学术水平,使其成为资料翔实、说理清楚而又言简意赅的学术论文。

(二)注意事项

1. 忌堆砌资料　利用查阅的中药文献资料,全面地、深入地、系统地对某一专题进行论述,而不是简单地罗列资料。中药文献综述应阐述自己的鲜明观点,指出主题的发展背景,还要有评论性的意见,指出问题所在,以及有哪些问题有待进一步解决和探索。

2. 忌妄加评论　中药文献综述多用第三人称对诸家论述进行综合评述,内容要求客观、真实。叙述和列举各种理论、观点、方法、技术及数据时要客观,必须如实反映原文献的内容。进行评议要审慎,应基于客观进行分析、评价,不能出于个人喜好、倾向进行评论,更不能出于个人情感有意偏袒或攻击。

第二节　文献类型标识和著录格式

一、文献类型标识

(一)常用文献类型用单字母标识

1. 期刊[J](journal)　也称杂志,由多位作者撰写的不同题材的作品构成的定期出版物。又称连续出版物,有固定名称、定期或不定期连续刊行,每期载有不同著者、译者或编者所编写的文章,用连续卷、期和年月顺序编号出版,每期的内容不重复。其出版周期短,信息更新速度快,内容新颖,影响面较广,是中医药专业动态信息最重要的来源。

2. 专著[M](monograph)　专门著作,对某一学科或某一专门课题进行全面系统论述的著作。一般是对特定问题进行详细系统考察或研究的成果。

3. 论文集[C](collected papers)　论文集从字面上来解释就是把各种主题类似的论文集合在一起。比如,天然产物研究开发论文集里的论文都是与天然产物研究开发相关的。论文集可以作为一本书或期刊的增刊正式出版,用于区别学术期刊。论文集也可以是综合多种形式的论文结集在一起,合订成的一本书。

4. 学位论文[D](dissertation)　学位论文指的是完成一定学位必须撰写的论文,对格式有严格要求,学位论文是学术论文的一种形式,包括学士论文、硕士论文、博士论文3种。按照研究方法不同,学位论文可分理论型、实验型、描述型3类。理论型论文运用的研究方法是理论证明、理论分析、数学推理,用于获得科研成果;实验型论文运用实验方法,进行实验研究获得科研成果;描述型论文运用描述、比较、说明方法,对新发现的事物或现象进行研究而获得科研成果。

5. 专利[P](patent)　是专利权的简称。它是指一项发明创造,即发明、实用新型或外观设计,向国家知识产权局提出专利申请,经依法审查合格后,向专利申请人授予的在规定时间内对该项发明创造享有的专有权。

6. 技术标准[S](standardization)　技术标准包括基础技术标准、产品标准、工艺标准、检测试验方法标准,以及安全标准、卫生标准、环保标准等。技术标准有3个特点:一是各企业通过向标准组织提供各自的技术和专利,形成产品的技术标准;二是企业产品的生产按照一定的技术标准来进行,通过统一的标准,产品、设备之间可以互联互通,这样可以帮助企业更好地销售产品;三是标准组织内的企业可以一定的方式共享彼此的专利技术。

7. 报纸[N](newspaper article)　是以刊载新闻和时事评论为主的定期向公众发行的印刷出版物,是大众传播的重要载体,具有反映和引导社会舆论的功能。

8. 科技报告[R](report)　是记录某一科研项目调查、实验、研究的成果或进展情况的报告,又称研究报告、报告文献。出现于20世纪初,第二次世界大战后迅速发展,成为科技文献中的一大门类。每份报告自成一册,通常载有主持单位、报告撰写者、密级、报告号、研究项目号、合同号等。按内容可分为报告书、论文、通报、札记、技术译文、备忘录、特种出版物。大多与政府的研究活动、国防及尖端科技领域有关,具有发表及时、课题专深、内容新颖且成熟、数据完整、注重报道进行中的科研工作等特点,是一种重要的信息源。查寻科技报告有专门的检索工具。

(二)电子文献载体类型用双字母标识

1. 磁带[MT](magnetic tape)　一种用于记录声音、图像、数字或其他信号的载有磁层的带状材料,是产量最大和用途最广的一种磁记录材料。磁带按用途大致可分成录音带、录像带、计算机带和仪表磁带4种。

2. 磁盘[DK](disk)　利用磁记录技术存储数据的存储器,有软盘和硬盘。

3. 光盘[CD](CD-ROM)　光盘是以光信息作为存储物载体,存储数据的一种物品。分不可擦写光盘和可擦写光盘2种类型,不可擦写光盘有CD-ROM、DVD-ROM等,可擦写光盘有CD-RW、DVD-RAM等。

4. 联机网络[OL](online)

(三)电子文献载体类型的参考文献类型标识

方法为:[文献类型标识/载体类型标识]。例如:

1. 联机网上数据库[DB/OL](data base online)

2. 磁带数据库[DB/MT](data base on magnetic tape)

3. 光盘图书[M/CD](monograph on CD-ROM)

4. 磁盘软件[CP/DK](computer program on disk)

5. 网上期刊[J/OL](serial online)

6. 网上电子公告[EB/OL](electronic bulletin board online)

(四)专著、论文集中的析出文献类型标识

专著、论文集中的析出文献类型标识为[A]。

（五）其他未说明的文献类型标识

其他未说明的文献类型标识为[Z]。

二、文献著录格式

文献著录格式请参照《信息与文献—参考文献著录规则》（GB/T 7714—2015）标准，但有的国际期刊或国内期刊有自己的特殊要求，请严格参照投稿期刊的要求书写。

1. 期刊 主要责任者.题名[J].刊名,出版年,卷(期):起止页码.

[1] 章新友,李秀云,张春强,等.基于数据挖掘、网络药理学和分子对接方法的肺癌用药规律及核心中药分析[J].科学技术与工程,2022,22(25):10912-10923.

[2] LIU Y Y,XIA K,LIU S X,et al. Ginseng as a key immune response modulator in Chinese medicine：from antipandemic history to COVID-19 management[J]. The American Journal of Chinese Medicine,2022,50(1):1-16.

2. 专著 主要责任者.书名[M].版本项(第1版不录).出版地:出版者,出版年:起止页码.

[1] 张文学,刘敬霞,梁希森,等.中医药方剂数据挖掘方法与应用[M].北京:中国中医药出版社,2019:23-48.

[2] ZHANG X Y. Data mining and its application in traditional Chinese medicine[M]. London：ISCI publishing,2020:39-92.

3. 论文集中的析出文献 析出文献的主要责任者.析出文献题名[C]∥论文集主要责任者.论文集题名.版本项.出版地:出版者,出版年:起止页码.

章新友,张春强,肖贤波,等.医学物理学课程建设与教学改革实践[C]∥章新友,刘凤芹.医药物理教改论文荟萃.London:ISCI Publishing,2020:93-96.

4. 学位论文 主要责任者.题名[D].单位,年份.

李秀云.基于循证与数据挖掘的中药治疗肺癌疗效及用药规律研究[D].江西中医药大学,2022.

5. 专利 专利申请者或所有者.专利题名:专利号[P].公告日期或公开日期[引用日期].

章新友,王世平.超重失重演示(测定)仪:CN90216894.0[P].1991-08-07[2023-12-20].

第三节 中药科研论文的撰写

中药科研论文(research paper)是中药学科学研究成果的文字表现形式,是研究或讨论中药学术问题的论述说理性文章,是将中药科研中的新观点、新进展、新技术、新成就及对中药学科有关问题的认识,用论文的形式加以介绍和表述。只有通过文字介绍,将自身的研究成果和学术观点公布于世,才能得到学术界的认可,才能与国内外学术界进行交流。

撰写中药科研论文是中药科技工作者的重要基本功之一,也是科研成果的表现形式之一,是交流学术、传播信息、存储科技知识的基础和有效方式。作为一名中药科技工作者,既要有扎实的专业知识和熟练的技能,使研究工作卓有成效,又必须具备一定中药科研论文的写作本领,把自己在实际工作中所取得的经验与成绩或科研成果进行总结,及时报道。在论文的撰写、修改和发表过程中要善于发现和解决问题,不断提高自己的综合素质。

随着各种科研和学术交流活动的增加,论文撰写的需要也在增加,对中药科研论文的写作也提出了更高的要求。论文撰写的水平和质量,已成为评判一位科技工作者水平高低的重要标志之一。熟悉中药科研论文的基本特点和撰写论文的要求,熟练掌握撰写中药科研论文的基本程序及论文的基本结构与格式,是不断提高论文撰写质量的前提。

一、论文选题的原则与程序

要想撰写中药科研论文,首先必须选题。选题就是提出问题,是开展科研活动的第一步,即选择一个有价值且适合研究者个人能力,并符合客观条件的课题。实践证明,选题的动机和灵感与科研工作者日常的科研活动、思维方法、对研究动态的把握和专业技术能力密切相关。所以说选题是对横向专业知识和科学信息理论的提炼,正确的选题可使中药科研工作取得事半功倍的效果。

(一)论文选题的原则

1. 目的性原则　论文的选题目的一定要明确。准备提出什么问题,解决什么问题,心中必须有数。只有这样,才能避免研究工作的盲目性。

2. 创新性原则　实验研究论文要求揭示事物的现象、属性、特点、规律等,必须是前所未有的,新颖的,首创的或部分首创的,而不是他人劳动的重复。因此,应将选题的起点放在学科的前沿,选准那些在本学科前人没有做过,或虽已做过但尚不完备,仍值得深入探讨的专题。无论是在学术观点上还是研究方法上,都要具备创新性,要有新的见解。既要善于发现新问题,又要能提出新观点,找出新方法。

3. 可行性原则　即所选课题的最大可能突破度。为了保证论文的顺利完成,选题必须与自己的理论水平、技术能力、经费状况、研究条件等实际情况相符合,考虑人力、财力、物力、信息等因素,选择一些力所能及的课题。选题太难或太大,就会力不从心,导致研究半途而废或泛泛而谈,难以深入。

4. 科学性原则　论文的选题必须要有科学依据,符合最基本的科学原理。准备提出什么问题、解决什么问题,要遵循客观规律,做到心中有数,符合实际,符合逻辑推理。科学性是中药科研的生命,中药科研人员只有全面掌握有关本课题的科学理论,掌握国内外最新研究现状及发展趋势,才能避免研究工作的盲目或低水平的重复。

(二)选题的程序

论文选题,主要有以下4个程序:

1. 提出问题　一切发明创造都是从问题开始的。问题,就是疑点。古人云:"学贵有疑,小疑则小进,大疑则大进。"对问题产生的一种困惑、探究心理状态,能促进人不断提出问题、分析问题、解决问题。在中药科研实践过程中,往往会遇到很多无法解释的现象和难以解决的问题及矛盾,科研工作者必须有敏锐的观察力和丰富的想象力。利用自己掌握的科研手段,汲取国内外的先进试验方法,从而形成探讨问题或解决问题的构想,这就是提出问题。它是科研人员在研究工作中的起点,是研究人员的素质体现,也是研究成功与否的关键。只有提出问题,才能做好选题,进一步解决问题,才可能有所创新。

2. 整理选题　初步选题之后,要对选题的理论依据与实践依据、历史概况和现代研究进展、课题的先进性及创新性、研究方法和技术手段等进行必要的自我评估,分析整理。其目的就是周密思考、谨慎从事,确保科研构思的成熟度,从而顺利完成科研项目。

3. 查阅资料　提出问题之后,要围绕着问题去查阅资料,要注意发现学科领域的空白点与薄弱环节,弄清他人是否已有类似的研究,自己的观点是否有创新,寻找解决问题正、反两方面的证据,即分析选题是否具有新颖性和可行性。

4. 确定选题　经过初步的调研之后,形成了科研意念,明确了自己的观点,确立出科研课题,这是科研工作的核心。

二、论文素材的收集

一篇中药科研论文的思想性、独创性及科学性是决定其质量的重要因素,而实用性、规范性及其可读性也是撰写中药科研学术论文的基本要求。所以,论文素材的收集,是写好论文的重要前提。一般来讲,论文素材主要来源于以下两方面:

(一)自己的第一手材料

作者应亲自进行调查研究或实验研究,围绕主题收集文献资料。实验是人们获取第一手资料的主要方法之一,通过实验,可以掌握大量实验数据。

(二)他人的研究成果

他人的研究成果和经验,可以通过查阅文献资料来获取。确定收集范围后,紧紧围绕当前课题,拟定文献收集大纲,明确收集目的、内容、时间界限、文献类别等。

首先可利用工具书查找相关文献,较全面地掌握相关的最新研究状态,为撰写论文开拓思路提供理论依据。在整理、分析研究结果时,应避免有意或无意的剽窃行为(引述他人思想、数据或论述时应注明出处)。收集资料要全面,不但要收集与自己观点一致的资料,也要收集与自己观点不一致甚至矛盾的资料。

在完成了资料的收集后,仔细整理资料,对其中的观点进行提炼。在整个过程中要融入自己的思考,做好摘录和笔记,为自己的写作服务。

三、论文的撰写

目前,科研论文已有较为固定的格式与结构,其格式一般为题目、作者署名、作者单位、内容提要或摘要(英文摘要)、主题词或关键词;其结构为引言、材料(或对象)与方法、结果、讨论、结论、致谢、参考文献等。学位论文的编写格式需遵照中华人民共和国国家标准(GB/T 7713. 1—2006《学位论文编写规则》、GB/T 7713. 3—2009《科学技术报告编写规则》和 GB/T 7713. 2—2022《学术论文编写规则》)的要求。

(一)论文题目(title)

论文题目要尽量能把全篇内容和研究目的确切而生动地表达出来,即准确(accuracy)、简洁(brevity)、清楚(clarity)。论文题目要准确地反映论文的内容,要注意题目中句法的正确性,使读者一见题目就十分感兴趣,急欲阅读全文。题目用词应简短、易读、易懂,以最少的文字概括尽可能多的内容。题目要清晰地反映文章的主要内容和特色,明确表明研究工作的独到之处,力求重点突出;字句次序适当,尽可能地将表达核心内容的主题词或重要的字句放在题目开头。

论文题目一般不超过 28 个汉字,外文标题(英文)实词不宜超过 10 个,切忌过分冗长笼统、缺乏可检索性或名不副实。应避免使用结构式、公式及同行不熟悉的符号或缩写,涉及药品名称时最好不用商品名。

(二)作者(author)

科研论文署名的作者,是文稿法定主权人、责任人,应限于对选定研究课题和制订研究方案、直接参加全部或主要部分研究工作并做出主要贡献者。作者拥有论文的著作权,并且对文章内容负责。科研论文的总结和记录,是作者辛勤劳动的成果和集体智慧的结晶,也是作者对医药事业做出的贡献,更是论文知识产权归属者的一个声明。作者署名的方式主要有:个人署名、多人署名、集体署名。第一作者通常是论文的执笔者,其他作者可按成绩大小或工作量多少进行排序。论文的执笔人尽可能谢绝上司、同事、朋友的"搭车"署名,但也不要遗漏应该署名的作者。

通讯作者(corresponding author)通常是实际统筹处理投稿和承担答复审稿意见等工作的主导者,也常是论文所涉及研究工作的负责人,对研究论文全面负责的责任人,论文知识产权所有者的代表。

文稿中所列的作者还应提供详细地址,单位应写全名,如有两个以上单位的作者,作者名依据所做贡献的顺序排列,在作者名右上角标出顺序号,作者单位前标上相应顺序号,用分号隔开。通讯作者应加注*号,并在脚注中注明姓名、研究方向、联系电话、电子邮箱。基金项目应写项目来源及编号等信息。文中可对第一作者及通讯作者做简单介绍。

(三)摘要(abstract)

摘要是全文主要内容的缩写,旨在向读者提供正文的创新点和基本信息。摘要一般在论文初稿完成后书写。其内容包括研究目的、对象、方法、结果、结论和适用范围等,字数一般在 150~300 字。摘要应具有独立性,避免与文题、正文中的大小标题及结论部分重复。摘要应拥有与正文等量的主要信息,客观真实,用第三人称书写。术语使用要规范化,外文词汇可用原文或加标原文。文中不出现正文中的序号或文献编号。科技期刊要求采用报道式摘要或结构式摘要。报道式摘要,可采用完整短文式,一般限 150 字;结构式摘要,按目的、方法、结果、结论四大要素分述,一般字数限定在 200~300 字。与中文摘要内容同步的外文(多为英文)摘要,应力求准确、简明。

(四)关键词(keywords)

关键词是能表达论文内容主题的关键性词汇,取自论文的正文、摘要或标题。关键词是为快速检索文献而设,贵在确切规范。一般选择 3~5 个词。关键词的使用,可参照《医学主题词注释字顺表》《中国中医药学主题词表》《汉语主题词表》,或参阅国内外著名期刊中同类主题论文中的关键词及本学科新的专业词。关键词忌用内容全面的短语,并须译成同义外文词汇。

(五)论文正文(text)

1. 引言(introduction) 引言也称前言、序言或概述,经常作为科技论文的开端,提出文中要研究的问题,引导读者阅读和理解全文。引言要力求简洁明了,直入主题,少用套话。引言具有总揽全局的重要作用,其基本内容包括以下几方面:

(1)明确指出所探讨主题的本质和范围:突出重点,密切联系主题,抓住中心,简要叙述进行此项工作的起因和目的。

(2)介绍研究背景和提出问题:引用最密切相关的文献以增强读者对论文研究背景的理解。选择引用的文献包括相关研究中经典的、最具说服力的文献。

(3)简述研究目的:介绍研究活动或目的旨在将作者研究的内容具体化,强调本研究的重要性、必要性及现实意义。可根据实际情况说明有何贡献或创新,切忌评价式用语,如"重大发现""填补空白""具有国内外起点水平"等。

引言要紧扣论文主题,防止走题。通常是研究者在文献阅览的基础上整理、完善结果并讨论后,再以结果和讨论来引导"引言"的撰写,从而使得"引言"与"讨论"形成良好的呼应关系。

2. 材料与方法(material and method) 材料与方法是论文中论据的主要内容,是阐述论文、引出结论的重要步骤。科学研究的基本要求是研究结果能够被重复,作者必须高度重视材料与方法的完整性及一定的实际可操作性,如果这一部分处理不当,结论就成为空中楼阁。

（1）实验/实验对象：对象为动物时，应明确表述动物的名称、种类（品种、品系）、数量、来源、性别、年（月）龄、遗传学及生理学特征以及饲养条件，膳食或饲料的构成及配制方法。

（2）实验仪器：主要仪器设备要写明国别、生产厂家、型号、精度或关键操作方法。若对现有仪器作了改进，要在注明出处的前提下，描述改进之处与改进的程度及其优点和特点。

（3）材料：材料的描述应清楚、准确。如果是标准材料（数据）库，则应给出相应链接或参考文献。中药及其方剂的介绍需按其基本规范及标准做出细致的说明。如中药的来源，要写清楚科、属、种，由何专家鉴定，方剂的出处及药物的组成、不同的配伍比例及其用量，药物的制备方法、使用前配制方法以及保存条件等。协定处方或院内制剂要以规范的制法与功效表述，一般不要自拟名称，中成药要表述生产的企业、批号以及组成成分与功效等。

（4）实验方法与条件：方法的描述要详略得当、突出重点，即描述"研究是如何开展的"。采用的是已有的方法需给出原始引文，对于新建立的方法应作较为详尽的描述，提供有关细节以及操作步骤等。研究方法的描述要具体、详尽。对研究的设计方案需要做具体介绍，如随机分组、盲法的设置、揭盲的步骤以及研究质量控制方法等。

3. 结果（results）

（1）结果的撰写：结果部分要求将所获得的并且通过必要的统计学处理的实验数据、典型病例、观察结果等，以简洁易懂的图、表、照片以及精练的文字表述相结合的形式表达出来，要求指标明确、数据准确、内容翔实。

1）结果的描述：实验或观察结果，表达要高度概括和精炼，要突出有科学意义和具有代表性的数据或现象。

2）结果的介绍：可采用文字与图表相结合的形式。

3）结果的说明：适当说明原始数据，以帮助读者对结果的理解，清楚作者此次研究结果的意义或重要性。

（2）表格与插图

1）表格和图形应具有"自明性"：图表中各项资料应清楚、完整，以使读者在不读正文情况下也能够理解图表中所表达的内容。

2）表格的编排：编排表格力求使表序、表题、表注、栏头、单位、数据（或资料）等要素的表达条理清楚、层次分明。

图标的表达形式要遵循拟投稿期刊的相关要求，表格和图件的编制应遵循简洁、清楚、重点突出的原则。

结果的表述要纯净，不要加入作者的任何议论、评析和推理，体现出科学性和准确性。

4. 讨论（discussion） 讨论是论文的精华和灵魂部分，是显示研究者科学智慧的重要部分。讨论部分要从理论上以及科学规律的角度对实验结果进行分析和综合，从实验结果的内在规律以及与有关研究成果的相互联系上深化对实验结果的认识，引证前人的资料进行充分论证，从而为研究结果的发展构建新的理论假说，为论文的结论提供理论依据。

讨论内容要以实验、观察结果为基础，原来在"结果"部分想要说明而未能解释、想要引申的理论认识而未表达的内容，均可在此部分进行分析推理。

（1）简要概述：概述重要的研究结果，分析所得到的结果是否符合预期结果或证实假说。

（2）比较与评价：指出本文结果是否与其他学者结果一致；分析其他观点和结论与本文的异同，分析比较、评价各自的优越性与不足，明确提出可能存在的原因或问题。

（3）集中主要的论点：对研究结果进行综合分析，揭示内在规律，做出理论概括，提出新的观点，充分阐述本文研究的原理与机制。

（4）阐述意外发现：若有意外的重要发现也应在讨论中作适当解释，结合研究者思考，提出新的假说，提出围绕本研究主题今后探索的方向和展望。

（六）结论（conclusion）

结论部分又称为总结、小结、结语或结束语。结论是根据自己的实验结果，结合前人的研究成就对全文做出恰如其分的概括与总结。通常情况下，有关结论的内容都包括在"结果与讨论"或"讨论"中，一般不单列"结论"。

1. 结论中阐述的内容通常是作者本人研究的主要认识、论点、重要的结果、说明的科学技术问题、得出了何种规律以及提出的新观点。

2. 结论的措辞要求严谨，表述鲜明具体、简明扼要、观点明确。

（七）致谢（acknowledgement）

致谢是以书面形式对课题研究与论文撰写过程中给予帮助的人员的肯定与感谢，也是尊重他人贡献的表示。此项并非必备项，可视情况而定。

（八）参考文献（reference）

参考文献是文章或著作等写作过程中参考过的文献，是在学术研究过程中对某一著作或论文整体的参考或借鉴。参考文献的书写，应采用规范的著录格式。参考文献不仅是论文研究工作的某种缘由以及发展，同时也为有兴趣的读者进一步查询相关资料或信息提供线索。

脚注通常列于本页的页脚处。只有一个注释时，脚注可用符号"＊""＃"等标识；若注释多于一个时，可用数字符号（1）（2）……标注在需注释内容的右上角。如得到科研基金资助的研究论文、第一作者简介、通讯作者等大多均在论文首页的最下方做出脚注。

四、中药科研论文撰写的注意事项

（一）规范化标引关键词

在实际工作中，中文关键词参照中国医学科学院图书馆编译的《医学主题词注释字顺表》（1984年），中医药方面的主题词参照中国中医科学院中医药信息研究所主编的《中国中医药学主题词表》（1996年），林美兰主编的《中国图书馆图书分类法（R类）与医学主题词表（MeSH）、中医药学主题词表对应表》（1999年）和中国医学科学院医学信息研究所编写的《医学主题词注释字顺表》（2002年）。选取关键词可以根据题目标引关键词，也可从摘要中寻找适当的关键词，最终根据学科和研究方向确定关键词。

（二）正确撰写中英文摘要

通常国内公开发表的中文学术论文要求附有英文摘要。英文摘要的内容要求与中文摘要一样，主要内容包括目的、方法、结果、结论4部分。

1. 目的（objective）　简要说明研究工作的前提、研究目的和任务，表述研究所涉及的主题范围、内容和意义，常包含文章的标题内容。

2. 方法（methods）　简要说明如何设计对照分组、处理数据、实验条件、材料和方法等。

3. 结果（results）　介绍研究的主要结果和数据，要给出结果的置信区间值、统计学显著性检验的确切值。

4. 结论（conclusion）　对研究结果进行简要总结，给出科学的结论。

（三）统计图与统计表的编排格式

1. 统计图　统计图是用点的位置、线段的升降、直条的长短或面积的大小等表达资料的形式。其类型多种多样，可分为曲线图、复式线图、百分条图、饼图、直方图、散点图等。

（1）曲线图：曲线图用线段的上升与下降来表示事物在时间上的变化，或某现象随另一现象变化的情况，适用于连续性资料，如图 10-1 所示。

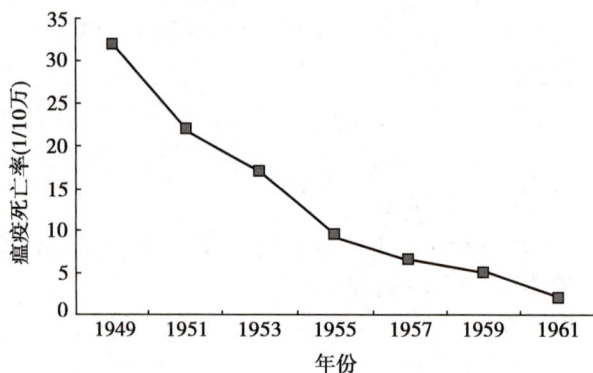

图 10-1 曲线图

（2）复式线图：是在同一图上表示 2 种或 2 种以上事物或现象的动态，可用不同图线（实线或虚线等）表示，一般不超过 4 条线，并在图中标出图例，如图 10-2 所示。

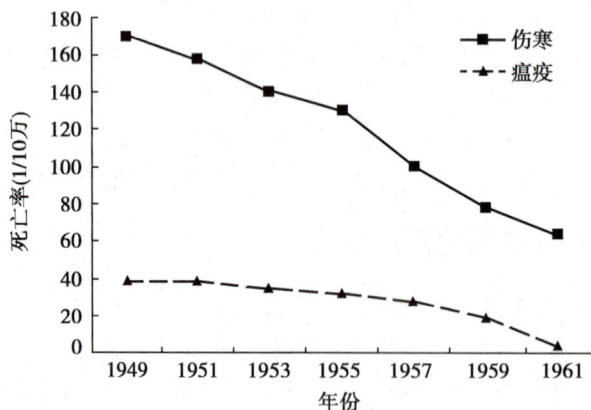

图 10-2 复式线图

（3）百分条图：又称结构图，它以长条的面积为 100%，以长条内各段的面积表示事物各组成部分所占的比重，用于表示计数资料或等级资料的构成比，如图 10-3 所示。

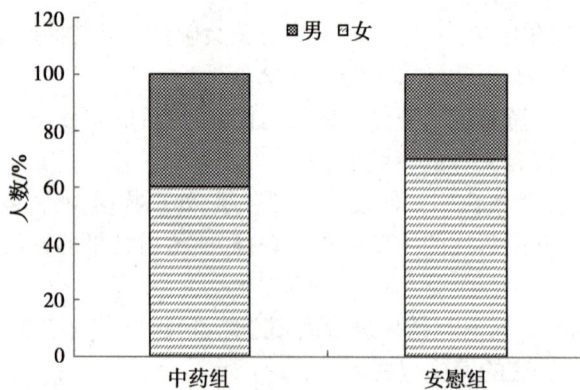

图 10-3 百分条图

（4）饼图：以圆的面积为 100%，圆内各扇形面积为各组成部分所占的构成比，用途与百分条图相同，如图 10-4 所示。

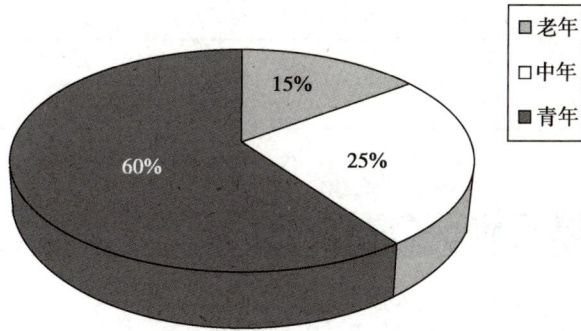

医生的年龄结构分布

图 10-4　饼图

（5）直方图：以长方形面积代表数量，用于表示连续性计量资料的频数分布情况，如图 10-5 所示。

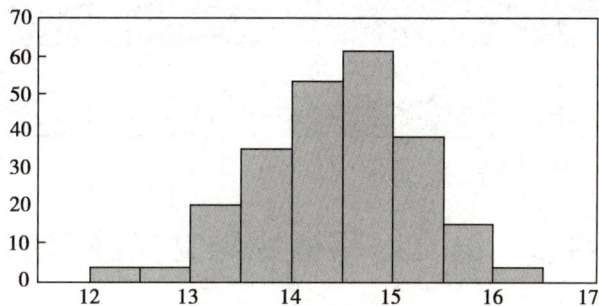

图 10-5　直方图

（6）散点图：又称点状图，是用点的散布情况表示两种事物的相关和趋势，初步推测两种事物有无相关，如图 10-6 所示。

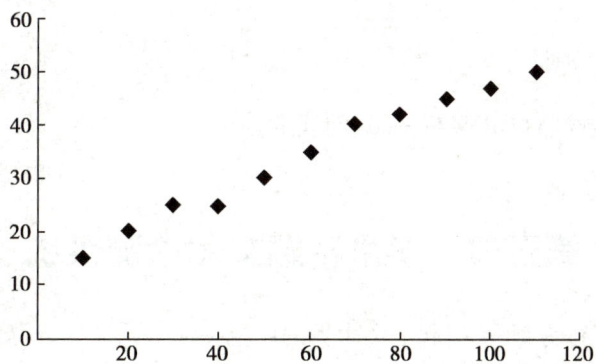

图 10-6　散点图

2. 统计表

（1）基本格式：统计表的基本格式为 3 条线，有顶线、标目线、底线 3 部分（标题、标目、数字）。统计表的基本格式（标题），见表 10-1。

（2）种类：可分为简单表和组合表。

1）简单表：简单表（simple table）按一个标志/特征分组，如表 10-2 按干预措施分为治疗组和对照组。

表 10-1　统计表的基本格式（标题）

横标目的总标目	纵标目
横标目	数字

顶线　标目线　底线

表 10-2　治疗组和对照组临床疗效比较

组　别	n	痊愈	显效	有效	无效	总有效率/%
治疗组	50	25	16	5	4	92.0
对照组	50	18	18	6	8	84.0

2）组合表：组合表（combinative table）亦称复合表，是按 2 个或 2 个以上的标志/特征结合分组。如表 10-3 表示 2 组治疗前后椎-基底动脉平均血流速度比较。

表 10-3　2 组治疗前后椎-基底动脉平均血流速度比较（$\bar{x}\pm s$）/（cm·s^{-1}）

组别	n	左侧椎动脉（LVA）		右侧椎动脉（RVA）		基底动脉（BA）	
		治疗前	治疗后	治疗前	治疗后	治疗前	治疗后
治疗组	60	36.30±6.13	46.53±6.94	37.18±10.1	49.71±6.87	39.05±6.19	53.22±9.61
对照组	54	35.18±6.16	36.09±6.26	37.28±9.25	42.45±6.01	39.20±6.11	45.16±7.16

第四节　论文编写格式与文摘编写规则

一、论文编写格式

按照中华人民共和国国家标准（GB/T 7713.1—2006《学位论文编写规则》、GB/T 7713.3—2009《科学技术报告编写规则》和 GB/T 7713.2—2022《学术论文编写规则》）要求书写。

二、文摘编写规则

参照《文摘编写规则》（GB 6447—86）的规定。

第五节　学术不端文献检测系统

近年来学术不端行为频发，引起了学术界的广泛关注。论文抄袭、剽窃等学术造假行为屡见不鲜，科研成果的真实性、原创性、新颖性受到了质疑。端正学术精神、纯净学术空气，除了学术界的自我约束外，公正的第三方科研评估机构和检测工具为科研成果的客观测评提供了必不可少的途径和手段。学术不端文献检测系统在这种学术环境下应运而生。

一、学术不端文献检测系统简介

在国际上，20 世纪 70 年代就开始了利用技术手段检测不端行为的研发工作。90 年代以后，提出了数字指纹等检测方法并得到了应用，如论文作业抄袭检查平台 Turnitin，研发后应用于多所高校及科研机构，包括美国加利福尼亚大学伯克利分校、杜克大学、德国汉堡大

ER-10-2

《学位论文编写规则》

ER-10-3

《科学技术报告编写规则》

ER-10-4

《学术论文编写规则》

ER-10-5

《文摘编写规则》

学等。目前,国外学术论文检测软件主要有 Turnitin、iThenticate、Unicheck、Plagiarisma、Scribbr、Plagspotter、Quetext、PolishMyWriting、Grammarly 等。

随后,我国的研发工作也陆续展开,最具代表性的是中国学术期刊(光盘版)电子杂志社与同方知网公司的共同研发。他们首先建立了《中国学术文献网络出版总库》,该数据库收录了包括期刊论文、学位论文、工具书、年鉴、报纸、专利等在内的多种文献,覆盖了工程技术、信息技术、自然科学、农业、医学、哲学、人文社会科学、经济与管理等各领域。它还是世界上最大的连续动态更新的全文数据库,并成为随后研制的学术不端文献检测系统的比对数据库。2006 年下半年,中国学术期刊(光盘版)电子杂志社与同方知网公司开始合作研制学术不端文献检测系统,涉及检测方法设计、比对数据库建设、规范数据库建设、大规模数据测试、系统性能测试等多个环节。

2008 年 12 月,学术不端文献检测系统开发完成,研发者宣布将在各相关机构开放使用。学术不端文献检测系统的比对数据库为《中国学术文献网络出版总库》,检测时输入任何一篇文章,就能同数据库中的所有文章进行比对,从而发现这篇文章与数据库中的哪篇文章、哪些句子是重复的。它还是世界上第一个以全文文献为比对资源的检测系统,国外的检测系统基本上是题录摘要的检测而非全文检测。学术不端文献检测系统可用于期刊审稿、学位论文检测、职称评定、项目立项评审、项目验收评审和报告审查等方面。为了从多个角度反映文字复制情况,检测系统设计了总重合字数、总文字数、总文字复制比等多个检测指标。而对于篇幅较大的学位论文,除了设置总检测指标,系统对每一章节都设定了文字复制比、重合字数、引用复制比、段落数、最大段长等多个子检测指标,用于检测每一章节的复制情况。该检测系统面世后,迅速地被各相关机构采用,不少机构还以公告形式宣布启用该系统。例如《浙江大学学报(人文社会科学版)》,在检测系统刚面世的 2008 年年底,就正式建立了该系统的使用账号,在全国社科期刊中率先采用了这一系统,通过检测后的论文才能进入下一轮的专家审稿流程。《中国肿瘤生物治疗杂志》宣布:"稿件审查过程中,本刊编辑部使用国内科技文献数据库的学术不端文献检测系统平台。"CNKI 学术不端文献检测系统界面如图 10-7 所示。

学术不端文献检测系统的意义:①避免论文的抄袭。当有了论文查重系统后,各机构对论文重复率都有规定标准,只有减少或者杜绝抄袭、剽窃等学术不端行为,将重复率降低至合格的范围内,论文才达标。②提高论文的价值。查重能够提高论文质量,论文查重就是检测论文的重复率,换种角度来说就是检测论文的原创度。论文的原创度提升了,就在一定程度上提升了论文质量。③保护原创的权益。抄袭他人作品,既不尊重原作也侵害了原作的权益。论文查重能够有效保护原创权益。

二、国内学术不端文献检测系统

1. CNKI 科技期刊学术不端文献检测系统(AMLC)　CNKI 科研诚信管理系统研究中心是同方知网出版集团旗下从事科研诚信管理产品研发的专门机构,中心主要从事学术不端文献检测系统、科研诚信档案管理系统等软件研发,同时也承担相关机构委托的科研诚信监测、管理等事务;还为各单位的学术评价提供科研诚信方面的参考数据,辅助进行学术评价。它旗下的中国学术期刊(光盘版)电子杂志社(CNKI)的科技期刊学术不端文献检测系统(AMLC)从 2006 年开始正式立项研发,2008 年底,AMLC 管理办公室为 CNKI 期刊编辑部免费提供了科技期刊学术不端文献检测系统(AMLC),到目前已经达到大规模、实用化的成熟程度。如期刊编辑部希望使用该系统,可以邮寄、传真方式向中国学术期刊(光盘版)电子杂志社 AMLC 管理办公室提交 AMLC 使用申请,签订授权使用协议,就可以通过 CNKI 的客服

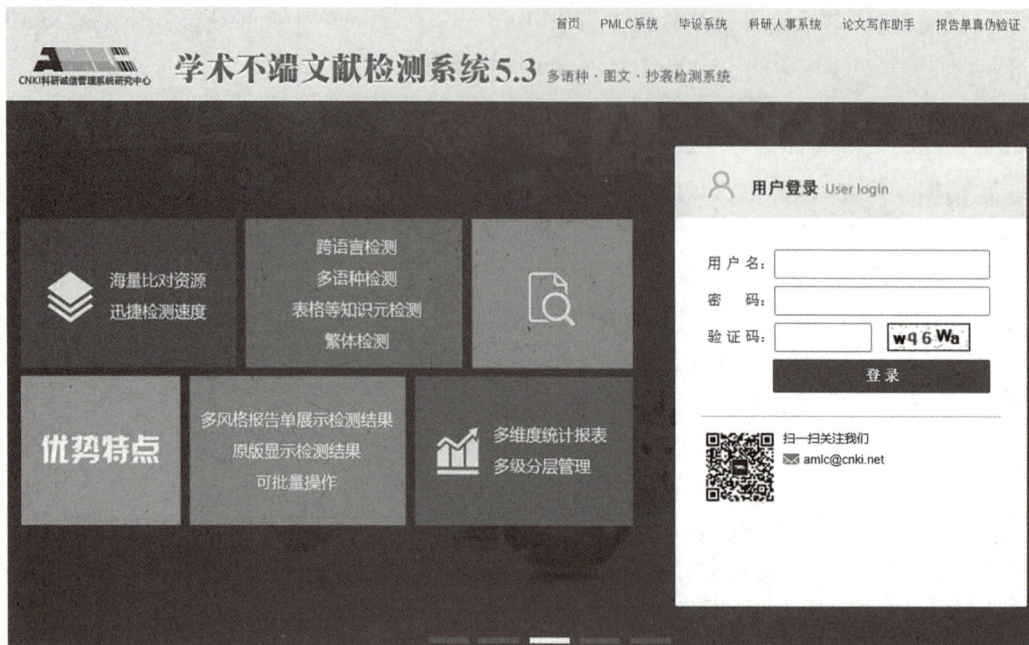

图 10-7　CNKI 学术不端文献检测系统界面

人员直接开通本编辑部的系统使用账号,这个账号只能用于检测本刊的来稿和已发表文献。

科技期刊学术不端文献检测系统采用基于数字指纹的多阶快速检测方法,对用户指定的文档做数字指纹,与相关文档指纹比对,按照文档类型与内容特征不同,支持从词到句子、篇章级别的数字指纹。相似字符串检测阈值根据用户需求可调,以获得用户希望的最佳检测结果。AMLC 管理办公室在相关研发领域积累了丰富的技术基础,包括文本数据库加工技术、文本数据库技术、数字资源版权保护技术、知识挖掘技术、中文自然语言处理技术、学术评价技术等。

科技期刊学术不端文献检测系统的性能主要包括文献比对查准率、文献比对查全率、文献比对检查速度。①文献比对查准率:指经过系统比对后输出的结果中正确结果所占的比例。②文献比对查全率:指经过系统比对后输出的结果中正确结果在所有实际与该文献匹配的文献中所占比例。③文献比对检查速度:应满足检查速度在人的感觉和视觉可接受范围内。

用户需要先进行注册才能使用,注册时填写用户名、密码、单位、电话等个人信息。检测时用户需要将要检测稿件保存到指定文件夹,选择检测方法(自动检测:检测后台服务自动分配检测任务进行排队处理;手动检测:用户触发实时检测提交内容;服务器自主检测:最低优先级检测,只在服务器空闲时检测),然后选择上传方式。目前支持的提交方式包括:单篇稿件提交、多篇稿件压缩后提交、在线输入。填写稿件相关信息,用户选择一次提交多篇文档时,可以一次提交多篇文档元数据相关信息;最后上传至服务器进行检测。科技期刊学术不端文献检测系统(AMLC)界面如图 10-8 所示。

2. 万方数据文献相似性检测服务(WFSD)　万方数据文献相似性检测服务采用科学、先进的检测技术,实现海量学术文献数据全文比对,秉持客观、公正、精准、全面的服务原则,为用户提供精准、翔实的相似性检测结果,呈现多版本、多维度的检测报告。同时,WFSD 践行专业场景化服务的建设原则,其系列产品可有效为科研管理、教育教学、出版发行、人事管理等各领域的学术个体或学术机构提供学术成果相似性检测服务。

WFSD 提供包括个人文献版、学术预审版、硕博论文版、期刊论文合作版等多项产品服务,产品覆盖多类用户群体与用户使用场景,实现专业场景化精准服务。

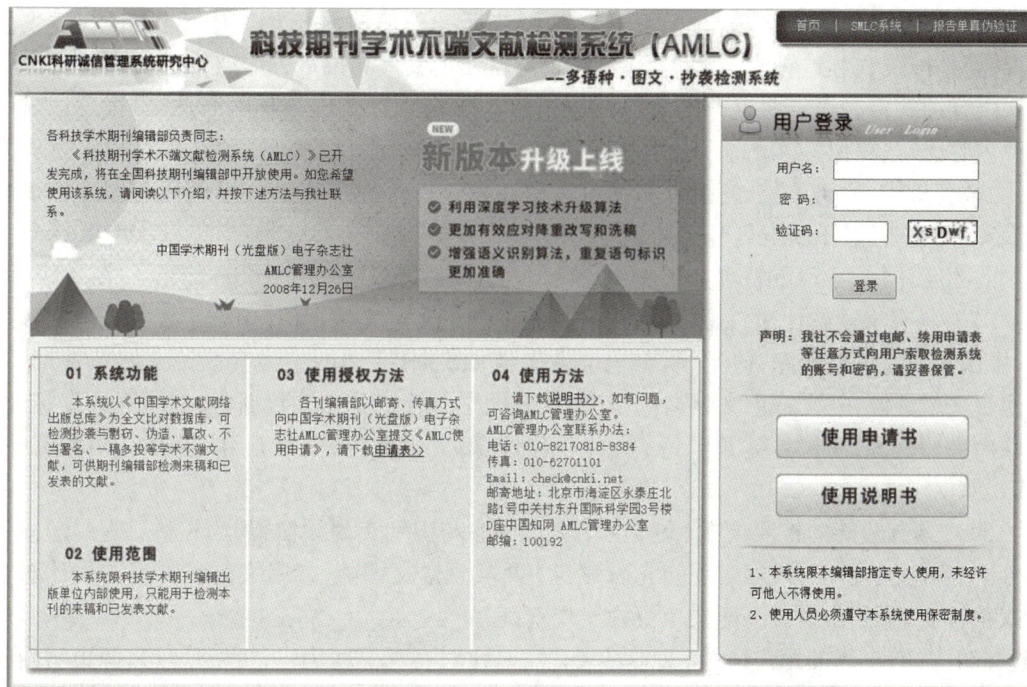

图 10-8 科技期刊学术不端文献检测系统（AMLC）界面

WFSD 基于万方数据中国学术期刊数据库、优先出版论文数据库、国内外重要学术会议论文数据库、中国博士学位论文全文数据库、中国优秀硕士学位论文全文数据库、中国优秀报纸全文数据库、互联网学术资源数据库、学术网络文献数据库、中国专利文献全文数据库、特色英文文摘数据库、中国标准全文数据库等收录的海量学术资源，实现全文比对相似性检测。万方数据文献相似性检测服务（WFSD）的界面，如图 10-9 所示。

3. 维普论文检测系统（VPCS） 维普论文检测系统采用先进的海量论文动态语义跨域识别加指纹比对技术，通过运用云检测服务部署，使其能够快捷、稳定、准确地检测到文章中存在的抄袭和不当引用现象，实现了对学术不端行为的检测服务。系统主要包括已发表文

图 10-9 万方数据文献相似性检测服务（WFSD）界面

219

献检测、论文检测、自建比对库管理等功能,可快速准确地检测出论文中不当引用、过度引用,甚至是抄袭、伪造、篡改等学术不端行为,可自动生成检测报告,并支持 PDF、网页等浏览格式。详细的检测报告通过不同颜色标注相似片段、引用片段、专业用语,形象直观地显示相似内容比对、相似文献汇总、引用片段出处、总相似比、引用率、复写率、自写率等重要指标,为教育机构、科研单位、各级论文评审单位和发表单位提供了论文原创性和新颖性评价的重要依据。经过不断发展和努力,VPCS 已经在众多行业和部门得到了广泛使用,受到了用户的高度评价。VPCS 特点如下:

(1)具有丰富的比对资源:包括中文科技期刊论文全文数据库,中文主要报纸全文数据库,中国专利特色数据库,博士/硕士学位论文全文数据库,中国主要会议论文特色数据库,港澳台文献资源,外文特色文献数据全库,维普优先出版论文全文数据库,互联网数据资源/互联网文档资源,高校自建资源库,图书资源,古籍文献资源,个人自建资源库,年鉴资源,IPUB 原创作品。

(2)具有智能的检测技术:文本与语义共同参与识别实现颗粒智能,先整后零的送检片段分割实现文本智能,段落与词句先后参与查重实现语义智能,参考文献预处理与先比对实现权重智能,服务器集群高速共享资源实现查询智能。

(3)具有卓越的用户体验:文本可视化实时比对实现界面优先,可疑片段来源更明确实现内容优先,以时间顺序标记引文实现版权优先,按字词句段综合对比实现语义优先,检测结果毫秒级速度实现速度优先。

(4)具有详细的检测报告:包括原文对照报告、片段对照报告、格式分析报告、比对报告、PDF 多版本报告。维普论文检测系统(VPCS)界面如图 10-10 所示。维普论文检测系统报告示例(大学生版)如图 10-11 所示。

4. PaperPass 检测系统 PaperPass 检测系统是北京智齿数汇科技有限公司旗下产品,网站诞生于 2007 年,运营多年来,已经发展成为国内可信赖的中文原创性检查和预防剽窃的在线网站。系统采用自主研发的动态指纹越级扫描检测技术,该项技术检测速度快、精度高,市场反映良好。PaperPass 检测系统界面如图 10-12 所示。PaperPass 检测系统检测报告示例如图 10-13 所示。

图 10-10 维普论文检测系统(VPCS)界面

图 10-11 维普论文检测系统报告示例（大学生版）

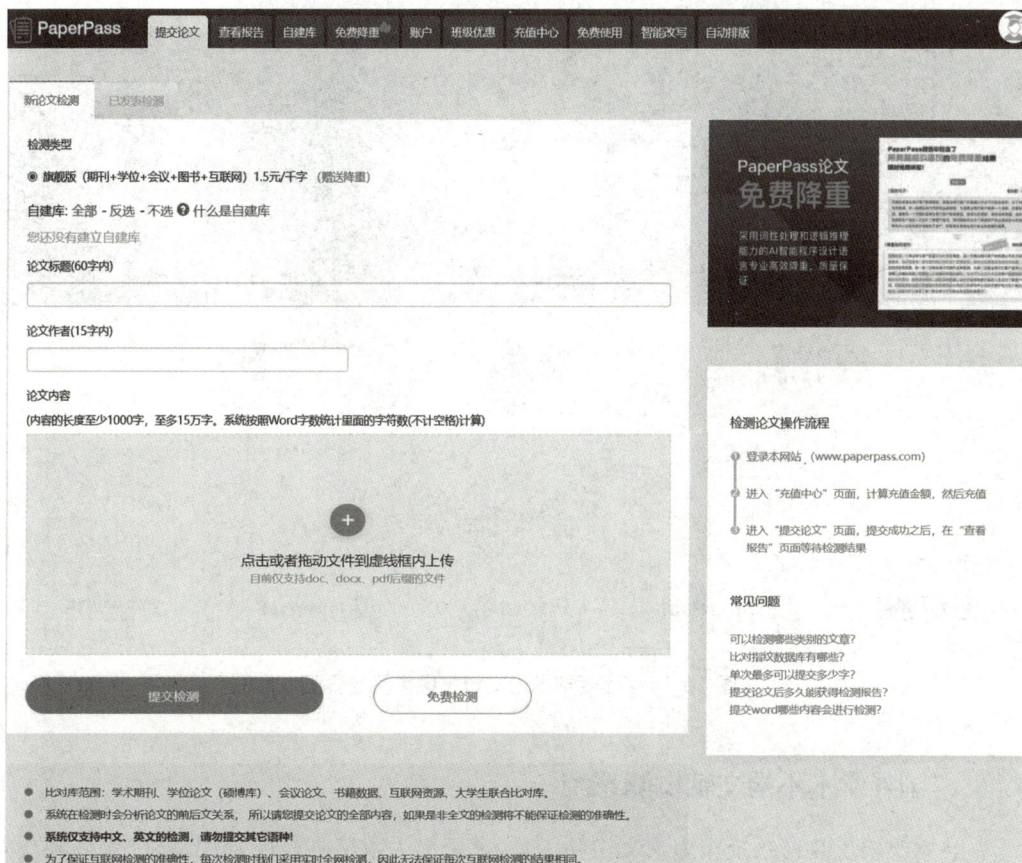

图 10-12 PaperPass 检测系统界面

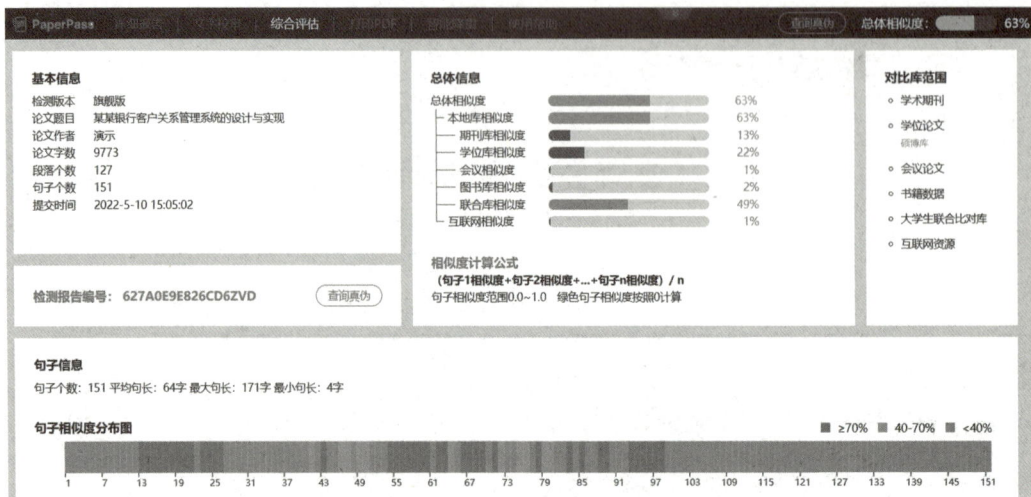

图 10-13 PaperPass 检测系统检测报告示例

5. 百度学术论文查重聚合平台 百度学术论文查重聚合平台的官方合作方有万方数据文献相似性检测服务（WFSD）、北京智齿数汇科技有限公司旗下产品 PaperPass 检测系统、湖南写邦科技有限公司研发的 PaperFree 检测系统和 PaperTime 检测系统、武汉亿次源信息技术有限公司旗下产品 PaperYY 检测系统。百度学术论文查重聚合平台界面如图 10-14 所示。

图 10-14 百度学术论文查重聚合平台界面

三、国外学术不端文献检测系统

反学术不端反剽窃系统作为论文初筛工具，已经成为欧美高校的常用软件，国外高校对于反剽窃的研究高度重视，在反剽窃领域的研究也比较成熟。常见的国外科技文献数据库的学术不端文献检测系统平台有以下几种。

1. Turnitin Turnitin 公司是全球教育科技的引领者之一，专注于文稿的原创性检测及电子评估系统的开发。Turnitin 公司有多款相关产品：①Turnitin Originality 可以识别出学生作品的原创性和不端行为的发展趋势，提供给教育工作者强大而有效的工具，来促进学生们的写作技巧和独立评价思考能力。②Turnitin Similarity 是一款强大的、综合型抄袭检查工具，是深受全球教育工作者信赖的预防抄袭工具，是全球权威的英文检测系统。主要特色有：颜色编码、过滤器和源代码比较，便于解释；数据洞察显示故意的文本操作；与行业领先的内容数据库进行比较，以获得全面的结果。③iThenticate 这款重要的抄袭检查工具是学术研究人员和出版商的黄金标准。Turnitin 官网界面，如图 10-15 所示。

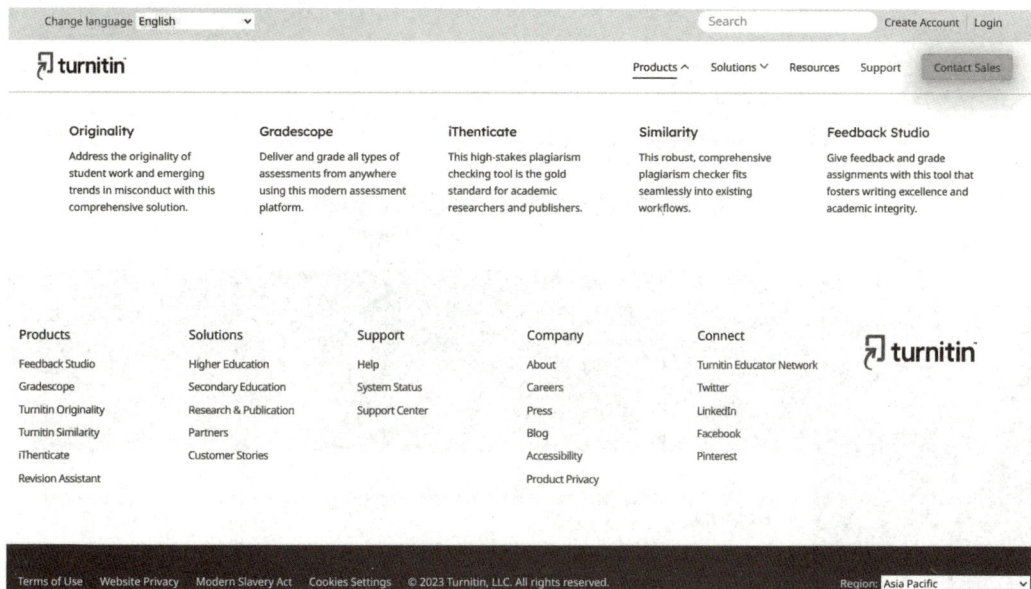

图 10-15　Turnitin 官网界面

　　2. Crossref Similarity Check　涉嫌抄袭的案例很少局限于一家期刊或出版商。因此，2008 年，Crossref 和 STM 出版界合作开发了用于帮助学术出版者验证出版文档原创性的工具——CrossCheck。2016 年，CrossCheck 更名为 Crossref Similarity Check，其官网界面如图 10-16 所示。Crossref Similarity Check 的功能由两部分组成：一个基于全球学术出版物所组成的庞大数据库（CrossRef）和一个基于网页的检验工具（iThenticate）。这个基于网页的工具通过程序算法用于比对鉴别相似内容，生成对比报告，并通过分析去判断是否存有学术剽窃行为。

　　3. SafeAssign　SafeAssign 是 Blackboard 教学管理平台功能的一部分，SafeAssign 官网界面如图 10-17 所示。Blackboard 用户无需额外费用，能够将提交的论文与指定资源库中的论文进行相似度对比检测，并将检测结果（包括匹配度、分析报告）反馈给用户；与成绩中心互连，教师可在成绩中心为检测后的论文打分。SafeAssign 同样也是强有力的反抄袭检测工具，其采用独特的原创性检测算法，将提交的文章与数据库内批量收藏的作品进行对比。这些数据库包括：数以亿计的公众可获取的文件的综合信息的互联网；有数百万的当前文章，且每周都在更新的 ProQuestABI/Inform 数据库；机构用户提交的所有文献研究机构的文档库；还包括各地学生们自愿提交的文献全球参考数据库（Global Reference Database）；文献在专业机构的数据库内自动进行检测。

　　4. Elsevier 的 PERK　Elsevier 作为世界上最大的学术期刊出版机构，旗下拥有 2 700 多种数字化期刊，并且能够访问 ScienceDirect 平台的 4 400 余种期刊和 43 000 多本电子书。2008 年3 月 4 日，Elsevier 发布了出版道德资源工具包（Publishing Ethics Resource Kit，PERK）。PERK

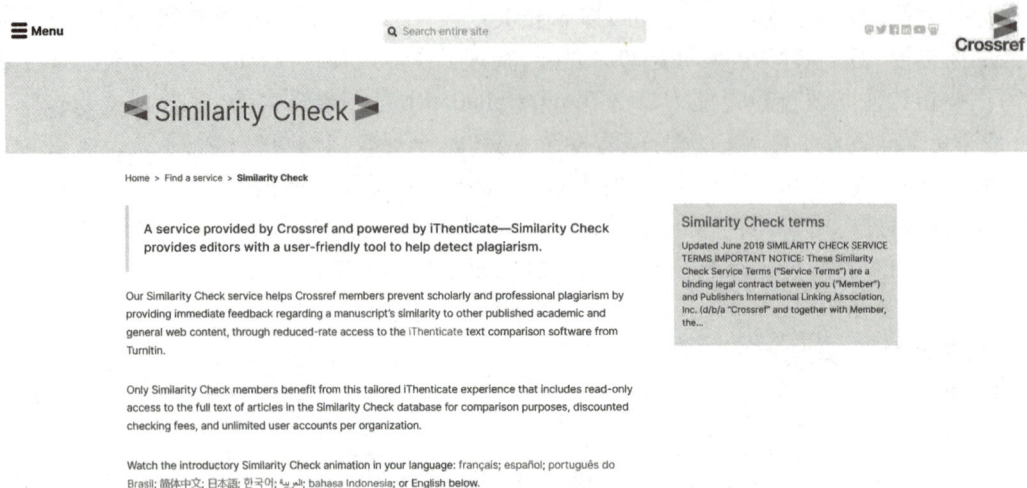

图 10-16 Crossref Similarity Check 官网界面

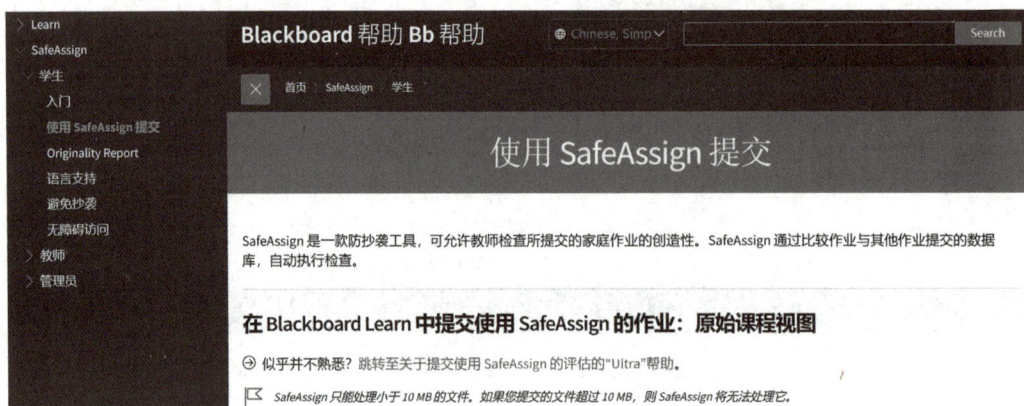

图 10-17 SafeAssign 官网界面

是一个在线资源,用于处理期刊编辑出版中的论文是否有学术不端问题。这是一个 Elsevier 出版道德准则的单一标准点。同时作为一个在线资源,PERK 链接到 Elsevier 内外各种与出版道德相关的政策和程序性文件,为期刊编辑提供及时和广泛的在线支持。

学术不端检测系统有其得天独厚的优势,但也有局限性。很多人根据学术不端检测系统的检测原理研究应对策略,来规避学术不端检测系统对自己论文的检测。对于学位论文工作进行检测可能涉及几方面,并且学术不端行为的检测是一项政策性非常强的工作,必须采取技术检测加专家审核的办法。长远来看,杜绝学术不端行为的发生,更大程度上还是依靠广大学者的自觉性,共同营造一个良好的学术氛围,创造出更多的科研成果来服务社会。

知识链接

CiteSpace 软件的使用

CiteSpace 是一款可视化文献分析软件,可以显示一个学科或知识域在一定时期发展的趋势与动向,形成若干研究前沿领域的演进历程,CiteSpace 能很好地帮助大家从众多的数据中找到自己所需要的文献信息。

ER-10-6

CiteSpace
简介视频

ER-10-7

CiteSpace
使用视频

ER-10-8

基于 Cite-Space 的
文献综述
视频

思政元素

弘扬科学精神，杜绝学术不端行为

学术不端是指在科学研究和学术活动中出现的各种造假、抄袭、剽窃和其他违背学术共同体道德惯例的行为。自 2015 年,国家自然科学基金委员会不定期通报相关科研不端案情及处理结果。例如,《2022 年查处的不端行为案件处理结果通报(第四批)》中有关于对马某国家自然科学基金项目申请书存在抄袭问题处理结果的通报:经查,马某使用他人申请书内容申报了国家自然科学基金项目"Crispld2 在广谱抗生素治疗的脓毒症小鼠中的表达及保护机制"(申请号 8220081379),存在抄袭他人基金项目申请书的问题,马某应对上述问题负责。经国家自然科学基金委员会监督委员会第五届第十五次会议审议、国家自然科学基金委员会 2022 年度第 15 次委务会议审定,决定依照《国家自然科学基金项目科研不端行为调查处理办法》第四十条,撤销马某国家自然科学基金项目"Crispld2 在广谱抗生素治疗的脓毒症小鼠中的表达及保护机制"(申请号 8220081379)申请,取消马某国家自然科学基金项目申请和参与申请资格 3 年(2022 年 10 月 9 日至 2025 年 10 月 8 日),给予马某通报批评。

近年来,与科学技术快速发展不相称的学术不端行为蔓延,这严重影响了我国科技事业的健康发展,学术造假事件接连发生,干扰和破坏了我国良好的学术生态环境。2016 年,教育部颁布《高等学校预防与处理学术不端行为办法》;随后,中共中央办公厅、国务院办公厅印发了《关于进一步加强科研诚信建设的若干意见》(2018 年)、《关于进一步弘扬科学家精神 加强作风和学风建设的意见》(2019 年)。学术诚信是学术创新的基石,学术不端行为是对学术诚信的严重背离和对学风的重大伤害。学术规范是从事学术活动的行为规范,是学术共同体成员必须遵循的准则。广大师生要弘扬科学精神,自觉杜绝学术不端行为。

ER-10-9

扫一扫,
测一测

(张文学)

复习思考题

1. 依据文献综述的内容不同,一般可分为几类?
2. 文献综述的撰写格式分别由哪些部分组成?
3. 中药科研论文选题的原则有哪些?
4. 中药科研论文的基本结构与格式是什么?
5. 中药科研论文撰写的注意事项有哪些?
6. 简述论文查重检测的意义。

◇◇◇ 附　　录 ◇◇◇

附录 1　中医药主要中文期刊

序号	期刊名称	主办单位	出版周期
1	安徽医药	安徽省药学会	月刊
2	安徽中医药大学学报	安徽中医药大学	双月刊
3	北方药学	内蒙古自治区食品药品学会	月刊
4	北京中医药	北京中医药学会、北京中西医结合学会、北京市中药研究所	月刊
5	北京中医药大学学报	北京中医药大学	月刊
6	长春中医药大学学报	长春中医药大学	月刊
7	成都中医药大学学报	成都中医药大学	双月刊
8	福建医药杂志	福建省医学会	双月刊
9	福建中医药	福建中医药大学	月刊
10	甘肃医药	甘肃省医学科学研究院	月刊
11	甘肃中医药大学学报	甘肃中医药大学	双月刊
12	光明中医	中华中医药学会	月刊
13	广东药科大学学报	广东药科大学	双月刊
14	广西医学	广西壮族自治区医学科学信息研究所	半月刊
15	广西中医药	广西中医药大学、广西中医药学会	双月刊
16	广西中医药大学学报	广西中医药大学	双月刊
17	广州医药	广州市第一人民医院	月刊
18	广州中医药大学学报	广州中医药大学	月刊
19	贵州医药	贵州省卫生健康学术促进中心	月刊
20	贵州中医药大学学报	贵州中医药大学	双月刊
21	国际医药卫生导报	中华医学会	半月刊
22	国际中医中药杂志	中华医学会、中国中医科学院中医药信息研究所	月刊
23	国医论坛	中华中医药学会、南阳医学高等专科学校	双月刊
24	哈尔滨医药	哈尔滨市卫生健康服务中心	双月刊
25	海南医学院学报	海南医学院	半月刊
26	海峡药学	福建省药学会	月刊

续表

序号	期刊名称	主办单位	出版周期
27	河北医学	河北省医学会	月刊
28	河北医药	河北省医学情报研究所	半月刊
29	河北中医	河北省医学情报研究所	月刊
30	河北中医药学报	河北中医药大学	双月刊
31	河南中医	河南中医药大学	月刊
32	黑龙江医药	黑龙江省市场监督管理干部学校	双月刊
33	黑龙江中医药	黑龙江省中医药科学院	双月刊
34	湖北中医药大学学报	湖北中医药大学	双月刊
35	湖北中医杂志	湖北中医药大学	月刊
36	湖南中医药大学学报	湖南中医药大学	月刊
37	湖南中医杂志	湖南省中医药研究院	月刊
38	华西药学杂志	四川大学、四川省药学会	双月刊
39	环球中医药	中华国际医学交流基金会	月刊
40	吉林医学	吉林省医学期刊社	月刊
41	吉林医药学院学报	吉林医药学院	双月刊
42	吉林中医药	长春中医药大学	月刊
43	江苏医药	江苏省人民医院	月刊
44	江苏中医药	江苏省中医药学会、江苏省中西医结合学会、江苏省针灸学会	月刊
45	江西医药	江西省医学会	月刊
46	江西中医药	江西中医药大学、江西省中医药学会	月刊
47	江西中医药大学学报	江西中医药大学	双月刊
48	今日药学	广东省药学会、中国药学会	月刊
49	辽宁中医药大学学报	辽宁中医药大学	月刊
50	辽宁中医杂志	辽宁中医药大学	月刊
51	南京中医药大学学报（自然科学版）	南京中医药大学	月刊
52	内蒙古医学杂志	内蒙古自治区医学学术交流中心	月刊
53	内蒙古中医药	内蒙古自治区中蒙医药研究院	月刊
54	黔南民族医专学报	黔南民族医学高等专科学校	季刊
55	青岛医药卫生	青岛市医学会	双月刊
56	青海医药杂志	青海省医药卫生学会联合办公室	月刊
57	山东医药	山东省立医院	旬刊
58	山东中医药大学学报	山东中医药大学	双月刊
59	山东中医杂志	山东中医药学会、山东中医药大学	月刊
60	山西医药杂志	山西医药卫生传媒集团有限责任公司	半月刊

序号	期刊名称	主办单位	出版周期
61	山西中医	山西省中医药学会、山西中医药研究院	月刊
62	山西中医药大学学报	山西中医药大学	月刊
63	陕西中医	陕西省中医药学会	月刊
64	上海医药	上海医药行业协会、上海医药股份有限公司	半月刊
65	上海针灸杂志	上海市中医药研究院、上海市针灸学会	月刊
66	上海中医药大学学报	上海中医药大学、上海市中医药研究院	双月刊
67	上海中医药杂志	上海中医药大学、上海市中医药学会	月刊
68	深圳中西医结合杂志	深圳市中西医结合临床研究所	半月刊
69	沈阳药科大学学报	沈阳药科大学	月刊
70	世界科学技术—中医药现代化	中国科学院科技战略咨询研究院	月刊
71	世界中西医结合杂志	中华中医药学会	月刊
72	世界中医药	世界中医药学会联合会	半月刊
73	实用中西医结合临床	江西省中医药研究院、江西省中西医结合学会	半月刊
74	实用中医内科杂志	辽宁省中医药学会、中华中医药学会、辽宁省中医药研究院	月刊
75	实用中医药杂志	重庆医科大学中医药学院	月刊
76	时珍国医国药	时珍国医国药杂志社	月刊
77	数理医药学杂志	中国工业与应用数学学会医药数学专业委员会、武汉大学	月刊
78	四川中医	四川省中医药发展服务中心	月刊
79	天津药学	天津市医药集团有限公司、天津市药学会	双月刊
80	天津中医药	天津中医药大学、天津市中医药学会、天津市中西医结合学会	月刊
81	天津中医药大学学报	天津中医药大学	月刊
82	西北药学杂志	西安交通大学、陕西省药学会	双月刊
83	西部中医药	甘肃省中医药研究院、中华中医药学会	月刊
84	西藏医药	西藏医学会	双月刊
85	现代中西医结合杂志	河北省中西医结合学会、中华中医药学会	半月刊
86	现代中药研究与实践	安徽中医药高等专科学校	双月刊
87	现代中医临床	北京中医药大学	双月刊
88	现代中医药	陕西中医药大学	双月刊
89	新疆中医药	新疆维吾尔自治区中医药学会	双月刊
90	新中医	广州中医药大学、中华中医药学会	半月刊
91	亚太传统医药	湖北省科技信息研究院、中华中医药学会	月刊
92	药物分析杂志	中国药学会	月刊
93	药物评价研究	天津药物研究院、中国药学会	月刊
94	药学服务与研究	海军军医大学	双月刊

序号	期刊名称	主办单位	出版周期
95	药学进展	中国药科大学、中国药学会	月刊
96	药学实践与服务	中国人民解放军海军军医大学药学系	月刊
97	药学研究	山东省食品药品检验研究院、山东省药学会	月刊
98	药学与临床研究	江苏省药学会	双月刊
99	药学学报	中国药学会、中国医学科学院药物研究所	月刊
100	医药导报	中国药理学会、华中科技大学同济医学院附属同济医院	月刊
101	云南中医药大学学报	云南中医药大学	双月刊
102	云南中医中药杂志	云南省中医中药研究院、云南省中医药学会	月刊
103	浙江中西医结合杂志	浙江省中西医结合学会、浙江省中西医结合医院	月刊
104	浙江中医药大学学报	浙江中医药大学	月刊
105	浙江中医杂志	浙江省中医药研究院	月刊
106	中草药	天津药物研究院、中国药学会	半月刊
107	中成药	国家药品监督管理局信息中心中成药信息站、上海中药行业协会	月刊
108	中国处方药	国家药品监督管理局南方医药经济研究所	月刊
109	中国海洋药物	中国药学会	双月刊
110	中国临床药理学杂志	中国药学会	半月刊
111	中国民族民间医药	云南省民族民间医药学会	半月刊
112	中国民族医药杂志	内蒙古自治区中蒙医药研究院	月刊
113	中国实验方剂学杂志	中国中医科学院中药研究所、中华中医药学会	半月刊
114	中国实用医药	中国康复医学会	半月刊
115	中国天然药物	中国药科大学、中国药学会	月刊
116	中国现代应用药学	中国药学会	半月刊
117	中国现代中药	中国中药协会、中国医药集团有限公司、中国中药有限公司	月刊
118	中国新药与临床杂志	中国药学会、上海市食品药品监督管理局科技情报研究所	月刊
119	中国新药杂志	中国医药科技出版社有限公司、中国医药集团有限公司、中国药学会	半月刊
120	中国药房	中国医院协会、重庆大学附属肿瘤医院	半月刊
121	中国药科大学学报	中国药科大学	双月刊
122	中国药理学通报	中国药理学会	月刊
123	中国药理学与毒理学杂志	军事科学院军事医学研究院	月刊
124	中国药师	国家药品监督管理局培训中心、武汉医药(集团）股份有限公司	月刊
125	中国药物化学杂志	沈阳药科大学、中国药学会	双月刊
126	中国药物评价	国家药品监督管理局信息中心	双月刊
127	中国药学杂志	中国药学会	半月刊
128	中国药业	重庆市药品监督管理局	半月刊

序号	期刊名称	主办单位	出版周期
129	中国医药	中国医师协会	月刊
130	中国医药导报	中国医学科学院	旬刊
131	中国医药导刊	国家药品监督管理局信息中心	月刊
132	中国医药工业杂志	上海医药工业研究院、中国药学会、中国化学制药工业协会	月刊
133	中国医药科学	海峡两岸医药卫生交流协会、二十一世纪联合创新(北京）医药科学研究院	半月刊
134	中国医院药学杂志	中国药学会	半月刊
135	中国针灸	中国针灸学会、中国中医科学院针灸研究所	月刊
136	中国中西医结合儿科学	中国医师协会、辽宁省基础医学研究所、辽宁中医药大学附属医院	双月刊
137	中国中西医结合耳鼻咽喉科杂志	中国中西医结合学会	双月刊
138	中国中西医结合急救杂志	中国中西医结合学会	双月刊
139	中国中西医结合皮肤性病学杂志	中国中西医结合学会、天津市中西医结合皮肤病研究所	双月刊
140	中国中西医结合肾病杂志	中国中西医结合学会	月刊
141	中国中西医结合外科杂志	中国中西医结合学会、天津市中西医结合急腹症研究所	双月刊
142	中国中西医结合消化杂志	华中科技大学同济医学院、中国中西医结合学会消化系统疾病专业委员会、中华中医药学会脾胃病分会	月刊
143	中国中西医结合杂志	中国中西医结合学会、中国中医科学院	月刊
144	中国中药杂志	中国药学会	半月刊
145	中国中医骨伤科杂志	中华中医药学会、湖北省中医药研究院	月刊
146	中国中医基础医学杂志	中国中医科学院中医基础理论研究所	月刊
147	中国中医急症	中华中医药学会、重庆市中医研究院	月刊
148	中国中医眼科杂志	中国中医科学院	月刊
149	中国中医药科技	中华中医药学会、黑龙江省中医药管理局	双月刊
150	中国中医药信息杂志	中国中医科学院中医药信息研究所	月刊
151	中华中医药学刊	中华中医药学会、辽宁中医药大学	月刊
152	中华中医药杂志	中华中医药学会	月刊
153	中南药学	湖南省药学会	月刊
154	中西医结合肝病杂志	湖北中医药大学	月刊
155	中西医结合心脑血管病杂志	山西医科大学第一医院	半月刊
156	中西医结合研究	华中科技大学	双月刊
157	中药材	国家药品监督管理局中药材信息中心站、广东省中药协会	月刊
158	中药新药与临床药理	广州中医药大学、中华中医药学会	月刊
159	中药药理与临床	中国药理学会、四川省中医药科学院	双月刊
160	中药与临床	成都中医药大学	双月刊
161	中医儿科杂志	甘肃中医药大学、中华中医药学会	双月刊
162	中医外治杂志	山西医药卫生传媒集团	双月刊

序号	期刊名称	主办单位	出版周期
163	中医学报	河南中医药大学、中华中医药学会	月刊
164	中医研究	中华中医药学会、河南省中医药研究院	月刊
165	中医眼耳鼻喉杂志	成都中医药大学	季刊
166	中医药导报	湖南省中医药学会、湖南省中医管理局	月刊
167	中医药管理杂志	中华中医药学会	半月刊
168	中医药临床杂志	中医药临床杂志社、中华中医药学会	月刊
169	中医药通报	中华中医药学会、厦门市中医药学会	月刊
170	中医药信息	中华中医药学会、黑龙江中医药大学	月刊
171	中医药学报	中华中医药学会、黑龙江中医药大学	月刊
172	中医杂志	中华中医药学会、中国中医科学院	半月刊
173	中医正骨	中华中医药学会、河南省正骨研究院	月刊

●（姜艺佼）

附录 2　医学主要中文期刊

序号	期刊名称	主办单位	出版周期
1	中华医学杂志	中华医学会	周刊
2	北京大学学报（医学版）	北京大学	双月刊
3	解放军医学杂志	军事科学出版社	月刊
4	中国医学科学院学报	中国医学科学院、北京协和医学院	双月刊
5	复旦学报（医学版）	复旦大学	双月刊
6	华中科技大学学报（医学版）	华中科技大学	双月刊
7	吉林大学学报（医学版）	吉林大学	双月刊
8	中南大学学报（医学版）	中南大学	月刊
9	四川大学学报（医学版）	四川大学	双月刊
10	南方医科大学学报（医学版）	南方医科大学	月刊
11	海军军医大学学报	海军军医大学教研保障中心	月刊
12	陆军军医大学学报	陆军军医大学教研保障中心	半月刊
13	空军军医大学学报	空军军医大学教研保障中心	月刊
14	广东医学	广东省医学学术交流中心（广东省医学情报研究所）	月刊
15	上海医学	上海市医学会	月刊
16	军事医学	中国人民解放军军事医学研究院	月刊
17	浙江大学学报（医学版）	浙江大学	双月刊
18	中国医科大学学报	中国医科大学	月刊
19	中山大学学报（医学科学版）	中山大学	双月刊
20	西安交通大学学报（医学版）	西安交通大学	双月刊

续表

序号	期刊名称	主办单位	出版周期
21	新医学	中山大学	月刊
22	山东大学学报（医学版）	山东大学	月刊
23	南京医科大学学报（自然科学版）	南京医科大学	月刊
24	重庆医科大学学报（医学版）	重庆医科大学	月刊
25	上海交通大学学报（医学版）	上海交通大学	月刊
26	首都医科大学学报	首都医科大学	双月刊
27	中国现代医学杂志	中南大学、中南大学湘雅医院	半月刊
28	郑州大学学报（医学版）	郑州大学	双月刊
29	安徽医科大学学报	安徽医科大学	双月刊
30	北京医学	中华医学会北京分会	月刊
31	中国公共卫生	中华预防医学会	月刊
32	中国卫生事业管理	中国卫生事业管理杂志社	月刊
33	中华疾病控制杂志	中华预防医学会、安徽医科大学	月刊
34	中国中西医结合杂志	中国中西医结合学会、中国中医科学院	月刊
35	中医杂志	中华中医药学会、中国中医科学院	半月刊
36	中国中医基础医学杂志	中国中医科学院中医基础理论研究所	月刊
37	辽宁中医杂志	辽宁中医药大学、辽宁省中医药学会	月刊
38	中华微生物学和免疫学杂志	中华医学会	月刊
39	中国免疫学杂志	中国免疫学会、吉林省医学期刊社	半月刊
40	中国病理生理杂志	中国病理生理学会	月刊
41	病毒学报	中国微生物学会	双月刊
42	解剖学报	中国解剖学会	双月刊
43	中国寄生虫学与寄生虫病杂志	中华预防医学会、中国疾病预防控制中心寄生虫病预防控制所	双月刊
44	中国人兽共患病学报	中国微生物学会	月刊
45	中国临床解剖学杂志	中国解剖学会	双月刊
46	细胞与分子免疫学杂志	第四军医大学、中国免疫学会	月刊
47	中国生物医学工程学报	中国生物医学工程学会	双月刊
48	中华医学遗传学杂志	中华医学会	月刊
49	中国临床心理学杂志	中国心理卫生协会	双月刊
50	免疫学杂志	陆军军医大学（第三军医大学）、中国免疫学会	月刊
51	中华流行病学杂志	中华医学会	月刊
52	中华预防医学杂志	中华医学会	月刊
53	中华劳动卫生职业病杂志	中华医学会	月刊
54	卫生研究	中国疾病预防控制中心	双月刊
55	工业卫生与职业病	鞍山钢铁集团公司	双月刊
56	中国计划生育学杂志	中华人民共和国国家卫生健康委员会科学技术研究所	月刊

续表

序号	期刊名称	主办单位	出版周期
57	环境与健康杂志	中华预防医学会、天津市疾病预防控制中心	月刊
58	中国卫生统计	中国卫生信息与健康医疗大数据学会、中国医科大学	双月刊
59	环境与职业医学	上海市疾病预防控制中心、中华预防医学会	月刊
60	中国医院管理	黑龙江省卫生发展研究中心	月刊
61	现代预防医学	中华预防医学会、四川大学华西公共卫生学院	半月刊
62	中华医院管理杂志	中华医学会	月刊
63	中国消毒学杂志	军事医学科学院疾病预防控制所、中华预防医学会	月刊
64	中国妇幼保健	中华预防医学会、吉林省医学期刊社	半月刊
65	中华检验医学杂志	中华医学会	月刊
66	中国超声医学杂志	中国科学技术信息研究所、中国超声医学工程学会	月刊
67	中华超声影像学杂志	中华医学会	月刊
68	中国医学影像技术	中国科学院声学研究所	月刊
69	中国危重病急救医学	中华医学会、天津市第一中心医院、天津市天津医院	月刊
70	中华物理医学与康复杂志	中华医学会、华中科技大学同济医学院	月刊
71	临床与实验病理学杂志	安徽医科大学、中华医学会安徽分会	月刊
72	中华护理杂志	中华护理学会	月刊
73	中华理疗杂志	中华医学会	双月刊
74	中国急救医学	中国医师协会、黑龙江科技情报研究院（黑龙江省生产力促进中心）	月刊
75	中国康复医学杂志	中国康复医学会	月刊
76	中国临床医学影像杂志	中国医学影像技术研究会、中国医科大学	月刊
77	中国疼痛医学杂志	北京大学、中华医学会疼痛学分会	月刊
78	中国临床医学	复旦大学附属中山医院	双月刊
79	中华内科杂志	中华医学会	月刊
80	中华血液学杂志	中华医学会	月刊
81	中华结核和呼吸杂志	中华医学会	月刊
82	中华心血管病杂志	中华医学会	月刊
83	中华高血压杂志	中华预防医学会、福建医科大学	月刊
84	中华消化杂志	中华医学会	月刊
85	中华肾脏病杂志	中华医学会	月刊
86	中华传染病杂志	中华医学会	月刊
87	中华内分泌代谢杂志	中华医学会	月刊
88	中国实用内科杂志	中国医师协会、中国医科大学	月刊
89	中华肝脏病杂志	中华医学会	月刊
90	中华地方病学杂志	中华医学会、哈尔滨医科大学	月刊
91	中华医院感染学杂志	中国人民解放军总医院、中华预防医学会	半月刊
92	中华老年医学杂志	中华医学会	月刊

续表

序号	期刊名称	主办单位	出版周期
93	中国老年学杂志	吉林省医学期刊社、中国老年学和老年医学学会	半月刊
94	临床心血管病杂志	华中科技大学心血管病研究所、华中科技大学协和医院	月刊
95	中国内镜杂志	中南大学、中南大学湘雅医院	月刊
96	中国糖尿病杂志	北京大学	月刊
97	中国地方病防治杂志	吉林省地方病第二防治研究所、中华预防医学会	双月刊
98	中华老年心脑血管病杂志	中国人民解放军总医院	月刊
99	中华外科杂志	中华医学会	月刊
100	中华骨科杂志	中华医学会	半月刊
101	中华泌尿外科杂志	中华医学会	月刊
102	中华神经外科杂志	中华医学会	月刊
103	中国实用外科杂志	中国医师协会、中国医科大学	月刊
104	中华实验外科杂志	中华医学会	月刊
105	中华胸心血管外科杂志	中华医学会	月刊
106	中华显微外科杂志	中华医学会	双月刊
107	中华麻醉学杂志	中华医学会	月刊
108	中华普通外科杂志	中华医学会	月刊
109	中华消化外科杂志	中华医学会	月刊
110	中华肝胆外科杂志	中华医学会	月刊
111	中国矫形外科杂志	中国医师协会、中国残疾人康复协会	半月刊
112	中华整形外科杂志	中华医学会	月刊
113	中国修复重建外科杂志	中国康复医学会、四川大学	月刊
114	中华烧伤杂志	中华医学会	月刊
115	中华手外科杂志	中华医学会	双月刊
116	中华妇产科杂志	中华医学会	月刊
117	中国实用妇科与产科杂志	中国医师协会、中国医科大学	月刊
118	实用妇产科杂志	四川省医疗卫生服务指导中心	月刊
119	现代妇产科进展	山东大学	月刊
120	中华小儿外科杂志	中华医学会	月刊
121	中国实用儿科杂志	中国医师协会、中国医科大学	月刊
122	临床儿科杂志	上海市儿科医学研究所、上海交通大学医学院附属新华医院	月刊
123	中华儿科杂志	中华医学会	月刊
124	中华实用儿科临床杂志	中华医学会	月刊
125	中华肿瘤杂志	中华医学会	月刊
126	中华病理学杂志	中华医学会	月刊
127	中国肿瘤临床	中国抗癌协会	半月刊
128	中华放射肿瘤学杂志	中华医学会	月刊
129	肿瘤防治研究	湖北省卫生健康委员会、湖北省肿瘤医院、中国抗癌协会	月刊
130	中华神经科杂志	中华医学会	月刊

序号	期刊名称	主办单位	出版周期
131	中华行为医学与脑科学杂志	中华医学会、济宁医学院	月刊
132	中国心理卫生杂志	中国心理卫生协会	月刊
133	中风与神经疾病杂志	吉林大学	月刊
134	临床神经病学杂志	南京医科大学附属脑科医院	双月刊
135	中华精神科杂志	中华医学会	双月刊
136	中华皮肤科杂志	中华医学会	月刊
137	临床皮肤科杂志	江苏省人民医院	月刊
138	中国皮肤性病学杂志	西安交通大学	月刊
139	中华耳鼻咽喉头颈外科杂志	中华医学会	月刊
140	中华眼科杂志	中华医学会	月刊
141	中华实验眼科杂志	中华医学会	月刊
142	中华眼底病杂志	中华医学会	双月刊
143	中华口腔医学杂志	中华医学会	月刊
144	华西口腔医学杂志	四川大学	双月刊
145	实用口腔医学杂志	第四军医大学口腔医学院	双月刊
146	口腔医学研究	武汉大学口腔医学院、湖北省口腔医学会	月刊
147	国际口腔医学杂志	四川大学	双月刊
148	中华放射学杂志	中华医学会	月刊
149	中华核医学与分子影像杂志	中华医学会	月刊
150	临床放射学杂志	黄石市医学科技情报所	月刊
151	中华放射医学与防护杂志	中华医学会	月刊
152	实用放射学杂志	实用放射学杂志社	月刊
153	中国介入影像与治疗学	中国科学院声学研究所	月刊
154	中国医学计算机成像杂志	复旦大学附属华山医院	双月刊
155	航天医学与医学工程	中国航天员科研训练中心	双月刊
156	中国运动医学杂志	中国体育科学学会	月刊

●（廖广辉）

附录 3　医药信息主要网络资源

（一）国内医药信息网站导航

1. 中华人民共和国国家卫生健康委员会

   http：//www.nhc.gov.cn/

2. 国家药品监督管理局

   https：//www.nmpa.gov.cn/

3. 国家中医药管理局

   http：//www.natcm.gov.cn/

4. 中华医学会

　http：//www. cma. org. cn/

5. 中国药学会

　http：//www. cpa. org. cn/

6. 中国医师协会

　http：//www. cmda. net

7. 中华预防医学会

　http：//www. cpma. org. cn/

8. 中国食品药品检定研究院

　https：//www. nifdc. org. cn/

9. 中国医药质量管理协会

　http：//www. cqap. cn/

10. 中国疾病预防控制中心

　　http：//www. chinacdc. cn/

11. 中国红十字会

　　http：//www. redcross. org. cn/

12. 中华中医药学会

　　http：//www. cacm. org. cn/

13. 国家药品监督管理局药品审评中心

　　https：//www. cde. org. cn/

14. 中国临床试验注册中心

　　http：//www. chictr. org. cn/

15. 中国医药信息查询平台

　　https：//www. dayi. org. cn/

（二）中医药网站

1. 中国中医科学院中医药信息研究所 图书馆

　　http：//www. cintcm. ac. cn/

2. 中国中医药科技发展中心

　　https：//www. cstdccm. cn/

3. 中国中医药网

　　http：//www. cntcm. com. cn

4. 中医药方网

　　http：//www. piccc. com/

5. 中国中医药康养网

　　http：//www. zgzyyky. org. cn/

6. 中国中华中医药协会

　　http：//www. zhzyyxh. cn

7. 中国中药协会

　　http：//www. catcm. org. cn

（三）医药学专科（专业）网站

1. 中国解剖学会

　　http：//www. csas. org. cn/

2. 中国生理学会

　　http://www.caps-china.org.cn

3. 中国病理生理学会

　　http://www.caop.ac.cn/

4. 中华病理技术网

　　http://www.dingw.com/

5. 美国临床肿瘤学会

　　http://www.asco.org/

6. 中华医学会心血管病学分会

　　https://csc.cma.org.cn/

7. 中华医学会呼吸病学分会

　　https://ctschina.cma.org.cn/

8. 中华预防医学会感染性疾病防控分会

　　http://www.chinainfect.com/

9. 中华医学会肾脏病学分会

　　http://csnchina.cma.org.cn/

10. 中华医学会内分泌学分会

　　https://endo.cma.org.cn/

11. 用药安全网

　　http://www.yongyao.net/

12. 骨科在线

　　http://www.orthonline.com.cn/

13. 中华手外科网

　　http://www.handsurgery.cn

14. 妇产科网

　　http://www.obgy.cn/

15. 中华医学会影像技术分会

　　https://csit.cma.org.cn/

16. 中华急诊网

　　http://www.cem.org.cn/

17. 国家科技图书文献中心

　　http://portal.nstl.gov.cn/

18. MedExplorer

　　http://www.medexplorer.com/

19. MedHelp

　　http://www.medhelp.org/

20. Optum-Health

　　https://www.optum.com/

21. 美国食品药品监督管理局（FDA）

　　https://www.fda.gov/

（苗婷秀）

附录 4 古代重要中药文献一览表

编号	著作名称	朝代	作者
1	五十二病方	先秦	
2	神农本草经	秦汉时期	
3	本草经集注	南朝梁	陶弘景
4	李当之药录	三国	李当之
5	吴普本草	魏晋	吴普
6	肘后备急方	东晋	葛洪
7	海药本草	五代	李珣
8	药性论	唐	甄权
9	新修本草	唐	苏敬等
10	药录纂要	唐	孙思邈
11	备急千金要方	唐	孙思邈
12	食医心鉴	唐	昝殷
13	石药尔雅	唐	梅彪
14	备急千金要方	唐	孙思邈
15	外台秘要	唐	王焘
16	本草拾遗	唐	陈藏器
17	本草衍义	宋	寇宗奭
18	类编图经集注本草（残卷）	宋	寇宗奭
19	图经衍义本草	宋	寇宗奭
20	（增广）和剂局方用药总论	宋	陈师文等
21	雷公炮炙论	南北朝	雷敩
22	嘉祐补注神农本草	宋	掌禹锡
23	本草图经	宋	苏颂
24	经史证类备急本草	宋	唐慎微
25	太平御览药部	宋	李昉
26	太平圣惠方	宋	王怀隐
27	苏沈内翰良方	宋	苏轼、沈括等
28	全生指迷方	宋	王贶
29	开宝本草	宋	刘翰等
30	太平惠民和剂局方	宋	陈师文等
31	严氏济生方	宋	严用和
32	珍珠囊	金	张元素
33	药类法象	金	李杲
34	饮膳正要	元	忽思慧
35	本草衍义补遗	元	朱震亨
36	汤液本草	元	王好古

续表

编号	著作名称	朝代	作者
37	藏府标本药式	金	张元素
38	药性歌	明	龚廷贤
39	本草真诠	明	杨崇魁
40	辨药指南	明	贾所学
41	本草品汇精要	明	刘文泰等
42	本草蒙筌	明	陈嘉谟
43	本草纲目	明	李时珍
44	本草钞	明	方有执
45	本草原始	明	李中立
46	本草正	明	张介宾
47	本草发明	明	皇甫嵩
48	本草乘雅半偈	明	卢之颐
49	滇南本草	明	兰茂
50	滇南本草图说	明	兰茂
51	食物本草	明	薛己
52	炮制药法	明	张文学
53	炮炙大法	明	缪希雍
54	本草图会	明	王思义
55	本草图解	明	李中梓
56	普济方	明	朱橚、滕硕、刘醇等
57	救荒本草	明	朱橚
58	奇效良方	明	董宿
59	医方选要	明	周文采
60	摄生众妙方、急救良方	明	张时彻
61	医便	明	王三才
62	医方考	明	吴崐
63	仁术便览	明	张洁
64	本经疏证、本经续疏	清	邹澍
65	本草崇原	清	张志聪
66	长沙药解	清	黄元御
67	本草丛新	清	吴仪洛
68	得配本草	清	严洁、施雯、洪炜
69	药性切用	清	徐大椿
70	本草纲目拾遗	清	赵学敏
71	本草再新	清	叶桂
72	本草撮要	清	陈其瑞

续表

编号	著作名称	朝代	作者
73	医学要诀	清	张志聪
74	本草求真	清	黄宫绣
75	要药分剂	清	沈金鳌
76	本草汇纂	清	屠道和
77	诸药出处	清	佚名
78	得宜本草	清	王子接
79	本草分经	清	姚澜
80	名医别录	清	黄钰
81	本草思辨录	清	周岩
82	食治秘方	清	尤乘
83	本草备要	清	汪昂
84	食物本草会纂	清	沈李龙
85	药症忌宜	清	陈彻
86	药性歌括	清	翟良
87	本草易读	清	汪昂
88	本经便读	清	黄钰
89	本草述	清	刘若金
90	广群芳谱	清	刘灏等
91	图书集成草木典	清	蒋廷锡等
92	医方论	清	柯琴
93	古今名医方论	清	罗美
94	医方集解	清	汪昂
95	串雅内编	清	赵学敏
96	串雅外编	清	赵学敏
97	急救应验良方	清	费山寿
98	绛雪园古方选注	清	王子接
99	删补名医方论	清	吴谦等
100	成方切用	清	吴仪洛

●（孔祥鹏）

主要参考书目

[1] 张兰珍. 中药文献检索[M]. 北京:人民卫生出版社,2012.

[2] 朱丽君. 信息资源检索与利用[M]. 2版. 北京:化学工业出版社,2011.

[3] 段爱玲. 管理信息系统[M]. 北京:机械工业出版社,2005.

[4] 邹赛德. 医药信息技术基础[M]. 广州:广东科技出版社,2000.

[5] 余致力. 医药信息检索技术与资源应用[M]. 南京:南京大学出版社,2009.

[6] 郭继军. 医学信息资源建设与组织[M]. 北京:人民卫生出版社,2009.

[7] 代涛. 医学信息检索与利用[M]. 北京:人民卫生出版社,2010.

[8] 《中国大百科全书》总编委会. 中国大百科全书[M]. 2版. 北京:中国大百科全书出版社,2009.

[9] 《中国情报学百科全书》编委会. 中国情报学百科全书[M]. 北京:中国大百科全书出版社,2010.

[10] 黄燕. 医学文献检索[M]. 2版. 北京:人民卫生出版社,2009.

[11] 丁宝芬. 医学信息学[M]. 南京:东南大学出版社,2009.

[12] 高岚. 医学信息学[M]. 北京:科学出版社,2007.

[13] 王世伟,周怡. 医学信息系统教程[M]. 北京:中国铁道出版社,2006.

[14] 佟子林. 医药卫生信息管理学[M]. 北京:科学出版社,2006.

[15] 牛少彰. 信息安全导论[M]. 北京:国防工业出版社,2010.

[16] 李鲁. 社会医学[M]. 3版. 北京:人民卫生出版社,2007.

[17] 任真年. 现代医院流程再造[M]. 北京:清华大学出版社,2009.

[18] 方鹏骞. 现代医院管理教程[M]. 北京:科学出版社,2009.

[19] 国家食品药品监督管理局高级研修学院. 医药企业信息化工程概论[M]. 北京:化学工业出版社,2011.

[20] 张凯. 信息资源管理[M]. 2版. 北京:清华大学出版社,2007.

[21] 马费成,赖茂生. 信息资源管理[M]. 北京:高等教育出版社,2006.

[22] 冯天亮,尚文刚. 医院信息系统教程[M]. 北京:科学出版社,2012.

[23] 王宇. 卫生信息管理[M]. 北京:中国中医药出版社,2009.

[24] 章新友. 药学文献检索[M]. 北京:中国中医药出版社,2017.

[25] 章新友. 中药文献检索[M]. 2版. 北京:人民卫生出版社,2018.

复习思考题
答案要点

模拟试卷

08检